中國學術思想 研究輯刊

初 編

林 慶 彰 主編

第 24 冊

前漢《五經》齊魯學之形成及其影響

江 乾 益 著

花木蘭文化出版社

國家圖書館出版品預行編目資料

前漢《五經》齊魯學之形成及其影響／江乾益 著 — 初版 —
台北縣永和市：花木蘭文化出版社，2008〔民97〕
序 2+ 目 4+300 面：19×26 公分
（中國學術思想研究輯刊 初編：第 24 冊）
ISBN：978-986-6657-96-2（精裝）
1. 五經　2. 經學史
091.2　　　　　　　　　　　　　　　　97016382

ISBN - 978-986-6657-96-2

9 789866 657962

中國學術思想研究輯刊
初　編　第二四冊　　　　　　　ISBN：978-986-6657-96-2

前漢《五經》齊魯學之形成及其影響

作　　　者	江乾益
主　　編	林慶彰
總 編 輯	杜潔祥
出　　版	花木蘭文化出版社
發 行 所	花木蘭文化出版社
發 行 人	高小娟
聯絡地址	台北縣永和市中正路五九五號七樓之三
	電話：02-2923-1455／傳真：02-2923-1452
網　　址	http://www.huamulan.tw 信箱 sut81518@ms59.hinet.net
印　　刷	普羅文化出版廣告事業
封面設計	劉開工作室
初　　版	2008 年 9 月
定　　價	初編 28 冊（精裝）新台幣 46,000 元

前漢《五經》齊魯學之形成及其影響

江乾益　著

作者簡介

江乾益，臺灣省臺中市人，一九五六年生。曾就學於臺中市南屯國小、崇倫國中、省立臺中一中、國立中興大學中國文學系，國立臺灣師範大學國文研究所碩士班、博士班，於一九九一年卒業。曾任教於臺南縣南榮工專，擔任專任講師一年，臺北市銘傳商專、銘傳管理學院專任講師五年。一九九一年自臺灣師範大學國文研究所博士班畢業後，任教於國立中興大學中國文學系，以迄於今。曾擔任該校通識教育中心主任，現任中國文學系教授兼系主任。

作者專長在中國學術史及經學之研究，著有碩士論文《陳壽祺父子三家詩遺說研究》、博士論文《前漢五經齊魯學之形成及其影響研究》、《詩經之經義與文學述論》等專著，及單篇論文〈漢代尚書洪範咎徵學述徵〉、〈后倉與兩漢之禮文化〉、〈禮向位之儀探論〉、〈漢書五行志中之災異說探論〉、〈中國歷代論語學之詮釋形態及其方法論〉、〈儒家倫理學說與臺灣現代化關係的探討〉等多種。

提　　要

本篇旨在探究前漢五經齊魯學形成之根源，與入於漢代之後齊魯二宗學術發展之大勢，乃依學術發展之歷程，作經學內容流變之研究。其討論之綱要如下：

第一章，緒論。略述前漢五經齊魯學形成之因緣與演化之大勢，並確立本篇研究之方法與步驟。

第二章，詳述齊魯學形成之背景，分論齊魯二家學術歷史、地理之因緣，與其所形成之學術特性。

第三章，論析戰國以迄秦漢之間，齊魯學有交匯融會之情勢。自儒家二賢孟、荀之遊稷下，以至齊學者西進，著為《呂氏春秋》一書，以觀察儒學內容之演化。

第四章，考察前漢初期經學之形成，與先秦齊魯學之淵源；並據漢初儒家諸子之著作，以考辨其齊魯學之成份。

第五章，敘述漢武之崇儒更化，而齊魯學者稟其學以應世之情態；並承之以武、昭、宣之際，五經諸儒傳授學術之大趨勢，以觀察五經齊魯學之發展。

第六章，探討齊魯二家學術精神之異同，且抉齊學之說，以說明漢代儒學之終究異於鄒魯舊學者，以齊學多新義也。

第七章，論說前漢五經齊魯學之思想，其影響於前漢政治、經濟與文化之成分，藉以解明齊魯二學乃中國文化之兩大根源，中華學術之性格據此而得奠定也。

夫中華歷史朝代，其援經術為治者，漢代為最。其時德治教化與災祥之學雜而為用，守古更化與變革之議聚訟不休，二者並援經義，依傳立論，此二者即齊魯學是也。齊學多倡天人之道，好言陰陽終始，遂而變改先秦儒學樸實之面貌，孔、孟之精義乃掩抑而不彰；幸賴有傳經之儒，篤守本業，故至宋明，儒者猶能闡幽發微，成就內聖之學。漢代儒生所謂通經致用，或襲儒名而用法，或藉陰陽終始之格套，成非真得儒學之本義也。

目　次

自　序

　　予嘗究論古今經學流變之史，以漢代經術為最盛。彼時王者以之定策，人臣以之輔政；而庶士之屬，持之以晉身。故扶持獎掖，出之於朝廷；捧經發微，則熱衷於民間。制藝通經，既有濟於邦國，而立身之術，亦資藉焉。

　　承嬴秦焚棄之餘，漢興以後，六經簡篇殘闕，學者檢拾燔餘，始有經學之肇基。陸生發端，側筵講論《詩》、《書》，高帝始知儒之有益於治國，而發其顓蒙誤謬；叔孫子曲學媚世，有取秦法而頒訂禮儀，因立漢廷之朝章，為一代儒者之宗；唯賈子淵懿，淪髓於《五經》，陳策議以論政，每聳動文帝之視聽。爰以漢初起於兵燹戰事之後，民生阤困，文景方務休養生息，用無為虛靜之治，故雖興革之議間或有采，而朝廷大政，猶襲於往舊也。其時鄉學朝士，廣取勤蒐，是以先師經義，規模略具。迄乎漢武之世，有意興儒，而學者奮然，有以出乎其間。其如申公、轅固之《詩》，伏生、孔安國之《書》，高堂、孟卿之《禮》，田氏、費氏之《易》，與夫胡母生、董仲舒並瑕丘江翁之《春秋》，皆燦然為備；以至乎昭、宣之世，《五經》異說並立於學官，古文經說，亦此而漸出。馳躅施於後漢，古文之學大興，而今文衰矣。

　　蓋尋繹載籍之所言，凡述此代之學，皆謂朴華互變，質文代起，故今文之外復有古文，董、劉居先，許、鄭殿焉，用行晦藏，功有不同；及其安民立政，其揆不殊。夫論兩漢經學流變之歷程，斯則然已；而未盡其所以然之故也。何者？蓋既謂先師經義，皆口述講誦，故特重其所謂之大義微言；然六經之出於燔滅之後代，簡牘失亂，豈能無文字訓詁之考訂？又謂後學以積基樹本，篤守經句，故專詳於文物典章；然今考前漢古文名家，揚雄為學唯略通於訓詁，不為章句；後漢班固論學，亦唯舉大義而已；其他如賈逵、馬

融、二鄭諸家，亦廑綜括經義，不爲細碎。以此故知古文學者之不昧大義，而今文反有詳於訓詁之考訂也。故據此欲論今、古文之分殊，斯知本欲彌綸隙縫，而不能無失也。

昔予嘗考訂兩漢《詩》說之大源，頗疑漢代經學之本源出於邦域之不同，史遷所謂齊、魯之間於文學，蓋其天性使然者是已。兩漢經學之流別，齊、魯本爲其兩大宗，以課其所言，入此則出彼，出入主屬之間，截然分野，齊學宏博恢詭，魯學崇尚謹篤，國勢民情如此，行之於教化，延及於學術，遂不能無分殊也。故凡兩漢帝廷之問學，若武帝之集《五經》儒生殿中，問以同異；公孫弘嘗集比《公羊》、《穀梁》二家之義，卒用董仲舒之類。宣帝亦效其故事，大議石渠閣，平論《公》、《穀》，終復《穀梁》舊學，其所謂同異之實，皆緣於齊、魯二家而發。以至於成、哀之間古文學者之所持，皆先秦鄒、魯、梁、趙之舊書，學者以之考今文經師之脫略，遂有經學史上今古文之爭之起矣。夫持古學者，本舊書之質實，反對章句之彫飾，故自驗以爲孔子之眞學，斯魯學篤實之風復起之徵也；今學繁瑣，通儒厭抑，尤以齊說異義，本於陰陽五行，流爲災祥讖緯，以言改元授命，藉通鬼神，皆假經立義，依託象類，雖或億而有中，而終不免背離聖人之指，斯齊學恢宏之緒也。故論齊、魯二家學術之繁衍，與五經今古學之發展，可謂若同符節。然則，治齊、魯學之異同，適足以彌合今古文通說之罅，而講明其所以發生之故也。

自予受學上庠，杜師松柏嘗授以《尙書》之學，開其治學之塗徑；暨入本所，復得承魁儒碩學之指劃，略知學者當先立根本，以得治學之管鍵，而明古今學術之流別與變遷，然後始可言有得也。承是十餘年來，循此塗轍，欲竭力而赴；唯資稟本鈍下，用功不勤，故常愧對師訓，有負提攜啓導之勞。今不揆窳陋，勉成茲篇，罅漏罣礙，誠自知難免，敢呈之以受　教誨，並有以求正於博雅君子也。

中華民國八十年夏五月　江乾益謹識於　國立台灣師範大學國文研究所

第一章　緒　論

　　兩漢經學可大分爲齊、魯二宗，予於撰《陳壽祺父子三家詩遺說研究》
一文之際，已略窺其涯涘。善夫！陳氏父子之言曰：「漢時經師，以齊、魯爲
兩大宗。文景之際，言《詩》者，魯有申培公，齊有轅固生；《春秋》、《論語》，
亦皆有齊、魯之學，此其大較也。」〔註1〕不特此也，齊學之灌漑於兩漢經學
者，可謂遍及於《五經》。故左海歸論之曰：

> 《易》有孟、京卦氣之候，《詩》有翼奉五際之要，《春秋》有公羊
> 災異之條，《書》有夏侯、劉氏、許商、李尋洪範之論；皆明於象數，
> 善推禍福，以著天人之應。〔註2〕

此乃齊學之大類，亦兩漢經說之顯要者也。蓋原莊子之言，曰：

> 古之人其備乎！配神明，醇天地，育萬物，和天下，澤及百姓，明
> 於本數，係於末度；六通四辟，小大精粗，其運无乎不在。其明而
> 在數度者，舊法世傳之史尚多有之；其在於《詩》、《書》、《禮》、《樂》
> 者，鄒魯之士、搢紳先生多能明之。《詩》以道志，《書》以道事，《禮》
> 以道行，《樂》以道和，《易》以道陰陽，《春秋》以道名分。其數散
> 於天下而設於中國者，百家之學時或稱而道之。〔註3〕

按：古學術之大分，莊生知之矣。〈天下篇〉所謂「舊法世傳之史」者，周禮
是也，其具體之內容則爲六經，〔註4〕其所從來遠矣。唯若言《詩》、《書》、《禮》、

〔註1〕見《齊詩遺說考・自序》，頁4349，《皇清經解續編》第六冊，漢京文化事業
　　　　公司。
〔註2〕見陳壽祺《左海文集・尚書大傳箋序》，與陳喬樅《齊詩遺說考・自序》所引。
〔註3〕見《莊子・天下篇》，《莊子》第十卷，臺灣中華書局據明世德堂校刊本。
〔註4〕章學誠《文史通義》卷一，開宗明義曰：「六經皆史也。古人不著書，古人未
　　　　嘗離事而言理；六經皆先王之政典也。」即在闡發《莊子・天下篇》之旨，

－1－

《樂》，則非鄒魯之士不能明，是六經之學爲魯學也；至於其數之散於天下而設於中國者，則百家之學之所稱道，其必在齊、晉乎！〔註5〕據《左傳‧昭公二年》所載：

> 二年春，晉侯使韓宣子來聘，且告爲政，而來見，禮也。觀書於太史氏，見《易象》與《魯春秋》，曰：「周禮盡在魯矣；吾乃今知周公之德，與周之所以王也。」。

夫以《魯春秋》，乃周公所傳之舊典〔註6〕謂之周禮可也；而《易象》本繫於幽渺之天道，猶謂之周禮者，何哉？章學誠《文史通義》闡釋之，曰：

> 夫懸象設教，與治曆授時，天道也；《禮》、《樂》、《詩》、《書》與刑、政、教、令，人事也。天與人參，王者治世之大權也。韓宣子之聘魯也，觀書於太史氏，得見《易象》、《春秋》，以爲周禮在魯。夫《春秋》乃周公之舊典，謂周禮之在魯可也。《易象》亦稱周禮，其爲政教典章，切於民用而非一己空言，自垂昭代而非相沿舊制，則又明矣。（《文史通義‧內篇一‧易教上》）

以是言周禮必在於魯，而以《詩》、《書》、《禮》、《樂》、《易》、《春秋》繫於周公者，蓋自周公輔成王，制禮作樂，分齊建魯，成王推其德，授以天子之禮樂，故周禮之大本在魯。魯學即集周制之大成，六經之學必稱之也。又太公呂尚，以韜略輔武王伐紂，因功勳而封齊。齊本是濱海之瘠國，太公因其俗而修政焉，通工商之業，行魚鹽之利，復獎掖道術，崇學脩政，遂蔚爲大國。其民天性，常闊達而多智，亦舊法世傳之史之所浸潤也；復由諸侯盟會，交通往來，儒學傳至於齊，染於齊風，遂一變焉，孔子之所以言：「齊一變，而至於魯；魯一變，而至於道。」〔註7〕非虛言也。故自春秋、戰國之遞邅，

臺灣中華書局四部備要本。

〔註5〕 梁啓超《中國學術思想變遷之大勢》初分先秦學派爲南北二派，北派源於魯，其分有齊、晉、鄭宋等；南派則老子之傳。據《史記‧老子列傳》，老聃爲周守藏室之史，蓋莊子言「舊法世傳之史」所出也，見《中國學術思想變遷之大勢》，頁17，臺灣中華書局。

〔註6〕 《史記‧魯周公世家》：「於是成王乃命魯得郊祭文王，魯有天子禮樂者，以褒周公之德。」故唯魯而有天子之禮樂，以宣子爲晉之顯宦，猶待聘魯乃得見周禮，知諸國之不得見者也。

〔註7〕 見《論語‧雍也篇》。包咸注曰：「齊、魯有太公、周公之餘化。太公，大賢；周公，聖人。今其政教雖衰，若有明君興之，齊可使如魯，魯可使如大道行之時。」足證漢人於此義知之甚明也。

以迄於漢，齊學則駸然稱盛。

　　故而，究推兩漢儒學之發展，則齊、魯二學相迭起伏之歷程也。此求諸兩漢之帝問，若武帝之會群儒，宣帝石渠閣之奏議，與後漢章帝白虎觀之論裁，莫不緣齊、魯學說之異同而發，爲可知矣。由是而論齊、魯經學思想之形成與其演化之過程，觀其抑揚激蕩影響之實際，庶幾兩漢經學之眞象可得而明也。

　　又茲篇之論述前漢二百餘年間之經學，而始約括之以齊、魯學二端者，乃緣於舊有論者皆謂此際唯有今、古文二者之經學，而始終疑議常起，莫衷一是，以證今、古文之論，實未足以盡前漢經學之底細也。蓋自夫子以六藝設教，奠立後世經學之根基，雖有質文之代變，而徵聖、宗經，皆緣此六經而立學。夫子歿後，弟子散游諸侯，故子路居衛、〔註8〕子張居陳、澹臺子羽居楚、子夏居西河、子貢終於齊，可謂散布在中國，由是而經義遂分裂。莊生所謂：「是故內聖外王之道，闇而不明，鬱而不發，天下之人各爲其所欲焉以自爲方。悲夫！百家往而不反，必不合矣！後世之學者，不幸不見天地之純，古人之大體，道術將爲天下裂。」〔註9〕是已。

　　至於墨子之學，因反儒之教而立其說；荀子論十二子，對諸儒皆有短評疵議，而韓非創論，分儒爲八，且斥其相非。蓋六經典籍雖然相同，而傳述之者已摻雜各地風俗，多得一察焉以自好，以己是而議彼非。因此戰國縱橫，諸儒之言殽然而紛亂，其或變經言，或約取經意，或申一端之微言，或反儒學之大體，至此而道術分裂矣。延及強秦暴燔，以愚黔首，唯魯東諸儒，仍講誦無歇，史遷稱齊、魯之間之於文學，天性使然，〔註10〕良有以也。

　　迄於漢繼帝統，陸賈說高帝以《詩》、《書》，而抑止其輕儒之謬行，始開崇經之風氣。孝惠四年，又廢挾書之律，於是殘篇斷簡，漸出於山巖垣壁之間。其時灰燼之餘，書缺簡脫，所幸齊、魯保有故業，亦賴師儒傳授，未爲廢絕。然而，經已各異說，《春秋》有五，《詩》分爲四，《尚書》散佚不全，《周易》、《論語》源流有別；禮家則摭拾舊簡，申以新意；而樂無成書，六藝缺矣；更有古篆籀之經隸改，流俗之所不識，〔註11〕漢初經業之殘破不全可見矣。

〔註8〕此段文字見《史記・儒林列傳序》，而崔駰曰：「〈仲尼弟子列傳〉，子路死於衛，時孔子尚存也。」〈儒林傳〉僅敍述弟子散居之狀態，爲作文之故，有時考而不精。

〔註9〕見《莊子・天下篇》。

〔註10〕見《史記・儒林傳・序》。

〔註11〕古籍之流傳於漢代，必經隸改之過程，文字形體之異，致使漢代人多有不識

至武帝初，漢祚已七十餘載，文景用黃老爲治，與民休養生息；黃老之術，乃齊學也。〔註 12〕昔鄒衍倡陰陽消息、五德終始之論，浸染於儒術，至此多有以陰陽災異以說經者矣；雖以賈誼之淵通，猶未能免於齊學之浸潤。〔註 13〕武帝之崇儒，思開新局，故立《五經》博士，設策論以取士，唯其時並無取於鄒魯之舊學，乃宏開齊學之變業，故於《春秋》，專尊《公羊》，董子之取重於時，實援陰陽之術，公孫弘爲相，徒阿意而曲學，齊學因而盛極於一時。孝宣爲嗣孫時，受《公羊》之義；既明，復私問《穀梁》而善之。即位之後，聞衛太子好《穀梁春秋》，意頗欲興之；以問丞相韋賢、長信少府夏侯勝、及侍中史高，皆魯人也。並曰：「穀梁子本魯學，公羊氏乃齊學也。宜興《穀梁》。」此齊、魯學之分，明白出於漢人之口者，實不容吾人之致疑也。蓋凡前漢儒者之治《公羊春秋》者，其於《詩》並稱齊；猶《穀梁》爲魯學，其治《穀梁春秋》者，其引《詩》亦用魯也，其間涇渭之分明，了然而可辨。然而，以考韋賢、夏侯勝、史高諸人，韋氏以《魯詩》名世，〔註 14〕史高爲魯人，其欲興魯學，本無可怪之處；而夏侯勝雖傳《魯論》，其學則以《尚書》最顯，《尚書》大抵爲齊學，〔註15〕勝本人亦受《齊詩》於夏侯始昌，盛言陰陽災異，則其猶欲稱揚《穀梁春秋》者，則是齊、魯之學雖異數而並傳，漢儒亦欲採異義以廣見聞，不因人而廢學，皆所以弘道之意甚篤也。由是宣帝憫魯學之廢缺，故徵名儒受《穀梁春秋》，自元康年間始，至甘露元年，積十餘年之講授，而魯學之義大明，乃召《五經》名儒大議於殿中，〔註16〕平《公羊》、《穀梁》同異，太子太傅蕭望之等，以經義對，多從《穀梁》，於是魯學復興，與齊學等埒也。

自是之後，齊、魯二學並行，庠序之間廣爲講授，奏議陳於朝廷，尤以

篆籀者，見許慎《說文解字・敘》之描述而可知。
〔註12〕見本書第二章，論齊學部份。
〔註13〕見本書第四章，論賈誼援引經說與齊魯學之關係部份。
〔註14〕見本書第五章，《魯詩》之傳授部份。
〔註15〕《尚書》爲濟南伏生所傳，以教齊、魯之間，故魯人夏侯昌始通《詩》、《禮》並《尚書》，爲齊學之大家，勝即其族子也。又伏生所授《尚書大傳》，專闡〈洪範〉五行之論，爲專門之齊學也。
〔註16〕《漢書・宣帝本紀》甘露三年，云：「詔諸儒講《五經》同異。太子太傅蕭望之等平奏其議，上親稱制臨決焉。乃立梁邱《易》、大、小夏侯《尚書》、《穀梁春秋》博士。」此即所謂石渠閣之議也。石渠之議本爲立《穀梁春秋》，而並立大、小夏侯《尚書》，即因夏侯氏以魯人而傳《尚書》，宣帝之欲興魯學，其意至爲明顯。

齊學漸邪稱盛，災異祥瑞之說肆然充斥講壇，雖魯學亦更轍以從流，〔註17〕不能免矣。又其時章句之學大興，魯學本無章句，至此亦有章句，〔註18〕其末則流於支離繁碎也。桓譚《新論》曰：「秦近君能說〈堯典〉，篇目兩字之說至十餘萬言，但說『曰若稽古』三萬言。」，〔註19〕由是使學者徒勞而少功，持疑而莫正，因而通儒厭之，譏爲華藻鑿悅。〔註20〕而今學之專相傳祖，莫或訛雜，至有分爭王庭，樹朋私里，繁其章條，穿求崖穴，以合一家之說。此即今文之學，章句之害也。《漢書‧藝文志》云：

> 古之學者耕且養，三年而通一藝，存其大體，玩經文而已，是故用
> 日少而畜德多，三十而五經立也。後世經傳既已乖離，博學者又不
> 思多聞闕疑之義，而務碎義逃難，便辭巧說，破壞形體。〔註21〕說
> 五字之文，至於二三萬言，後進彌以馳逐，故幼童而守一藝，白首
> 而後能言；安其所習，毀所不見，終以自蔽。此學者之大患也。

今考班氏之意，以「存其大體，玩經文」者爲古之學者所習，若證以魯學先師，如申公之居家教授，獨以《詩經》爲訓故以教，「無傳疑，疑則闕不傳。」；王式授《詩》簡易，式之弟子唐生、褚生等誦說有法，「疑者丘蓋不言」；以至於後漢魯丕之上疏，猶謂：「說經者傳先師之言，非從己出，不得相讓；相讓則道不明，若規矩權衡之不可枉也。說者務立其義，難者必明其據。浮華之言不陳於前，故精思不勞而道術愈章，法異者，各令自說師法，博觀其義。」〔註22〕

〔註17〕魯學向來不言災異，自此之後亦多言之矣。例如劉向本傳《魯詩》，至其受徵講論《五經》於石渠閣，以明《穀梁》之義。元帝之後，劉向每有奏事，即詳陳災異之論。《漢書‧劉向傳》云：「上（元帝）方精於詩書，觀古文，詔向領校中《五經》祕書。向見《尚書‧洪範》，箕子爲武王陳五行陰陽休咎之應，向乃集合上古以來，歷春秋、六國至秦漢符瑞災異之記，推跡行事，連傳禍福，著其占驗，比類相從，各有條目，凡十一篇，號曰『洪範五行傳論』。奏之。」至是今文魯學亦盛言陰陽災異矣。

〔註18〕如《魯詩》，自申公傳故訓以來，至王式，皆守師法教授。故張長安、唐長賓、褚少孫來事式，問經數篇，式謝曰：「聞之於師具是矣！自潤色之。」此《魯詩》本來無章句之證。至張、唐、褚氏，而《魯詩》有「張唐褚氏之學」，韋賢有「韋氏之學」，魯學至此與齊學已無分別矣。見《漢書‧儒林傳》。

〔註19〕見桓譚《新論‧琴道篇》。

〔註20〕揚雄《法言‧寡見》，卷第七：「古者之學耕且養，三年通一；今之學也，非獨爲之華藻也，又從而繡其鑿悅。」

〔註21〕《漢書》顏師古注曰：「苟爲僻碎之義以避他人之攻難者，故爲便辭巧說，以析破文字之形體也。」

〔註22〕見《後漢書》卓、魯、魏、劉列傳第十五，魯丕傳。

此魯學之雖有章句，而謹嚴篤切，猶有古之遺風之證也，後漢之古學漸出以迄於大盛，乃魯學精神復興之驗也。

今古文學之爭，首先出現於前漢劉歆之議。歆之欲建立《左氏春秋》、《毛詩》、《逸禮》、《古文尚書》皆列於學官，哀帝令之與《五經》博士講論其義，諸博士或不肯置對，歆因移書太常博士，而責讓之，曰：

> 往者綴學之士，不思廢絕之缺，苟因陋就寡，分文析字，煩言碎辭，學者罷老不能究其一藝，信口說而背傳記，是末師而非往古；至於國家將有大事，若立辟雍、封禪、巡狩之儀，則幽冥而莫知其原。猶欲保殘守缺，挾恐見破之私意，而無從善服義之公心；或懷妒嫉，不考情實，雷同相從，隨聲是非，抑此三學，〔註23〕以《尚書》為備，謂左氏不傳《春秋》，豈不哀哉！

論者每謂劉歆偽纂古文經學以助王莽，而以古文經學為子虛烏有之事。然而持此最力之康有為，亦不能不承認歆之倡古學之時，王莽尚未有纂漢之意也。〔註24〕然則，吾人於是亦將有疑焉。劉歆偽竄古文經學之用意何在？凡人之欲作某事，必有其動機，若必言「歆之畜志纂孔學久矣」，則劉歆之志意如何？乃百思不得其解也。今考《漢書·劉歆傳》，謂歆以成帝河平年間受詔與其父劉向領校祕書，於六藝傳記、諸子、詩賦、數術、方技，無所不究；哀帝即位之後，復領《五經》，卒父前業，集六藝群書，種別為《七略》。及其見古文《春秋左氏傳》，大好之；時丞相史尹咸以能治《左氏》，與歆共校經傳，歆以此略從尹咸及丞相翟方進受質問《左氏》之大義。《漢書》本傳稱：「歆以為左丘明好惡與聖人同，親見夫子；而《公羊》、《穀梁》在七十子後，傳聞之與親見，其詳略不同。」故其欲立古文學之意，在求其真而已，烏有所謂纂孔學之偽意乎？觀其〈移讓太常博士書〉蓋以古文之廢缺為憾，更以博士之分文析字，煩文碎辭而憤懣，其指摘當時學者之弊端，思欲有以救正之辭躍然紙上矣。觀其書中所舉，皆「鄒魯梁趙」先師所傳，即魯學舊本是矣，《漢書》本傳贊論稱其「有意推本之也」，正為劉歆欲立古學之的評也。夫《古

〔註23〕此三學，指《古文尚書》、《逸禮》及《左氏春秋》。

〔註24〕康氏《新學偽經考》「《漢書》劉歆王莽傳辨偽第六」云：「王莽以偽行纂漢國，劉歆以偽經纂孔學，二者同偽，二者同纂。……然歆之偽《左氏》在成、哀之世，偽《禮》、偽古文《書》，偽《毛詩》，次第為之，時莽未有纂之際也，則歆之畜志纂孔學久矣；遭逢莽纂，因點竄其偽經以迎媚之。」

文尚書》、《左氏春秋》等雖出於祕府，而民間魯國柏公、〔註25〕趙國貫公、膠東庸生尚有其遺學。劉向校書，據以校學官所傳《五經》，經或脫簡，傳或間編，〔註26〕可見今文經學之有佚脫不全者，《古文尚書》正可彌縫其缺也。其奈今文學者之抱殘守缺，深閉固距，不考情實，雷同相從，故劉歆有此書之責讓也。及歆之移書，其言甚切，致使諸儒皆怨恨。是時名儒光祿大夫龔勝以此移書而上書，深自罪責，願乞骸骨罷；及儒者師丹亦大怒，奏歆改亂舊章，非毀先帝所立。而哀帝竟頗能持平，曰：「歆意欲廣道術，亦何以爲非毀哉？」。由此可見，劉歆之欲興古學，實欲返學術於純實切古，兼包古今小大之義耳，何曾見得其欲篡孔學之用意乎？康氏之論過矣！

　　唯此處尚有深可意味者，其時今文學之儒者對劉歆欲立古學，意頗激切。如龔勝此人，其從師薛廣德治《魯詩》，曾以博士參與石渠之會，其與弟龔舍二人皆通《五經》。而師丹，事匡衡習《齊詩》，《齊詩》有「翼、匡、師、伏」之學，其師氏學即師丹也。歆之欲立古文學，既同爲齊、魯學者之反對，則齊、魯學之後學必已深壘固距，專己守殘，黨同妒眞，其流弊正相同也。

　　由於劉歆之議立先秦舊書，於是後世學者每謂兩漢有今、古文之爭，其事端皆由劉歆而起。錢賓四先生〈兩漢博士家法考〉論之曰：

> 宣帝時既已增立諸經博士，至哀帝元年而又有劉歆請建立《左氏春秋》、《毛詩》、《逸禮》、《古文尚書》一案。後人率目歆所爭立者爲古文經，而謂宣帝以來所立諸博士經爲今文，經學有今古文界劃全本於此，而夷考當時情實，則頗不然。〔註27〕

徐復觀先生亦云：

> 漢初的今文皆來自古文，而古文以隸書改寫後即爲今文。凡流佈中的字體是相同的，即同爲隸書。今、古文的分別，乃在文字上有出入，及由文字的出入而引起解釋上的出入，有如今日同一部書，發

〔註25〕《漢書》王先謙補注：「柏，當作桓。閩本、官本不誤。宋人桓缺末筆，遂訛爲柏。貫公傳《左氏春秋》於賈誼，庸生傳《古文尚書》於尉朝桓公，即桓生；傳《禮》於徐生。並見〈儒林傳〉。」柏公當作桓公爲是。

〔註26〕《漢書・藝文志》：「劉向以中古文校歐陽、大小夏侯三家經文，〈酒誥〉脫簡一，〈召誥〉脫簡二。率簡二十五字者，脫亦二十五字；簡二十二字者，脫亦二十二字，文字異者七百有餘，脫字數十。」以脫簡之〈酒誥〉、〈召誥〉三，謂脫字數十，正合也。

〔註27〕見《兩漢經學今古文平議》，頁207，「劉歆爭立古文諸經與東漢十四博士」一節。

現有兩種版本。〔註28〕

若謂以文字之出入，判別《五經》之有今、古文之爭，則劉向之校中秘《五經》，即能彌合其中之爭端矣，又何待於劉歆之屢次議立，以致引起《五經》博士之反對乎？由此可見後世以今、古文之爭論兩漢經學流變之不得其關鍵也。今則更據後漢光武之際，范升之不欲《費氏易》、《左氏春秋》之立於學，亦足以驗證今、古文之爭之不實。《後漢書·范升傳》：

> 時尚書令韓歆上疏，欲爲《費氏易》、《左氏春秋》立博士，詔下其
> 議。……升退而奏曰：「……近有司請置《京氏易》博士，群下執事，
> 莫能據正。《京氏》既立，《費氏》怨望，《左氏春秋》復以比類，亦
> 希置立。京、費已行，次復高氏；《春秋》之家，又有騶、夾。如今
> 《左氏》、《費氏》得置博士，高氏、騶、夾，《五經》奇異，並復求
> 立，各有所執，乖戾分爭。從之則失道，不從則失人，將恐陛下必
> 有厭倦之聽。」

觀范升之言，以《京氏易》與《費氏易》並提，而後世實以《京氏》爲今文，《費氏》爲古文，則其所爭非在於今、古文也，其中必有他故焉。以此吾人頗疑兩漢經學並無今、古文之爭，其有之者，唯「今學」與「古學」之異耳。觀《漢書·藝文志》以「存大體，玩經文」爲古之學者，而以「後世經傳」之爲碎義逃難之學，則兩漢經學之「今學」乃博士學官章句之學，「古學」寧不謂漢初經師遺說與先秦舊書乎？故後漢古文學之興起，與其視爲今、古文之爭之結果，莫如視其爲經學之求復古而得其實也，其復古則是復魯學之謹篤，其名爲訓詁名物，而其實則在存《五經》之大體也。此所以論齊、魯學之較諸今、古文能得兩漢經學之眞實也，豈不然哉？

茲篇之欲論述兩漢經學之流變，由此既已建立其根本之方向，而其研究則有待方法之建立。蓋欲闡述二百餘年之學術發展，條緒眾多，攢統困難，苟舍爲學方法而弗用，必至泛濫無歸，虛耗歲月，亦難望其有所成也。本文擬就以下諸方法，釐定其步驟，以進行論述焉：

一、曰勘察史地之因緣，以確立齊、魯學之範圍

大凡學術之形成，必有其成立之背景焉。馬宗霍《中國經學史》云：「齊學、魯學者，由於齊人、魯人而起。魯爲孔子講學之邦，流風遺化，濡漸固

深；齊有稷下，亦學士所集，自孟子、荀卿之徒，皆嘗往游。故戰國儒術雖紬，齊、魯學者猶弗廢。」太史公亦嘗謂齊、魯之地絃誦弗歇，蓋其文學天性使然，蓋堅確不易之論。若勘究歷史地理之因緣，斯足以明齊、魯學成立之背景也。

二、曰究察史傳人物，以觀其行事

孔子曰：「人能弘道，非道弘人。」先秦時代多以人物而顯其學術。魯人尚禮，保守文物，儒學以此而彰顯；宋人多質樸，孟子舉揠苗，韓非譬守株，必舉宋人為質，而墨家之學乃由此出也；齊人重權變，故黃老之術，陰陽之說，及兵家謀略皆出其地；燕趙之地好俠，故古多感慨悲歌之士；楚人懷思，則屈賦綢繆，而莊周妙通天人也；至於三晉險隘厚實，頗精於法律刑名，凡此皆可以驗以人顯學之理。故在舊籍中如《左傳》、《國語》、《戰國策》、《史》、《漢》志傳並諸子雜記之人物形跡，多可資藉論證，以形成學術之風貌。

三、曰闡明經學師法，以考辨學術之源流

凡治經學必考辨其源流。荀悅《申鑒》有云：「仲尼作經，本一而已；古今文不同，而皆自謂真本經。古今先師，義一而已；異家別說，而皆自謂其真本說。」蓋歷秦律挾書之後，篇籍朽折散佚；漢孝惠始去挾書之律，師儒乃可傳讀。漢儒治經，最重家法師法，經生遞傳，專門命氏，咸自名家；而前師後學之講授，亦旁參異數成學。自《史記・儒林列傳》，著其衍緒，前、後《漢書》接踵而作，脈絡相接，斑斑可考；又劉向作《別錄》，始有目錄，劉歆《七略》，大成體系，以至於《班志》總裁，鉅細靡遺。以此考兩漢經學之源流本末，若振網提綱，依人而屬學，因學而繫人，旁參佐驗，前漢齊、魯經學之系統可由此建立也。

四、曰稽考學說之內容，以定學術之體要

兩漢經學中之齊、魯經說不同，故漢宣帝乃須於石渠閣召《五經》諸儒以平《公羊》、《穀梁》之同異；而在其前已有武帝常召問經生辯難，以經處其是非；至於後漢章帝亦會諸儒於白虎觀，講論《五經》之異同，皆修同一故事。是則終兩漢之世，此種經說異同，議論出現不窮。據是可以稽考齊、魯學說之內容，藉此闡明兩家學術之體要也。

五、曰按群書目錄以索求資料，為撰述之根據

資料乃論學之根據，若乏資料而徒騁空言，斯亦不足以言學術也。就資料而言，有直接之資料、間接之資料，以及輔助之資料等。就直接之資料而

言，本篇當以《五經》爲據。劉師培氏嘗言：「《易經》一書有田氏學，爲田何所傳，乃齊人之治《易》者也；有孟氏學，爲孟喜所傳，乃魯人之治《易》者也。是《易》學有齊、魯之分。濟南伏生傳《尚書》二十八篇於朝錯，乃齊人之治《尚書》者也；孔安國得古文《尚書》，以今文校之，乃魯人之治《尚書》者也。是《書》學有齊、魯之分。《齊詩》爲轅固所傳，匡衡諸人傳之，乃齊人之治《詩》者也；《魯詩》爲申公所傳，楚元王等受之，劉向諸人述之，乃魯人之治《詩》者也。是《詩》學亦有齊、魯之分。《公羊》爲齊學，董仲舒傳之，著有《春秋繁露》諸書；《穀梁》爲魯學，劉向傳之，時與子歆相辯難，是《春秋》學亦有齊、魯之分。傳《禮》學者以孟卿爲最著，此齊學也；而孔壁兼得《逸禮》，古禮復得之淹中，則魯學也。是《禮》學亦有齊、魯之分。《齊論》多〈問王〉、〈知道〉二篇，而音讀亦與《魯論》大異，若蕭望之諸人，則皆傳《魯論》，至張禹刪〈問王〉、〈知道〉二篇，合《齊論》、《魯論》爲一，而《齊論》以亡。是《論語》學亦有齊、魯學之分。」〔註29〕合以上述所論，諸書多已亡佚，而若有輯佚之片羽，可以考定其說，皆可爲本篇之直接資料也。又有史籍志傳所錄，所以詮釋經義，既由師法考辨，明其統緒，則可視爲間接資料。如《史記》載《尚書》之文，以遷從孔安國受業，多古文說，略可知其爲魯學；班固著《白虎通義》，專錄今文經說，爲齊、魯學；許叔重《五經異義》，亦兼載齊、魯；而《漢書‧五行志》則純然齊學也。又如兩漢百家之著作，皆可旁參互通，以爲間接之資料。至於古今有關經學之論著，若後世注疏之書，鉤提經義，闡明詁訓，講述流變，而說解漢代政治與學術思想，於知人論世之有助者，皆可以爲輔助之資料，要皆須博觀約取，以爲撰述之依據也。

　　六、曰尋纂脈絡，會通文辭以爲撰述之實現

　　就以上諸步驟之會纘，條其理序，屬其文辭，求辭語之潔暢，脈絡之貫通，由是而茲篇論述之事，庶幾而可成也。

〔註29〕見馬宗霍《中國經學史》所引。

第二章　齊魯學形成之背景

　　齊、魯兩地處僻近，同為兩漢經學發展之源頭。《史記‧貨殖列傳》云：「泰山之陽，則魯；其陰，則齊。」以分居泰山南北之邦，而其所發展之學術風尚迥然不同，乃因兩地之民性情之不同也。唯此兩邦，自古以來交通不絕，亦累世連姻。《國語‧晉語》曰：

> 昔少典娶於有蟜氏，生黃帝、炎帝。黃帝以姬水成，炎帝以姜水成。
> [註1] 成而異德，故黃帝為姬，炎帝為姜，二帝用師以相濟也，異德之故也。異姓則異德，異德則異類。異類雖近，男女相及，以生民也。

按：魯為周公之後，姬姓之國，據司空季子之言，謂其出於黃帝；齊則姜姓之國，太公所建，出於炎帝之後。兩邦異姓異類，其地相近，故常男女相及，累世結姻，阜厚相保，其為齊、魯二邦之所以異德也。

第一節　魯學形成之背景

　　《史記‧魯周公世家》云：

> 周公旦者，周武王弟也。自文王在時，旦為子孝，篤仁，異於群子。及武王即位，旦常輔翼武王，用事居多。……（武王）徧封功臣同姓戚者。封周公旦於少昊之虛曲阜，是為魯公。周公不就封，留佐武王。

[註1] 《史記正義》引《帝王世紀》云：「神農氏，姜姓也。……長於姜水。有聖德，以火德王，故號炎帝。初居陳，又徙魯。」《史記‧五帝本紀》，頁4，鼎文書局。

是魯爲周公封邑也。周公並不即就封，乃遣其長子伯禽往，而戒之曰：

> 我文王之子，武王之弟，成王之叔父；我於天下亦不賤矣。然我一
> 沐三捉髮，一飯三吐哺，起以待士，猶恐失天下之賢人。子之魯，
> 慎無以國驕人。〔註2〕

其誨誠殷勤，恐失恪敬之意，溢在言辭。及管、蔡、武庚率淮夷反，周公乃奉成王命，興師東伐，克之，東土咸集。周公卒，伯禽子孫世嗣爲魯公。

　　按：周公封魯，而猶稱周公者，魯爲其封國采邑，而周公則爲其爵稱。故《史記索隱》司馬貞曰：「周，地名，在岐山之陽。本太王所居，後以爲周公之采邑，故曰周公。」此言以岐周舊地封周公旦，故稱周公，以有別於伯禽之封爲魯公也。然考《左傳》載春秋之世，有「周公黑肩」、「周公忌父」、「周公楚」、「宰周公」等稱謂，〔註3〕並皆有「周公」之名。故《史記索隱》又曰：「周公元子就封於魯，次子留相王室，代爲周公。」而以周公旦稱「周公」，伯禽稱「魯公」者，則見於《論語・微子篇》：「周公謂魯公曰：『君子不施其親，不使大臣怨乎不以。故舊無大故，則不棄也。無求備於一人。』」則周公之與魯公誠然有別矣。因之，《公羊傳》即就此細作分別。文公十三年，《傳》文曰：

> 世室屋壞。世室者何？魯公之廟也。周公稱大廟，魯公稱世室，群
> 公稱宮。此魯公之廟也，曷爲謂之世室？世室，猶世室也；世世不
> 毀也。周公何以稱太廟于魯？封魯公以爲周公也。周公拜乎前，魯
> 公拜乎後。……然則周公之魯乎？曰：不之魯也。

《公羊傳》即在辨明魯確是周公之封地，因而立周公爲魯之太廟之故也。《左傳・定公四年》，傳曰：

> 昔武王克商，成王定之。選建明德，以蕃屏周。故周公相王室，以尹
> 天下，於周爲睦。分魯公以大路、大旂，夏后氏之璜，封父之繁弱，
> 殷民六族：條氏、徐氏、蕭氏、索氏、長勺氏、尾勺氏，使帥其宗氏，
> 輯其分族，將其類醜，以法則周公。用即命于周。是使之職事于魯，

〔註2〕見《史記・卷三十三・魯周公世家》。
〔註3〕見《左傳・僖公十年》：「夏四月，周公忌父、王子黨，會齊隰朋，立晉侯。」；桓公五年：「秋，王以諸侯伐鄭。……周公黑肩將左軍，陳人屬焉。」；成公十一年：「周公楚惡惠襄之偪也。」；《公羊傳・僖公九年》：「夏，公會宰周公、齊侯、宋子、衛侯……於葵丘。宰周公者何？天子之爲政者也。」等皆是稱「周公」者。

以昭周公之明德。分之土田陪敦、祝、宗、卜、史，備物、典策，官
司、彝器；因商奄之民，命以伯禽而封於少暤之虛。〔註4〕

按此傳文字觀之，子魚曰：「以先王觀之，則尙德也。」又曰：「唯不尙年也。」
故周初封建；魯、衛、唐三之封，其分器最多，土地最廣，人民之眾，亦絕
非其他封國之可比；其中又以魯國之封爲最也。〔註5〕據此傳文，魯之封儀中
有「祝宗卜史」、「備物策典」、「官司彝器」等，皆爲衛、唐二國之所無，則
其他諸封國更不能及也。此所以晉韓宣子之來聘於魯，觀書於太史氏，見《易
象》與《魯春秋》，而曰：「周禮盡在魯矣！」〔註6〕蓋以當時魯國始能盡備一
切之周禮，爲他國所未曾有也。〈魯頌・閟宮〉述周成王之錫命，曰：

王曰：「叔父！建爾元子，俾侯于魯。大啓爾宇，爲周室輔。」乃
命魯公，俾侯于東。錫之山川，土田附庸。周公之孫，莊公之子。
〔註7〕龍旂承祀，六轡耳耳。春秋匪解，享祀不忒。皇皇后帝，皇
祖后稷。享以騂犧，是饗是宜。降福既多，周公皇祖，亦其福女！

此則言魯國之封建，亦與周天子同祀后稷始祖之廟，而以周公爲其太廟也。
又同詩曰：

泰山巖巖，魯邦所詹。奄有龜蒙，遂荒大東。至於海邦，淮夷來同。
莫不率從，魯侯之功。

此段文字可證明周之建魯，所以鎮撫東藩，有監視淮夷諸夷之作用。《尙書》
亦有敘述周成王親自踐臨魯地，監督軍事之記載。《尙書・多士篇》曰：

王曰：「多士！昔朕來自奄，予大降爾四國民命。我乃明致天罰，移
爾遐逖，比事臣我宗多遜。」

〔註4〕此召陵之役，軍行之際，諸侯有先後之爭。而子魚則提出周初封建，以德爲
　　　先後之序，故曰：「以先王觀之，則尙德也。」其次序所以魯爲先，衛、晉在
　　　後之意，而魯之封建實亦最爲隆重。

〔註5〕齊思和《中國史探研・西周地理考》一文云：「諸新國中，以魯、衛、唐三國
　　　之封爲最要。奄國滅後，成王即以封周公長子伯禽，所以鎮撫東方也。……
　　　則魯國之封典禮之隆重，意義之重大，實非其他小國所可比擬，蓋所以鎮撫
　　　東方：監視徐、淮諸戎也。」。

〔註6〕見《左傳・昭公二年傳》。

〔註7〕〈魯頌・閟宮篇〉有「周公之孫，莊公之子。」之文，〈魯頌〉當爲頌魯僖公
　　　之詩。蓋魯僖公四年，曾從齊桓公伐楚，故詩有「戎狄是膺，荊舒是懲」之
　　　句；十三年，又從齊桓公會於鹹，伐淮夷以救杞國，十六年又會於淮以救鄫
　　　國，故詩有「明明魯侯，克明其德。既作泮宮，淮夷攸服。」之句，並見拙
　　　著《陳壽祺父子三家詩遺說研究》第四章，第三節「《魯詩》遺說解題」部份。

由以上諸證，皆足以說明魯之封建之重要性，其對於周之立國有舉足輕重之地位。而周成王之封周公於少昊之墟曲阜，其地在商朝為奄，奄為東方大國，其文明較他地為發達。《尚書大傳》有云：

奄君薄姑，謂祿父曰：「武王既死矣，成王尚幼矣，周公見疑矣。此世之將亂也。請舉事。」然後祿父及三監叛也。

齊思和〈西周地理考〉則云：

奄之地望，古無定說。惟《續漢書·郡國志》以魯為古奄國，但未舉出所本，故後世學者多不從之。鄭玄、杜預皆未能實指其地。至清江永始考出奄國都在今曲阜，[註8] 而汪容甫所考尤詳，[註9] 其言曰：「中按：《漢書·藝文志》：『禮古經者，出魯淹中。』蘇林曰：『里名也。』〈楚元王傳〉：『少時嘗與魯穆生、白生、申公，俱受詩於浮邱伯。』服虔曰：『白生，魯國奄里人。』《續漢志》注引《皇覽》曰：『奄里伯公冢在城內祥舍中。民傳言魯五德奄里，伯公葬其宅也。』《說文》：『郁，周公所誅，郁國在魯。』《括地志》：『兗州曲阜縣奄里，即奄國之地也。』淹、郁、奄，古今字爾。

齊氏所述汪容甫《述學》所考定，奄即曲阜之地；[註10] 又據伏生《尚書大傳》，奄國為紂黨，實力最強，祿父及三監之叛都由奄君之煽動。故周公輔成王東征，對奄之用兵最久，[註11] 則三監之亂既平，《尚書·多士篇》成王言曰「予大降爾四國民命」云云，乃誅三監而後伐奄之辭也。[註12] 凡此皆足證奄國於周初之重要，而成王所以封周公於魯之用意也。又曲阜為古少昊之墟，《左傳·昭公十七年》，傳云：

秋，郯子來朝。公與之宴。昭子問焉，曰：「少皞氏鳥名官，何故也？」郯子曰：「吾祖也。我知之。昔者黃帝氏以雲紀，故為雲師而雲名；炎帝氏以火紀，故為火師而火名；共工氏以水紀，故為水師而水名；大皞氏以龍紀，故為龍師而龍名。我高祖少皞摯之立也，鳳鳥適至，

[註8] 見江永《春秋地理考實》，卷一，《皇清經解》本。

[註9] 見汪中《述學》卷二，《皇清經解》第十八冊。

[註10] 盤庚遷殷（河南安陽）之前，奄曾為商朝之都，為第六次遷都建都之所在。參李威熊先生《中國經學史論》「殷商發跡圖」，頁94。

[註11] 《詩經·豳風·破斧》：「既破我斧，又缺我斨。周公東征，四國是皇。」其四國即《尚書》之四國也。又〈東山〉：「我徂東山，慆慆不歸。……自我不見，于今三年。」足證用兵之久也。

[註12] 見《尚書·多士篇》孔安國注。

故紀於鳥，爲鳥師而鳥名。鳳鳥氏，曆正也；玄鳥氏，司分者也；伯
趙氏，司至者也；青鳥氏，司啓者也；丹鳥氏，司閉者也；祝鳩氏，
司徒也；鴡鳩氏，司馬也；鳲鳩氏，司空也；爽鳩氏，司寇也；鶻鳩
氏，司事也。五鳩，鳩民者也；五雉爲五工正，利器用，正度量，夷
民者也；九扈爲九農正，扈民無淫者也。自顓頊以來，不能紀遠，乃
紀於近，爲民師而命以民事，則不能故也。」仲尼聞之，見於郯子而
學之。既而告人曰：「吾聞之，『天子失官，官學在四夷』，猶信。」

按：《左傳》敘述郯子之言，孔子不唯深信，而且從之爲學。可見少昊氏時，
已具百官刑政之制度，而其所以以鳥名官，猶今之所謂「圖騰」。〔註13〕服虔
《左傳》注云：〔註14〕

自少皞以上，天子之號以其德，百官之號以其徵；自顓頊以來，天
子之號以其地，百官之號以其事。〔註15〕

故郯子之言少昊氏以鳥名爲百官之號，並無奇異之處。而少昊氏時代百官刑
政之整齊，魯曲阜（即古奄國），其文明之發達，可見一斑矣。李威熊先生在
〈中國經學的形成與先秦魯學的關係〉一文，〔註16〕有云：

以山東曲阜爲中心的魯地，在周公封魯，伯禽就國以前，根據文獻
和考古先民新遺址的出土，可以證明已是文明相當高的地區。據說
伏羲氏與女媧即起於魯地，今山東離曲阜不遠的濟寧，即有女媧
陵。又如《史記》補三皇本紀說：「炎帝神農氏發於姜水，因以爲
姓，初都陳，後居曲阜。」相傳黃帝也生於壽丘；壽丘地在今曲阜
北方約三里處，黃帝大臣力牧也是曲阜人。又《左傳・定公四年》
說：「因商奄之民，命以伯禽封少皞之虛。」可見曲阜也是少皞金

〔註13〕圖騰（TOTEM）爲古部落之代表符號，亦後世種族姓氏之起源。見佛洛伊德
氏所著《圖騰與禁忌》一書。

〔註14〕見《禮記・月令》《疏》引。本處據高懷民《先秦易學史》所述。高氏云：「郯
子在前面所說的雲、火、水、龍，等，服虔稱之爲『徵』。徵字，說文：『召
也。』段玉裁注：『云徵者，證也，驗也。有證驗斯有感召，有感召而事以成。』
換句話說，前面郯子所說的幾種物象，爲古聖王取來作爲百官的名號，目的
是用作證驗及由是而生感召作用的。」高說是也。

〔註15〕顓頊氏之事功，並不在征戰之勝利或器物之發明；而在於改革原始之宗教，
即「絕地天通」。記載於《國語・楚語》與《尚書・呂刑》等篇，見勞思光《中
國哲學史》，三民書局。

〔註16〕見《中國經學發展史論》第二章，「中國經學形成的考察・附錄」。

天氏的故址。民國四十八年，在我國大陸山東大汶口、龍門口等地，發掘了不少石器時代的遺物，一般稱爲大汶口文明區，它是以山東汶水流域爲中心，包括泗水、汝水、潁水兩岸地帶，這些區域正是古代的魯地。

此益足證魯地爲古文明之區，而周公以輔周室之功封於此重地，兼備周王朝之文物，故愈益發達，終足以蘊育孔子之聖與博大精深之儒學也。《史記·魯周公世家》云：

> 周公卒，子伯禽固已前受封，是爲魯公。魯公伯禽之初受封之魯；三年而後報政周公。周公曰：「何遲也？」伯禽曰：「變其俗，革其禮，喪三年然後除之，故遲。」太公亦封於齊，五月而報政周公。周公曰：「何疾也？」曰：「吾簡其君臣禮，從其俗爲也。」及後聞伯禽報政遲，乃歎曰：「嗚呼！魯後世其北面事齊矣！夫政不簡不易，民不有近；平易近民，民必歸之。」

此言齊、魯政治之別，伯禽施政重點在移風易俗。蓋形成一國之風俗有二端焉：一曰水土之厚薄，風氣之淳漓，乃屬自然地理之因素；一則建國之君之立教化，其好惡取舍，靜躁不同，屬人文之因素，故風俗成也。〔註17〕在魯之公父文伯之母敬姜，嘗論居位者之所以行其教化之理，曰：

> 昔聖王之處民也，擇瘠土而處之，勞其民而用之，故長王天下。夫民勞則思，思則善心生；逸則淫，淫則忘善，忘善則惡心生。沃土之民不材，逸也；瘠土之民莫不嚮義，勞也。〔註18〕

魯國曲阜本是文明殷盛之地，而伯禽之封建在周諸侯中最爲隆重，伯禽之變革俗禮，又極其恪敬之至也。又魯國本是屬山壤之瘠地，岱嶽巖巖，民生勞苦，一向以農業維生，因此蘊育出農業社會保守篤謹之文化；如以公父文伯處朝之尊位，其母敬姜在家猶績織不息，可略見其民情也。〔註19〕《史記·

〔註17〕《漢書·地理志》，班固曰：「凡民函五常之性，而其剛柔緩急，音聲不同，繫水土之風氣，故謂之風；好惡取舍，動靜無常，隨君上之情欲，故謂之俗。」周公論齊魯教化，而斷言魯之終將北面事齊，其爲班氏之論所本也。

〔註18〕見《國語·卷五·魯語》。韋昭注曰：「瘠土利薄，又勞而用之，使不淫逸；不淫逸則向義，故長王天下也。」又曰：「民勞於事，則思儉約，故善心生也。」

〔註19〕敬姜爲魯國之賢婦女，《國語》中錄其事蹟有七條，其言行多有可法者。如對季康子之問，曰：君子能勞，後世有繼。曰：「寢門之內，婦人治其業焉。」；其教公父文伯勞逸之道；爲子娶妻，饗其宗老，而爲賦〈綠衣〉之三章；公父文伯卒，敬姜戒其妾之語，無怪乎孔子贊敬姜爲知禮之賢婦。

貨殖列傳》曰：

> 鄒魯濱洙泗，猶有周公遺風。俗好儒，備於禮，故其民齪齪。[註20]
> 頗有桑麻之業，無林澤之饒。地小民眾，儉嗇，畏罪，遠邪；及其
> 衰，好賈趨利，甚於周人。

《漢書‧地理志》，廣而論之云：

> 魯地，奎、婁之分野也。[註21] 東至東海，南有泗水，至淮，得臨
> 淮之下相、睢陵、僮、取慮，皆魯分也。周興，以少昊之虛曲阜，
> 封周公子伯禽爲魯侯，以爲周公主。其民有聖人之教化，故孔子曰：
> 「齊一變至於魯，魯一變至於道。」言近正也。瀕洙、泗之水，其
> 民涉度，幼者扶老而代其任。俗既益薄，長老不自安，與幼少相讓，
> 故曰：「魯道衰，洙泗之間齗齗如也。」孔子閔王道將廢，乃修六經，
> 以述唐虞三代之道，弟子受業而通者七十有七人，是以其民好學，
> 上禮義，重廉恥。……今去聖久遠，周公遺化銷微，孔氏庠序衰壞，
> 地陿民眾，頗有桑麻之業，無林澤之饒，俗儉嗇愛財，趨商賈，好
> 訾毀，多巧僞，喪祭之禮文備實寡；然其好學，猶愈於他俗。漢興
> 以來，魯東海多至卿相。[註22]

魯因有高度之文明基礎，又爲宗周之國，其立國典章制度襲自周禮者最多。
昔周公制禮作樂，而伯禽封魯就國，變俗革禮，多承周公之教也。今舉《詩》、
《書》類關於此項資料，略爲說明之。

（一）《尚書》之告誡

　　周人立國之初，有懲於商紂之荒淫而失勤恪之道，周公之戒成王，必以
此爲教。〈無逸篇〉云：

> 周公曰：「嗚呼！繼自今嗣王，則其無淫於觀、於逸、於遊、於田，
> 以萬民惟正之供。無皇曰：『今日耽樂。』乃非民攸訓，非天攸若，
> 時人丕則有愆。無若殷王受之迷亂，酗於酒德哉？」

又如〈梓材篇〉，周公之告成王之言曰：

> 惟曰：若稽田，既勤敷菑，惟其陳修，爲厥疆畎。若作室家，既勤

[註20] 齪齪，細謹之貌。

[註21] 《漢書‧地理志》有地理分野之說，其原於星象以言地理，見林金泉〈詩緯
　　　星象分野考〉，《成功大學學報》第二十一卷。民國75年11月出版。

[註22] 見附錄（一）（二）「魯之星象分野」及「魯之地域圖」。

垣墉，惟其塗塈茨。若作梓材，既勤樸斲，惟其塗丹雘。

文中所舉之訓示，若非農耕之務，即營建屋室之譬喻。今考其所以然之故，乃因周人之始祖后稷，曾爲舜之農官；而周之興於有邰、岐周，又莫非藉資於農業也。農業社會之重祭祀，祀天配祖，乃其生活之常務，《尚書·洛誥》即告誡以祭祀之義，而以明農爲事。〈洛誥〉云：

汝其敬識百辟享，亦識其有不享。享多儀，儀不及物，惟曰不享。惟不役志於享，凡民惟曰不享，惟事其爽侮。……汝往敬哉！茲予其明農哉！彼裕我民，無遠用戾。

周人立國之精神，在對鬼神之信仰，蘊有一「敬」之觀念；又以務農之經驗，特重視「勤」之美德，由此足以見矣。故〈召誥〉、〈酒誥〉亦對此二德行諄諄告誡焉。〈召誥〉曰：

王先服殷御事，比介於我有周御事，節性惟日其邁。王敬作，所不可不敬德。……惟不敬厥德，乃早墜厥命。

〈酒誥〉曰：

故天降喪於殷，罔愛於殷；惟逸。天非虐，惟民自速辜。

而〈洪範篇〉所述則與周人以農立國，與敬天法祖之信仰有關。《尚書·洪範篇》曰：

初一曰五行，次二曰敬用五事，次三曰農用八政，次四曰協用五紀，次五曰建用皇極，次六曰乂用三德，次七曰明用稽疑，次八曰念用庶徵，次九曰嚮用五福威用六極。

其中「五行」爲農事之根本，故曰：「水曰潤下，火曰炎上，木曰曲直，金曰從革，土爰稼穡。」；「五事」爲「恭、從、明、聰、睿」，乃從政之德；「八政」爲「食、貨、祀、司空、司徒、司寇、賓、師」，居位之職；「五紀」爲「歲、日、月、星辰、歷數」，乃授民農作節序之類，皆與以上「敬」、「勤」之觀念相關。

周人因其敬恪勤勞之德，故能代殷受命，在其建國維艱之時，惟恐放逸而失之，故常兢兢自守，恒自體念。〈大誥〉之辭，曰：

肆予沖人，永思艱曰：嗚呼！允蠢鰥寡，哀哉！予造天役，遺大投艱于朕身，越予沖人，不卬自恤。……予惟小子，不敢替上帝命。天休於寧王，興我小邦周，寧王惟卜用，克綏受茲命。今天其相民，矧亦惟卜用。嗚呼！天明畏，弼我丕丕基。

凡以上諸誥謨之文，皆用以顯示周初建國艱難，以儆惕自恤之用心也。故周公既屢以此戒成王，而在伯禽封魯就國之時，更戒之曰：「無以國驕人」，魯之累朞先君，皆能明此教諭，亦以此教國人，故公父文伯之母敬姜誡子，其言所以屢稱「聖王」、「先王」者，所指莫非文、武、周公是也；〔註23〕而其所謂「聖王處民，擇瘠土而處之。」即是言魯之封於魯地也。其所論周制之備，臣下各有職事，亦伯禽變俗革禮，教化所致，故魯地沐浴聖道獨深也。〔註24〕

今更舉魯地之士人受教化之深，以說明周制文明所以在魯之理。春秋之際，長勺之役，處士曹劌之說莊公曰：

夫惠本，而後民歸之志；民和，而後神降之福。若布德於民而平均其政事，君子務治而小人務力，動不違時，財不過用，財用不匱，莫不能使共祀。是以用民無不聽，求福無不豐。

而其諫莊公如齊觀社之辭則曰：

夫禮，所以正民也。是先王制諸侯，使五年四王，一相朝。終則講於會，以正班爵之義，帥長幼之序，訓上下之則，制財用之節，其間無由荒怠。

夫以曹劌乃魯之一處士，而其見識之遠大，所發言論莫不能體國經野，深諳治平之理，倘非教化之深至，其可及此乎？莊公之好奢也，丹其楹、刻其桷，粉飾耗用無節，匠師慶則諫之曰：

臣聞聖王公之先封者，遺後人之法，使無陷於惡。其爲後世昭前之令聞也，使長監於世，故能攝固不解以久。今先君儉而君侈，令德替矣。

處士、匠師，其在國中身份皆甚卑微，而其言論，皇皇焉不啻一國之君相師儒，以此知其先王、先公之教澤深也。其他如臧文仲之數諫、里革之斷罟、

〔註23〕見前論敬姜誡公父文伯一事。
〔註24〕敬姜論周制，云：「是故天子大采朝日，與三公、九卿識地德；日中考政，與百官之政事。……諸侯朝修天子之業命，晝考其國職，夕省其典刑，夜儆百工，……卿大夫朝考其職，晝講庶政，夕序其業，夜庀其家事……士朝受業，晝而講貫，夕而習復，夜而計過無憾……自庶人以下，明而動，晦而休，無日以怠。」即王后、公侯夫人、卿之內子，命婦、列士之妻，亦莫不親織，謂爲「先王之訓」，則其非獨魯國之制，乃周制也，故自「天子」、「諸侯」、「卿大夫」、「士」無有不及者。

季文子之爲相，魯之多君子，信有其故矣。〔註25〕

又以魯之地理經濟一端，論魯國所以爲儒學發源之故。《尚書‧禹貢篇》
云：

> 濟、河惟兗州：九河既道，雷夏既澤，灉、沮會同。桑土既蠶，是
> 降丘宅土。厥土黑墳，厥草惟繇，厥木惟條。厥土惟中下，厥賦貞。……
> 厥貢漆絲，厥篚織文。

兗州即魯地，其土貧瘠，故農耕之外，善於蠶織。又〈禹貢〉述青州云：「厥
篚檿絲。」青州爲齊地，魯、齊兩地蠶桑之業皆盛，齊之能織冰紈、綺繡之
物，亦有賴魯國原料之供應也。〔註26〕

且謂魯爲瘠國者，魯處山壤，〈禹貢〉賦其田在中下之等，「中下」屬第
六等則之田，〔註27〕故「作十有三載，乃同」，即謂兗州之地必待長時期費力
改良，乃能同於他州也。敬姜稱「聖王處民，擇瘠土而處之。」是也。

（二）《詩經》之證

在《詩》十五國風中，有「魯頌」而無「魯風」。此固可作孔子編《詩》
時特爲尊魯之解釋；然以時王宗周尚有〈王風〉之詩，魯獨無風，豈不可怪
哉？徐中舒《上古史論》〈豳風說〉一文，稱〈豳風〉即〈魯風〉，列有二十
四證，其說甚詳。茲錄其結論於下：

（1）〈豳風〉所詠，無關於大王以前或公劉、后稷之事。〈詩序〉所謂
「周公遭變，故陳后稷先公風化之所由，致王業之艱難。」云云，
在《詩》中既無內證，在《詩》外亦無旁證，實爲一無據之談。

（2）「七月流火」應爲西元前三四世紀（或五六世紀）之天象，確非周
初所應有。

（3）公孫、公子爲春秋以來最通行之名稱（春秋以前稱君子）。

（4）金文「以介眉壽」、「萬壽無疆」或「受福無疆」，皆西周中葉以後，
或春秋時代最通行之辭句。周初或殷周之際之器，無用此語者。

（5）四國據《詩》及舊籍中語例，當作「四方」解，不當以爲周初之

〔註25〕臧文仲、里革、季文子等事蹟並見《國語‧魯語》所記載。

〔註26〕《漢書‧地理志》云：「太公以齊地負海，舄鹵，少五穀，民寡，乃勸以女工
之業……織作冰紈、綺繡、純麗之物，號爲冠帶衣履天下。」

〔註27〕按「上上」、「上中」、「上下」、「中上」、「中中」、「中下」、「下上」、「下中」、
「下下」等九分則之，「中下」當爲第六等則。

管、蔡、商、奄四國。〔註28〕

（6）周公世爲王室卿士，〈豳風〉中之周公不必即爲周公旦。〔註29〕

（7）〈鴟鴞〉之詩，孔孟不以爲周公作，故《書・無逸》必非春秋以前
　　之書，似爲後來魯人之傳說。

由以上七證論之，〈豳風〉必非西周初年之詩。再次：

（8）豳在周初其地已數次淪爲夷狄之鄉，及漢初猶未全然華化；且秦漢
　　以前其地未有鄭、白二渠，當仍爲舄鹵之區，實無從産生若〈豳風〉
　　之環境。

（9）〈七月〉詩：「塞向墐戶」及「索綯」、「于茅」等，皆爲東方未有瓦
　　屋以前以茅茨爲蓋之風尚，實與秦豳之板屋穴居不同。

由以上兩證論之，〈豳風〉所詠實非豳地之土風。再次：

（10）《周禮・籥章》載吹豳詩、豳雅、豳頌皆擊土鼓。土鼓即瓦缶，爲
　　　關中最盛行之土風，是爲豳樂之特徵。

（11）《禮記・明堂位》載魯人兼用四代之樂，而有土鼓、葦桴、葦籥，
　　　即魯用豳樂之證。〔註30〕魯爲周後，故得用周人舊居於豳時之樂。

（12）《左傳》載季札所觀之樂，〈豳〉在〈齊風〉之次，又以〈豳〉爲
　　　周公之東，似即以〈豳風〉爲魯風。

（13）〈齊風・南山詩〉「伐柯」之喩，與〈豳風〉之「伐柯」同，〈南山〉
　　　詠魯事本應爲魯風，故〈豳風〉亦當出於魯人。

（14）《呂氏春秋》以「破斧」爲東音，「破斧」在〈豳風〉中，豳在西

〔註28〕徐中舒〈豳風說〉謂「四國即四方」，舉〈崧高〉：「四國于蕃，四方于宣。」，
　　　　〈抑〉：「無競維人，四方其訓之：有覺德行，四國順之。」此以四國與四方
　　　　相互爲文，四國即四方。……詩以「中國」京師與四方、四國並舉者，蓋言
　　　　四方之國，必以京師爲中心，京師即「中國」所在。徐氏因謂《毛傳》：「四
　　　　國，管、蔡、商、奄也」爲未安，而鄭《箋》釋之爲無據。然而，〈豳風・破
　　　　斧〉既言「周公東征」，周人每論及此，皆以爲周公輔成王伐四國，故仍以舊
　　　　說爲妥也。

〔註29〕即《左傳》、《公羊傳》之以周公次子留相王室，故世爲周公，然其稱必有「周
　　　　公黑肩」、「周公楚」等之名，單稱「周公」者，唯「周公旦」一人而已，故
　　　　此處所論未安。

〔註30〕《禮記・明堂位》：「周公相武王以伐紂。武王崩，成王幼弱，周公踐天子之
　　　　位，以治天下；六年，朝諸侯於明堂，制禮作樂……命魯公世世祀周公以天
　　　　子之禮樂。」又《史記・魯周公世家》：「於是成王乃命魯得郊，祭文王。魯
　　　　有天子禮樂者，以襃周公之德也。」皆證魯有天子之一切禮樂也。

而以爲東音，當是指魯而言。

（15）東山即蒙山，爲魯人屢代對東方用兵之重鎮。

（16）先秦蠶桑之業以兗爲最盛，〈禹貢〉除青之岱畎外，惟兗州之貢有絲，又獨於兗州下繫「桑土既蠶」之句，是〈豳風〉之背景，亦以魯地爲最宜。

（17）〈七月〉所詠農作物，大致與〈魯頌〉之〈閟宮〉同，而與〈大雅·生民〉則懸殊過甚；〈職方〉兗宜四種則與〈豳風〉、〈魯頌〉近，雍冀二種，則與〈生民〉近，此皆可證〈豳風〉應爲東方之詩。

（18）魯之三桓代執國政，而季氏尤得民心，故〈豳風〉有詠公子、公孫之詩。

（19）〈九罭〉之詩一則曰「公歸無所」，再則曰「公歸不復」，三則曰「無以我公歸兮」，似爲魯昭失國之詩。

由以上十證論之，〈豳風〉宜爲春秋時之魯詩。再次：

（20）《左傳》載季札觀樂，魯之工師所奏除無〈魯頌〉、〈商頌〉外，大致皆與今本《詩經》同，此必魯之大師備有各種古今方俗之樂隊，其所存樂歌之底本，必與今本相差無幾。（〈魯頌〉、〈商頌〉之作僅前於此數十年，當是後來附入者。）〔註31〕

（21）《左傳》謂當時諸侯於宋、魯觀禮，又云周禮盡在魯；且先秦舊籍多稱魯用天子禮樂，故魯之詩樂，在春秋時應最爲完備。

（22）《論語》載「孔子自衛反魯，然後樂正，〈雅〉〈頌〉各得其所。」即孔子以衛樂校訂魯樂之證，而魯樂之有〈雅〉〈頌〉，更爲季札觀樂以外之又一有力之佐證。

（23）古代詩樂之教學，出於樂官，故《詩經》爲樂官所歌之詩之底本，實爲最自然之事。

（24）《詩》、《書》皆出儒家，而魯又爲儒家所自出。

按：以上徐氏論《詩經·豳風》爲魯風之二十四證，實足以矯正舊說之缺失。魯人最擅長於述古頌德，故〈閟宮〉必祖於姜嫄、后稷、以迄大王、文武之

〔註31〕〈魯頌〉爲頌魯僖公從齊桓公伐山戎、淮夷之成功而作，魏源《詩古微》早有定論。〈商頌〉爲宋襄公成其霸功，其大夫正考父作之者。《史記·宋世家》云：「宋襄公之時，修行仁義，欲爲盟主，其大夫正考父美之，故追道湯、契、高宗所以興，作〈商頌〉。」〈商頌〉當爲宋國之詩也。

業，以爲後嗣之榮名，故繫其國風之詩以豳名，實最自然不過之事。孔子稱
《詩》，屢言「三百篇」，三百篇至今具在，十五國風之〈邶〉、〈鄘〉，同爲衛
詩，〈唐風〉本爲晉國之詩，而皆繫之以舊國之稱，與魯風之繫以豳之名，實
無二致。誠若以〈豳風〉爲魯詩，則〈七月〉或寫四時農桑，男耕女織之民
間風情；〈魯頌‧駉篇〉述牧馬盛狀，此皆魯地民情之寫照也。

《莊子‧天下篇》稱古之數度，舊法相傳，而鄒魯搢紳之士多能明之。
清章實齋廣而述之，云：

> 古未嘗有著述之事也。官師守其典章，史臣錄其職載。文字之道，
> 百官以之治，而萬民以之察，而其用已備矣。是故聖王書同文以平
> 天下，未有不用之於政教典章，而以文字爲一人之著述者也。道不
> 行而師儒立其教，我夫子之所以功賢堯舜也。〔註32〕

古者並無著述之事，典章守於師，職掌錄於史臣，故六經皆史，未嘗離事而
言理，後世師儒之教皆存於此。唯胡適於〈說儒〉一文云：

> 在殷周盛時，祝宗卜史自有專家。亡國之後，這些有專門知識的人
> 往往淪爲奴虜，或散在民間。因爲他們是有專門的知識技能的，故
> 往往能靠他們的專長換得衣食之資。他們在殷人社會裏，仍舊受人
> 民的崇敬；而統治的階級爲了要安定民眾，也許還爲了他們自己也
> 需要這種有知識技能的人，所以只須那些「多士攸服奔走臣我多
> 遜」，也就不去過份摧殘他們。這一些人和他們的子孫，就在那幾百
> 年之中，自成了一個特殊的階級。他們不是那新朝的「士」；「士」
> 是一種能執干戈以衛社稷的武士階級，是新朝統治階級的下層。他
> 們只是「儒」。他們負背著保存故國文化的遺風，故在那幾百年社會
> 驟變，民族混合同化的形勢之中，他們獨能繼續保存殷商的古衣冠
> ——也許還繼續保存了殷商的古文字言語。〔註33〕

胡先生以爲，儒本殷遺民之後，以柔遜爲其處世態度，而以治喪相禮爲其
職業。此文頗引起議論，如錢穆先生著論駁胡適之〈說儒〉一文，以爲儒
乃嫻習六藝之士，從許慎《說文》「儒爲術士之稱」之說，其要有五端：如
孔門魯籍弟子，如顏氏確爲姬姓之魯人，魯儒非皆殷遺民也；縱儒道尙柔，
未必與亡國遺民相涉，周道尙文，儒皆擅長政治與軍事之組織，其論學重

〔註32〕見《文史通義‧詩教上》。
〔註33〕見胡適《說儒》，遠流出版公司出版，頁21。

現實而尙剛，曾無柔儒之徵象也；儒家崇仁，而本原於孝，故推極之於喪祭之禮，非儒即以相禮助喪爲本業也。如此諸端，皆足以駁胡氏之誤。錢穆先生曰：

> 儒家所言禮，皆「周禮」也。孔子曰：「夏禮吾能言之，杞不足徵也。殷禮吾能言之，宋不足徵也。文獻不足故也，足則吾能徵之矣。」此孔子自言夏殷之禮因文獻不足而不能徵。又曰：「周監於二代，郁郁乎文哉，吾從周。」是孔子又言周禮承夏殷之後，集文化大成，而爲孔子所願從矣。故曰：「文王既沒，文不在茲乎？」是孔門言禮直承周代，絕無疑義。〔註 34〕

若論以「儒」名者，首見於《論語》中孔子對子夏言：「女爲君子儒，毋爲小人儒。」則儒之稱實肇始於孔門也。胡氏之說既激爲波瀾，論儒之文叢出，〔註35〕而以錢先生之說最爲中肯。中華文化至周代而規模始備，周公制禮作樂，完成周文；孔子一生則以繼文、武、周公爲職志，若如胡氏之言，儒乃以遜柔相禮爲職，則能有博大之孔子乎？錢先生繼又云：

> 孔子何以能言周禮，則以西周禮書猶存於魯故也。衛祝鮀有言：「伯禽封魯，其分器備物典策」，此西周禮書在魯之所由也。故晉韓宣子聘魯，見《易象》與《春秋》，而曰：「周禮盡在魯矣。」齊仲孫湫之省魯，亦曰：「魯秉周禮，未可動。」哀公三年，桓僖二宮災，命周人出御書，宰人出禮書。此皆周之典籍魯有其副之證。故孔子曰：「吾觀周道，幽厲傷之，吾舍魯何適矣。」（〈禮運〉）又其對哀公曰：「文武之道，布在方冊。」（〈哀公問〉）而莊子亦言曰：「其於詩書禮樂者，鄒魯之士，搢紳先生多能明之。」（〈天下篇〉）此魯存周禮，爲儒道之所本之明據碻證也。《小戴記·明堂位》：「凡四代之服器官，魯兼用之，是故魯，王禮也，天下傳之久矣。禮樂刑法政俗，未嘗相變也。天下以爲有道之國，是故天下資禮樂焉。」此儒業獨盛於魯之所由也。

然則孔子所述，乃集周代文化之大成；魯學，則爲中國學術之源頭。皮錫瑞《經學歷史》故云：

〔註34〕 見錢穆〈駁胡適之說儒〉一文，載香港大學《東方文化》，一卷一期。

〔註35〕 胡適之〈說儒〉本因章太炎〈原儒〉而發，〈原儒〉篇見章氏《國故論衡》。戴君仁有〈儒的來原推測〉一文，見《梅園論學集》。

經學開闢時代，斷自孔子刪定六經爲始。孔子以前，不得有經；猶
之李耳既出，始著五千之言；釋迦未生，不傳七佛之論也。〔註36〕

雖孔子之前《詩》、《書》、《禮》、《樂》已合而稱之，如《左傳・僖公二十七
年》，晉趙衰曰：

臣亟聞其言矣。說禮、樂而敦《詩》、《書》。《詩》、《書》，義之府也；
禮、樂，德之則也；德、義，利之本也。〈夏書〉曰：「賦納以言，
明試以功，車服以庸。」君其試之。

《國語・楚語》亦載：

莊王使士亹傅太子箴。……問於申叔時，叔時曰：「教之《春秋》，
而爲之聳善而抑惡焉，以戒勸其心；……教之《詩》，而爲之導廣顯
德，以耀明其志；教之《禮》，使知上下之則；教之《樂》，以疏其
穢而鎮其浮。」

《左傳》以《詩》、《書》、《禮》、《樂》四者合而稱之，《國語》變《書》而言
《春秋》，是孔子之前固已有此教，經書亦已具體成型，而經說屢有所見矣。
故皮錫瑞云：

孔子以前，未有經名而已有經說，具見於《左氏》内外傳。内傳所
載元亨利貞之解、黃裳元吉之辨、夏后氏之九功九歌、文武之九德
七德、〈虞書〉數舜功之四凶十六相；以及外傳之叔向、單穆公、閔
馬父、左史倚相、觀射父、白公子張諂人，或釋《詩》，或徵《禮》，
非但比漢儒故訓爲古，且出孔子刪《詩》之前。

然則孔子整理六經之功，贊明經義使之光大，孟子因此謂孔子集其大成，故
曰：「見其禮而知其政，聞其樂而知其德。由百世之後，等百世之王，莫之能
違也。自生民以來，未有夫子也。」〔註37〕故六藝之必待孔子而後折衷；堯、
舜、文、武之功，必有夫子後可得而述也。熊十力《論六經》一書云：

中國哲學思想之正統派即儒家。《中庸》云：「仲尼祖述堯舜，憲章
文武。」夫言祖述而舉堯舜，則羲、農、黃諸聖皆堯、舜之所承，
是堯舜以上皆備舉之矣。言憲章而舉文武，則禹湯乃至周公，皆與
文武無異道，即皆孔子所憲章可知已。孟子稱孔子集大成，其說與
《中庸》相印證。儒學自唐虞三代，至孔子幽讚六經，始集其大成，

〔註36〕見皮錫瑞《經學歷史》，「經學開闢時代」一章。
〔註37〕見《孟子・公孫丑篇》。

而盛行於民間。故呂政坑儒生，而扶蘇爭之曰：「諸生皆誦法孔子。」
云云，可見春秋迄戰國，早以孔子爲儒家之大祖也。當春秋戰國之
交，諸子百家並作，而儒家居正統派之地位恒自若。唐虞三代之政、
教，化理深入於中國社會，使人人淪肌浹髓，轉相傳續，而成爲中
國人之特殊精神者，蓋已久矣！至孔子，本此精神而演爲學術，其
廣大淵深微妙之蘊，首在於《易》，次則《春秋》，又次則爲《詩》、
《書》、《禮》、《樂》諸經。

故言中國學術，首擘厥爲孔子，其上繼往聖，下開來學，魯學誠天下之所宗，
孔子則集其大成者也。〔註38〕

第二節　齊學形成之背景

　　齊在周初爲太公呂尙封邑。太公以佐周滅殷有大功，封於泰山之北，濱
海之地。《史記・齊太公世家》曰：

　　武王已平商而王天下，封師尙父於齊營邱。……太公至國，修政，
　　因其俗，簡其禮，通商工之業，便魚鹽之利，而人民多歸齊，齊爲
　　大國。及周成王少時，管蔡作亂，淮夷畔周，乃使召康公命太公曰：
　　「東至海，西至河，南至穆陵，北至無棣；五侯九伯，實得征之。」
　　齊由此得征伐，爲大國。都營邱。〔註39〕

《漢書・地理志》云：

　　齊地，虛、危之分野也。東有菑川、東萊、琅邪、高密、膠東；南
　　有泰山、城陽；北有千乘，清河以南，勃海之高樂、高城、重合、
　　陽信；西有濟南、平原，皆齊分也。少昊之世有爽鳩氏，〔註40〕虞、

〔註38〕李威熊先生〈中國經學的形成與先秦魯學的關係〉一文歸納爲三端：（一）經
　　　　是孔子所集中國古代文化之大成。（二）經學由孔門的弘揚才成爲全國性的學
　　　　術。（三）《漢志》稱諸子百家爲「六經之支與流裔」，誠屬不誣。此文既顯示
　　　　孔子於中國古代學術之重要地位，亦表徵魯學實足爲古代文化之代表。見《中
　　　　國經學發展史論》，第二章附錄。
〔註39〕《左傳・僖公四年》，管仲佐齊桓公伐楚，責於楚曰：「昔召康公命我先君太
　　　　公曰：『五侯九伯，女實征之。以夾輔周室。』賜我先君履：東至於海，西至
　　　　於河，南至於穆陵，北至於無棣。」此當爲《史記》所據。
〔註40〕見第一節所引《左傳・昭公十七年》，郯子對昭子「少昊氏鳥名官」一段。爽
　　　　鳩氏，司寇之官也。

夏時有季崱，湯時有逢公柏陵，殷末有薄姑氏，皆爲諸侯，國此地。
〔註41〕

齊在少昊氏時已爲舊文明之國，並非草莽不毛之地。武王所以封太公在齊，齊思和〈西周地理考〉述云：

> 魯、衛、唐之外，又有一重要異姓諸侯焉，則齊太公是已。……蓋太公爲周之元勛名將，故使之鎮撫東方，與魯爲犄角之勢也。

據齊領地之範圍，則今之山東泰安以北，德平以東，河北慶雲以南之地，實有今山東之大部、河北之一部分，其在〈禹貢〉爲青州之地。《尚書・禹貢》云：

> 海岱惟青州：嵎夷既略，濰、淄其道。厥土白墳，〔註42〕海濱廣斥。厥田惟上下，厥賦中上。厥貢鹽、絺，海物維錯，岱畎絲、枲、鉛、松、怪石。萊夷作牧。厥篚檿絲。浮于汶，達於濟。

〈禹貢〉列齊地壤土爲上下之等，爲第三等則之田，唯其土地既多經海水浸漑，故頗不利於農耕，其物產大抵以海產魚鹽爲多，而泰山谷地（岱畎）則產松、鉛、怪石之外，並有絲麻。《史記・貨殖列傳》云：

> 齊帶山海，膏壤千里，宜桑麻，人民多文綵、布帛、魚鹽。

《漢書・地理志》則云：

> 太公以齊地負海舄鹵，少五穀而人民寡；乃勸以女工之業，通魚鹽之利，而人物輻湊。後十四世，桓公用管仲，設輕重以富國，合諸侯成伯功，身在陪臣而取三歸，故其俗彌侈，織作冰紈綺繡純麗之物，號爲冠帶衣履天下。

據《史記・貨殖列傳》與《漢書・地理志》合勘之，則以《漢志》當較近實。蓋齊地屬濱海之區，則原非富饒之地，幸賴太公之獎勵工業與通商，兼以管仲之經濟改革，始得富強也。

既前所述，一國之風俗與其水土風氣攸關，復與建國者導民之術相契。齊之建國者太公影響齊人者最鉅大。《漢書・地理志》述之曰：

> 初，太公治齊，修道術，尊賢智，賞有功，故至今其土多好經術，矜功名，舒緩闊達而足智。其失夸奢朋黨，言與行繆，虛詐不情，急之則離散，緩之則放縱。

〔註41〕見附錄（一）「齊地星象分野圖」，與附錄（四）「齊國地域圖」。
〔註42〕屈萬里《尚書集釋》云：「白墳，謂色白而肥沃。」

史傳對太公之道術謀略屢有所稱，如《漢書‧藝文志》錄「太公二百三十七篇」，其中有「謀八十一篇」、「言七十一篇」、「兵八十五篇」〔註43〕而繫在道家之流。以道家本源出史官，歷記成敗、存亡、禍福，皆古今之道，君人南面之術也。故太公治齊，簡其禮而從俗，本因循之道，〔註44〕是太公之所謂道術，與周公之道同名而異實焉。《史記‧齊太公世家》述太公事蹟云：

> 周西伯昌之脫羑里歸，與呂尚陰謀修德以傾商政，其事多兵權與奇計，故後世之言兵及周之陰權，皆宗太公為本謀。〔註45〕周西伯政平，及斷虞、芮之訟，而詩人稱西伯受命曰文王。伐崇、密須、犬夷，大作豐邑。天下三分，其二歸周者，太公之謀計居多。

由此足見周之建國，與天下制度之更張，〔註46〕太公之功最多，而齊人之尊太公，乃效其賢智，雍容闊綽，權變通達，其風氣之來有自也。

　　齊人之宗太公之外，管仲對齊俗之影響亦大，凡齊人多服膺於管仲，〔註47〕而管氏亦好權謀，此可見於其與鮑叔牙交、不死公子糾之難，皆棄小信而慕大節；其佐齊桓公成霸功，伐蔡以脅楚，本是師出無名，而責楚以「包茅不入，王祭不供，無以縮酒，寡人是徵；昭王南征而不復，寡人是問。」〔註48〕是其擅於辭令，而深於權謀者也。故齊姜諷重耳，不可以懷安而敗事，則舉管仲之言。《國語‧晉語》云：

> 昔管敬仲有言，小妾聞之。曰：「畏威如疾，民之上也；從懷如流，民之下也；見懷思威，民之中也。畏威如疾，乃能威民。威在民上，弗畏有刑。從懷如流，去威遠矣，故謂之下。其在辟也，吾從中也。鄭詩之言，吾其從之。」此大夫管仲之所以紀綱齊國，禪輔先君而

〔註43〕《漢書補注》，錢大昭在此項下曰：「謀、言、兵，就二百三十七篇而析言之，太公其總名也。」

〔註44〕見《史記‧魯周公世家》：「太公封於齊，五月而報政周公。周公曰：何疾也？曰：吾簡其君臣禮，從其俗為也。」此即道家絕去禮學，獨任清虛之治也。

〔註45〕《史記‧齊太公世家》又云：「以告神討紂之罪，散鹿臺之錢，發鉅橋之粟，以振貧民；封比干墓，釋箕子囚，遷九鼎，修周政，與天下更始，師尚父謀居多。」史家於太公之謀可謂贊歎備至。

〔註46〕凡立國之初，不免於兵戰，建國之後，須立制度，二者皆太公所擅長；至於興禮樂、明制度、張學術，則周公之能獨任也。

〔註47〕《孟子‧公孫丑篇》，公孫丑問曰：「夫子當路於齊，管仲、晏子之功可復許乎？」孟子曰：「子誠齊人也，知管仲、晏子而已矣。」可見齊人之言及前賢，必舉管子也。

〔註48〕見《左傳‧魯僖公四年》傳。

成霸者也。〔註49〕

管仲從權之教諭，姜氏述之以諷重耳。所謂「從中」即「從權」之意，乃齊人誦守不違之教也。故孟子亦曰：「齊人有言：雖有智慧，不如乘勢；雖有鎡基，不如待時。」〔註50〕蓋齊人論學，多重「時」與「勢」，「時」之與「勢」，皆以權變爲尙。《論語・子罕篇》言「權」，殊非易事也。〈子罕篇〉云：

> 子曰：「可與共學，未可與適道；可與適道，未可與立；可與立，未可與權。」

孔子論學，並非不重權，然權乃宜居於道之上，〔註51〕寧立於正道而不可輕言從權之用。〔註52〕孟子嘗以齊人辯士淳于髡之問，而揭「權」一義之作用，〔註53〕此實受齊人風氣之影響也。齊人風氣最重權變，好爲議論。《史記・田敬仲完世家》云：

> 宣王喜文學游說之士，自如騶衍、淳于髡、田駢、接予、愼到、環淵之徒七十六人，皆賜列第，爲上大夫，不治而議論。是以齊稷下學士復盛，且數百千人。

蓋在戰國之世，若論國勢之盛，齊實爲首選；而齊之富庶又迥非他國之所可及，〔註54〕即三代之盛，亦遠非其匹，孟子以爲以齊而王，如反手之易是也。

〔註49〕《國語》韋昭注，「畏威如疾」，謂「畏威如畏疾病」；「從懷如流」，謂「從心所思，如水流行」；「見懷思威」，謂「見可懷則思可畏」。齊姜之意，蓋欲重耳不可順身縱欲而求安，而舉管仲之言以誡之，見管仲之教實深入齊人之心也。

〔註50〕見《孟子・公孫丑篇》。

〔註51〕趙岐《孟子注》云：「權者，反經而善也。」見《孟子正義》「權」亦即「義」也。故孟子曰：「大人者，言不必信，行不必果，惟義所在。」（《孟子・離婁篇》），以曾子居武城，寇至而去；子思居於衛，守之不去，二人所爲不同。孟子以爲曾子居在父兄、師者之位，而子思爲人臣者，二人易地皆然，此即「權」之最佳詮釋。

〔註52〕《論語・八佾篇》：「禮，與其奢也，寧儉；喪，與其易也，寧戚。」孔門之教一向立於正道，不輕言權變，故篤志固執如此。程子曰：「漢儒以反經合道爲權，故有權變、權術之論，皆非也。權只是經也。自漢以下，無人識權字。」

〔註53〕《孟子・離婁篇》：『淳于髡曰：「男女授受不親，禮與？」孟子曰：「禮也。」曰：「嫂溺，則援之以手乎？」曰：「嫂溺不援，是豺狼也。男女授受不親，禮也；嫂溺援之以手者，權也。」』可見「權」在非常之情態下，始可言之，若經常以權爲道，宜乎程子謂後人無識於權字之義也。

〔註54〕《孟子・公孫丑篇》：「夏后、殷、周之盛，地未有過千里者也；而齊有其地矣。雞鳴狗吠相聞，而達乎四境；而齊有其民矣。地不改辟矣，民不改聚矣，行仁政而王，莫之能禦也。」以此見齊地之廣袤，民居之稠密，皆過於三代

〔註55〕戰國之世，游說風氣最盛，白衣處士每以其學干世主而致卿相，故士之熱衷嚮慕，蔚然盛極一時。齊素受先公先君之教，士人多爲闊達多智，更有宣王之提倡，設稷下學士之供養，由此促使齊地學術遂勃爾大盛，而產生於齊地之學術，吾人且稱之爲「齊學」。〔註56〕蓋稷下先生雖非皆齊人，而其既產於齊地，故有是名也。《史記·孟荀列傳》曰：

> 齊有三騶子。其前騶忌，以鼓琴干威王，因及國政，封爲成侯而受相印，先孟子。其次騶衍，後孟子。……騶奭者，齊諸騶子，亦頗采騶衍之術以紀文。於是齊王嘉之，自如淳于髡以下，皆命曰列大夫，爲開第康莊之衢，高門大屋，尊寵之，覽天下諸侯賓客，言齊能致天下賢士也。

齊之諸騶子以騶衍爲最重要。蓋其前之騶忌僅爲游說干位之士，不能有深湛之學術理論；而後之騶奭，亦僅采騶衍之術以著書，爲騶衍之後學。故《史記》特以多數文辭錄騶衍之說，以章明其學術。《史記·孟荀列傳》云：

> 騶衍睹有國者益淫侈，不能尚德，若〈大雅〉整之於身，施及黎庶矣。乃深觀陰陽消息而作怪迂之變，〈終始〉、〈大聖〉之篇十餘萬言。其語閎大不經，必先驗小物，推而大之，至於無垠。先序今以上至黃帝，學者所共術，大並世盛衰，因載其禨祥度制，推而遠之，至天地未生，窈冥不可考而原也。先列中國名山大川，通谷禽獸，水土所殖，物類所珍，因而推之，及海外人之所不能睹。稱引天地剖判以來，五德轉移，治各有宜，而符應若茲。以爲儒者所謂中國者，於天下乃八十一分居其一分耳。〔註57〕中國名曰赤縣神州。赤縣神州內自有九州，禹之序九州是也，不得爲州數。中國外如赤縣神州者九，乃所謂九州也。於是有裨海環之，人民禽獸莫能相通者，如

〔註55〕《孟子·公孫丑篇》：（公孫丑）曰：「管仲以其君霸，晏子以其君顯。管仲、晏子猶不足爲與？」（孟子）曰：「以齊王，猶反手也。」

〔註56〕胡適《中國中古思想史長編》第一章：「在那個時代，東方海上起來了一個更偉大的思想大混合，一面總集合古代民間和智識階級的思想信仰，一面打開後來二千年中國思想的變局。這個大混合的思想集團，向來叫做『陰陽家』，我們也可以叫他做『齊學』。」本編即採用此名稱。

〔註57〕騶衍「大九州」說，乃以〈禹貢〉九州例推之，中國稱爲赤縣神州，居大九州之一，如中國者有九，因此疑「儒者之所謂中國者，於天下乃八十一分居其一分」其語必有誤。此或《史記》載爲不詳者也。

一區中者，乃爲一州。如此者九，乃有大瀛海環其外，天地之際焉。

其術皆此類也；然要其歸，必止乎仁義節儉，君臣上下六親之施始

也濫耳。

按：騶衍之學術，後世稱爲「陰陽家」。《漢書‧藝文志》在陰陽家類項下有
「騶子四十九篇」、「騶子終始五十六篇」、「騶奭子十二篇」、「公檮生終始十
四篇」。陰陽家書所以名爲「終始」者，即「陰陽消息」之意。蓋陰消則陽息；
陽消而陰息，「消息」即「消長」，陰陽乃終而復始者也。所謂「怪迂之變」
者，變者，辯也，論也，言奇異迂遠之論也。《史記》述騶衍之學，而列於孟、
荀之傳中，殆以孟子、荀子皆嘗遊於齊，而視騶衍亦儒家者流，故同傳述之。
故曰：「王公大人初見其術，懼然顧化……是以騶子重於齊；適梁，梁惠王郊
迎，執賓主之禮；適趙，平原君側行撇席；如燕，昭王擁彗先驅，請列弟子
之座而受業，築碣石宮，身親往師之。其游諸侯，見尊禮如此，豈與仲尼榮
色陳蔡，孟軻困於齊、梁同乎哉？」《史記》以孔、孟之困阨，與騶子同列而
比論，蓋即視鄒子爲儒家之流。而騶衍亦實爲齊產之儒者，〈傳〉中所謂「騶
衍睹有國者益淫侈，不能尚德」云云，即是儒者正身施政齊俗之意；其大九
州說，「以爲儒者所謂」云云，更說明騶衍本是深諳於儒學，「大九州之說」
即自《尚書‧禹貢》所推而得來也。又觀其學說之要歸於「仁義節儉，君臣
上下，六親之施」云云，尤其與儒者之學更合符節。故自胡適之著《中國哲
學史大綱》便疑騶衍爲儒家，顧頡剛著〈五德終始說下的政治和歷史〉一文〔註
58〕更證明之，云：

戰國時，鄒與魯接壤，鄒與魯又並包於齊。鄒、魯之間爲儒學中
心。……魯學風被於齊，齊遂成爲儒學大支，故西漢立學，詩有《魯
詩》，又有《齊詩》；《論語》有《魯論語》，又有《齊論語》。我們研
究戰國文化，當把魯、鄒、齊三國看作一個集團。孟子是騶（鄒）
人，騶衍以爲氏，當也是騶人（《史記》上寫他爲齊人，或他由騶遷
齊，或他爲騶人久居於齊，故有此說，均未可知。）《史記》言「騶
衍後孟子」，或騶衍聞孟子之風而悅之，刺取其說以立自己的主張，
觀其言仁義，言六親可知。……騶衍是齊色彩的儒家，他把儒家的
仁義加上齊國的怪誕，遂成了這一個新學派。

〔註58〕〈五德終始說下的政治和正史〉一篇，原載《清華學報》第六卷第一期，又
刊在《古史辨》第五冊404頁。

此實有見地之論也。〔註59〕

今據騶衍之說，依其內容分析，可得以下諸端：

（一）騶衍之學，實蘊含諷世之用心

《史記》以騶衍見時主皆淫侈，不能以德正身而澤及黎民，爲創說之動機；而其要歸，則取儒家之「仁義」，與墨家之「節儉」，約括儒墨之學而加以變化者。〔註60〕則其學要皆以諷諭世主立身而修政也。

（二）其內容主要爲陰陽消息、五德轉移之說

夫宇宙萬象皆隨歲月而生替變化，人逢生其間，遂不能無有所感動。《尚書・洪範》有「五行」，水、火、木、金、土爲宇宙生成之五種形質；「五紀」，歲、月、日、星、辰爲曆數，爲歲月日星之往還；「庶徵」，雨、陽、燠、寒、風、時，爲四時氣候之變化，皆尋常之所見者。在騶衍之前，「陰陽」與「五行」本是二事，〔註61〕至騶衍始將二者融合爲一，著成理論。〔註62〕以其仰觀天象，俯察地理，並推及人事，以爲皆有陰陽交替之變化，而創此學說也。班固《漢書・藝文志》稱：「陰陽家者流，蓋出於羲和之官，敬順昊天，歷象日月星辰，敬授民時，此其所長也；及拘者爲之，則牽於禁忌，泥於小數，舍人事而任鬼神。」騶衍之陰陽五行學說，太史公謂「其語閎大不經」，稱「其始也濫耳」，乃是謂其學術甚爲詭怪，爲世俗人情之所不能思議，而其終究則不能行之也。〔註63〕

〔註59〕鄒即春秋時之小邾國，其地在山東鄒縣。杜預《春秋釋例・年表》敘小邾國世次云：「莊公五年，小邾子來朝，始命爲附庸。哀公十年，邾子益來朝。後爲楚所併。」

〔註60〕王夢鷗先生《鄒衍遺說考》頁36，「鄒衍學說的宗旨，兼括儒家的仁義與墨者的節儉。」最有見地；然儒家亦言節儉，非獨墨家有之，故實難言鄒衍之節儉即是墨家之學說，鄒衍當還是儒家之流。

〔註61〕梁啓超〈陰陽五行說之來歷〉一文，考陰陽五行說之創始於燕齊之方士，而以鄒衍爲首。其言曰：「春秋、戰國以前所謂陰陽，所謂五行，其語甚希見，其義極平淡；且此二事從未併爲一談，諸經及孔老墨孟荀韓諸大哲皆未嘗齒及。……其始蓋起於燕齊方士，而其建設之，傳播之，宜負罪責者三人焉：曰鄒衍、曰董仲舒、曰劉向。」此文載《東方雜誌》第二十卷，第十號，又收在《古史辨》第五冊下篇，頁343。

〔註62〕王夢鷗先生《鄒衍遺說考》亦云：「陰陽說和五行說，本來各有各的來歷，而把二者融合而爲一，這是鄒衍的創造。」見原書第5頁。

〔註63〕《史記・孟荀列傳》：「王公大人初見其術，懼然顧化，其後不能行之。」〈封禪書〉：「自齊威、宣之時，騶子之徒論著終始五德之運。……爲方仙道，形解銷化，依於鬼神之事。騶衍以陰陽主運顯於諸侯，而燕齊海上之方士，傳

（三）其立學說之方法爲依類推演

所謂「類推」者，即由已知類推及未知，由小類推及大。《史記》稱鄒子之術云：「必先驗小物，推而大之，至於無垠。」又云：「先序今以上至黃帝……推而遠之，至天地未生，窈冥不可考而原也。」又云：「先列中國名山大川，通谷禽獸，水土所殖，物類所珍，因而推之及海外，人之所不能睹」。是鄒衍立學，乃根本於依類推演之法。胡適之論騶衍之學云：「從並世推到天地未生時，是類推之歷史；從中國推到海外，是類推之地理。」〔註64〕又其以今時之制度推及遠古，以斷其吉凶盛衰，作成系統，並以爲未來設立制度之依據，亦是用推演之法。

（四）以「五德轉移，治各有宜」爲其哲學之綱領

五德即五行之德，五行有相生相剋，循環終始之關係。如：水生木，木生火，火生土，土生金，金生水，水又生木，此五行順位則有相生之序；木剋土，土剋水，水剋火，火剋金，金剋木，木又剋土，此五行間位則產生相剋之序也。《淮南子・齊俗訓》，高誘注曰：「鄒子曰：五德之次，從所不勝，故虞土、夏木、殷金、周火。」根據高誘之說，則騶衍五德之轉移，乃依相剋爲序，故秦之滅周，而行水德；漢繼秦而起，當爲土德。故漢初賈誼議改正朔、易服色，主張法色尚黃，當是騶衍之正法。〔註65〕而丞相張蒼以爲漢當水德之始，蓋以秦祚太短，故不以爲數也。此當是騶衍之所以名其書爲「主運」，或云「大聖終始」之故，〔註66〕蓋每一時代之盛衰既依五行而轉移，則立制度當據其五行之治宜也。

（五）大九州說

騶衍以《尚書・禹貢》稱中國爲九州，以爲不能盡天下州數，故推言天下有如中國者九，中國獨當九州之一。天下九州，其間有小海環之，九州之外復有大海環之，而後與天接際焉。桓寬《鹽鐵論・論鄒》第五十三云：

其術不能通。」皆是陰陽家之術不能行之證。

〔註64〕見《中國中古思想史長編》，頁92。又王夢鷗《鄒衍遺說考》以鄒衍之類推法，有行之於空間之類推，有時間之類推。見原書頁49。

〔註65〕見本書第四章，賈誼論易服色之部份。

〔註66〕《漢書・藝文志》陰陽家之書名爲「終始」者，有「公檮生終始十四篇」、「鄒子終始五十六篇」，而《史記・封禪書》則以騶衍「終始五德之運」、「陰陽主運」並言，二者當是一事。又據《漢書》注引《文選・魏都賦注七略》云：「鄒子有終始五德從所不勝，土德而後木德繼之，金德次之，火德次之，水德次之。」亦是相剋之序，當是騶衍五德轉移之原意也。

鄒子疾晚世之儒墨不知天地之弘、昭曠之道，將一曲而欲道九折，守一愚而欲知萬方，猶無準平而欲知高下，無規矩而欲知方圓也。於是推大聖終始之運，以喻王公列士。中國名山通谷，以至海外，所謂中國者，天下八十分之一，名曰赤縣神州，而分爲九州，絕陵陸不通，乃爲一州，又有大瀛海圜其外，此所謂八極而天下際焉。〔註67〕

又王充《論衡‧卷十一‧談天篇》云：

鄒衍之書，言天下有九州，〈禹貢〉九州，所謂一州也。〔註68〕若〈禹貢〉以上者，九焉。〈禹貢〉九州，方今天下九州也，在東南隅，名曰赤縣神州。復更有八州，每一州者四海環之，名曰裨海。九州之外，更有瀛海。

又同書，卷二十四〈難歲〉篇云：

儒者論天下九州，以爲東西南北，盡地廣長，九州之內五千里，竟三河土中。……鄒衍論之，以爲九州之內五千里，竟合爲一州，在東南位，名曰赤縣州。自有九州者九焉，九九八十一，凡八十一州。

騶衍大九州說，最爲迂遠夸大，《史記》稱其語閎大不經，作怪迂之論者，殆指此而言。此說之所以出自齊人者，與所處地位有關。蓋齊處濱海之地，海上貿易往來，見聞既多，而海市蜃樓，往往貽人幻想。《史記‧封禪書》云：

自威、宣、燕昭使人入海求蓬萊、方丈、瀛州。此三神山者，其傳在勃海中，去人不遠；患且至，則船風引而去。蓋嘗有至者，諸仙人及不死之藥皆在焉。其物禽獸盡白，而黃金銀爲宮闕。未至，望之如雲；及至，三神山反居水下。臨之，風輒引去，終莫能至云。世主莫不甘心焉。

按：此海市蜃樓之幻景也。〔註69〕燕齊海上之民，睹此異象，而有三神山之傳說，騶衍即本此傳說，而創大九州之說。蓋以今日地理知識之開通，知天

〔註67〕桓寬《鹽鐵論》述大夫持鄒衍大九州之說，明大夫所持者齊學，而文學賢良爲魯學也。

〔註68〕《論衡》在此二句上有「〈禹貢〉之上，所謂九州也」二句，劉盼遂《集解》謂此二句爲衍文，今據刪之。

〔註69〕海市蜃樓爲陽光折射之現象，在海濱，因光之折射，常將陸地之景物反射於海面，似海面之有景物建築，〈封禪書〉所述，即此現象。伏琛《三齊略記》云：「海上蜃氣，時結樓臺，名海市。」沈括《夢溪筆談》卷二十一云：「登州海中，時有雲氣，如宮室、臺觀、城堞、人物、車馬、冠蓋，歷歷可見，謂之海市。或曰：蛟蜃之氣所爲。疑不然也。」

下本非僅中國之一地耳，而以先民渡濟之船具不足，於其所不能至之地，則騁其幻想，此亦無足可怪者也。

　　此外，齊學之形成，亦頗受齊地宗教之影響。齊人崇鬼神之祀，在戰國之際甚盛，其後秦併六國，齊地宗教亦為始皇所崇信，延至漢代，始終不衰。《史記・封禪書》云：

> 八神將自古而有之，或曰太公以來作之。齊之所以為齊，以天齊也。其祀絕莫知起時。八神：一曰天主，祠天齊。天齊淵水，居臨菑南郊山下者。〔註70〕二曰地主，祠泰山梁父。蓋天好陰，祠之必於高山之下，小山之上，命曰「畤」；地貴陽，祭之必於澤中圜丘云。三曰兵主，祠蚩尤。蚩尤在東平陸監鄉，齊之西境也。四曰陰主，祠三山。五曰陽主，祠之罘。六曰月主，祠之萊山，皆在齊北，並勃海。七曰日主，祠成山。成山斗入海，最居齊東北隅，以迎日出云。八曰四時主，祠琅邪。琅邪在齊東方，蓋歲之所始。皆各用一牢具祠，而巫祝所損益，珪幣雜異焉。

根據《史記》所言，齊自立國以來，八神將之信仰已深入於民間。以八神將之內容觀之，「天」、「地」、「日」、「月」、「陰」、「陽」、「四時」、「兵」八者之中，「天、地、日、月、陰陽、四時」皆屬自然宇宙之類，「兵」則為人事之範疇。齊之建國者太公素以兵韜謀略稱，則齊學之好言天人之應，好智謀兵戰，早已反映在其宗教信仰之間。胡適之云：

> 陰陽的信仰起於齊民族，後來經過齊、魯儒生和燕、齊方士的改變和宣傳，便成為中國中古思想的一個中心思想。這也是齊學的民族背景。〔註71〕

有此宗教為背景，故齊之道術之士，乃方士之流，非儒家守聖道之士也。《莊子・大宗師》曰：「彼遊方之外者也。」方為境域之稱，方士乃超然世事之外，逍遙無為之隱者；又其常鍊藥以養生，依於鬼神以占驗。前者自古有之，老子、莊子是也；後者則自騶衍倡之，而秦漢之際最盛。《史記・封禪書》云：

> 自齊威、宣之時，騶子之徒論著終始五德之運；及秦帝而齊人奏之，

〔註70〕解道彪《齊記》云：「臨淄城南有天齊泉，五泉並出，有異於常，言如天之腹臍也。」見《史記索隱》。

〔註71〕見《中國中古思想史長編》，頁88。

故始皇採用之。而宋毋忌、正伯僑、充尚、羨門高，最後皆燕人，
爲方仙道，形解銷化，依於鬼神之事。騶衍以陰陽主運顯於諸侯，
而燕齊海上之方士傳其術不能通；然則怪迂阿諛苟合之徒自此興，
不可勝數也。

凡方士之流，皆祖於騶衍，〔註72〕其爲方或爲求仙得不死之藥，〔註73〕或爲
使鬼物爲金之術。〔註74〕其術則幽祕難知，不輕示於人。〔註75〕故《史記‧
秦始皇本紀》曰：

> 盧生說始皇曰：「……人主所居而人臣知之，則害於神。眞人者，入
> 水不濡，入火不爇，陵雲氣，與天地久長。今上治天下，未能恬惔。
> 願上所居宮毋令人知，然後不死之藥殆可得也。」

按：方士與道家本爲同源，皆齊產也。故《史記‧樂毅傳》載：「樂臣公善脩
黃帝、老子之言。」戰國時，以黃老並稱之齊學，至漢猶襲用黃老之名。《史
記‧外戚世家》言竇太后「好黃帝、老子言，帝及太子、諸竇不得不讀黃帝、
老子書。」是也。陳槃庵〈戰國秦漢間方士考論〉曰：

> 道家思想，蓋自始即兼具神仙方道之意味，而《班志》乃分道家與
> 神仙家而二之，其序道家曰：……於神仙家則曰：「神仙者，所以保
> 性命之眞，而游求於其外者也。聊以盪意平心，同死生之域，而無
> 怵惕於胸中。然而或者專以爲務，則誕欺怪迂之文彌以益多，非聖
> 王之所教也。孔子曰：索隱行怪，後世有述焉，吾不爲之矣。」如
> 班氏說，是道家止於清靜無爲，蓋其說出於史官。至於神仙家，《班
> 志》不著其所起，亦不言其與道家有任何關係；然神仙家之方士，
> 固以黃老即道家自居。

按：此說是也。在齊學之中，其影響漢代最大者，當推黃老之學。黃老之學

〔註72〕郭湛波《中國中古思想史》，頁21：「齊學除陰陽家之外，就算方士之學了，
即漢人所謂神仙家。同產生於齊，來源於騶衍之學，且風盛一時。」

〔註73〕《史記‧封禪書》：「李少君亦以祠竈辟穀道、卻老方見上，……其游以方遍
諸侯。」又《史記‧秦始皇本紀》：「侯生、盧生相與謀曰：『始皇爲人……貪
於權勢至如此，未可爲求仙藥。』」以此知方士之求神仙，皆爲求仙藥也。故
秦漢間傳有鄒衍重道延命方。

〔註74〕《漢書‧劉向傳》：「上復興神仙方術之事，而淮南有枕中鴻寶苑祕書，書言
神仙使鬼物爲金之術，及鄒衍重道延命方。」則鍊金術亦神仙家之所追求者。

〔註75〕陳槃庵〈戰國秦漢間方士考論〉云：「方書、方說也。曰『禁方書』、曰『禁
方』，言其不輕示於人也。」

出自齊東高密、膠縣一帶，蓋此地爲老子後人之所居，〔註76〕而樂毅之後人則爲闡揚黃老之學之關鍵人物。《史記·樂毅傳》云：

> 樂氏之族有樂瑕公、樂臣公，趙且爲秦所滅，亡之齊高密。樂臣公善修黃帝、老子之言，顯聞於齊，稱賢師。

同〈傳〉又云：

> 樂臣公學黃帝、老子，其本師號曰河上丈人，不知其所出。河上丈人教安期生，安期生教毛翕公，毛翕公教樂瑕公，樂瑕公教樂臣公，樂臣公教蓋公。蓋公教於齊高密、膠西，爲曹相國師。

此所述者，皆黃老之學初期之大師也。其中河上丈人或即爲註《老子》最早之河上公，按諸《隋書·經籍志》有「老子道德經二卷，周柱下史李耳撰，漢文帝時河上公注。」又云：「梁有戰國時河上丈人注二卷，漢長陵三老毋望丘注，隱士嚴遵注二卷。」《隋志》雖以河上丈人與河上公爲二人，然皆深諳老學者，則相同也。初期習老子者皆隱士之流，故河上丈人、安期生、〔註77〕毛翕公、蓋公等皆爲齊人，齊之高密、膠西則爲黃老之學之重鎮。又《漢書·田叔傳》亦云：

> 田叔，趙陘城人也。其先，齊田氏也。叔好劍，學黃老術於樂鉅公。

〔註78〕

然則習黃老之言者，蓋皆亡國之遺民，或逃逋不仕之臣。至於蓋公之教曹參，黃老之學則直接影響漢代政治。《史記·曹相國世家》云：

> 孝惠帝元年，除諸侯相國法，更以參爲齊丞相。參之相齊，齊七十城。天下初定，悼惠王富於春秋，參盡召長老諸生，問所以安集百姓，如齊故（俗）諸儒以百數，言人人殊，參未知所定。聞膠西有蓋公，善治黃老言，使人厚幣請之。既見蓋公，蓋公爲言治道貴清

〔註76〕《史記·老莊申韓列傳》：「老子之子名宗，宗爲魏將，封於假干；宗子注，注子宮，宮玄孫假。假仕於漢孝文帝，而假之子爲膠西王卬太傅，因家於齊焉。」故老子固爲楚人，而其後代則定居在齊地。

〔註77〕《漢書·蒯通傳》：「初，通善齊人安其生，安其生嘗干項羽，羽不能用其策。」是知安其生與蒯通爲友，實有其人。又《史記·封禪書》，樂大言曰：「臣常往來海中，見安期、羨門之屬。」則安期生固亦方士之流也，以此知道家與陰陽家方士道爲一類。

〔註78〕據《史記·樂毅傳》，《集解》云：「臣公一作巨公。」又《索隱》：「臣公本一作巨公。」此鉅公當作巨公。王先謙曰：「《御覽》五百十，引道學傳亦作樂鉅公，臣當爲巨之訛，無疑。」見《漢書補注》。

靜而民自定，推此類具言之。參於是避正堂，舍蓋公焉。其治要用
黃老術，故相齊九年，齊國安集，大稱賢相。

其後，曹參入朝爲文帝相，亦行此黃老之術，以致天下大治，史稱「文景之
治」，影響漢初政治七十餘年。此黃老之學又有道家〔註79〕之名。夏曾佑曰：

「黃老」之名，始見於《史記》。〈申不害傳〉、〈韓非傳〉、〈曹相國
世家〉、〈陳丞相世家〉並言：「治黃老術」。《史記》以前，未聞此名。
今曹、陳無書，申不害僅有；韓非書則完全俱在，中有〈解老〉、〈喻
老〉，其學誠深於「老」者，然絕無所謂「黃」。然則「黃老」之名
從何而起？吾意此名必起於文景之際，其時必有以黃帝老子之書合
而成一學說者，學既盛行，謂之「黃老」，日久習慣，成爲名詞，乃
於古人之單治老子術者，亦謂之「黃老」。

黃老之學實由老、莊與陰陽、儒、墨、名、法匯合而成，爲一思想混合之產
物，〔註80〕「黃老」則爲其總稱。《漢書・藝文志》載託名「黃帝」所著之書，
計五百三十九篇；黃帝一人作四百五十二篇，黃帝臣則作八十七篇，〔註81〕
一切陰陽、五行、術數，託始於黃老之言者，蓋皆齊學之產物也。

復有可述者，《漢志》錄「《吳孫子兵法》八十二篇」，孫子固齊人也；〔註
82〕其後人孫臏亦著兵法八十九篇。兵家者尚權謀、〔註83〕動形勢、〔註84〕推
陰陽、〔註85〕習技巧，亦齊學之屬也。今考兵家所以出於齊地者，乃因兵家

〔註79〕 司馬談〈論六家之要指〉，曰：「道家使人精神專一，動合無形，贍足萬物。
其爲術也，因陰陽之大順，采儒、墨之善，撮名、法之要，與時推移，應物
變化，立俗施事，無所不宜。」道家其實是揉和儒、墨、道、法、陰陽、名
六家之學而成者也。馬王堆漢墓出土，〈經法〉、〈十六經〉、〈稱〉、〈道原〉四
篇與《老子》合鈔，今稱《黃老帛書》。

〔註80〕 胡適稱：「戰國晚期以後，思想多傾向於混合。法家是一個大混合，陰陽家也
是一個大混合，道家是一個更偉大的混合；漢朝的儒家也是一個偉大的混合。
—— 這些學派，其實都可叫做『雜家』。」見《中國中古思想小史》第四講，
「道家」。

〔註81〕 見郭湛波《中國中古思想史》第三篇「黃老之學」，頁24。

〔註82〕 《史記・孫子、吳起列傳》：「孫子武者，齊人也。以兵法見於吳王闔閭。……
孫武既死，有孫臏；臏亦孫武之後世子孫也。……世傳其兵法。」

〔註83〕 《漢志》：「權謀者，以正守國，以奇用兵，先計而後戰；兼形勢，包陰陽，
用技巧者也。」

〔註84〕 《漢志》：「形勢者，雷動風舉，後發而先至，離合背鄉，變化無常，以輕疾
制敵者也。」

〔註85〕 《漢志》：「陰陽者，順時而發，推刑德，隨斗擊，因五勝，假鬼神爲助者也。」

最重權謀，太公以權謀助周伐紂，故兵家者祖之。〔註86〕又世傳有「司馬穰苴兵法」，司馬穰苴亦齊人之善兵者也。〔註87〕

　　齊學所包，甚爲廣大，經學之中有齊學，諸子之學亦涵蓋在齊學範圍之中，而百家技藝、術數方技之屬，亦盡在其環內。今人李則芬〈論中國古代政治思想之二大淵源〉，以爲齊學、魯學之淵源不同，故思想大異。魯學以堯、舜、文武、周公爲典型，以禮樂教化爲常道，孔子所述者是也；齊學則以管仲之上承太公及黃帝之教而來。〔註88〕魯學法古、保守、求政教之安定，故守經而不從權，漢代經學所以昌榮，乃魯學之功也；而齊學則變於古道，求變革新而重於從權，百家言黃帝，齊學正是孕育百家之淵藪。〔註89〕李氏云：

> 班固在《前漢書·藝文志》中列舉十家著作之後，總結地說：「凡諸子百八十九家，四千三百二十四篇。諸子十家，其可觀者九家而已。」他所指十家，大概是自十家之中除去小說家。然儒家到班固時代，已成正統之學，所以儒家的詩書稱經，諸子的著作則稱子書；又農家則屬於技藝一門；這兩家都得除去。然則非儒的諸子實際只有七家。還有道家、名家的思想屬於哲學範疇，本文但談政治思想，也應去掉這兩家。剩下來便只有五家了，依班固的順序爲陰陽家、法家、墨家、縱橫家、雜家。然班固沒有讓兵家獨立，我們應該把它加進去，總共是六家。如上分析，這六家的思想，完全淵源於齊學的有四家——法家、兵家、陰陽家、縱橫家。部份受齊學影響的，則有墨家、雜家。由此可見，戰國諸子百家的政治思想，實由齊學

順時而發，謂順時日干支；推刑德，即推陰陽，陰刑而陽德也；隨斗擊，乃占星斗而動兵也；因五勝者，因五行常勝之序也。此兵家陰陽，亦出於齊學也。

〔註86〕《史記·留侯世家》，張良以椎秦始皇於博浪沙，不果，遇圯上老人，得贈書，視之，則《太公兵法》也。圯上老人爲穀城黃石公，穀城爲齊地，則老人爲齊人，若《太公兵法》爲依託之作，則亦齊人之產也。

〔註87〕《史記·司馬穰苴列傳》：「司馬穰苴者，田完之苗裔也。……齊威王使大夫追論古者司馬兵法，而附穰苴於其中，因號曰司馬穰苴兵法。」司馬兵法亦出於齊人。

〔註88〕見李則芬〈中國政治思想的二大淵源〉，「管仲思想上承太公及黃帝」一節，《先秦及兩漢歷史論文集》。

〔註89〕《史記·五帝本紀贊》：「學者多稱五帝，尚矣；然《尚書》獨載堯以來，而百家言黃帝，其文不雅馴，薦紳先生難言之。」

衍化而來，不是平空突然冒出來的奇蹟。〔註90〕

據李氏分析，道家並非出於齊學；然據本文，老、莊雖非齊人之作，而黃老之學，漢人所稱之爲道家者，正是齊學也。周紹賢在《兩漢哲學》第二章，「黃老之學」部份曰：

> 周公以禮樂治魯，太公以道術治齊，道並行而不相悖。齊、魯在周朝爲文化最盛之邦，魯學、齊學，演爲儒、道兩家，爲中國文化思想之本。儒家自孔子而上，源自周公；道家自老子而上，源自太公；太公爲齊學之祖也。

故魯邦爲孔子講學之邑，教化最深，爲儒學之源頭；而齊有稷下，則會萃百家。雖經戰國縱橫紛亂之局，然齊、魯國學者猶能傳學而不廢；以迄漢代，傳經之儒，不出於齊，則出於魯。齊、魯學實爲中華文化之二本，論漢代經學者，不可不察也。

附錄一、二十八宿分野圖

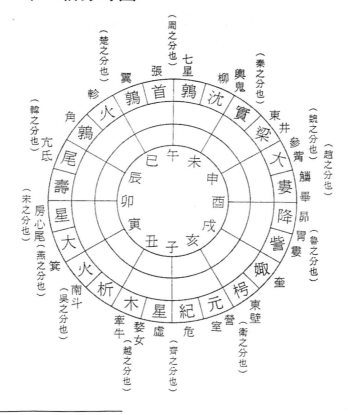

〔註90〕 見原書「齊學孕育百家」一節。

附錄二、魯國地域圖

附錄三、孔子弟子里籍表

（一）魯籍者：顏路、顏回、顏幸、顏高、顏祖、顏之僕，顏韓、顏何、閔損、冉耕、冉雍、冉求、宰予、言偃、曾晳、曾參、澹臺滅明、宓不齊、原憲、公冶長、南宮括、商瞿、漆雕開、公伯寮、樊遲、有若、公西赤、巫馬施、冉孺、冉季、漆雕哆、漆雕徒父、公夏首、公堅定、申黨、縣成、左人、秦非、顏噲、樂欬、叔仲會、邦巽、孔忠、公西輿、公西蒧、仲由等。

（二）衛籍者：卜商、子貢（端木賜）、奚容蒧、句井疆、廉絜等。

（三）齊籍者：公晳哀、梁鱣、后楚、步叔乘等。

（四）楚籍者：公孫龍、任不齊、秦商等。

（五）陳籍者：顓孫師、公良孺等。

（六）宋籍者：司馬耕等。

（七）秦籍者：秦祖、壤駟赤等。

（此表係根據《史記・仲尼弟子列傳》所載弟子之隸籍歸納，或據前人之統計，孔門弟子以魯人為最多。）

附錄四、齊國主要城邑分布圖

第三章 先秦時期齊魯學之融匯——
由稷下學派之出現迄《呂氏春秋》之編著

　　相異之學術思想，其發展之際，必有交互激盪融匯之歷程焉。梁啓超氏論戰國之末期爲學術之混合時代；〔註1〕以爲其時學界大勢有四，曰內分，曰外布，曰出入，曰旁羅也。蓋學派之初起，皆各樹其獨幟，無相雜廁；及其末，則相與辯論，互有所取長，遂與其初之學說本相而有出入矣。

　　語其內分也，則自孔、墨之後，儒分爲八，墨離爲三；〔註2〕各以其所是，相攻其所非。故荀子以儒者殿軍，動輒稱子游、子夏、子張爲賤儒，〔註3〕此內分之勢也。

　　語其外布也，列國交通往來，學術必將外傳，國際界限漸泯，楚材而晉用之，非拘於一地也。故自孔子卒後，七十子之徒散游諸侯，大者爲師傅卿相，小者友教士大夫，子張居陳，子羽居楚，子夏居西河，而子貢終於齊；〔註4〕

〔註1〕 見梁啓超《中國學術思想變遷之大勢》，「全盛時代」第二節論諸家之派別，頁24。
〔註2〕 《韓非子·顯學篇》：「自孔子之死也，有子張之儒，有子思之儒，有顏氏之儒，有孟氏之儒，有漆雕氏之儒，有仲梁氏之儒，有孫氏之儒，有樂正氏之儒。自墨子之死也，有相里氏之墨，有相夫氏之墨，有鄧陵氏之墨。故孔墨之後，儒分爲八，墨離爲三。」《莊子·天下篇》云：「相里勤之弟子，五侯之徒；南方之墨者，苦獲、己齒、鄧陵子之屬，俱誦墨經，而倍譎不同，相謂爲別墨，以堅白同異之辯相訾，以觭偶不仵之辭相應。」俱可見戰國顯學儒、墨二學派之分裂。
〔註3〕 見《荀子·非十二子篇》。
〔註4〕 見《史記·儒林列傳·序》。

孟子，鄒人也，而游說於齊、梁；荀卿，趙人也，而赴齊三爲祭酒焉。梁啓超云：

> 孟子曰：「陳良，楚產也，北學於中國，北方之學者，未能或之先也。」是儒行於南之證也。莊子云：「南方之墨者，苦獲、己齒之屬，俱誦《墨經》。」是墨行於南之證也。慎到，趙人；田駢、接子，齊人，皆學黃老道德之術；韓非，韓人，有〈解老〉之編，是老行於北之證也。故其時學術漸進，不能以地爲限，智識交換之途愈開，而南北兩文明與接爲構，故蒸蒸而日向上也。

語其出入也，則凡學術之傳述，授受之間，其發展往往別開生面。故以子夏之醇儒，其弟子則有兵家之傑者；〔註5〕禽滑釐爲墨家鉅子，田子方經再傳，而莊周爲道家之魁；以荀卿之鉅儒，而韓非、李斯實集法家之大成。蓋學派之後學，各從其所好，出彼而入此，孟子曰：「逃墨必歸於楊，逃楊必歸於墨。」良有以也。

所謂之旁羅者。梁任公曰：

> 當時諸派之大師，往往學他派之言，以光大本宗。如儒家者流之有荀卿也，兼治名家、法家言者也；道家者流之有莊周也，兼治儒家言者也；法家之有韓非也，兼治道家言者也。北南東西四文明，愈接愈屬，至是將合一爐而冶之，雜家之起於是時，亦運會使然也。

然則蘇秦、張儀騁其縱橫之辯，淳于髡、騶奭肆於稷下之談，聞見既爲雜博，取義亦復宏贍；以迄於秦相呂不韋，集諸侯游客，作〈八覽〉、〈六論〉、〈十二紀〉，兼儒墨、合名法、綜道德、齊兵農，實一代思想之淵海，而其勢亦有莫已焉者也。〔註6〕

第一節　齊稷下學派中魯學狀況之考察

《史記・孔子世家》曰：

> 孔子葬魯城北泗上，弟子皆服三年；三年心喪畢，相訣而去，則哭各復盡哀。……弟子及魯人往從冢而家者百有餘室，因命曰孔里。魯世世相傳，以歲時奉祠孔子冢；而諸儒亦講禮，鄉飲、大射於孔

〔註5〕《漢書・藝文志》錄「吳起四十八篇」，在兵家之權謀類中。
〔註6〕見附錄（一）《中國學術思想變遷之大勢》所附「學術思想變遷圖表」。

子冢。孔子冢大一頃，故所居堂弟子內，〔註7〕後世因廟藏孔子衣
冠、琴、車、書，至於漢，二百餘年不絕。

夫以一代聖哲既萎，其後魯邦式微，併兼於齊，弟子散游，雖聖人遺風尚存，
〔註8〕而大儒若孟、荀皆游齊，則戰國〔註9〕之學術重鎮已轉移在齊之稷下矣。
《史記・田敬仲完世家》云：「宣王喜文學，游說之士，自如騶衍、淳于髡、
田駢、接子、愼到、環淵之徒七十六人，皆賜列第，爲上大夫，不治而議論，
是以齊稷下學士復盛，〔註10〕且數百人。」又〈孟荀列傳〉云：

> 自騶衍與齊之稷下先生，如淳于髡、愼到、環淵、接子，田駢、騶
> 奭之徒，各著書言治亂之事，以干世主。……愼到，趙人田駢、接
> 子，齊人。環淵，楚人。皆學黃老道德之術，因發明序其旨意。故
> 愼到著十二論，〔註11〕環淵著上下篇；而田駢、〔註12〕接子〔註13〕
> 皆有所論焉。騶奭者，齊諸騶子，亦頗采騶衍之術以紀文。於是齊
> 王嘉之，自如淳于髡以下，皆命曰列大夫，爲開第康莊之衢，高門
> 大屋，尊寵之，覽天下諸侯賓客，言齊能致天下賢士也。

按：齊稷下乃諸子所萃集，復以世主之獎掖，故齊學之盛，其他諸侯國皆莫
能及。此節所論，所以稱稷下學派之魯學者，蓋以儒學之大家，如孟子、荀
子皆先後往游於齊，而與齊稷下諸子皆有所誓應，即司馬遷亦視孟、荀爲稷
下先生，故《史記・儒林傳》稱：「（戰國）儒術既絀焉；然齊、魯之閒，學

〔註7〕 此段「所居堂弟子內」一句殊不可解。

〔註8〕 《史記・儒林傳》云：「及秦之季世，焚詩書、阬術士，六藝從此缺焉。陳涉
之王也，而魯諸儒持孔子之禮器往歸於陳王，於是孔甲爲陳涉博士，卒與涉
俱死。」又：「及高皇帝誅項籍，舉兵圍魯，魯中諸儒尚講習禮樂，弦歌之音
不絕，豈非聖人之遺化，好禮樂之國哉！」在戰國以迄秦之世，魯地雖傳儒
學，而其間並無大儒出現。

〔註9〕 周威烈王二十三年，三家分晉，爲戰國之始，時值齊康公二年；康公十九年，
田氏篡齊，遷康公於海濱；二十六年，康公卒，呂氏遂絕其祀，田氏卒有齊國。

〔註10〕 《史記》稱稷下學士復盛，證齊稷下學術本甚盛。劉向《別錄》云：「齊有稷
門，城門也。談說之士期會於稷下也。」又《史記・封禪書》：「自齊威宣之
時，騶子之徒論著終始五德之運。」則稷下學士之最盛，當在威王之世。

〔註11〕 《荀子》曰：「愼子蔽於法而不知賢。」韓非以愼到爲法家之重勢派，見〈難
勢〉、〈定法〉等篇。據《漢書・藝文志》錄「愼子四十二篇」，在法家類。

〔註12〕 《呂氏春秋》云：「陳駢貴齊。」高誘注曰：「陳駢，齊人也，作道書二十五
篇。貴齊，齊生死、等古今也。」陳、田古音同，陳駢即田駢也。《漢志》，
田駢著田子二十五篇，列在道家。

〔註13〕 接子，《漢志》作捷子，著書二篇，在道家類。

者獨不廢也。於威、宣之際,孟子、荀卿之列,咸遵夫子之業而潤色之,以學顯於當世。」是也。

然而孟子不得意於齊,與荀子之受譖於齊而適楚,其身之不能容,與騶子、淳于髡等之受尊重不同,故孟荀終不得與稷下諸先生等視爲同類也。《史記·孟荀列傳》云:

> 孟軻,鄒人也。受業子思之門人。道既通,游事齊宣王,宣王不能用。適梁,梁惠王不果所言,則見以爲迂遠而闊於事情。當是之時,秦用商君,富國強兵;楚、魏用吳起,戰勝弱敵;齊威王、宣王用孫子、田忌之徒,而諸侯東面朝齊。天下方務於合從連衡,以攻伐爲賢;而孟軻乃述唐、虞、三代之德,是以所如者不合。退而與萬章之徒序《詩》、《書》,述仲尼之意,作《孟子》七篇。

是以孟子之所以受絀於齊,而不得售其志者,史遷知其意矣。蓋當時諸侯以攻伐爲賢,富國爲務,故法家、兵家、縱橫家皆得稱其志;而以孟子之賢,反不能容也。又同傳:

> 荀卿,趙人。年五十始來游學於齊。〔註14〕騶衍之術迂大而閎辯;奭也文具難施;淳于髡久與處,時有得善言。故齊人頌曰:「談天衍、雕龍奭、炙轂過髡。」〔註15〕田駢之屬皆已死。齊襄王時,而荀卿最爲老師。齊尚脩列大夫之缺,而荀卿三爲祭酒焉。齊人或讒荀卿,荀卿乃適楚,而春申君以爲蘭陵令。春申君死而荀卿廢,因家蘭陵。

按:荀子生平與齊稷下諸子多有往來,其時騶衍之術正盛於齊,而騶奭繼之效其後,淳于髡亦騁其辭辯。荀子雖補列大夫之缺,〔註16〕嘗三爲祭酒;然

〔註14〕《史記》稱荀卿年五十始來游學於齊,宋晁公武《郡齋讀書志》疑「五十」爲「十五」之訛,其言曰:「當齊宣王、威王之時,聚天下賢士稷下。是時荀卿爲秀才,年十五始來遊學,至齊襄王時,荀卿最爲老師;後適楚,楚相春申君以爲蘭陵令,已而歸趙。按:威王死,其子嗣立,是爲宣王。楚考烈王初,黃歇始相。年表自齊宣王元年,至楚考威烈王元年,凡八十一年,則荀卿去楚時,近百歲矣。」又王應麟《漢藝文志考證》亦言《史記》之踳駮,其有不合者三事;清《四庫全書總目》引據宋濂〈荀子書後〉以爲襄王時始游稷下,總之荀卿之游稷下,在孟子後,不在其前。

〔註15〕《史記集解》云:「轂,車之盛膏器也。炙之雖盡,猶有餘流者,言淳于髡智不盡如炙轂也。」

〔註16〕見前所引「自如淳于髡以下,皆命曰列大夫。」

而卒受彼之譖，以此去齊。同傳曰：

> 荀卿嫉濁世之政，亡國亂君相屬，不遂大道而營於巫祝，信機祥；
> 鄙儒小拘，如莊周等又猾稽亂俗，於是推儒、墨、道德之行事興壞，
> 序列著數萬言而卒。

觀《史記》所述，荀卿所嫉之「營巫祝、信機祥」之類，應即是指鄒衍陰陽五行之學，《漢志》所稱陰陽家是也；又莊周齊生死、等天地之論，與常言不合，荀子著書亦闢之。〔註17〕是故荀卿之終而不得志於齊者，蓋以稷下學士之排擯也。

　　以此觀孟、荀二子之遭遇，其不得志於齊，如同一轍。孟子以述唐虞三代之德，故欲閑先聖之道，〔註18〕距楊墨、放淫辭，以正天下，故好辯而不辭；荀子則上法舜、禹之制，下法孔子、仲弓之義，以息十二子之邪說姦言，除天下之害，以著聖人之跡，畢仁人之事為己任。〔註19〕二子所述，乃是孔子之學，屬魯學嫡脈也。若論兩家所逢之論敵，孟子則周旋於楊、墨、縱橫、兵家之間，其時騶衍之術未行，〔註20〕故未及闢而正之；而荀卿游齊之際，騶衍及道家之言已盛，荀子之所非，道、墨、法、名家之外，並及陰陽家之流矣。〔註21〕然

〔註17〕齊稷下乃諸子所會萃，《荀子·非十二子篇》所辭而闢之者有（1）它囂、魏牟，為道家之流。（2）陳仲、史鰌，亦道家隱士之流，陳仲事蹟並見《孟子·滕文公篇》。（3）墨翟、宋鈃，為墨家之徒。（4）慎到、田駢，則學黃老之術之法家。（5）惠施、鄧析，《漢志》列在名家之流。（6）子思、孟軻，則儒家之與荀卿之不同道者也。唯荀子所舉「子思、孟軻」之儒家者流，乃儒家而為陰陽家言者，故荀卿詆之，謂「案往造舊說，謂之五行，甚僻違而無類，幽隱而無說，閉約而無解。」見顧頡剛〈五德終始說下的政治和歷史〉、徐文珊〈儒家和五行的關係〉、譚戒甫〈思孟五行考〉等，並見《古史辨》第五冊。又劉節〈洪範疏證〉一文（見《東方雜誌》第二十五卷，二號）云：「節按：今所傳子思、孟軻之書未有言及陰陽五行者。《中庸》注及〈王制〉正義所引，安知非出於燕、齊怪迂之士？何以必知出於子思、孟軻哉？戰國之時，齊魯之學以孟氏為盛；而五行之說盛唱於鄒衍輩，亦在齊、魯之間，或與孟氏之學有關，故荀子譏之也。」其說甚是。

〔註18〕《孟子·滕文公篇》：「昔者，禹抑洪水而天下平；周公兼夷狄，驅猛獸而百姓寧；孔子成《春秋》而亂臣賊子懼。……我亦欲正人心，息邪說，距詖行，放淫辭，以承三聖者，豈好辯哉？予不得已也。」

〔註19〕見《荀子·非十二子篇》。

〔註20〕《史記·孟荀列傳》：「齊有三騶子，其前騶忌，以鼓琴干威王……先孟子；其次騶衍，後孟子。」是《孟子》七篇獨闢楊、墨、縱橫、兵家之言，而不及陰陽家也。

〔註21〕《荀子·非十二子篇》所批評六家，包括道、墨、法、名，並及陰陽家，見

則，孟、荀二儒，以游於齊，故與齊稷下諸子皆有所訾應，方其學外布之際，亦復旁羅兼學他家，故不能不有交互激盪融匯之現象也。

一、孟子與齊地學者之訾應

孟子爲鄒人，〔註22〕其一生之職志，以繼承孔子之學說爲己任。〔註23〕其時，魯國已微，〔註24〕鄒且與魯鬨，〔註25〕故孟子一生之活動在齊、梁者爲多；而其弟子之顯者，如公孫丑、萬章、陳代、陳臻、公都子、匡章、高子、充虞、徐辟等皆爲齊人；今傳《孟子》七篇之言論事蹟，亦多在齊地。孟子所闡述者爲儒學，乃繼孔子之後而發揚魯學者，而齊稷下學士所言者爲齊學，其彼此因相訾而有因應。茲略分數端分析之：

（一）王霸之辨

孟子所承爲曾子與子思一脈之儒學思想，〔註26〕故荀子以「子思、孟軻」

〔註17〕又〈解蔽篇〉：「墨子蔽於用而不知文，宋子蔽於欲而不知得，慎子蔽於法而不知賢，申子蔽於勢而不知知，惠子蔽於辭而不知實，莊子蔽於天而不知人。」所闢有墨（墨子、宋子）、法（慎子、申子）、名（惠子），道（莊子）等四家；〈天論篇〉以自然之天闢袄祥禍福之天，此明是對陰陽家而立言；〈正名篇〉用以矯名家詭辭；〈議兵〉、〈彊國〉兩篇則對治縱橫與兵家之駁斥，此其大略也。

〔註22〕鄒與魯相接，鄒爲魯之附庸，先秦皆以二者合稱，故《莊子・天下篇》：「鄒魯之士」云云即是。按《左傳・魯隱公元年》，經云：「公及邾儀父盟於蔑」，邾即鄒也，爲曹姓之國，周武王封顓頊之後代於邾，爲魯國附庸，在今山東省鄒縣，後爲楚所滅，詳見孔穎達《左傳正義》。

〔註23〕《孟子・公孫丑篇》：「乃所願，則學孔子也。」又〈盡心〉：「由孔子而來，至於今百有餘歲，去聖人之世若此其未遠也，近聖人之居若此其甚也，然而無有乎爾，則亦無有乎爾。」因地緣之接近，故孟子常自覺以闡揚孔子學說爲己任也。並見註17。

〔註24〕孟子之時，值魯平公，在魯，孟子受蔽於嬖人臧倉，故不遇於魯侯，見〈梁惠王篇〉。魯平公時，六國已稱王，魯國不振，後四十七年，爲楚所滅，見《史記・魯周公世家第三》。

〔註25〕鄒與魯鬨，見《孟子・梁惠王篇》。

〔註26〕《孟子》七篇屢述其師門之言論與行誼。如〈公孫丑篇〉「知言養氣」章，論及養氣成德之工夫，則舉曾子對子襄曰：「子好勇乎？吾嘗聞大勇於夫子矣。」則曾子「自反而縮，雖千萬人吾往矣！」之言得自孔子也；又云「孟施舍似曾子，北宮黝似子夏。夫二子之勇，未知孰賢？然而孟施舍守約也。」、「孟施舍之守氣，又不如曾子之守約也。」所謂之守約，即「行有不得，皆反求諸己」之意，可見孟子之學所宗在曾子也。又孟子論孝之主張，必舉曾子之言行，「若曾子可謂養志也。事親若曾子者，可也。」（〈離婁篇〉）。又如孟子

合稱之，太史公稱孟子受業子思之門人，當爲有根據之論，此乃儒學之正傳也。

　　鄒魯之儒學，與齊學之間，其最大之差異，即在王霸之辨。〈公孫丑篇〉云：

　　　　公孫丑問曰：「夫子當路於齊，管仲、晏子之功，可復許乎？」孟子

　　　　曰：「子誠齊人也，知管仲、晏子而已矣。」

又〈梁惠王篇〉：

　　　　齊宣王問曰：「齊桓、晉文之事，可得聞乎？」孟子對曰：「仲尼之徒，

　　　　無道桓、文之事者，是以後世無傳焉。臣未之聞也；無以，則王乎？」

　　　　曰：「德何如，則可以王矣？」曰：「保民而王，莫之能禦也。」

夫齊人皆以管、晏之功自許，思摹齊桓、晉文之事業，而孟子則對以孔門不道桓文之事；此非不道也，實不欲道之也。〔註27〕蓋管、晏所成者爲霸功，而孟子所述者爲王道，故彼此有此相舛也。〈公孫丑篇〉，孟子曰：

　　　　以力假仁者霸，霸必有大國，以德行仁者王，王不待大。湯以七十

　　　　里，文王以百里。以力服人者，非心服也，力不贍也；以德服人者，

　　　　中心悦而誠服也，如七十子之服孔子也。

戰國時代，諸侯皆以稱霸爲自許之大業，當時則稱帝之說四起，〔註28〕故諸侯乃以攻伐取國，縱橫捭闔爲務；如景春之問公孫衍、張儀爲大丈夫，孟子則以其以順人爲道，鄙之爲妾婦焉。〔註29〕〈告子篇〉曰：

　　　　今之事君者曰：「我能爲君辟土地，充府庫。」今之所謂良臣，古之

　　　　最明進退取與之道，而所舉則子思與曾子二人，云：「曾子、子思同道，易地
　　　　則皆然。」（〈離婁篇〉），〈公孫丑篇〉：「昔者魯繆公無人乎子思之側，則不能
　　　　安子思；泄柳、申詳無人乎繆公之側，則不能安其身。」類此，不能殫舉。
　　　　孟子之學乃承自曾子、子思，爲鄒魯之眞學，實無可疑也。

〔註27〕《論語・憲問篇》：子曰「晉文公譎而不正，齊桓公正而不譎。」即是道齊桓、
　　　　晉文之事也。又同篇，子路曰：「桓公殺公子糾，召忽死之；管仲不死。曰：
　　　　未仁乎？」子曰：「桓公九合諸侯，不以兵車，管仲之力也。如其仁！如其
　　　　仁！」。次章：子曰：「管仲相桓公，霸諸侯，一匡天下，民到於今受其賜。
　　　　微管仲，吾其被髮左衽矣。」凡此，皆是孔門之道桓、文之事者；而孟子則
　　　　謂「仲尼之徒，無道桓、文之事者，是以後世無傳焉。」孟子所以爲此說，
　　　　必有其用意焉。

〔註28〕《戰國策・卷十一・齊第四》，蘇秦謂齊王曰：「齊、秦立爲兩地，王以天下
　　　　爲尊秦乎？且尊齊乎？」又以魯仲連義不帝秦之事觀之，諸侯稱帝之説固甚
　　　　盛也。其擬稱帝者，北爲燕，東爲齊，西爲秦，南爲楚。

〔註29〕見《孟子・滕文公篇》。

> 所謂民賊也。……「我能爲君約與國，戰必克。」今之所謂良臣，
> 古之所謂民賊也。

按：前述「辟土地、充府庫」，此法家〔註30〕者之所爲，乃稱霸之首要條件，所謂「以力假仁者霸」者是矣；「約與國、戰必克」爲縱橫家，與兵家之所擅長，〔註31〕此二者盡齊學也。〔註32〕齊學以崇霸功，而孟子述王道，乃齊、魯學之分際也。其後至漢代，昭帝時有鹽鐵之議，御史大夫主張伐四夷，闢土地，故欲通貨財以富國家；賢良文學則強調德教爲本，重農爲務。前者實繼承齊學崇霸之思想，後者則承續魯學王道之根本，〔註33〕是王霸之辨乃魯、齊學之一分別也。

（二）義利之辨

《孟子》七篇開章明義即作義利之辨，以對梁惠王之問，故朱子以爲孟子之書造端託始之深意在此；〔註34〕而太史公讀孟子書至此亦廢書而歎。〔註35〕蓋功利誠與仁義不可並言，孔子之鄒魯之學所以罕言利也。〔註36〕孟子適齊，在游梁之後，〔註37〕其時稷下有墨徒者宋牼，將說楚而止兵。〈告子篇〉云：

> 宋牼將之楚，〔註38〕孟子遇之於石丘。曰：「先生將何之？」曰：「吾

〔註30〕此所謂之法家，乃管子之類以經濟爲主體之學說者，此爲齊學之主張無疑。
〔註31〕梁任公以縱橫家分「東稷下派」、「南鬼谷派」、「西呂覽派」，見《中國學術思想變遷之大勢》，頁26。然《史記》固謂「蘇秦，東周洛陽人，東事師齊而習之於鬼谷先生。」則縱橫家無由另立「南鬼谷」一派，當僅有稷下一派而已；至於「西呂覽派」，則縱橫家西向，時代爲晚於齊稷下者。而兵家盡爲齊學，李長之云：「齊國最發達的是兵家，戰國時的兵家幾乎全是齊人，如司馬穰苴、孫吳、孫臏，一直到蒙恬，都可以爲例。」是也。
〔註32〕見第二章、「齊學形成之背景」所論。
〔註33〕李則芬〈中國政治思想的二大淵源〉一文云：「代表政府的桑弘羊等人，發言常引太公、管仲或《管子》一書的理論；文學、賢良則動引孔孟。這正是周代齊學、魯學兩種思想對抗的縮影。」見《先秦及兩漢歷史論文集》，又見徐漢昌先生《鹽鐵論研究》一書。
〔註34〕見朱子《四書集注》。
〔註35〕《史記·孟荀列傳》：太史公曰：「余讀孟子書，至梁惠王問何以利吾國，未嘗不廢書而歎也。曰：嗟乎！利，誠亂之始也。夫子罕言利者，常防其原也。」
〔註36〕《論語·子罕篇》：「子罕言利，與命，與仁。」
〔註37〕顧炎武《日知錄》卷十「梁惠王」一條引衛嵩之言，云：「孟子游歷先後雖不可考，以本書證之，當是由宋歸鄒，由鄒之任、之薛、之滕而後之梁、之齊。」孟子在齊曾爲卿，在梁則爲客，故《孟子》書中載齊事特多，而弟子皆齊人也。並見前論。
〔註38〕《荀子·非十二子篇》以「墨翟、宋鈃」爲「上功用，大儉約而僈差等」是

聞秦楚構兵，我將見楚王說而罷之。楚王不悅，我將見秦王說而罷
之。二王，我將有所遇焉。」曰：「軻也，請無問其詳，願聞其指。
說之將何如？」曰：「我將言其不利也。」曰：「先生之志則大矣，
先生之號則不可。先生以利說秦楚之王，秦楚之王悅於利，以罷三
軍之師，是三軍之士樂罷而悅於利也。爲人臣者懷利以事其君，爲
人子者懷利以事其父，爲人弟者懷利以事其兄。是君臣、父子、兄
弟終去仁義，懷利以相接，然而不亡者，未之有也。」

戰國之世，崇尚功利之思想甚爲盛行，墨家以功利主義立學，固有其濟世之熱
誠，然其說未能正本清源，反而推波助瀾，以致諸侯之相攻愈急，雖墨者亦徒
呼奈何。〔註39〕孟子所以闢墨，以爲「天之生物，使之一本，而夷子二本故也。」
以至詆其兼愛之說爲「無父」之獸行，〔註40〕此無他故焉，蓋孟子言「孳孳爲
利者，蹠之徒也。」（〈盡心篇〉），義利之辨是魯、齊學說之另一分別也。

（三）與道家隱士之流之訾應

隱士之流出於齊地，前已有所論及。蓋隱士乃清高自蹈，不介流俗之人。
孟子以楊子拔一毛以利天下而不爲（〈盡心篇〉），謂其取「爲我」之義，是「無
君」之禽獸之行（〈滕文公篇〉）。楊朱之說已佚，僅存片段言論於《呂氏春秋》
一書中。然孟子所以必斥隱士之流者，見其論齊陳仲子一事，可以知之也。〈滕
文公篇〉云：

匡章曰：「陳仲子豈不誠廉士哉！居於陵，三日不食，耳無聞，目無
見也。井上有李，螬食實者過半矣。匍匐往將食之，三咽，然後耳
有聞，目有見。」孟子曰：「於齊國之士，吾必以仲子爲巨擘焉。雖
然，仲子惡能廉？充仲子之操，則蚓而後可者也。夫蚓，上食槁壤，
下飲黃泉。」〔註41〕

宋鈃爲墨家者流。楊倞以宋鈃爲宋人，與孟子、尹文子、彭蒙、慎到同時，
是已。《莊子・天下篇》謂宋鈃、尹文以「禁攻寢兵爲外，以情欲寡淺爲內。」
蓋墨者之在齊稷下者，故《漢書・藝文志》列在小說家，而曰「孫卿道宋子，
其言黃老意。」

〔註39〕《莊子・天下篇》以墨家「其生也勤，其死也薄，其道大觳；使人憂，使人
悲，其行難爲也，恐其不可以爲聖人之道，反天下之心，天下不堪。墨子雖
獨能任，其奈天下何！離於天下，其去王也遠矣。」確爲墨家之流之的評也。
〔註40〕見《孟子・滕文公篇》。
〔註41〕陳仲子，齊人。即《戰國策・齊策》之於陵仲子，《荀子・非十二子》所云陳
仲、《韓非子・外儲說左上》所云田仲（陳、田古音同）。荀子云「忍情性，

孟子以爲「一人之身，而百工之所爲備。」（〈滕文公篇〉）謂有勞心者以治人，勞力者治於人，乃天下之通義；而仲子隱居高蹈，雖能自潔，而無以充其類，故充仲子之操，乃蚯蚓而後能者也。故〈盡心篇〉論曰：「仲子不義與之齊國而弗受，人皆信之，是舍簞食豆羹之義也。人莫大焉亡親戚君臣上下。以其小者，信其大者，奚可哉！」此即《論語》子路責荷蓧丈人以長幼之節不可廢，何況君臣大倫！故欲潔其身而亂大倫，既見非於孔門，而楊子、陳仲之屬亦受譏於孟子也。〔註42〕由此可見鄒魯之儒學，對產於齊地之神仙家隱士之流，甚爲不取。蓋儒以用世爲務，潔身高蹈之士則取「爲我」爲義，孟子非之爲「無君」，即今所謂無社會責任之擔當者。隱士之行與儒者積極用世之態度乃不能相容也。

（四）與農家之辯論

〈滕文公篇〉「有爲神農之言者許行」一章述農家之主張「賢者與民並耕而食，饔飧而治」一義。古之有農稷之官，《尚書·洪範》八政有「食」、「貨」，皆爲政者所不可少；「及鄙者爲之，無所事聖王，而欲使君臣並耕」。〔註43〕孟子以爲「百工之事，固不可耕且爲」，而何況治天下之事？故「有大人之事，有小人之事」，小人勞力故治於人，君子勞心而治人，乃天下之通義；堯之爲君，必立農官以樹藝五穀，立司徒之官以教人倫，堯、舜皆以不得賢者而治天下爲己憂，而農夫以百畝之不治爲己憂。農者本小人之事，勞力者也。故樊遲請學稼、學園圃，孔子則答以不如老農、老圃，而曰：「小人哉！樊須也。上好禮則民莫敢不敬，上好義則民莫敢不服，上好信則民不敢不用情。夫如是，則四方之民，襁負其子而至矣。焉用稼。」（《論語·子路篇》），堯舜之治天下，豈不用心於農事哉，唯亦不用於自耕耳。孟子以爲「不違農時，穀不可勝食也；數罟不入洿池，魚鱉不可勝食，材木不可勝用，是使民養生喪死無憾也。」養生喪死無憾，乃王道之始，治國之當務在重農事，唯其並非與民並耕之義也。重農乃魯學一貫之主張，至漢昭帝之際鹽鐵之議，賢良文

蔡谿利跂，苟以分異人爲高。」是陳仲乃遺俗高蹈林棲之士也。韓非以爲「田仲不恃人而食，亦無益於國。」可見隱士之流皆潔身自好不與祿仕之類。

〔註42〕《韓非·卷十三·外儲說右上》有錄「太公東封於齊。齊東海上有居士曰狂矞、華士昆弟二人者，立議曰：吾不臣天子，不友諸侯，耕作而食之，掘井而飲之。太公望至於營丘，使執而殺之；周公旦在魯馳往而止之而不及」之事，見儒者待隱士則溫厚，而法家則殘苛無恩也。

〔註43〕見《漢書·藝文志》農家者流一節。

學猶主張重農務本以富邦。《鹽鐵論》〈力耕〉篇引文學之言，曰：

> 古者十一而稅，澤梁以時入而無禁，黎民咸被南畝而不失其務。故三年耕而餘一年之蓄，九年耕有三年之蓄。此禹、湯所以備水旱而安百姓也。草萊不闢，田疇不治，雖擅山海之財，通百末之利，猶不能贍也。是以古者尚力務本而種樹繁，躬耕趣時而衣食足。雖累凶年而人不病也。故衣食者民之本，稼穡者民之務也。二者修，則國富而民安也。

周朝立國，以明農事為本，孔門問政，以足食為先；〔註44〕故重農乃魯學之一貫主張。孟子謂「省刑罰、薄稅斂，深耕易耨」〔註45〕為王政之始，然此義固非農家者流之所知也。

　　以上所舉「王霸之辨」、「義利之辨」、「對道家隱士之流之訾斥」、與「對農家者流之辯論」四端，皆齊稷下諸子之言論，孟子適遊齊，故逢其際會而與彼等論辯，孟子嘗言「予豈好辯哉，予不得已也。」蓋戰國之世，諸子之言紛亂，處士橫議，多不得中道；孟子述孔子之學，所以指斥異端。孟子之言，可視為魯學之思想；在以上所舉諸子之論，皆可視為齊學者之主張也。

　　又孟子之時，儒學已經孔子之傳布，孔子弟子中亦不乏齊籍者，〔註46〕齊人而述魯學，或有與儒說本義之出入者，經孟子而辯正之。茲略言於下：

（一）齊地之詩書經說

《孟子・萬章篇》云：

> 咸丘蒙問曰：「語云：『盛德之士，君不得而臣，父不得而子』。舜南面而立，堯帥諸侯北面而朝之，瞽瞍亦北面而朝之。舜見瞽瞍，其容有蹙。孔子曰：『於斯時也，天下殆哉，岌岌乎！』不識此語誠然乎哉？」孟子曰：「否。此非君子之言，齊東野人之語也。堯老而舜攝也。〈堯典〉曰：『二十有八載，放勳乃徂落，百姓如喪考妣，三

〔註44〕《論語・顏淵篇》，子貢問政，子曰：「足食、足兵，民信之矣。」〈子路篇〉：「子適衛，冉有僕。子曰：『庶矣哉！』冉有曰：『既庶矣，又何加焉？』曰：『富之』」魯學固以重農為本務也。

〔註45〕《論語・顏淵篇》：哀公問於有若曰：「年饑，用不足，如之何？」有若對曰：「盍徹乎？」，曰：「二，吾猶不足，如之何其徹也？」對曰：「百姓足，君孰與不足？百姓不足，君孰與足？」藏富在民，乃儒家之主張，其具體則薄征賦稅，與法家富國之主張截然不同也。

〔註46〕見第二章附錄「孔子弟子里籍表」。

年，四海遏密八音。』孔子曰：『天無二日，民無二王。』舜既為天
子矣，又帥天下諸侯以為堯三年喪，是二天子矣。」

按：孟子道性善，言必稱堯舜。堯舜禪讓，乃孟子學說之核心。如咸丘蒙所
述，則堯舜既非禪讓，是篡之也，〔註47〕若以此而論堯舜政權之轉移，無怪
乎孔子以天下為岌岌可危。孟子正辭而闢之，曰「此非君子之言，齊東野人
之語也。」此即齊地之有述儒家之學者，其言昧於根本大義，而肆為議論，
孟子則舉正本清源之論，以〈堯典〉為證，言堯舜禪讓之理，謂堯老而舜居
攝，至堯崩而舜為三年喪之後乃踐位，此乃鄒魯儒學之正學也。齊以有此篡
位邪說，與田氏之篡齊，必有關也。〔註48〕又同章，咸丘蒙復問曰：

「舜之不臣堯，則吾既得聞命矣。《詩》云：『普天之下，莫非王土；
率土之濱，莫非王臣。』而舜既為天子矣，敢問瞽瞍之非臣，如何？」
曰：「是詩也，非是之謂也。勞於王事，而不得養父母也。曰：『此
莫非王事，我獨賢勞也。』故說詩者，不以文害辭，不以辭害志。
以意逆志，是為得之。如以辭而已矣，〈雲漢〉之詩曰：「周餘黎民，
靡有孑遺。」信斯言也，是周無遺民也。孝子之至，莫大乎尊親；
尊親之至，莫大乎以天下養。為天子父，尊之至也；以天下養，養
之至也。《詩》曰：『永言孝思，孝思維則。』此之謂也。《書》曰：
『祇載見瞽瞍，夔夔齊栗，瞽瞍亦允若。』是為父不得而子也。」

論者皆以為「齊學恢宏，魯學謹篤」。所謂「恢宏」者，多持異義之論，
非必為陰陽五行之說也；而所謂之「謹篤」者，則述學多持本義，以申正道。
前者有賴想像力之奔馳，後者在守前人之舊說。就本章而論，所引《詩·小
雅·北山》之篇，詩旨當在「偕偕士子，朝夕從事。王事靡盬，憂我父母。」，
在「大夫不均，我從事獨賢。」等句，故孟子以「勞於王事而不得養父母」
為釋。唯說詩者往往斷章取義，春秋盟會樽俎之間，其斷取章句既屬自由，
而騁其想像，端賴其人，故本是勞於王事不得奉養之詩，至齊人則取之以論

〔註47〕舜南面居天子位，堯帥諸侯北面而朝之。堯本為天子，舜雖盛德之士，亦不
容至此，是舜為篡矣。
〔註48〕《漢書·地理志》：「昔太公始封，周公問『何以治齊？』太公曰：『舉賢而上
功。』周公曰：『後世必有篡殺之臣。』其後二十九世，為強臣田和所滅，而
和自立為齊侯。」初，和先陳公子完有罪來奔齊，齊桓公以為大夫，更稱田
氏，九世至和而篡齊，至孫威王而稱王，五世為秦所滅。則齊地學者所以傳
說堯舜事蹟如此，乃為田氏篡齊而粉飾之辭也。

舜與瞽瞍之對待問題，其不得詩書正義。〈告子篇〉云：

> 公孫丑問曰：「高子曰，『〈小弁〉，小人之詩也。』。」孟子曰：「何
> 以言之？」曰：「怨。」曰：「固哉，高叟之爲詩也！有人於此，越
> 人關弓而射之，則己談笑而道之；無他，疏之也。其兄關弓而射之，
> 則己垂涕泣而道之；無他，戚之也。〈小弁〉之怨，親親也。親親，
> 仁也。固矣夫！高叟之爲詩也。」

按：趙岐與朱子並言高子爲齊人，趙注且謂高子乃孟子弟子。然據此章，孟子
稱之爲「叟」；〈公孫丑篇〉「高子以告」；〈盡心篇〉論追蠡等章觀之，高子乃齊
地儒生，非孟子弟子也。〔註49〕高子論〈小弁〉之詩，以其中有怨刺之意，輒
斷爲小人之詩；〔註50〕孟子則根據人情，知親情之斷絕，不能無怨，其怨，固
仁道也，而高子說詩則固於字辭，不能深入於詩義，其說詩之習氣與其爲齊人
有關。〔註51〕據是而觀之，魯學六經之說傳至齊地，多異解謬辭，孟子莊而正
之；正之則有矣，而齊學之流傳猶爲廣佈，雖欲正之，而有不勝其正者矣。

（二）齊學之論堯舜禪讓

儒家多言堯舜禪讓，蓋博施於民，而能濟眾，〔註52〕唯堯舜之聖乃能爲
之；其聖事擬天，民故無得而名焉。〔註53〕儒者以爲，唐虞之際，於世最盛，
孔子所以祖述，而孟子言必稱之也。孟子與齊人論堯舜禪讓，其篇章甚多，
在前述齊學經說略有言及，今並錄而述之。〈萬章篇〉云：

> 萬章曰：「堯以天下與舜，有諸？」孟子曰：「否。天子不能以天下

〔註49〕《孟子・公孫丑篇》，孟子去齊，尹士譏之，以爲干澤而來，去又濡滯不前，
以是不悅；高子以此告孟子，孟子乃述其遲遲而行之志，高子復以此告尹士，
尹士乃服義。觀此，高子當與尹士爲同在朝者。〈盡心篇〉，高子據禹之鐘鈕
用之過多而欲絕（即追蠡），以爲禹之樂過於文王之樂，孟子駁之，以爲證據
不足。則高子乃嫺於古學之齊人也。

〔註50〕〈小弁〉首章：「民莫不穀，我獨于罹。何辜於天，我罪伊何？」三章：「靡
瞻非父，靡依匪母。不屬于毛，不罹于裏。」通篇怨刺不絕，蓋遭讒受罪之
作也。

〔註51〕《漢書・地理志》論齊地學風，云：「其土多好經術，矜功名，舒緩闊達而足
智；其失夸奢朋黨，言與行繆，虛詐不情。」故齊人說《詩》者如匡衡，諸
儒語之曰：「無說詩，匡鼎來。匡說詩，解人頤。」說《詩》至使人笑不能止
（《漢書》如淳注），《詩》學之淪喪，莫此爲甚也。

〔註52〕見《論語・雍也篇》。

〔註53〕《論語・泰伯篇》，子曰：「大哉！堯之爲君也。巍巍乎，唯天唯大，唯堯則
之。蕩蕩乎！民無能名焉。巍巍乎，其有成功也，煥乎其有章。」又見《孟
子・滕文公篇》引。

與人。」「然則舜有天下也，孰與之？」曰：「天與之。」「天與之者，

諄諄然命之乎？」曰：「否，天不言，以行與事示之而已矣。」

萬章以齊人有「堯以天下與舜」之說，故發問。孟子答以舜之有天下乃得自
於天命，天命之根源出於民意，故曰：「昔者堯薦舜於天而天受之，暴之於民
而民受之。故曰：天不言，以行與事示之而已矣。」儒家言堯舜禪讓，乃闡
明公天下之理，示天下非可私相授受也。故孟子闢齊人之說「堯以天下與舜」，
曰：「而〔註54〕居之宮，逼堯之子，是篡也，非天與也。」並且引〈泰誓〉「天
視自我民視，天聽自我民聽。」為證，謂政權之轉移，當取決於民意；若依
齊人之說，則舜是篡也，而非禪讓也。依歷史之事實觀之，禪讓之後，夏、
商二代皆傳子不傳賢，禹、湯是也。同篇云：

萬章問曰：「人有言，至於禹而德衰，不傳於賢而傳於子，有諸？」

孟子曰：「否，不然也。天與賢，則與賢；天與子，則與子。」

堯、舜之後，雖有傳子之事實，究之其傳位猶取決於天意，而非人為之授受
也，故曰：「舜、禹、益相去久遠，其子之賢不肖，皆天也，非人之所能為也。
莫之為而為者，天也；莫之致而至者，命也。」匹夫而有天下，必德至舜、
禹，而又有天子薦之，故益、伊尹、周公、孔子雖賢，而不能有天下，亦天
意所趨，孔子曰：「唐、虞禪；夏后、殷、周繼，其義一也。」此言政權之主
皆在民也，天所命之，則民歸趨之，不拘其為禪讓，為世繼；天之所廢，必
皆如桀紂之暴者，故曰：「桀紂之失天下也，失其民也；失其民者，失其心也。
得天下有道，得其民，斯得天下矣。得其民有道，得其心，斯得民矣。」是
以湯放桀，武王伐紂，孟子不謂之弒君，而謂之誅獨夫。齊學者在漢代倡言
革命，蓋亦有啟發於孟子也。〔註55〕

（三）齊地學者之有扭曲儒家聖賢者

儒家之聖人賢哲在齊學之中面目多受扭曲，而經孟子辨正者，由此亦可
睹齊學之風氣與魯學之異也。〈萬章篇〉云：

〔註54〕而，如也，若也，假設之辭。

〔註55〕《漢書·儒林傳》，固生與黃生爭論湯武革命，黃生蓋習黃老之術之法家者流，
故嚴君臣之別；轅固則為齊學之儒者，則主湯、武受命。致使景帝為難，而
曰：「食肉不食馬肝，不為不知味；言學者無言湯武受命不為愚。」遂罷之。
漢儒之有董仲舒、眭孟、李尋、甘忠可、夏賀良、丁廣世、郭昌等除言災異
之外，復好言漢家再受命之事，故哀帝改號曰「陳聖劉太平皇帝」，皆齊學之
說所影響也。

　　萬章問曰：「象日以殺舜爲事；立爲天子，則放之。何也？」孟子曰：
　　「封之也，或曰放焉。」

齊人以爲舜懷舊怨，故放逐其弟；孟子則以爲封其弟焉。故曰：「仁人之於弟
也，不藏怒焉，不宿怨焉，親愛之而已矣。親之，欲其貴也；愛之，欲其富
也。封之有庳，富貴之也。」蓋仁之實在親親，舜既立爲天子，則放逐其弟，
有違親親之道，非舜之所當爲，此蓋齊東之野語也。萬章又問曰：

　　「敢問或曰放者，何謂也？」曰：「象不得有爲於其國，天子使吏治
　　其國，而納其貢稅焉，故謂之放。豈得暴彼民哉？」

蓋象之不仁，而舜封之於有庳，有庳之民無辜，本不當受象之暴虐，故舜使
吏治其國，安其民，象但居虛位而已，如此既能曲全於親親之仁，又復有仁
民之實也。同篇：

　　萬章問曰：「《詩》云：『娶妻如之何？必告父母。』信斯言也，宜莫
　　如舜。舜之不告而娶，何也？」孟子曰：「告則不得娶。男女居室，
　　人之大倫也。如告，則廢人之大倫，以懟父母，是以不告也。」

按：此守經從權之義也。經爲常禮，權爲變通，齊人好言權變，唯權之不能
違於善，此章論舜之不告而娶，蓋「不告而娶」，所以成全人之大倫，其善猶
有過於「告而娶」者，故舜之不告而娶，乃所以成就其善行也。〔註56〕同篇：

　　萬章問曰：「人有言『伊尹以割烹要湯』，有諸？」孟子曰：「否，不
　　然。伊尹耕於有莘之野，而樂堯舜之道焉。非其義也，非其道也，
　　祿之以天下，弗顧也。繫馬千駟，弗視也。非其義也，非其道也，
　　一介不以與人，一介不以取諸人。」

孟子嘗數以「聖之任者也」稱伊尹，齊人則以爲伊尹乃以鼎燴干祿者，萬章
之問即齊人之說也。孟子曰「（伊尹）思天下之民，匹夫匹婦，有不被堯舜之
澤者，若己推而內之溝中，其自任以天下之重如此，故就湯而說之，以伐夏
救民。吾未聞枉己而正人者也，況辱己以正天下乎！聖人之行不同也，或遠
或近，或去或不去，歸潔其身而已矣。吾聞其以堯舜之道要湯，未聞以割烹
也。」此則足以破齊人悠謬荒唐之言矣。又同篇：

　　萬章問曰：「或謂孔子於衛主癰疽，於齊主侍人瘠環，有諸乎？」孟
　　子曰：「否，不然也。好事者爲之也。於衛主顏讎由。彌子之妻與子
　　路之妻，兄弟也。彌子謂子路曰：『孔子主我，衛卿可得也。』子路

─────────────

〔註56〕論「經」、「權」之關係，見第二章齊學部份。

以告。孔子曰：『有命。』孔子進以禮，退以義，得之不得曰『有命』。
而主癰疽與侍人瘠環，是無義無命也。孔子不悅於魯衛，遭宋桓司
馬將要而殺之，微服而過宋。是時孔子當阨，主司城貞子，爲陳侯
周臣。吾聞觀近臣，以其所爲主；觀遠臣，以其所主。若孔子主癰
疽與侍人瘠環，何以爲孔子？」

按：此章抉撥齊說之謗瀆孔子，甚是痛快。據《史記‧孔子世家》，孔子早年
適齊，首先受譖於晏子，〔註57〕因而不獲景公之重用，而終身亦未嘗得意於
齊國。齊人以推尊管、晏，故常貶抑孔子，復有好事者〔註58〕做爲傳說，以
謗瀆聖賢爲事，孟子乃辭而闢之，孟子眞聖人之徒也。又同篇：

萬章問曰：「或曰『百里奚自鬻於秦養牲者，五羊之皮，食牛，以要
秦穆公』。信乎？」孟子曰：「否，不然。好事者爲之也。百里奚，虞
人也。晉人以垂棘之璧與屈產之乘，假道於虞以伐虢。宮之奇諫，百
里奚不諫。知虞公之不可諫而去，之秦，年已七十矣，曾不知以食牛
干秦穆公之爲汙也，可謂智乎？不可諫而不諫，可謂不智乎？知虞公
之將亡而先去之，不可謂不智也。時舉於秦，知穆公之可與有行也而
相之，可謂不智乎？相秦而顯其君於天下，可傳於後世，不賢而能之
乎？自鬻以成其君，鄉黨自好者不爲，而謂賢者爲之乎？」

夫齊學富於夸誕想像，故孟子稱「齊東野人之語」，《莊子‧逍遙遊》則謂其
地有齊諧志怪之談，〔註59〕儒學傳至齊地，遂多異說；而齊稷下學士不治而

〔註57〕《史記‧孔子世家》：「齊景公將欲以尼谿田封孔子。晏嬰進曰，『夫儒者滑稽
而不可軌法；倨傲自順不可以爲下崇；喪遂哀，破產厚葬不可以爲俗；游說
乞貸不可以爲國。自大賢之息，周室既衰，禮樂缺有間。今孔子盛容飾，繁
登降之禮、趨詳之節，累世不能殫其學，當年不能究其禮。君欲用之，以移
齊俗，非所以先細民也。』」後景公敬見孔子，不問其禮。至是景公不用孔子，
而齊大夫欲害孔子，至使孔子辭老而去齊返魯，時孔子年三十五歲。其後定
公起孔子爲中都宰、司空至大司寇；齊大夫犁鉏告景公以魯用孔丘，齊勢危，
復譖孔子於景公。夾谷之會孔子攝相事，甚嚴，折景公與晏子，致使齊不得
已而歸魯鄆、汶陽、龜陰之田以謝過。魯定公十四年，齊復用犁鉏之議，歸
魯女樂，桓子受女樂，三日不聽政，孔子遂去魯，適衛，主於子路妻兄顏濁
鄒家；復又去衛、適陳、返衛，復去衛、過曹、適宋、適鄭，流連於陳、蔡
之間，終其生不得志。以《史記‧孔子世家》觀之，孔子之受齊人謗毀，終
不得用。故《孟子》萬章之問，其來有自也。

〔註58〕朱子《四書集註》：「好事，謂喜造言生事之人也。」

〔註59〕《莊子‧逍遙遊》：「齊諧者，志怪者也。諧之言曰：『鵬之之徙於南冥也，水
擊三千里，摶扶搖而上者九萬里，去以六月息者也。』野馬也，塵埃也，生

議，更助長此風。據《孟子》七篇所述，與答咸丘蒙、公孫丑、萬章之問，皆以「或曰」、「人有言」、「或謂」等為發端語，是皆齊說無疑也，故孟子立辭，必莊辭闢之，以申儒學之純正，而無取於齊學之詭談也。〈盡心篇〉曰：「盡信書，則不如無書。吾於〈武成〉，取二三策而已矣。仁人無敵於天下；以至仁伐至不仁，而何其血之流杵也。」司馬遷稱：「學者多稱五帝，尚矣。然《尚書》獨載堯以來，而百家言黃帝，其文不雅馴，薦紳先生難言之。孔子所傳，宰予問《五帝德》及《帝繫姓》，儒者或不傳。」豈獨漢儒在取證論著有此困難，在孟子時所見六藝經說，緣俗之談，固已如此也。若將此等傳說皆歸為齊學，證據上略嫌不足；然上述之齊人之說如此，則證據確切，信能不誣也。

二、《荀子》書中齊學成份之考察

漢代經學之傳授，受荀子影響最深，而荀子之學亦受齊學影響最大。熊公哲〈兩漢儒家諸子之研討〉一文云：

> 漢世儒者，匪特浮丘伯、伏生、申公一輩博士經生，大都出荀卿之傳已也；即其卓稱諸子，自陸賈以下，如揚雄、王符、仲長統，乃及荀悅之倫，亦莫非荀卿之傳也。然猶可曰，均之儒也；其可異者，自來〈藝文〉注錄，凡此諸子，皆列儒家，顧吾讀其書，而申、韓餘緒，往往雜出其間。夫儒與申、韓，較其學術，宜若冰炭之不同器，寒暑之不兼時；而究有大不然者，此所謂儒，乃荀卿氏之儒耳。吾固嘗論之矣，荀子之在孔門，不謂為別派，固不可也。彼其所持，蓋齊教義外說也。

熊氏以為，魯教為義內之學，齊教則主於義外，〔註60〕此中分際，判然有不

物之以息相吹也。」此篇借北冥之魚，化而為鵬之傳說，鋪衍以成文，則此寓言本得自於齊地，蓋「北冥」即北海，正齊所處之地也。以齊地之傳說，多志怪之談，可知齊國風氣如此。

〔註60〕「義內」、「義外」之別，見《孟子・告子篇》。告子曰：「食色，性也。仁，內也，非外也。義，外也，非內也。」告子蓋為道家者流，以自然主義之觀點定義人性，朱子稱「告子以人之知覺運動為性。」是也。故在告子而言，仁愛之心生於內，至於事物之宜不宜則決定於外。故曰：「彼長而我長之，非有長於我也；猶彼白而我白之，從其白於外也，故謂之外。」然據孟子則曰：「仁義禮智，非由外鑠我也，我固有之也。」（〈告子篇〉），又曰：「君子所性，仁義禮智根於心。」仁義皆由內在，而非外鑠者，乃孔門之正義也，孔子既

可混殽者。夫孟子與荀子皆嘗往游稷下，稷下純爲齊學，孟子猶能辭而闢之，發明其與魯學之異，判然若白黑，直斥之爲齊東野人之語；至於荀子則浸潤之而不察，與焉而不知。故熊氏謂自荀子以來，學者爭言假學以益身；法家則一變而假物以治國。雖一言禮，一言法；所假不同，要皆齊教義外之變也。〔註61〕孟、荀之所同，固皆尊孔子；而其所異，如性善、性惡，遵先王、法後王，稱仁義、隆禮義之等；所以有此三者之異說，正因孟子純是爲魯學，而荀子多浸染於齊學之故也。蓋孟子爲學先立其大，則小者乃從之，故曰：「君子所性，雖大行不加焉，雖窮居不損焉，分定故也；君子所性，仁義禮智根於心；其生色也睟然見於面，盎於背，施於四體，不言而喻。」（〈盡心篇〉）既以仁義之爲內在於我，則君子唯反身求諸己，萬物皆備，而不待外求矣。〔註62〕至於荀子則不然。荀子欲隆禮義，故其學則先求統類。其「統類」爲何？則《禮經》是已。〈勸學篇〉云：

    學惡乎始？惡乎終？曰：其數則始乎誦經，〔註63〕終乎讀禮；其義

曰：「人能弘道，非道弘人。」復言：「我欲仁，斯仁至矣。爲仁由己，而由乎人哉？」蓋主體心之收攝爲仁，其行事則義，非「仁」、「義」是分內外，如告子所言也。然此義唯孟子知之，及告子已失之，而荀子復由告子「義外」之說論性，而有「性惡說」之提出，其失彌遠矣。熊氏摘別「義內之學」爲魯學，「義外之學」爲齊學，眞不易之確論。漢代經學終僅爲荀學，至宋明儒孟學始顯，孔孟眞義已淪喪千年矣。

〔註61〕見〈兩漢儒家諸子之研討〉一文。所以謂法家爲齊學者稷下諸子如田駢、愼到、接子，皆法家之流也。

〔註62〕〈盡心篇〉，孟子曰：「萬物皆備於我矣，反身而誠，樂莫大焉。」又曰：「盡其心者，知其性也。知其性，則知天矣。」皆「義」內也，故「由仁義行，非行仁義也」；由仁義行，則仁義在內；行仁義，則仁義在外，告子、荀子皆是義外之學也。

〔註63〕梁任公以爲韓非言孔子死後，戰國之末儒分爲八，但最初應只分二派：有子是一派，曾子是一派；故在《論語》全書中稱「子」者，惟有若，曾參二人。《孟子·滕文公篇》曾有子夏、子張、子游以有若似聖人，欲以所事孔子事之，強曾子，曾子不可之事。大概「子夏、子游、子張」三人對孔子所說的話，所刪定的經典，爲形式的保守，異常忠實，荀子說：「其數始乎誦經，終於讀禮。」是這一派演出：曾子另爲一派，不注重形式，注重身心修養，曾子的弟子是子思，後來孟子專講存心養氣，是這一派的演出。所以孔子死後，門弟子分爲二派，一派注重外觀的典章文物，以有若、子游、子夏、子張爲代表；一派注重內省的身心修養，以曾參、子思、孟子爲代表，春秋戰國時代的儒學，大概可以瞭然了。說見梁氏著《儒家哲學》，頁20。按孔門文學以「子游、子夏」爲代表，見於《論語》，故漢儒傳經，必推始於子夏，梁氏所言是也。

則始乎爲士，終乎爲聖人。……故《書》者，政事之紀也；《詩》者，中聲之所止也；《禮》者，法之大分，群類之綱紀也。故學至乎《禮》而止矣。夫是之謂道德之極。《禮》之敬文也，《樂》之中和也，《詩》、《書》之博也，《春秋》之微也，在天地之間者畢矣。

在荀子而言，禮法爲其學術統類之綱紀，道德之極致，君子之學在善假禮法以脩身，其終則期能躋於聖人，至於誦經讀禮則爲進學之數（術，法也），所以漢儒縱千迴百轉，皆在讀經一事上周旋，蓋有啓發於荀子也。〔註64〕唯荀子主性惡，故以爲從人之性，順人之情，必出於爭奪，合於犯分亂理而至於暴，「故必將有師法之化，禮義之道，然後出於辭讓，合於文理，而歸於治。」（〈性惡篇〉）所謂之師法之化者，即聖人賢師之教化也。〈儒效篇〉云：

聖人也者，本仁義，當是非，齊言行，不失毫釐，無它道焉，已乎行之矣。故聞之而不見，雖博必謬；見之而不知，雖識必妄；知之而不行，雖敦必困。不聞不見，則雖當，非仁也，其道百舉而百陷也。

蓋唯聖人乃能本於仁義，斷是非，而齊一言行，禮義法度，皆生於聖人之制度。「故聖人化性而起僞，僞起而生禮義，禮義生而制法度。」（〈性惡篇〉），其所謂之「僞」，即變化本性之惡，而合於文理也。亦唯聖人之性善，不同於眾人之性惡，故禮義乃出於聖人之制度，則荀子之學重師法之教，是其思想推演之必然結果，縱有經典在，然眾人本其性惡，亦無緣得化也。〈勸學篇〉中有云：

學莫便乎近其人。《禮》、《樂》法而不說，《詩》、《書》故而不切，《春秋》約而不速。方其人之習君子之說，則尊以遍矣，周於世矣。故曰：學莫便乎近其人。學之經莫速乎好其人，隆禮次之。〔註65〕

此處所謂「其人」，即聖人也；學唯近乎聖人，聽言觀行，聞見而知，知之而

〔註64〕謝墉《荀子箋釋・序》云：「小戴所傳三年問全出〈禮論篇〉，樂記鄉飲酒義所引俱出〈樂論篇〉；聘義，子貢問貴玉賤珉，與〈德行篇〉同；大戴所傳禮三本篇亦出〈禮論篇〉；〈勸學篇〉即荀子首篇，而以宥坐篇末，見大水一則附之哀公問；五義出哀公篇之首，則知荀子所著，載在二戴記者尚多。」兩漢禮論，出於后蒼曲臺；大小戴、慶氏學，皆當爲齊學，論見本篇第五章，則齊《詩》、《禮》之學出於荀子也。又汪容甫〈荀子通論〉，謂荀卿之學最有功於諸經經典，《毛詩》、《魯詩》、《韓詩》、《左傳》、《穀梁春秋》、《大戴》、《小戴》皆與荀子有關，其說是矣。

〔註65〕〈儒效篇〉云：「人無師無法而知，則必爲盜；勇則必爲賊，云能則必爲亂，察則必爲怪，辯則必爲誕。」就性惡論之推演，必有如此之結果，蓋前提如此，其推論遂無以逾越之。易言之，據荀子始終不以「本始質樸」之性爲有成就之可能也。

行，學至於行而止也（〈儒效篇〉）。誦經讀禮既爲進學之法，而《五經》之說，必待聖人而後明，故荀子之學特尊師法之教；其後李斯申之，則變而爲以吏爲師。《史記·秦始皇本紀》云：

> 丞相李斯曰：「五帝不相復，三代不相襲，各以治，非其相反，時變異也。……今諸生不師今而學古，以非當世，惑亂黔首。丞相臣斯昧死言：古者天下散亂，莫之能一，是以諸侯並作，語皆道古以害今，飾虛言以亂實，人善其所私學，以非上之所建立。今皇帝并有天下，別黑白而定一尊。私學而相與非法教，人聞令下，則各以其學議之，入則心非，出則巷議，夸主以爲名，異取以爲高，率群下以造謗。如此弗禁，則主勢降乎上，黨與成乎下。禁之便。臣請史官非秦記皆燒之；非博士官所職，天下敢有藏《詩》、《書》、百家語者，悉詣守、尉雜燒之。有敢偶語《詩》、《書》棄市。以古非今者族。吏見知不舉者與同罪。令下三十日不燒，黥爲城旦。所不去者，醫藥卜筮種樹之書。若有學法令，以吏爲師。」制曰：「可。」

按：李斯此奏議之提出，其事實出於偶然。秦始皇以功成置酒咸陽宮，博士七十人前爲壽，僕射周青臣諛功頌德，繼之有齊人淳于越，議以封建爲王室枝輔，於是始皇下其議，李斯因此上此奏。然在經學歷史上，此奏議實有承前而貫後之關鍵。謂其承前，則其蛻化自荀子「師法」之說是也；語其貫後，則秦廷以此而滅學，致使漢興之後經籍之紛紜，漢代重建經學之際，荀子所倡「師法」一觀念，成爲治經之儒所奉行，而朝廷立學官，亦以是而爲準也。

　　荀子之學，所以重視「師法」者，蓋以人之性惡，故賴後天之教習。荀子曰：「人無師法，則隆性矣；有師法，則隆積矣。而師法者，所得乎情，非所受乎性，不足以獨立而治也。性也者，吾所不能爲也，然而可化也。情也者，非吾所有也，然而可爲也。注錯習俗，所以化性也；并一而不二，所以成積也。習俗移志，安久移質，并一而不二，則通於神明，參於天地矣。」（〈儒效〉）在荀子人性論中，分「性」與「情」二端，「性」乃我所固有，其本質爲惡；「情」非我所有，而可變化矯正。「師法」之作用，即在抑其性惡，不使其隆盛；又在積學，以變化其情。故在荀子，「積學」成爲絕對之必要，然學之端賴「積」之方法，故曰「師法者，所得乎情，非所受乎性，不足以獨立而治」，即是聖人亦賴積學而來，非特其天生本質也；〔註66〕知積學之法，

───────────────

〔註66〕荀子云：「涂之人百姓，積善而全盡，謂之聖人。彼求之而後得，爲之而後成，

則可以爲君子，〔註67〕故儒家之典籍，至荀子而有統類也。

今考荀子所以治學重「積」，或與孔子死後儒者之分化有關；〔註68〕而影響荀子最深遠者，則或因齊稷下之學術風氣，有以致之也。蓋古者學在王官而世守，故章學誠曰：「諸子百家不衷大道，其所以持之有故而言之成理者，〔註69〕則以本原所出，皆不外於周官之典守；其支離而不合道者，失官守，末流之學各以私意恣其說爾，非於先王之道全無所得而自樹一家之學也。」〔註70〕縱使諸子百家非皆王官之學，〔註71〕然古者學在王官則爲不爭之事實。以韓宣子聘魯，始見《易象》與《魯春秋》，而曰周禮盡在此；季札請觀周樂，而諸侯歌詩具在，若非世爲典守，其可能乎？孔氏遺業，傳於東土最盛。荀卿之游齊，以明孔子、仲弓之學爲職事，其時儒已爲顯學，〔註72〕稷下已稱學派，當時又有統一稱帝之風潮，則學術要求統一，亦爲當然之趨勢，〔註73〕此其「師法」一觀念之所以出乎？〈儒效篇〉云：

> 聖人也者，道之管也。天下之道管是矣，百王之道一是矣，故《詩》、
> 《書》、《禮》、《樂》之歸是矣。

又云：

> 先人之道，仁之隆也，比中而行之。曷謂中？曰：禮義是也。道者，
> 非天之道，非地之道，人之所道也。

因政治有求統一之風潮，學術亦有此要求之趨勢，在齊稷下諸子乃集老莊、陰陽、名、法諸家爲黃老之學，稱之爲道；在荀子則述孔子、仲弓之業，而

積之而後高，盡之而後聖，故聖人也者，人之積也。」是聖人並非天生本具，而賴後天積學也。

〔註67〕荀子又云：「故人知謹注錯，慎習俗，大積靡，則爲君子矣。」是也。

〔註68〕見註63。

〔註69〕按「其持之有故，而言之成理」蓋套用《荀子·非十二子篇》之用語。

〔註70〕見《文史通義·易教下》。

〔註71〕「諸子出自王官」之論，始於班固《漢書·藝文志》。民國章太炎先生作〈原儒〉一篇，胡適繼之作〈說儒〉，始揭諸子不出王官之論，而錢穆作駁胡適之〈說儒〉一文，證古學術有世守之理。又錢穆《國史大綱》以爲「王官是貴族學，百家是民間學。」王官之學廢，而諸子百家興起，乃歷史發展之歷程也。

〔註72〕《史記》稱齊稷下諸學士在齊襄王時，荀卿最爲老師，曾三爲祭酒，即最爲尊之意；然荀子在稷下學士中名在慎到、接子、環淵之上，可證儒已爲顯學，《韓非子·顯學篇》因此以儒、墨並稱也。

〔註73〕前引《荀子·儒效篇》之言：「并一而不二，所以成積也。」又云：「并一而不二，則通於神明，參於天地矣。」其求學術一統之意念甚切也。

以禮義爲統類，爲歸一，視爲人道之中極，〔註74〕二家之中，稷下學士多以「天」爲道，而荀子則以「人」爲道也。

又考荀子重「師法」之觀念，與東土博士學官制度當亦有關聯。王國維以爲博士一官置於六國之末，而秦因之，以爲定制；〔註75〕錢穆則以爲戰國時魯、魏皆有博士：儒術之盛自魯、魏，是則博士建官本於儒術也。齊稷下先生實即博士之異名，秦之博士亦實本於戰國也。〔註76〕荀子本是趙人，是時，趙已見博士之名，〔註77〕趙、魏本同爲晉國；尤以荀子之游學於齊，爲稷下學士之巨擘，其所稱爲「祭酒」者，蓋博士中最尊者也。〔註78〕在荀子之時，齊、魏之國，博士爲學官，已成制度。博士學官皆有教授弟子，與秦漢博士之制相同；〔註79〕雖博士學官不盡儒術之士，而究以儒生居多也。然則，荀子述學，著重師法之化，則是教與習之間，爲傳授制度之所趨，而荀子僅特爲強調之耳。

〔註74〕荀子云：「道者非天之道，非地之道，人之所以道也，君子之道也。」表明其不從陰陽家之言天道，亦不從兵戰之地道，而以爲人倫之中道。人道者，乃儒家之道也。

〔註75〕見《觀堂集林》卷四，〈漢魏博士考〉。

〔註76〕見錢穆《兩漢經學今古文平議》，〈兩漢博士家法考〉一文。據《史記·循吏傳》：「公儀休，魯博士，以高第爲魯相。」《漢書·賈山傳》：「山祖父祛，故魏王時博士弟子也。」是史傳著錄有博士之官之始。魯繆公尊養曾申、子思之徒；魏文侯則師事子夏，而友田子方、段干木，則博士建官當本於儒術。許愼《五經異義》謂「戰國時，齊置博士之官。」即是稷下學士之異名而同實也，故漢高祖拜叔孫通爲博士，號「稷嗣君」，錢先生據《史記集解》徐廣之言「蓋言其德業足以繼蹤齊稷下之風流」，而云「此謂其嗣風於稷下」，更舉鄭康成書贊「我棘下生孔安國；棘下即稷下也。安國爲漢廷博士，而鄭君稱之爲稷下生（生即先生），故知博士與稷下先生異名同實。」此皆發千古所未嘗有之卓見；尤以秦始皇設博士官七十人，傚孔子弟子七十之數，更益可證博士之制官，與儒術之關係矣。又齊覺生〈戰國秦漢間博士制度考論〉一文以爲博士出現於春秋時代，且在孔子之前，其所舉證據，視王國維、錢穆二氏，略嫌不足，故不從之。

〔註77〕《戰國策·卷二十·趙策》：「鄭同北見趙王。趙王曰：『子南方之博士也，何以教之？』。」然鄭同與趙王論兵，似非儒者之流。

〔註78〕《史記索隱》：「禮，食必祭先，飲酒亦然；必以席中之尊者一人當祭耳，後因以爲官名。……而荀卿三爲祭酒者，謂出入前後三度處列大夫康莊之位，而皆爲其所尊，故云三爲祭酒也。」然祭酒既因祭飲之禮而設，其爲儒家之禮儀至明。

〔註79〕《漢書·賈山傳》謂賈祛爲魏王時之博士弟子，故王國維以爲六國末確有博士此官，且教授弟子，至秦統一，博士始有定員。

　　復次，《史記》稱楚春申君時，荀卿去齊適楚，以爲蘭陵令。李斯嘗爲荀卿弟子，〔註80〕已而相秦。則李斯之佐秦而統一天下，立其一朝之制度，〔註81〕秦之有立博士學官，定學術爲一尊，豈非受荀卿之影響乎？漢在秦之後，亦因襲其博士學官之制，豈非荀卿之學之重現乎？故荀卿之影響於漢代者，則如前述熊公哲氏所言，兩漢儒家諸子所持，皆齊教義外之說；而漢代學術立在學官，〔註82〕蓋亦荀卿之教也。

　　雖然，荀子因浸潤於齊學而不察，染於齊教而不知，然其述明孔學之意向則不變，故六藝之傳至漢而不絕，先賢皆推荀卿有功於諸經也。而其推尊孔子，抑絀齊學，又爲自覺之使命也。〈仲尼篇〉云：

　　　　仲尼之門人，五尺之豎子，言羞稱乎五伯，是何也？曰：然，彼誠
　　　　可羞稱也。齊桓，五伯之盛者也，前事則殺兄而爭國；內行則姑姊
　　　　妹之不嫁者七人，閨門之內，般樂奢汰，以齊之分奉之而不足；外
　　　　事則詐邾襲莒，并國三十五。其事行也若是，其險汙淫汰也，固曷
　　　　足稱乎大君子之門哉？

此論齊國之政爲可羞，乃就齊之專行其霸道而言也。又云：

　　　　然而仲尼之門人，五尺之豎子，言羞稱乎五伯，是何也？曰：然，
　　　　彼非本政教也，非致隆高也，非綦文理也，非服人之心也。鄉方略，
　　　　審勞佚，畜積修鬭而能顛倒其敵者也，詐心以勝矣。彼以讓飾爭，
　　　　依乎仁而蹈利者也，小人之傑也。彼固曷足稱乎大君子之門哉？

孟子嘗謂「仲尼之徒，無道桓文之事者」，蓋以崇王道而黜霸道也，荀子亦然。固知王霸之辨，乃魯、齊政教之分野。仁者守經，霸者行權，而齊學不本乎仁教，專行權詐以取勝，貌仁而蹈利，故荀子謂其不足以稱乎大君子之門也。

〔註80〕　《史記正義》：「蘭陵縣屬東海郡，今沂州有蘭陵山。」《漢書‧儒林傳》云：
　　　　「東海蘭陵孟卿善爲《禮》、《春秋》，授后蒼、疏廣。」劉向〈敘孫卿子書〉
　　　　云：「蘭陵多善爲學，蓋以荀卿也。長老至今稱之曰：蘭陵人喜字爲卿，蓋以
　　　　法荀卿。」則漢代禮學爲齊學，蓋荀子之傳也。
〔註81〕　桓寬《鹽鐵論‧毀學篇》：「方李斯之相秦也，始皇任之，人臣無二，而荀卿
　　　　爲之不食，睹其罹不測之禍也。」王先謙曰：「據〈李斯傳〉，斯之相，在秦
　　　　并天下之後，距春申君之死十八年，距齊湣王之死六十四年，是時荀卿蓋百
　　　　餘歲矣。」是荀卿猶得見李斯之相秦而立其制度也。
〔註82〕　漢興，因秦制，博士員多至數十人，猶襲秦時諸子百家各立博士之制；文帝
　　　　時，始立一經博士；至武帝建元五年，乃置《五經》博士，或曰議由公孫弘，
　　　　或曰董仲舒，詳王國維〈漢魏博士考〉。

就此一端而言，荀子自覺亦係以魯學之孔教自命也。故其言曰：

> 彼王者則不然。致賢而能以救不肖，致強而能以寬弱，戰必能殆之
> 而羞與之鬥。委然成文以示之天下。

是以如文王之誅四國、武王之伐紂、周公之東征，孟、荀皆以為聖王之誅；孟子以為湯、武革命，應天而順民，荀子則以為「從道不從君」。〔註83〕以孟、荀之說觀之，自來儒教皆準於仁義，與霸者之假仁蹈利之絕不同科也。本篇之所以以「齊稷下之魯學」為題者，蓋孟、荀雖游稷下，而獨能砥柱於中流，非齊稷下諸子之所能及也。

第二節　《呂氏春秋》一書中之齊學

一、《呂氏春秋》之編著與齊學之因緣

《呂氏春秋》為雜家之著，作者非一人，亦不主一家之思想。〔註84〕是書之作，本於呂不韋之意，欲綜攬諸子之學，以成一家之言。《史記‧呂不韋傳》云：

> 莊襄王元年，以呂不韋為丞相，封為文信侯。……莊襄王即位三年，
> 薨，太子政立為王，尊呂不韋為相國，號稱「仲父」。……當是時，
> 魏有信陵君，楚有春申君，趙有平原君，齊有孟嘗君，皆下士喜賓
> 客以相傾。呂不韋以秦之強，羞不如，亦招致士，厚遇之，至食客
> 三千人。是時諸侯多辯士，如荀卿之徒，著書布天下。呂不韋乃使
> 其客人人著所聞，集論以為八覽、六論、十二紀，二十餘萬言。以
> 為備天地萬物古今之事，號曰《呂氏春秋》。

按：《漢書‧藝文志》，班固以為雜家出於古之議官，乃為推原其本之說；《呂氏春秋》其實為雜家著作之始，其對後世著論之家影響亦甚大。〔註85〕今考

〔註83〕見《荀子‧臣道篇》。

〔註84〕《漢志》載錄「《呂氏春秋》二十六篇」，與《淮南子》同列。《漢志》稱雜家出於議官，兼儒墨合名法，與《呂氏春秋》宗旨同；唯胡適以為道家亦雜家，本當將《呂氏春秋》列入道家中。見《中國中古思想史長篇》。《呂氏春秋》，《漢志》錄二十六篇，而今存實一百六十篇，沈欽韓曰：「總十二紀，八覽，六論也。十二紀，紀各五篇；八覽，覽各一篇；六論，論各六篇；凡百六十篇。」是其書具存也。

〔註85〕清畢沅《呂氏春秋新校正‧序》謂著書以覷世名，不成於一人，不能名一家

雜家之所以出現於秦土，司馬遷謂呂不韋功成，羞不如六國諸公子之養士，故養士之外，復欲效法荀卿，因集門下客而著書。蓋呂不韋本陽翟巨賈，秦土爲文化闕如之地，其「羞不如」之心，致使其有倣而效之志也。錢穆云：

> 秦人僻居西土，就文化言，較東方遠爲落後。故秦之措施，大抵襲自東方，其任用以見功者，亦率東土之士也。〔註86〕

然秦人之視東土文化爲致國富強之捷徑，其對東土文化之優美深邃處則不能體味而消融以爲己有，在秦人視之，東土文化實僅爲客體，未能落腳而栽根。〔註87〕故荀卿以一代大儒，亦嘗入秦，其對范睢之問，雖欣賞秦刑法之秩然，然猶譏其爲無儒之國也。〔註88〕是秦雖受東土文化之教化影響，其所取法者，並非齊、魯文化之正統，而僅是三晉之刑法也。錢氏復論之云：

> 蓋三晉之與秦，一則壤地相接，二則三晉學風多尚功利務實際，亦與秦土舊風易於相得。則此所謂文化西漸者，其實以受三晉之影響爲大。至於東方齊、魯諸邦，當時認爲中國歷史文化之正統之代表，其學風思潮，每喜以整個社會之改造爲職志者，似尚未與秦人發生多少關係也。

夫人於其自身之所闕如，旁觀他人所已有之宏美，則常羞其不如，而思有以蒐羅兼納之，此所以《呂氏春秋》之出現於秦地，而呂不韋乃得移植東方文化於秦國也。〔註89〕

者，始於呂不韋，而《淮南》內外篇次之。其自刻章學誠《校讎通義》云：「古者《春秋》家言，體例未有一定。……然而左氏而外，鐸椒、虞卿、呂不韋之書，雖非依經爲文，而宗仰獲麟之意，觀司馬遷敍〈十二諸侯年表〉而後曉然也。呂氏之書，蓋司馬遷之所取法也，〈十二本紀〉倣其〈十二月紀〉，〈八書〉倣其〈八覽〉，〈七十列傳〉倣其〈六論〉，則亦微有折衷之也。」此說頗能見《呂氏春秋》一書對後世著述之影響。

〔註86〕見錢穆著《秦漢史》第一章第二節「文化之西漸」部份。

〔註87〕此見之於秦國待客卿僅在一時之利用，故商鞅車裂，張儀見逐，而范睢退絀也。說並見錢穆《秦漢史》。

〔註88〕《荀子·卷十一·強國篇》云：應侯（范睢）問孫卿子曰：「入秦何見？」孫卿子曰：「……故曰佚而治，約而詳，不煩而功，治之至也。秦類之矣！雖然，則有其諰矣。兼是數具者而盡有之：然而縣之以王者之功名，則倜倜然其不及遠矣，是何也？則其殆無儒邪？故曰粹而王，駁而霸，無一焉而亡，此亦秦之短也。」則秦至昭王時，猶未深受齊魯東方文化之感染，可知也。

〔註89〕梁任公《中國學術思想變遷之大勢》一書，對戰國時代之學界大勢，以爲有四：即內分、外布、出入、旁羅四端。在旁羅一項下，謂雜家之出現，乃運會之使然，而在聞見雜博，取材宏贍之盛際，呂不韋則集諸侯游客以作書，

　　《呂氏春秋》一書，前人多稱之爲《呂覽》。〔註90〕然「呂覽」之名，乃以〈八覽〉概括全書，與呂不韋自身之所期望，及《呂氏春秋》一書之結構皆不合。徐復觀先生云：

　　然史公所見，與呂不韋自身之所期，頗有出入。《呂氏春秋》有〈序意〉一篇，不綴於全書之後，而綴於〈十二紀〉之末；且自名其書爲「春秋」，正係綜括〈十二紀〉以立名；則在呂氏及其門客的心目中，此書的骨幹，是〈十二紀〉而不是〈八覽〉、〈六論〉，至爲明顯。〈序意〉説：「維秦八年，歲在涒灘，秋甲子朔，朔之日，良人請問〈十二紀〉。文信侯曰，嘗得黃帝之所以誨顓頊矣。爰有大圓在上，大矩在下，汝能法之，爲民父母。蓋聞古之清世，是法天地。凡〈十二紀〉者，所以紀治亂存亡，所以知壽夭吉凶也。上揆之天，下驗之地，中審之人，若此，則是非可不可，無所遁矣」。上面一段話，正概括了〈十二紀〉的內容；而其著〈十二紀〉之目的，乃以秦將統一天下，而預爲其建立政治上之最高原則。其〈十二紀〉所不能盡，或尚須加以發明補充者，乃爲〈八覽〉、〈六論〉以盡其意。〔註91〕

按：徐氏所言是也。蓋〈十二紀〉乃騶衍陰陽五行之學發展之結果，爲完全之齊學。夫荀子固嘗言之矣：「先人之道，仁之隆也，比中而行之……道也者，非天之道，非地之道，人之所道也。」〔註92〕孟子亦嘗以三代之學，皆所以明人倫也。故孟子與荀子，均爲儒者，一出於魯學，一或受染於齊學，然皆以人倫爲道之本，則無異。今《呂氏春秋》以「揆天法地」爲極則，謂人唯順天貴生，固地安寧，而以自然無爲爲道，〔註93〕其與魯學以人倫爲本之道，

　　合名法、綜道德、齊兵農，《呂氏春秋》因成千古類書之先河，一代思想之淵海。錢穆先生認爲東土人士素輕秦習，故呂不韋以其勢位發願移植東方學術文化傳於於西土，以矯秦弊，終至得罪。梁氏蓋就結果論之，錢氏則能説明其原因也。

〔註90〕《史記・太史公自序》：「不韋遷蜀，世傳呂覽。」又〈報任少卿書〉亦有是言。而《史記・呂不韋傳》則稱《呂氏春秋》，〈十二諸侯年表序〉亦以「呂不韋者……以爲〈八覽〉、〈六論〉、〈十二紀〉，爲《呂氏春秋》。」是當以《呂氏春秋》爲正名，「呂覽」則爲文方便之簡稱也。

〔註91〕見徐復觀《兩漢思想史》卷二，「《呂氏春秋》及其對漢代學術與政治的影響」。

〔註92〕見《荀子・儒效篇》。

〔註93〕《呂氏春秋・序意》云：「天曰順，順維生。地曰固，固維寧。人曰信，信維聽。」胡適之云：「這是作書的大意，主旨在於『法天地』，要上揆度於天，

大相逕庭，是《呂氏春秋》爲齊學也。〔註94〕徐復觀氏曾否認兩漢經學可以分爲齊、魯兩派，以爲皆妄生枝節之言，〔註95〕然又以爲「兩漢人士，許多是在《呂氏春秋》影響之下來把握經學；把《呂氏春秋》對政治所發生的鉅大影響，即視爲經學所發生的影響；離開了《呂氏春秋》，即不能了解漢代學術的特色。」〔註96〕誠如徐先生所言，則實無以說明此一由儒學者爲主導，〔註97〕而內容則瑰瑋宏博，幽怪奇豔，兼備天地萬物古今之事之《呂氏春秋》從何而產生也。蓋唯有齊稷下學術能兼括諸子百家，而當秦招致游士賓客，齊學者乃負攜西游，因能有此作品之產生也。〔註98〕本編之視《呂氏春秋》爲齊、魯學之融匯，爲先秦儒學之終結之成果，其原因在此。在徐氏以爲兩漢經學之分齊、魯兩派將糾纏無復可清理；本編則以爲兩漢經學之必要分爲齊、魯兩派，乃可以清理糾纏不解之經學史問題。故本編與徐氏皆有取於《呂氏春秋》一書，而著眼處則相異也。

下考驗於地，中審察於人，然後是與非，可與不可，都不能逃遁了。……一部《呂氏春秋》只說這三大類的事：貴生之道，安寧之道，聽言之道。他用這三大綱來總匯古代的思想。法天地的觀念是黃老一系的自然主義的主要思想。」見《中國中古思想史長編》第二章，雜家。

〔註94〕清汪容甫云：「〈勸學〉、〈尊師〉、〈誣徒〉、〈善學〉四篇，皆教學之方，與〈學記〉表裏。〈大樂〉、〈侈樂〉、〈適音〉、〈古樂〉、〈音律〉、〈音初〉、〈制樂〉，皆論樂……凡此諸篇，則六藝之遺文也。〈十二紀〉發明明堂禮，則明堂陰陽之學也。〈貴生〉、〈情欲〉、〈盡數〉、〈審分〉、〈君守〉五篇，尚清淨養生之術，則道家流也。〈蕩兵〉、〈振亂〉、〈禁塞〉、〈懷寵〉、〈論威〉、〈簡選〉、〈決勝〉、〈愛士〉八篇皆論兵，則兵權、形勢二家也。〈上農〉、〈任地〉、〈辨土〉三篇，皆農桑樹藝之事，則農家者流也。」（《述學》卷四補遺，見黃師錦鋐《秦漢思想研究》所引）可見《呂氏春秋》思想遍及諸家。《四庫全書總目提要》以爲其「大抵以儒爲主，而參與道家、墨家。」然則其欲「備天地萬物古今之事」、「所以紀治亂存亡也，所以知壽夭吉凶也。」欲「得黃帝之所以誨顓頊」、凡此諸項，皆所以表現《呂氏春秋》爲「黃老」之學者之著作，蓋得齊學恢宏之氣概也。

〔註95〕見《中國經學史的基礎》，頁197，「齊學、魯學的問題」。

〔註96〕亦見徐復觀〈《呂氏春秋》及其對漢代學術與政治的影響〉一文第一節，「《呂氏春秋》內容之檢別」。

〔註97〕《呂氏春秋》一書以儒家治平理論爲主體，而摻雜道、墨、名、法、陰陽、兵、農、縱橫諸家之說，此爲學者所共識。

〔註98〕《呂氏春秋·序意》：「嘗得黃帝之所以誨顓頊」一語，證明其撰作者爲習黃老之術者；又〈應同篇〉：「黃帝曰」云云，二者相符合，乃騶衍一派陰陽家之言，《史記·孟荀列傳》固謂騶衍「先序今上至黃帝，學者所共術。」蓋齊學者俱言黃帝也。

　　考著《呂氏春秋》者，必爲齊地學者。蓋齊學以法天爲大本，故尊天道；而魯學則以人道爲主。孔子曰：「人能弘道，非道弘人。」以道與人言之，其發揚處，則人居在主宰之地位也。孟子亦曰：「天時不如地利，地利不如人和。」〔註99〕雖孟子言「盡其心者，知其性也。知其性，則知天矣。存其心，養其性，所以事天也。」性是天之所賦，孟子言「知天」、「事天」，皆所以極盡於純然之至善，此「天」爲義理性質之天，而非自然之天。荀子之學已浸染齊教，故其論性，則曰「凡性者，天之所就也，不可學，不可事。」，又曰：「不可學，不可事，在人者謂之性；可學而能，可事而成之在人者，謂之僞。」（〈性惡篇〉）。荀子論性乃從道家告子自然之義，故爲性惡之論，已違魯學孔孟之旨；然荀子之學在以禮義師法正人倫，故言「化性起僞」，人道猶爲其終極之關懷，〔註100〕其著〈天論〉一篇，所以明天人之分，謂人不當與天爭職，故「聖人不求知天」，斯與鄒魯之學雖非甚符合，然亦不甚違悖儒家之本義也。〔註101〕

　　《呂氏春秋》則以法天爲最高原則，又以尙德爲其政治之根本主張。賀凌虛在《呂氏春秋的政治理論》一書中，云：

> 在先秦各學派中，法天並不是陰陽家獨有的觀念，也不是陰陽家首創的；尚德更是眾所週知最爲儒家政治思想所著重。不過，法天而尚德，卻是陰陽家政治思想最大的特色，也是陰陽家政治思想精義之所在。試看《史記》敘述鄒衍創設陰陽五行說的動機和經過：鄒衍睹有國者益淫侈，不能尚德，若大雅整之於身，施及黎庶矣。乃深觀陰陽消息，而作怪迂之變，終始大聖之篇，十餘萬言。其語閎大不經，必先驗小物，推而大之，至於無垠。先序今以上至黃帝，學者所共術，大並世盛衰，因載其禨祥制度，推而遠之，至於天地

〔註99〕朱注：「天時，謂時日干支孤虛王相之屬也。」此正陰陽家法天思想影響及《易》術數之家者；又云：「地利，險阻城池之固也。」此兵家、權謀、縱橫家之所擅也。見〈公孫丑篇〉。

〔註100〕「終極關懷」用牟宗三先生語，謂學術思想之最高指導原則，及最後之目的。

〔註101〕荀子以「天行有常，不爲堯存，不爲桀亡；應之以治則吉，應之以亂則凶。」人猶立在「主宰」之地位，故「強本節用，則天不能貧；養備而動時，則天不能病；修道而不貳，則天不能禍。」以是治亂、星墜、木鳴、日月之蝕，一切陰陽家所視爲災異袄怪者，在荀子則視爲天地之自然現象，不足爲怪。君子之所能，唯在脩心意、厚德行、明知應，生於今而志於古，此皆在我者。故「君子敬其在己者，而不慕其在天者；小人錯其在己者，而慕其在天者。」荀子以是猶能知孔孟之主宰義也。

未生，窈冥不可考而原也。先列中國名山大川通谷禽獸，水土所殖，
物類所珍，因而推之及海外，人之所不能睹，稱引天地剖判以來，
五德轉移，治各有宜，而符應若茲。……然要其歸，必止乎仁義，
節儉，君臣上下六親之施。

《鹽鐵論》亦稱：

鄒子以儒術干世，不用，即以變化始終之論，卒以顯名。

顯見鄒衍原出身儒家。他有見於當時列國君主淫侈不德，而以儒術游說又未爲
時君所採納，於是乃從氣象變化的觀測，烘托以當時業已流行的各種關於天命、
災異、祥瑞、時令及封禪等思想，發明陰陽五行的終始循環理論，定之爲自然
律，據以推演人事上的吉凶、休咎、善惡、義利，並挾此富於神祕性的學說，
游說當時列國君主，期望他們實行尚德、行仁、節儉、愛民。〔註102〕

　　欲考《呂氏春秋》一書，當由鄒衍學派著手，蓋著其書者固齊地之儒者
也；《漢書‧藝文志》別立陰陽家之名，若僅就其學術內容言之；要其所歸，
在仁義、節儉，則皆儒者之學也。〔註103〕故《呂氏春秋》爲齊學者所著，當
爲顯著而無疑。《史記‧封禪書》云：

自齊威宣之時，騶子之徒論著終始五德之運，及秦帝而齊人奏之，
故始皇采用之。而宋毋忌、正伯僑、充尚、羨門子高，最後皆燕人，
爲方仙道，形解銷化，依於鬼神之事。騶衍以陰陽主運顯於諸侯，

〔註102〕鄒衍爲儒者，其與孟、荀不同者，鄒子爲齊地之儒者，本編第二章已有詳論。
〔註103〕王夢鷗、徐復觀兩氏皆以爲鄒衍之學包含儒、墨二家。但據《呂氏春秋‧當
　　　　染篇》：「孔子學於老聃、孟蘇、夔靖叔；魯惠公使宰讓請郊廟之禮於天子，桓
　　　　王使史角往，惠公止之，其後在魯，墨子學焉。……子貢、子夏、曾子學於孔
　　　　子，田子方學於子貢，段干木學於子夏，吳起學於曾子；禽滑釐學於墨子，許
　　　　犯學於禽滑　，田繫學於許犯。孔墨之後學顯榮於天下者眾矣，不可勝數，皆
　　　　所染者得當也。」又〈尊師篇〉云：「子張，魯之鄙家也，顏涿聚，梁父之大
　　　　盜也，學於孔子；段干木，晉國之大駔也，學於子夏；高何、縣子石，齊國之
　　　　暴者也，指於鄉曲，學於子墨子；索盧參，東方之鉅狡也，學於禽滑釐。此六
　　　　人者，刑戮死辱之人也，今非徒免於刑戮死辱也，由此爲天下名士顯人以終其
　　　　壽，王公大人從而禮之。」據此兩篇觀之，在《呂氏春秋》之著者眼中，孔子
　　　　本學於老子；墨子又學於孔子，本可合而爲一，唯孔、墨成爲後世顯學耳，與
　　　　韓非所見相合。先秦學派之分別，本非如後人所述之嚴明，尤其〈尊師篇〉以
　　　　子墨子、禽滑釐，與孔子、子夏對舉，比而合之，則《呂氏春秋》之採調和之
　　　　立場，與孟子採分異之立場不同。孟子爲闡儒學而鬥楊、墨，《呂氏春秋》則
　　　　將諸子百家同等而視之。故在鄒衍而言，儒之與墨，亦可以無分別。故胡適之
　　　　以爲戰國迄秦漢之間，思想界之型態爲雜家，儒、道、陰陽、法皆然，是也。

而燕齊海上方士傳其術不能通；然則怪迂阿諛苟合之徒自此興，不可勝數也。

徐復觀氏以爲《史記》之說始皇因齊人之奏而采騶子之術爲不實，騶衍之學當是通過合著《呂氏春秋》之呂氏門客奏於秦帝者，其說是也。秦本是文化荒蕪之邦，商鞅變法，僅采三晉刑名之術；〔註104〕必至及呂不韋養門下客，而齊學始有西來之機緣。李漢三氏言騶衍陰陽五行說在先秦傳布之次序爲：（一）衍學於燕、齊植基深厚，（二）趙於衍學似得風氣之先，（三）衍學在韓亦盛，（四）衍學南流入楚，（五）魯、宋等地衍學亦盛，（六）騶衍之學匯流於秦等六步驟。〔註105〕《呂氏春秋》之編纂正逢風雲際會而匯流眾家，由此齊學以其宏博瑰奇之格局，遂立在主導之地位矣。

二、《呂氏春秋》中之齊學與兩漢經學之關係

皮錫瑞《經學歷史》云：

> 漢有一種天人之學，而齊學尤盛。伏傳〈五行〉，《齊詩》五際，《公羊春秋》多言災異，皆齊學也。《易》有象數占驗，《禮》有明堂陰陽，不盡齊學，而其旨略同。當時儒者以爲人主至尊，無所畏憚，借天象以示儆，庶使其君有失德者猶知恐修省，此《春秋》以元統天，以天統君之義，亦《易》神道設教之旨；漢儒藉此以匡正其主。其時人主方崇經術重儒臣，故遇日食地震，必下詔罪己，或責免三公；雖未必能如周宣之遇災而懼，側身修行，尚有君臣交儆之遺意。

皮氏爲晚清民初今文學家。凡今文學家，不拘兩漢或晚清之士，皆以爲孔子不得其位，故定六經以教萬世，以六經爲後世之教科書也。〔註106〕然漢代《五

〔註104〕梁任公以秦晉爲一派，列申不害、商鞅、韓非、李悝等人，是爲「北西派」，乃刑法之家也。戰國初期，秦國之政全取此派而用之，至戰國末期，齊學西來，又合而爲一，此是學術思想發展之大勢。見本章附錄（一）、（二）。

〔註105〕見李漢三《先秦兩漢之陰陽五行學說》第二編「陰陽五行之合流及其在先秦時之傳布情形」。

〔註106〕今文學家以孔子爲教育家，如《史記·自序》云：「周室既衰，諸侯恣行，仲尼悼禮廢樂崩，追修經術以達王道，匡亂世反之於正，見其文辭，爲天下制儀法，垂六藝之統紀於後世。」是以孔子爲萬世制法之教育家也。晚清之蹈此說以迄於民國者，皮錫瑞之外，如康有爲、崔適、廖平皆承襲今文家之主張。即如廖平，謂「從周爲孔子少壯之學，因革爲孔子晚年之業。」一說，

經》今文學所立十四博士經說大抵爲齊學；〔註107〕前復引徐復觀氏之論及漢代經學規模早已奠定於《呂氏春秋》，則前漢經學與《呂氏春秋》一書之關係亦已深矣。蓋經學創立自孔門，爲鄒魯學術之正傳；及戰國學術重心移轉至齊稷下，孟子、荀子皆嘗往游，而鄒子之術參以齊地夸誕之說，得意於燕、齊、趙地，齊學由此甚盛；〔註108〕至齊學西移，已融匯魯學、齊學之精粹，而以齊學爲主導，在秦地則著爲《呂氏春秋》一書。秦廷用術，三晉刑名之學外，皆是齊學，此可由秦始皇之用方士之說而得證驗；及漢代沿秦政，因襲舊法不變，故影響及學術，兩漢今文經學大抵爲齊學，即職於此故也。

　　茲以《呂氏春秋》略論其對漢代經學之影響，以說明先秦儒學至《呂氏春秋》一書之編著完成，已成爲魯、齊學融匯之狀態，遞沿至於秦代及兩漢，皆因襲而不改焉。

　　《呂氏春秋》以「法天地」之觀念，爲支撐全書之骨幹，其具體之表現，則在〈十二紀〉之結構。此結構組織爲漢儒所承，而名之爲「天人之學」，〔註109〕又有稱爲「天人之際」、「天人之道」者。漢儒之學皆欲通於天人之間，故或察天意，或驗之古事；言天意則推求於天地陰陽終始之道，察人事則跡之以《春秋》古法。〔註110〕《漢書・五行志》稱此一代之學曰：

　　　雖在調停今古文之衝突，然固以今學爲正也。見《今古學考》。今文家之主張
　　　與古文學家以孔子爲整理古典，六經皆非孔子制作者不同。
〔註107〕劉百閔《經學通論・經術第九》云：「西漢經術，可謂以陰陽災異爲其重鎮，
　　　五行及讖緯等皆與經術有不可離之關係；易言之，西漢今文學之中心，爲陰陽
　　　災異與五行讖緯之學，亦無不可。西漢今文學起於齊，唯《穀梁》一家起自魯，
　　　故可謂之齊學。戰國以來，學術之中心在齊魯；秦漢之交魯學盛，至武帝時而
　　　齊學盛。」此說又見廖平《今古學考》，「論《公羊》及齊學」條。
〔註108〕廖平云：「今學傳孔子，本始於魯；《公羊》始師齊人，受業於魯，歸以教授。
　　　當其始，仍《穀梁》派也，如荀子游學於齊，學於《公羊》始師，其說《春
　　　秋》多同《穀梁》，是齊學初不異於魯學之證；至於歸以教授，齊俗喜夸好辯，
　　　又與燕趙近。遊士稷下之風最盛，不肯篤守師說，時加新意，耳濡目染，不
　　　能不爲所移，齊學之參雜於今古之間，職是故也。」廖氏此處所論，尚缺直
　　　接證據之輔助，然推理上可以成立也。
〔註109〕司馬遷〈報任少卿書〉云：「僕竊不遜，近自託於無能之辭，網羅天下放失舊
　　　聞，略考其行事，綜其終始，稽其成敗興壞之紀。上計軒轅，下至于茲：爲十
　　　表、本紀十二、書八、世家三十、列傳七十，凡百三十篇。亦欲以究天人之際，
　　　通古今之變，成一家之言。」可見太史公作《史記》，本欲通「天人之學」也。
〔註110〕錢穆《秦漢史》云：「自武帝後，朝廷既一反秦之卑近，遠規隆古。立言之士，
　　　亦遂不得不棄其譏秦嘲亡之故調，而轉據經術。其大者則曰《春秋》與陰陽。
　　　蓋一本人事，一藉天意。藉天意則尊，本人事則切。故漢之大儒，通經達用，

> 周道敝，孔子述《春秋》，則乾坤之陰陽，效〈洪範〉之咎徵，天
> 人之道燦然著矣。漢興，承秦滅學之後，景武之世，董仲舒治《公
> 羊春秋》，始推陰陽，爲儒者宗。

陰陽之學藉《春秋》以表現之型態，在《呂氏春秋》中已著然可見，呂不韋之名其著作爲「春秋」者，蓋所以揭示此主張也。勞思光《中國哲學史》卷二論及儒學自孔、孟、荀三子以迄漢儒之變化云：

> 儒學起於對生活秩序之要求；觀孔子崇周文而言禮，即可知之。但
> 孔子立說，自「禮」而返溯至「仁」與「義」，於是「仁、義、禮」
> 三觀念會爲一系；外在之生活秩序源於內在之德性自覺；故其基本
> 方向爲一「心性論中心之哲學」。及孟子言性善，言擴充四端；於
> 是點破德性自覺（或對「應然」之自覺能力）爲人之 "ESSENCE"
> 駁告子「自然之性」之觀念；此一心性論中心之哲學，遂有初步之
> 成熟。荀子言自然之性，而不解自覺之性；孔孟之學說遂更無發展。
> 然其眞面目固在，未嘗爲人所歪曲。入漢，則說經諸儒生多受陰陽
> 家之影響；董仲舒所倡天人相應之說，實此一普遍風氣之特殊表
> 現，並非董氏之獨創。天人相應之說既興，價值根源遂歸於一「天」；
> 德性標準不在於自覺內部，而寄於天道；以人合天，乃爲有德。於
> 是儒學被改塑爲一「宇宙論中心之哲學」。

勞氏所謂「宇宙論中心之哲學」，即漢儒所謂「天人之道」是也。此天人之道藉《五經》而呈現，成爲兩漢經學中齊學之主體。其中變改孔孟之思想之處極爲顯明，而漢儒皆本此以爲儒學經典之本意，此實以齊學而變魯也，其中之變化在《呂氏春秋》已形成之矣。

《呂氏春秋》以「揆天法地，以驗人事」之思想系統，即勞氏所謂「宇宙論中心之哲學」，其基本結構，則以十二紀首爲代表。在十二紀中，皆以陰陽消息爲天道運行之法則，「陰陽」二氣蓋即「天道」之同辭也，此二氣運行於四時之中，更以五行與四時相配，〔註111〕如：春「盛德在木」、夏「盛德在

必致力於斯二者。」見書 213 頁。又云：「晚漢學風，一言禮制，淵源魯學，
重恤民災。一言災異，本自齊學，好測天意。」見同書 282 頁。

〔註111〕《漢書‧藝文志》云：「五行者，五常之刑氣也。書云：『初一，曰五行；次
二，曰羞用五事。』言進用五事以順五行也。貌、言、視、聽、思、心失而
五行之序亂，五星之變作，皆出於律歷之數，而分爲一者也；其法亦起五德
終始，推其極則無不至。」而司馬遷曰：「夫陰陽、四時、八位、十二度、二

火」、秋「盛德在金」、冬「盛德在水」之類皆是也。徐復觀先生云：

> 《呂氏春秋・十二紀・紀首》正吸收了〈夏小正〉及〈周書〉的〈周月〉、〈時訓〉，加以整理，而另發展了鄒衍的思想，以此爲經；再綜合了許多因素，及政治行爲，以組織成「同氣」的政治理想的系統。〔註112〕

徐氏所論，《呂氏春秋》以「同氣」爲天道與人事運作之法則，〔註113〕而納宇宙萬物萬事於此系統中，則現象世界皆爲陰陽五行之應。徐氏復云：

> 在〈十二紀紀首〉中，把許多事物，都組入進去，而成爲陰陽與五行所顯露之一體，以構成包羅廣大的構造，於是使人們感到，我們所生存的世界，都是陰陽五行所支配的世界，由此而成爲爾後中國的宇宙觀、世界觀。例如孟春之月「其日甲乙」，把起源很早的天干組入進去了。「其蟲鱗」，把動物組入進去了。「其音角，律中太簇」，把音樂組入進去了。「其數八」，把數的觀念組入進去了。「其味酸，其臭羶」，把臭味組入進去了。「其祀戶，祭先脾」，把祭祀、房屋、身體構造組入進去了。「東方解凍，蟄蟲始振，魚上冰，獺祭魚，候雁北」，把氣候及節物的活動，都組入進去了。「食麥與羊，其器疏以達」，把飲食器具組入進去了。「孟春行夏令，則風雨不時，草木早槁，國乃有恐。行秋令，則民大疫……行冬令，則水潦爲敗，霜雪大摯，首種不入」，把風雨、草木、疾病、雨水、霜雪、稼穡等，都組入進去了。其中由〈夏小正〉來的，本是與時令相關的，這是合理的一部份；其餘的都是憑藉聯想，而牽強附會上去的。但一經組入到陰陽五行裡面去，便賦予了一種神秘的意味，使萬物萬象，成爲一個大有機體。

按：齊學思想以「揆天法地」爲系統，人居天地之間，飲食日用，皆以效法

十四節各有教令，順之者昌；逆之者不死則亡。」二者皆可見陰陽家運作之法則，此在《大戴記・夏小正》、〈周書〉中之〈周月〉、〈時訓〉，《淮南子・時則訓》等篇皆能見其大要。

〔註112〕見徐復觀《兩漢思想史》卷二「《呂氏春秋》及其對漢代學術與政治的影響」一文，頁 14。據引〈夏小正〉、〈周書・時訓〉，與《呂氏春秋・孟春紀》紀首之比較，〈夏小正〉、〈時訓〉之文樸質，亦不及〈十二紀〉首之詳備，則〈夏小正〉、〈時訓〉當產生於《呂氏春秋》之前也。

〔註113〕《呂氏春秋・應同篇》：「類固相召，氣同則合，聲比則應，鼓宮而宮動，鼓角而角動。」故黃帝之時，天先見大螾大螻，是以土氣勝，故其色尚黃；禹之時，天先見草木，故木氣勝，其色尚青云云，皆以「同氣」爲原則。

天地為極則，而宇宙萬事萬物皆納在此大系統中，勞思光氏稱漢代儒學為「宇宙論中心之哲學」蓋取意於此也。

　　《史記》已稱鄒衍深觀陰陽消息，而作怪迂之變，其理論之內容結構，有屬四方上下之空間體系，有為往古來今之時間體系，以構造其完整之世界觀、宇宙觀，而陰陽消長為此宇宙運行之法則，五行為相配之分布，如此之思想，所承襲於陰陽家者，實為純粹之齊學也。齊學於《呂氏春秋》之編著時既已盛行，而魯學孔孟遂因此而湮沒矣。今舉漢代《五經》經說之涉及陰陽五行者，必屬之於齊學，茲略為析論之如下：

（一）齊學於《詩經》經說之影響

　　漢代《五經》，以《詩經》最早立在學官。〔註114〕《詩經》以魯、齊、韓三家為今文，《毛詩》為古文；《魯詩》最為早出，而齊、韓二家則先為立學。考《漢書‧翼奉傳》，奉之奏封事曰：

　　　　臣聞之於師曰：「天地設位，懸日月，布星辰，分陰陽，定四時，列五行，以視聖人，名之曰道。聖人見道，然後知王治之象，故畫州土，建君臣，立律曆，陳成敗，以視賢者，名之曰經。賢者見經，然後知人道之務，則《詩》、《書》、《易》、《春秋》、《禮》、《樂》是也。《易》有陰陽、《詩》有五際、《春秋》有災異，皆列終始，推得失，考天心，以言王道之安危。

按：翼奉此處稱引師說，其師為后蒼，乃師事夏侯始昌者也。《齊詩》有「三基」、「四始」、「五際」、「六情」、「八節」之說，〔註115〕皆推陰陽終始、五行轉移之說也。《齊詩》又有星象分野之說。〔註116〕《呂氏春秋‧有始篇》云：「天有九野，地有九州，土有九山，山有九塞，澤有九藪，風有八等，水有六川。」「九野、九州」出自《呂氏春秋》，其根源於鄒衍「大九州」之說，故《齊詩》之言

〔註114〕《史記‧儒林傳》云：「韓生者，燕人也，孝文帝時為博士。」又云：「清河王太傅轅固生者，齊人也，以治《詩》，孝景時為博士。」則文景之際，《詩》已立在學官矣。故《後漢書‧翟酺傳》曰：「孝文帝時始置一經博士。」此一經即《詩經》；而《漢書‧儒林傳》稱：「武帝立《五經》博士。」又云：「《書》唯歐陽、《禮》后、《易》楊、《春秋》《公羊》而已。」《五經》只舉其四，更可證燕韓嬰之立博士，乃以《詩經》而立也。

〔註115〕《齊詩》「三期」、「四始」、「五際」、「六情」、「八節」之說，見林金泉〈齊詩學之三基四始五際六情說探微〉一文，又見拙著《陳壽祺父子三家詩遺說研究》第六章《齊詩》翼氏說。

〔註116〕此亦見林金泉〈詩緯星象分野考〉一文，《成功大學學報》第二十一卷。

天文、地理、禮制與音樂，皆在齊學之畛域之中。〔註117〕至於《魯詩》經說中，說「擊鼓其鐺」、「迨冰未泮」、「蟋蟀」、「七月鳴鵙」、「車攻」、「東有圃草」、「十月之交」等各節，亦涉及陰陽五行災祥之言；《韓詩》經說中，說「關雎鐘鼓樂之」、「蟋蟀」、「檜匪風」；《毛詩》說「谷風」、「蜋蟋蟀」、「小雅鼓鐘」、「小雅魚麗」，等亦間及陰陽五行之學，〔註118〕足見齊學之遍及四家《詩》也。

（二）齊學對《尚書》經說之影響

今文《尚書》二十九篇傳自濟南伏生，以教於齊、魯之間，故《尚書》大抵為齊學也；《書》雖有歐陽、大小夏侯之學，皆衍伏生之緒也。《漢書‧兩夏侯傳》云：「勝少孤，好學，從始昌受《尚書》及《洪範五行傳》，說災異。」則漢代經生皆持《尚書》及《洪範五行》立論，因此《尚書》有洪範咎徵，以推明禍福也。又《尚書大傳》為張生、歐陽生等從伏生學，各論所聞，以己意彌縫其缺，特撰大義，因經屬指，因名大傳。大傳多陰陽五行之說，其常引「傳曰」之文，他書之所不見，其所引即《呂氏春秋‧十二紀》之文，〔註119〕可知兩漢《尚書》經說之受《呂氏春秋》之影響至深矣。

（三）齊學之影響於漢代之《易》說者

漢初傳《易》者，據《史記‧儒林傳》則田何也。何以故齊田之後而徙杜陵，故號曰杜田生，後授王同、楊何、施、孟、梁丘、京等，皆本之於田何，故漢《易》為齊學也。又孟喜以好自稱譽，得《易》家候陰陽災變書，而變改《易》法，〔註120〕始變前儒以象象說義理之風；孟氏之學以十二月陰

〔註117〕《呂氏春秋》〈仲夏紀〉、〈季夏紀〉，有〈大樂〉、〈侈樂〉、〈適音〉、〈古樂〉、〈音律〉、〈音初〉、〈制樂〉、〈明理〉等八篇，皆論音樂之文，足見《呂氏春秋》之編撰者於樂之理論獨有專長也。

〔註118〕以上所舉，見李漢三氏《先秦兩漢之陰陽五行學說》，第四篇「陰陽五行對於兩漢經學之影響。」

〔註119〕此如《御覽‧二十四‧時序部九》，引《尚書大傳》之文云：「寅餞入日，辯秩西成」傳曰：「天子以秋命三公、將帥，選士屬兵，以征不義，決獄訟、斷刑罰、趣收斂，以順天道，以佐秋殺。」與《呂氏春秋‧孟秋紀》：「立秋之日，天子親率三公九卿諸侯大夫以迎秋於西郊……天子乃命將帥選士屬兵，簡練傑俊，專任有功，以征不義，詰誅暴慢，以明好惡，巡彼遠方。是月也，命有司修法制，繕囹圄，具桎梏，禁止姦。慎罪……決獄訟必正平，戮有罪，嚴斷刑。」雖《尚書大傳》與《呂氏春秋》行文繁簡有差，而《尚書大傳》之有取於《呂氏春秋》以著文，則甚明顯也。

〔註120〕屈萬里先生《先秦漢魏易例述評》，「西漢武帝前諸子《易》例」一節云：「西漢武帝以前，說《易》者猶紹〈十翼〉之餘緒，承先秦之遺風，惟務義理，不尚象數。專家自田何以下，迄費、施、梁邱，其說今皆不存，無從具論；

陽消息卦著名，其得之於《呂氏春秋・十二月紀》甚明。又京房《易》學受
自焦延壽，焦氏《易》得之於隱士而託之於孟喜，其說長於災變，分六十四
卦，更值日用事，以風雨寒溫爲候，以爲占驗，則京氏《易》與孟氏《易》
同源，皆陰陽五行災變之學也。

（四）齊學之影響於漢代《禮》說者

漢初，魯高堂生傳《士禮》十七篇，是爲魯禮。至孟卿，事蕭奮，以授
后蒼，蒼說禮數萬言，號曰「后氏曲臺記」，大、小戴、慶普皆其弟子，而
開齊學之禮說。唐涉江曰：「兩漢諸儒無致力於禮者，一以師法之無傳，一
以經文之泯滅故也。故高堂、后倉僅能推士禮以至天子，而叔孫制作，半雜
秦儀；曹襃次序，又入讖記。」〔註121〕蓋《禮經》之漫滅，由戰國諸侯滅
去其籍，與秦廷之禁故也，《史記》已言之矣。入漢以來，他經或存，唯禮
文不具。然考漢初，多言「禮容」，乃多襲秦之故舊；〔註122〕所作樂章，多
含五行色彩，而文帝聚會諸儒作〈王制篇〉亦採四時禁忌之事，〔註123〕其
受齊學之影響甚大也。至於《大戴》錄〈夏小正〉之經，戴德且爲作傳；《小
戴》有〈月令〉之篇，全襲《呂氏春秋・十二紀》之文。漢儒多說明堂之制，

孟喜好雜術數，開漢人象數之學之先。」

〔註121〕見《兩漢三國學案》卷七，禮說部份。

〔註122〕《漢書・禮樂志》云：「孝惠二年，使樂府令夏侯寬備其簫管，更名曰安世樂。
高祖廟奏武德、文始、五行之舞；孝文廟奏昭德、文始、四時、五行之舞。
孝武廟奏盛德、文始、四時、五行之舞。武德舞者，高祖四年作，以象天下
樂已行武以除亂也。文始舞者，曰本舜招舞也。高祖六年，更名曰文始，以
示不相襲也。五行舞者，本周舞也。秦始皇二十六年更名曰五行也。四時舞
者，孝文所作，以明示天下之安和也。蓋樂己所自作，明有制也；樂先王之
樂，明有法也。」據〈禮樂志〉，五行舞襲自秦舊，而四時舞仍據陰陽五行四
時之理而作，亦襲五行舞之意也。故〈禮樂志〉雖言「樂己所自作，明有制
也。」而漢代樂舞實非自作，乃襲自秦舊也。

〔註123〕《史記・封禪書》云：「使博士諸生刺六經中作〈王制〉，謀議巡狩封禪事。」
則《禮記・王制篇》乃孝文帝時所作也。封禪之說本出自齊人，《管子》一書，
非出管子一人所作，但其爲齊人之作也。入漢以來，儒者多言明堂之制以朝諸
侯，又議封禪之禮，累訟不決，皆由於明堂本是齊學，故諸儒不能明也。《禮
記・王制》云：「天子不合圍，諸侯不掩群。……獺祭魚，然後虞人入澤梁。
豺祭獸，然後田獵。鳩化爲鷹，然後設羅。草木零落，然後入山林。昆蟲未
蟄，不以火田。不麛、不卵、不殺胎，不殀夭，不覆巢。」云云，或者據〈夏
小正〉，或根據《禮記・月令》之文，然在《呂氏春秋》早已有明文記載，是
此「四時禁忌」之事，當出自《呂氏春秋・十二月紀》也。又賴炎元氏以爲以
上所錄〈王制〉之文，當爲疏解語，而羼入於正文者，見《禮記今註今譯》。

數年不決，〔註124〕而《大戴》明載明堂之制，《小戴》有說明堂位之篇。他如《大戴》收〈五帝德〉、〈帝繫〉兩篇，《史記》據以作〈五帝本紀〉，此乃搢紳先生所難言，其學者多稱黃帝者，蓋皆齊學之所本也。又有匡衡奏定南北郊之祀，以就陰陽之義象，〔註125〕論正天子之廟數，以合陰陽之常數，〔註126〕皆可見漢代禮學之說大抵爲齊學之趨勢也。

（五）齊學對漢代《春秋》經說之影響

漢代《五經》之中影響於政事最鉅者，則是《春秋》經也。前引《漢書·五行志》謂，景武之世，董仲舒治《公羊春秋》，始推陰陽，爲儒者宗。董仲舒以射策而得武帝之信用，雖射策不始乎武帝，〔註127〕而射策之大用於武帝

〔註124〕明堂，古禮必已有之，故孟子書齊宣王有：「人皆謂我毀明堂，毀諸？已乎？」之問，明堂蓋即周人太廟之別名，本與陰陽五行無涉。至《呂氏春秋》之編者，又另設明堂之名，而有青陽、明堂、總章、玄堂之別，依五行方位而定名稱，漢武帝初即位，即議立明堂以朝諸侯，諸儒議論，多年不決，足見「明堂」之禮失傳久矣。其詳見徐復觀《兩漢思想史》，卷二，頁22，「明堂的問題」一節。

〔註125〕成帝初即位，丞相匡衡、御史大夫張譚，奏請正南北郊之祀，以符合天地陰陽之義。其奏章曰：「帝王之事，莫大乎承天之序。承天之序，莫重於郊祀。故聖王盡心極慮，以建其制。祭天於南郊，就陽之義也；瘞地於北郊，即陰之象也。」；在匡衡之前，翼奉已有上疏請徙都成周之議，又有貢禹「循古節儉」之奏。錢穆先生以爲此漢儒學風復古之一大變化，見《劉向歆父子年譜》。然言其學風復古則然矣，而發其議者皆《齊詩》學者，其說據陰陽五行之術，故其所謂之復古，仍爲變古革新之論也。

〔註126〕《漢書·韋玄成傳》：「先是元帝之時，貢禹以古者天子七廟，而孝惠、孝景二廟，親盡，當毀。貢禹卒，元帝下廷議，丞相韋玄成、御史大夫鄭弘、太子太傅嚴彭祖、少府歐陽地餘、諫大夫尹更始等議罷郡國廟，又奏議天子之廟七，太祖以下，五世而迭毀，以合古之正禮，奏可。及元帝寢疾，夢祖宗譴罷郡國廟，因欲復前所毀廟，問匡衡。匡衡曰：『在昔帝王，承祖宗之休典，取象於天地。天序五行，人親五屬。天子奉天，故率其意而尊其制。』云云，終能折元帝復廟之意。又同傳，哀帝時丞相孔光、大司空何武等又有議宗廟數之事，此次乃爲「武帝」廟親盡應毀，而太僕王舜、中壘校尉劉歆則據「《禮記·王制》及《春秋穀梁傳》天子七廟、諸侯五、大夫三、士二；天子七日而殯，七月而葬；諸侯五日而殯，五月而葬。」等傳文，據以爲「七者，其正法，數可常者也。」哀帝終而從之。由是可見陰陽之數，在漢代已爲定法，故元帝、哀帝亦不敢違也。

〔註127〕《史記·文帝本紀》十五年，文帝下詔曰：「有異物之神見於成紀（按：黃龍也），無害於民，歲以有年。朕親郊祀上帝諸神，禮官議，毋諱以勞朕。」即下詔射策之始；至九月，詔公卿、郡守，舉賢良能直言極諫者，上親策之，傅納以言。於是有朝錯對策，擢爲高第，此是漢廷射策之始也。見《漢書補注》引周壽昌之說。

之世，則已成爲舉士之制度。在文帝之時，朝錯以射策得用，而其策文曰：「臣聞五帝神聖，其臣莫能及，故自親事，處於法宮之中、明堂之上。動靜，上配天，下順地，中得人。故眾生之類，無不覆也；根著之徒，亡不載也；燭以光明，無偏異也。德上及飛鳥，下及水蟲草木諸產，皆被其澤，然後陰陽調、四時節、日月光、飛雨時、膏露降、五穀熟、袄孽滅、賊氣息、民不疾疫；河出圖、洛出書、神龍至、鳳鳥翔，德澤滿天下，靈光施四海，此謂配天地，治國大體之功也。」睹此射策之文，以言「上配天，下順地，中得人」之宗旨，豈非《呂氏春秋・序意》所謂「上揆之天，下驗之地，中審之人」之「天人之道」乎？故自此之後，天人之學與災異之說，充斥於漢代朝廷。〔註128〕至武帝射策，於是有董仲舒「天人三策」之提出。緣武帝之策問，在「三代受命，其符安在？災異之變，何緣而起？性命之情，或夭或壽，或仁或鄙；習聞其號，未燭其理。」於是仲舒對曰：「陛下發德音，下明詔，求天命與情性，皆非愚臣之所能及也。臣謹案《春秋》之中，視前世已行之事，以觀天人相與之際，甚可畏也。國家將有失道之敗，而天乃先出災害以譴告之；不知自省，又出災異以警懼之。尚不知變，而傷敗乃至。以此見天心之仁愛人君而欲止其亂也。」於是董仲舒據此以建立陰陽五行災異之《春秋》學，其具體表現則《春秋繁露》一書是也。〔註129〕

　　漢代《五經》之學之襲於《呂氏春秋》之意者最多，其書之瑰瑋宏博，實齊學恢宏詭奇若淵海所致。至如漢人所重之《孝經》，前人有疑其作於漢代者，而《呂氏春秋》〈孝行篇〉、〈察微篇〉皆已引用其文，〔註130〕故自《呂氏

〔註128〕此詳見李漢三氏《先秦兩漢之陰陽五行學說》，「陰陽五行對於兩漢政治的影響」，漢人射策皆採雜災異之說一節。

〔註129〕戴君仁《梅園論學集》錄〈董仲舒不說五行考〉一文，謂仲舒僅推陰陽以言災異，而不及五行，與劉向、歆父子兼講《洪範五行傳》不同；更據趙翼《廿二史箚記》卷二「漢儒言災異」條，證「仲舒之陰陽本之《春秋》，不出於〈鴻範〉。」；然今本《春秋繁露》中有五行對、五行之義、五行相生、五行相勝、五行順逆、治水五行、治亂五行、五行變救、五行五事等篇什甚多，不能證其必不出於仲舒；況鄒衍陰陽之學必與五行兼言，在漢初此學已行，故謂仲舒獨惟陰陽而不及五行，與事實並不相合，仲舒言陰陽當已並推五行矣。

〔註130〕《呂氏春秋・孝行篇》有引用《孝經》文意，而不標《孝經》之名者。如：「先王之所以治天下也，故愛其親，不敢惡人；敬其親，不敢慢人。愛敬盡於事親，光耀加於百姓，究於四海，此天子之孝也。」此段出於《孝經・天子章》第二，引曾子曰：「身者，父母之遺體也，敢不敬乎？」其意出於

春秋》之編著完成，綜晚周諸子之精英，匯先秦百家之要義，徐復觀氏謂離卻《呂氏春秋》，無以明漢代之學術特性；吾人據以上之舉證，因知齊學薈萃百家，融通合會，考《呂氏春秋》一書，可得漢代學術之關鍵也。

附錄五、先秦學術分派圖 （錄自梁啟超《中國學術思想變遷之大勢》）

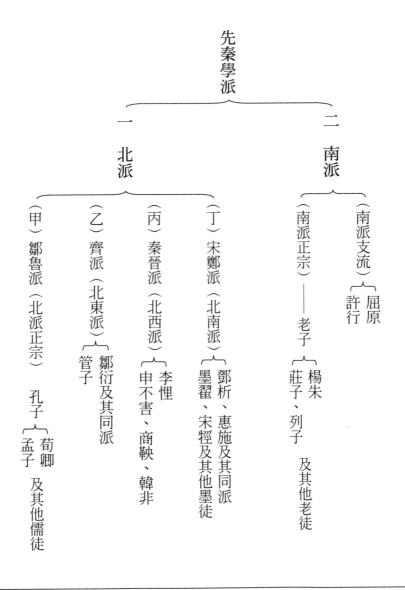

開宗明義章，類此之例不枚舉。而〈察微篇〉則明標《孝經》之名，曰：《孝經》曰：「高而不危，所以長守貴也；滿而不溢，所以長守富也。」其文則出自〈諸侯章〉。

附錄六、先秦學派分裂圖（引見附錄一同書）

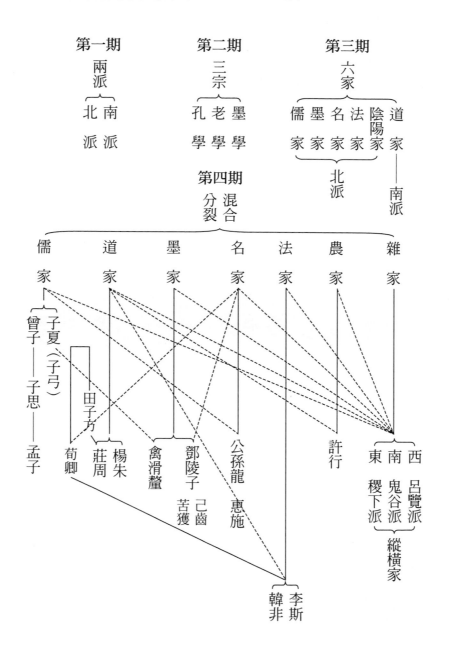

第四章　前漢初期之經學與先秦齊魯學之淵源

　　嬴秦之統一，乃用申商之刑名法術，重征戰，尚首功，以致霸業，終能併兼六國而有天下。夫助秦國成就帝國之業者，爲李斯與韓非；韓非完成法家之理論，李斯則實踐此理論。二人雖出於荀卿之教，而其術則皆用三晉之刑法也。故終秦之世，不用儒學，即始皇有所用儒，皆是方士之流也。及始皇遣方士入海求仙人與不死之藥，迄無所得，怨積怒興，竟致坑儒士四百六十人；又用李斯之議，以燔詩書，儒業經術可謂凌夷至極矣。皮錫瑞氏述此段經學之現象云：

> 五三六經載籍，〔註1〕定自尼山；七十二子支流，分於戰國。馯臂子弓之傳《易》，實授蘭陵；高行、孟仲之言《詩》，或師郰嶧。〈王制〉在赧王之後，說本鄭君；《周官》爲六國之書，論原何氏。凡今古學之兩大派，皆魯東家之三四傳〔註2〕雖云枝葉扶疏，實亦波瀾莫二。……良由祖龍肆虐，博士尚守遺書；獲麟成編，西河能傳舊史。當時環堵之士、遁世之徒，崎嶇戎馬之間，展轉縱橫之際，惜年代綿邈，姓氏湮淪。〔註3〕

戰國棼如，處士橫議，九流競勝，而諸子爭鳴；論此時經學之流傳，則茫昧難知，韓非嘗有儒分八家之說，其實不可詳而得聞。是故詩書紛淪，雖皮氏

〔註1〕五三，謂五帝三王也。
〔註2〕皮氏爲今文學家。今文學家以〈王制〉爲今學大宗，《周官》爲古學大宗，說亦見廖平《今古學考》。
〔註3〕見《經學歷史》，「經學之流傳時代」一節。

謂魏文侯能言大學明堂，莊子解道詩書禮樂，而秦廷議禮，亦常援經義，而儒術之紬，固已成無可逆挽之事實也。然必有硜硜自守之學者獨抱遺經，著述講授，唯世代綿邈，其姓名湮沒，良可歎惜也。

《莊子·天下篇》曰：「其在《詩》、《書》、《禮》、《樂》者，鄒魯之士、搢紳先生多能明之。《詩》以道志，《書》以道事，《禮》以道行，《樂》以道和，《易》以道陰陽，《春秋》以道名分。」蓋在戰國之世，鄒魯之儒業，尚綿綿相繼，故以莊子之學乃本於老子，爲一道家之徒，其論六經，體系分明不紊，以是知儒家雖闇而實彰，天下猶知六經也。《史記·儒林傳》云：

> 自孔子卒後，七十子之徒散游諸侯，大者爲師傅卿相，小者友教士大夫，或隱而不見。故子路居衛、子張居陳、澹臺子羽居楚、子夏居西河、子貢終於齊。如田子方、段干木、吳起、禽滑釐之屬，皆受業於子夏之倫，爲王者師。是時，獨魏文侯好學。後陵遲以至於始皇，天下並爭於戰國，儒術既紬焉。然齊、魯之間，學者獨不廢也。

司馬遷謂列國之君，獨魏文侯爲好學，故子夏居西河，田子方、段干木、吳起、禽滑釐皆嘗師事焉。然田子方《漢志》列在道家，《莊子》書亦亟稱之；吳起爲兵家之雄，禽滑釐爲墨家鉅子，諸子雖出自儒門，而列名儒家之外，非醇儒也。所可稱爲醇儒者，七十子後，唯孟、荀二人而已。然鄒魯之地猶有不廢舊業之儒在焉。《史記·儒林傳》云：

> 咸宣之際，孟子、荀卿之列，咸遵夫子之業而潤色之，以學顯於當世。及至秦之季世，焚《詩》、《書》、阬術士，《六藝》從此缺焉。陳涉之王也，而魯諸儒持孔氏之禮器往歸陳王。於是孔甲爲陳涉博士，卒與涉俱死。……及高皇帝誅項籍，舉兵圍魯，魯中諸儒尚講習禮樂，弦歌之音不絕。豈非聖人之遺化，好禮樂之國哉！……夫齊、魯之間於文學，自古以來，其天性也。

齊、魯乃儒化最深之邦，經春秋歷戰國以至秦代，猶不改其所習之業，太史公謂「齊、魯之間於文學；自古以來其天性也。」故論漢代經學必追本溯源及齊、魯學也。

第一節　前漢初期經學之產生與齊魯學之淵源

論漢初經學，捨齊、魯學之外別無線索可尋也。凡漢代經學發展中，所

有《五經》學術派別之產生，及其後世有所謂今古文之論爭，若追溯其源頭，必然涉及先秦至漢初之師承，即漢儒所謂之「師法」是也；又推明其後續之發展，亦與齊、魯學脈絡相接，此後世之所謂「家法」是也。〔註4〕《史記》、《漢書》、《後漢書》記述之詳矣。在武帝立《五經》博士之後，「師法」、「家法」始判然分明，在漢初，所可言者僅齊、魯學之別而已。劉師培氏云：

> 經學初無今古文之爭也，祇有齊學、魯學之別耳。凡數經之同屬魯
> 學者，其師說必同；凡數經之同屬齊學者，其大義必同。〔註5〕

蓋齊學、魯學者，乃因齊人、魯人而起。故考漢代傳經之儒，其不出於齊，則出於魯。劉氏之說是也。

今據劉歆〈讓太常博士書〉，以觀漢初經籍之傳授，知《五經》缺滅過甚，唯《易》一經爲卜筮之書，秦火所不及外，其他諸經皆散裂缺佚，有待廣取而博蒐也。劉歆云：

> 漢興，去聖帝明王遐遠，仲尼之道又絕，法度無所因襲。時獨有一
> 叔孫通略定禮儀。天下唯有《易》卜，未有他書。至孝惠之世，乃
> 除挾書之律，〔註6〕然公卿大臣絳、灌之屬，咸介胄武夫，莫以爲
> 意。至孝文皇帝，始使掌故朝錯從伏生受《尚書》。《尚書》初出於
> 屋壁，朽折散絕；今其書見在，時師傳讀而已。《詩》始萌牙，天下
> 眾書往往頗出，皆諸子傳說，〔註7〕猶廣立於學官，爲置博士。在
> 漢朝之儒，唯賈生而已。至孝武皇帝，然後鄒、魯、梁、趙頗有《詩》、
> 《禮》、《春秋》先師，皆起於建元之間，當此之時，一人不能獨盡
> 其經，或爲〈雅〉，或爲〈頌〉，相合而成。

〔註4〕 馬宗霍《中國經學史》云：「師法者，魯丕所謂說經者傳先師之言，非從己出；法異者各令自說師法，博觀其義是也。家法者，范曄所謂專相傳祖，莫或訛雜，繁其章條，穿求崖穴，以合一家之說是也。」又云：「師法者溯其源，家法者衍其流。……凡言某經有某氏之學者，大抵指師法，凡言某家有某氏之學者，大抵皆指家法。」師法爲先師傳某經之大義，如魯、齊、韓《詩》是也；家法則指章句，乃後學積累以說某經者也。大抵前漢多言師法，至宣元之後章句之學興起，於是儒生皆暢爲家法矣。

〔註5〕 見〈群經大義相通論〉，《劉申叔先生遺書》。

〔註6〕 《漢書・孝惠帝本紀》四年：「三月甲子，皇帝冠。赦天下，省法令妨吏民者，除挾書律。」

〔註7〕 諸子傳說者，諸子傳記也。文帝時曾立一經博士，至《論語》、《孟子》、《孝經》、《爾雅》亦立博士，爲諸子傳記博士。見王國維《觀堂集林》，〈漢魏博士考〉。

劉歆爲漢人，其述漢初經籍流傳之情勢，殆非虛言也。唐韓愈亦盛歎儒學之
沈落，卓然有振舉之大志，其考漢初之儒學，亦有言云：

> 及秦滅，漢興且百年，尚未知修明先王之道；其后始除挾書之律，
> 稍求亡書，招學士。經雖稍得，尚皆缺殘，十亡二三。故學士皆衰
> 老，新者不見全經，不能盡知先王之事，各以所見爲守，分離乖隔，
> 不合不公。二帝三王群聖人之道於是大壞，後之學者無所尋。〔註8〕

漢初經業荒廢，有待發蒙起覆，而群經之修補，亦待後儒以竟其功。能完成
此功者，乃齊、魯之儒也。

一、五經之儒首出於齊、魯兩地

據《史記》所載，漢初《五經》之儒，其先出皆在齊、魯兩地。〈儒林傳〉
云：

> 及今上即位，趙綰、王臧之屬明儒學，而上亦鄉之。於是招方正賢良
> 文學之士。自是之後，言《詩》，於魯則申培公；於齊，則轅固生；
> 於燕，則韓太傅；言《尚書》自濟南伏生；言《禮》自魯高堂生；言
> 《易》，自菑川田生；言《春秋》，於齊魯自胡毋生，於趙自董仲舒。

按：漢武帝興儒，乃由田蚡之議，趙綰、王臧皆其門下客也；二人則魯申公
之弟子。今考《五經》首出之儒，皆齊、魯之士；《詩》之有《魯詩》、《齊詩》
固無庸論矣，傳《禮》之高堂生，魯人也；傳《書》之濟南伏生，齊人也；
而菑川田生、胡毋生，亦皆齊人；董仲舒以趙人而傳《公羊春秋》，趙乃荀卿
舊居，《公羊》爲齊人之著也。唯《韓詩》爲燕人所傳，燕齊之地，乃秦漢之
際所並稱之者也。井研廖季平氏云：

> 魯、齊、古三學分途，以鄉土而異。孟子云去聖人之居若此其近，
> 蓋以魯學自負也。荀子趙人，而遊學於齊，爲齊學。燕人傳今學而
> 兼用古義，大約遊學於齊所傳也。〔註9〕

雖井研廖氏後期論經學常有怪誕之見，而此見識則卓然不移而切合實際。其
弟子蒙文通氏廣而申之曰：

> 就漢世言之，魯學謹篤，齊學恢宏，風尚各殊者，正以魯固儒學之
> 正宗，而齊乃諸子所萃聚也。〈藝文志〉《論語》有「燕傳說三篇」，

〔註8〕　見《韓昌黎集》，〈與孟尚書幾道書〉。
〔註9〕　見廖平《今古學考》，「魯、齊、古三學分途，以鄉土而異」條。

〈儒林傳〉以燕韓太傳《詩》不如韓氏《易》深；齊、魯之外復見
有燕學。井研以燕學同於齊學，蓋燕之風尚素與齊同，燕之儒生多
自齊往，故也。《史記》云：「燕昭王收破燕之後，乃卑辭厚幣以招
賢者，於是樂毅自魏往，劇辛自趙往，鄒衍自齊往。」齊有稷下，
燕有碣石之宮，其事一也。則燕學者，齊學之附庸也。〔註10〕

據見諸《史記》屢言「燕齊海上之方士」（〈封禪書〉、〈秦始皇本紀〉等），蓋以
燕齊兩地之風尚相同，故常並稱也，蒙氏所見甚是。又《漢書・藝文志》云：

漢興，魯申公爲《詩》訓故，而齊轅固、燕韓生皆爲之傳，或取《春
秋》，采雜說，咸非其本義；與不得已，魯最爲近之。

顏師古注曰：

與不得已者，言皆不得也。三家者不得其眞，而魯最近之。

補注，王先謙則駁之，曰：

此謂齊、韓二傳推演之詞，皆非本義，不得其眞耳，非併《魯詩》
言之。魯最爲近者，言齊、韓訓故亦各有取，惟魯最優。顏謂三家
皆不得，謬矣；既不得其眞，何言最近乎？

先謙之說是也。蓋《魯詩》謹篤，〈儒林傳〉稱魯申公「獨以《詩經》爲訓故
以教，亡傳疑，〔註11〕疑者則闕無傳。」又〈王式傳〉，稱張長安、唐長賓、
褚少孫來事式，問經數篇，式謝曰：「聞之於師具是矣，自潤色之。」而唐生、
褚生之應博士弟子選，試誦說有法，「疑者丘蓋不言」，〔註12〕俱見魯學《詩》
說之平實也。故《漢志》既載申公所作「魯故二十五卷」之外，僅錄「魯說
二十八卷」，不若齊、韓《詩》有「故」之外，尙有內傳、外傳也。此齊、韓
《詩》之內外傳說，當即《漢志》所謂「取《春秋》，采雜說，咸非其本義」
者，蓋齊、燕之風尚相同，其說《詩》之法與魯學有別也。以此，漢初雖《詩》
分有三家，略而言之亦齊、魯學而已。燕縱有鼎立而三之勢，然受齊學之影
響，且附驥之末，實不足與二家爭衡也。

　　漢代《尚書》學祖於伏生。伏生者，濟南之齊人也；則《尚書》應爲齊
學。伏生授濟南張生及歐陽生；歐陽生授兒寬，爲千乘人，則《尚書》之初

〔註10〕見《經學抉原》，〈魯學齊學第八〉。
〔註11〕師古曰：「口說其指，不爲解說之傳。」是《魯詩》非如齊、韓《詩》之有內、
　　　　外之傳也。
〔註12〕見拙著《陳壽祺父子三家詩遺說研究》第四章，「《魯詩》之成立特徵及其解
　　　　題」，第二節「《魯詩》學者之風範」部份。

傳，乃傳於齊地也。及兒寬並受業孔安國，孔安國爲魯人。〈儒林傳〉云：「孔氏有古文《尚書》，而安國以今文讀之，因以起其家；逸《書》得十餘篇，蓋《尚書》滋多於是矣。」孔安國初受今文《尚書》，至以今文讀古文《尚書》，「因以起其家」者，蓋以此列學官爲博士，〔註13〕此爲《尚書》之魯學也，〈儒林傳〉又云：「自此之後，魯周霸、孔安國、洛陽賈嘉頗能言《尚書》事。」即指齊學《尚書》之外，復有魯學《尚書》一脈之傳也。

《五經》之中，《禮》本屬魯，以周禮盡在於魯故也。《史記·儒林傳》云：

> 諸學者多言《禮》，而魯高堂生最本。《禮》固自孔子時而其經不具，及至秦焚書，書散亡益多，於今獨有《士禮》，高堂生能言之。而魯徐生善爲容。孝文帝時，徐生以容〔註14〕爲禮官大夫，傳子至孫徐延、徐襄。襄，其天姿善爲容，不能通《禮經》；延頗能，未善也。襄以容爲漢禮官大夫；延及徐氏弟子公戶滿意、桓生、單次，皆嘗爲漢禮官大夫。而瑕丘蕭奮以《禮》爲淮陽太守。是後能言《禮》爲容者，由徐氏焉。

按：禮有「禮經」與「禮容」二端。「禮經」即《士禮》，今《儀禮》是也；「禮容」爲頌儀，二者初皆爲魯學也；至瑕丘蕭奮以下，有以說《禮》學之義者，而《禮》之齊學出焉。《漢書·儒林傳》云：

> 孟卿，東海人也。事蕭奮，以授后倉、魯閭丘卿。倉說《禮》數萬言，號曰《后氏曲臺記》，授沛聞人通漢子方、梁戴德延君、戴聖次君、沛慶普孝公。孝公爲東平太傅。德號大戴，爲信都太傅；聖號小戴，以博士論石渠。由是《禮》有大戴、小戴、慶氏之學。

是爲《禮》之齊學也。又《史記·叔孫通傳》：

> 叔孫通者，薛人也。〔註15〕秦時以文學徵，待詔博士。……漢王拜叔孫通爲博士，號稷嗣君。〔註16〕……漢諸儀法皆叔孫生爲太常所

〔註13〕此說見王國維〈漢魏博士考〉。

〔註14〕容即頌也。《禮》之中有「頌儀」，阮元曰：「三頌各章皆是舞容，故稱爲頌。」見《揅經室集》卷一「釋頌」一篇。《史記·儒林傳》作「魯徐生善爲容」，《漢書》則作「善爲頌」，是容即頌，頌即容也。

〔註15〕《史記索隱》云：「薛，縣名，屬魯國。」《漢書》顏師古注同。則叔孫通當亦爲魯人也。

〔註16〕《史記集解》，徐廣曰：「蓋言其德業足以繼蹤齊稷下之風流也。」薛雖魯地，

論著也。

按：據《史記》、《漢書》本傳，叔孫通之自謂：「臣願頗采古禮與秦儀雜就之。」叔孫通之制漢代禮儀，有雜秦儀而成者，亦爲齊、魯之《禮》學。據上所述禮容、禮經、禮儀三端，漢代之《禮》學皆出於齊、魯之間也。

《易》自商瞿六傳至田何，本是魯人之傳，至漢而爲齊學。《史記・儒林傳》云：

> 自魯商瞿受《易》孔子。孔子卒，商瞿傳《易》，六世至齊人田何，字子莊，而漢興。田何傳東武人王同子仲，子仲傳菑川人楊何。何以《易》，元光二年徵，官至中大夫。齊人即墨成以《易》至城陽相；廣川人孟但以《易》爲太子門大夫。魯人周霸、莒人衡胡、臨菑人主父偃，皆以《易》至二千石。然要言《易》者，本於楊何之家。〔註17〕

上述東武、菑川、即墨、廣川、莒、臨淄，皆齊地。入漢以後，傳《易》者皆齊人，是《易》爲齊學也；其傳《易》之魯人唯周霸，是《易》在漢初之傳，亦出於齊、魯也。

漢武帝之立《五經》，《春秋》以《公羊傳》爲主，《公羊》爲齊學也。《史記・儒林傳》云：

> （董仲舒）以《春秋》災異之變推陰陽所以錯行。故求雨閉諸陽，縱諸陰；其止雨反是。

又云：

> 故漢興至於五世之間，唯董仲舒名爲明於《春秋》，其傳公羊氏也。

〈儒林傳・胡毋生傳〉云：

> 齊人也。孝景時爲博士，以老，歸教授。齊之言《春秋》者，多受胡毋生；公孫弘亦頗受焉。

按：《公羊春秋》爲齊學，胡毋生所傳《公羊傳》，乃經生之《春秋》學，董仲舒爲推陰陽災異之學，皆齊學之類。皮錫瑞云：

> 漢有一種天人之學，而齊學尤盛。伏傳〈五行〉、《齊詩》五際、《公

及戰國時代，爲齊所併有，孟嘗君之封薛爲采邑是也。故漢之封叔孫通爲稷嗣君，蓋視其爲齊人。

〔註17〕〈高士傳〉，以《易》五傳至田何，蓋諸書所據不同，或因傳聞之異。此與《漢書・儒林傳》說同。

羊春秋》多言災異，皆齊學也。

今《公羊傳》雖亦有言災異者，而不甚顯著，始以《春秋》推災異者，爲董仲舒之《春秋繁露》。〔註18〕《繁露》爲《公羊》之分支，二者同是齊學也。

　　而《穀梁春秋》，則《春秋》之魯學也。《漢書‧儒林傳》云：

　　　　瑕丘江公受《穀梁春秋》及《詩》於魯申公，傳子至孫爲博士。武
　　　　帝時，江公與董仲舒並。仲舒通《五經》，能持論，善屬文；江公吶
　　　　於口。上使與仲舒議，不如仲舒。而丞相公孫弘本爲《公羊》學，
　　　　比輯其議，卒用董生。

同傳又云：

　　　　宣帝即位，聞衛太子好《穀梁春秋》，以問丞相韋賢、長信少府夏侯
　　　　勝及侍中樂陵侯史高，皆魯人也。言穀梁子本魯學，公羊氏乃齊學
　　　　也。宜興《穀梁》。

此《穀梁春秋》爲魯學，出自當時傳經之儒之口，確爲顯證。

　　總上《五經》，不出於齊，則出於魯，故《五經》之儒，首出於齊、魯，乃斷然可據者也。

二、論五經齊魯學之分殊問題

　　《五經》之學既出，傳經之儒不出於齊，則出於魯，故漢代《五經》之學初爲齊、魯之學，確然無疑也。然齊、魯學之分別，當據何種標準而定，言之者頗爲分歧。馬宗霍云：

　　　　齊學、魯學者，由於齊人、魯人而起。魯爲孔子講學之邦，流風遺
　　　　化，儒漸固深；齊有稷下，亦學士所集，自孟子、荀卿之徒皆嘗往
　　　　游，齊修列大夫之缺，而荀卿三爲祭酒，故戰國儒術雖絀，齊、魯
　　　　學者猶弗廢。太史公所謂齊、魯之間於文學，自古以來，其天性也。

馬氏乃據經生儒士之屬籍而定齊、魯學之分際也。然考漢儒，以魯人而傳齊學者，不乏其人。如夏侯始昌魯人也，而傳《齊詩》、《尚書》；夏侯勝爲始昌之族子，受《尚書》及《洪範五行傳》，說災異，傳大夏侯《尚書》；夏侯建，

〔註18〕徐復觀氏云：「《公羊傳》中，不僅絕無五行觀念；且僅在莊公二十五年六月
　　　　傳『日食則曷爲鼓，用牲於社？求陰之道也』，有一個『陰』字外，全書沒有
　　　　出現『陰陽』的名詞，即是陰陽的思想還未曾介入。」見《兩漢思想史》卷
　　　　二，先秦儒家思想的轉折及天的哲學的完成，「《公羊傳》的本來面目」部份。

－90－

勝之從兄子，傳小夏侯《尚書》，皆以魯人傳齊學也。此乃因其先人夏侯都尉，從濟南張生受《尚書》之故，因而家世傳業，《尚書》本出自齊學，故夏侯氏皆傳齊學，不因其爲魯人而改變也。〔註 19〕又如浮邱伯，爲齊人，其授魯申公、楚元王、繆生、白生等，傳《魯詩》。是以儒生之屬籍而論，以別爲齊、魯者，不能無轕也。

　　或有據鄉土地域而爲齊、魯學之分別者，井研廖平是也。《今古學考》云：

> 魯、齊、古三學分途，以鄉土而異。鄒與魯近，孟子云：「去聖人居，若此其近。」蓋以魯學自負也。荀子趙人，而游學於齊，爲齊學；《韓詩》，燕人傳今學而兼用古義，大約游學於齊所傳也。〈儒林傳〉謂其說頗異，而其歸同，蓋同鄉皆講古學，一齊眾楚，不能自堅，時有改異，此韓之所以變齊也；而齊之所以變魯者，正亦如此。予謂學派由鄉土風氣而變者，蓋謂此也。〔註 20〕

按：廖平謂學派因鄉土風氣而成立，於事理上有此可能，蓋同好講學；其學必後出而轉精。如《公羊傳》本亦平實，無甚怪異之論，因爲齊人所傳，故齊學乃多陰陽災異，董仲舒援之，專用之以言陰陽災異之學是也。又如夏侯建師事夏侯勝及歐陽高，爲《尚書》之學；〔註 21〕左右采獲，從《五經》諸儒問與《尚書》相出入者，牽引以次章句，具文飾說；孟喜以傳《易》，好自稱譽，又得《易》家候陰陽災變書，而變改師法，皆後出轉精之類也。然《五經》之學經此變改，則學派之分際益愈明顯矣。〔註 22〕

〔註 19〕　見第五章附錄（一）「史傳所錄兩漢之間隸籍齊魯地域之經師一覽表」。

〔註 20〕　見「魯、齊、古三學分途，以鄉土而異」條。

〔註 21〕　《漢書・夏侯勝傳》：「勝少孤，從始昌受《尚書》及《洪範五行傳》，說災異；後事卿，又從歐陽氏問，爲學精孰，所問非一師也。」則夏侯勝之《尚書》，已是災異之學也。

〔註 22〕　劉師培氏云：「《易》經一書有田氏學，爲田何所傳，乃齊人之治《易》者也；有孟氏學，爲孟喜所傳，乃魯人之治《易》者也。是《易》學有齊、魯之分。濟南伏生傳《尚書》二十八篇於晁錯，乃齊人之治《尚書》者也；孔安國得古文《尚書》，以今文書校之，乃魯人之治《尚書》者也。是《書》學有齊、魯之分。《齊詩》爲轅固所傳，匡衡諸人傳之，乃齊人之治詩者也；《魯詩》爲申公所傳，楚元王等受之，劉向諸人述之，乃魯人之治《詩》者也。是《詩》學有齊、魯之分也。《公羊》爲齊學，董仲舒傳之，著有《春秋繁露》諸書；《穀梁》爲魯學，劉向傳之，時與子歆相辯難，是《春秋》學亦有齊、魯之分。傳《禮》學者以孟卿爲最著，此齊學也；而孔壁兼得《逸禮》，古禮復得淹中，則魯學也。是《禮》學亦有齊、魯之分。《齊論》多〈問王〉、〈知道〉二篇，而音讀亦與《魯論》大異，若蕭望之諸人，則皆傳《魯論》，至張禹刪

　　唯徐復觀先生《中國經學史的基礎》一書中,「齊學、魯學的問題」一節則謂漢代經學不當有齊、魯之分。其言云:

> 清末民初,又出現經學有齊、魯兩派之說,全是妄生枝節。韋賢答宣帝之問,言《穀梁》本魯學,公羊氏乃齊學也;宜興《穀梁》。這是齊、魯分派的來源。他們這樣答覆的動機有二:一是揣摸宣帝本欲立《穀梁》的心理;二是他們「皆魯人也」,出於鄉土的觀念,絲毫沒有涉及思想內容,無關於學術異同之辨。《公羊》、《穀梁》的內容,本是有出入的;但這種出入,決非來自作者不同的地域;在同一地域,甚至同一師門中,亦可發生很大的出入。所以石渠的大辯論涉及整個《五經》及《論語》、《孝經》,何嘗有齊、魯分疆的痕跡?若以經學之根源言,則遠肇於周公而集結於孔門,殆皆可謂出於魯。若以《公》、《穀》兩傳之作者而言,傳決非僅出於公羊、穀梁兩人之手;且兩人在傳中亦非居於重要地位;而參與《公羊傳》的,決不可皆謂為齊人,參與《穀梁傳》的,亦決不可皆謂為魯人。《公羊傳》中之有齊方言,無關於事實與大義;《公羊傳》中無陰陽觀念而《穀梁傳》中有之,乃來自於它成立的時代較《公羊》為後。《穀梁傳》中採用了《公羊傳》,未嘗以其是齊人為嫌忌。若以漢初的傳承而言,則傳《穀梁》的申公固為魯人,而傳《公羊》的董仲舒則為趙人。以後的傳授,和其他各經一樣,只受人事機緣的影響,並未受到地域的影響。《詩》有齊、魯、韓三家,不能分為齊、魯兩派;且申公受於浮丘伯,而浮丘伯齊人;《論語》有齊、魯、古文三種,其文字篇章之異,已有張禹以《魯論》為主,加以整理劃一,亦無由再分。齊、魯因開國精神的不同,而齊又出一管仲,在思想性格上應與魯有差異。但這依然要追到人的因素上去。齊、魯壤地相接,若齊、魯可以地域劃分學派,準此以推,其糾結紛擾,將至無法清理的程度。

徐氏當是因馬宗霍、劉師培、錢穆等人皆言兩漢經學有齊、魯學之分,而不謂為然者,故立此論。然而:

> 〈問王〉、〈知道〉二篇,合《魯論》與《齊論》為一,而《齊論》以亡。是《論語》學亦有齊、魯之分。」劉氏論齊、魯學之分際,曉暢清晰。唯其論《易》、《詩》,則據鄉土地域為區分;而《書》、《禮》、《春秋》據其所持典籍而分,未能統貫也。又如孟喜之傳《易》,本田何之傳,其又以候陰陽災變之《易》變改師法,乃齊學之類,並不以其為魯人而有魯學之《易》也。

　　（一）宣帝之欲立《穀梁春秋》，本因衛太子而起。衛太子本通《公羊春秋》，復私問《穀梁》而善之。則《公羊》與《穀梁》二傳之異同，乃在對經文之解釋上之歧異，此則正兩傳之思想內容之出入。否則武帝之際董仲舒與江公所辯論者爲何？而公孫弘何得據以「卒用董生」乎？公孫弘本受《公羊傳》於胡毋生，其與董仲舒天人災異之《公羊》學之出入較與《穀梁》更甚，又何得而不斥之乎？〔註23〕故徐氏謂《公》、《穀》二傳無涉及思想內容，非學術異同之辨，此不可解者一也。

　　（二）徐氏謂韋賢、夏侯勝、史高等爲魯人，故出於鄉土觀念而願立魯學之《穀梁》。然考賢固以《魯詩》名家，其與瑕丘江公皆以《穀梁》爲學，可不必論；而夏侯勝從夏侯始昌受學，其《尚書》、《齊詩》與《禮》同爲齊學；其於《春秋》，亦當治《公羊》家言，則何以與韋賢、史高並議興《穀梁》？以是知《穀梁》之義理當與《公羊》有異，立學所以廣其聞見，非單以其爲魯人而欲立之也，此其二。

　　（三）韋賢等三人分明皆言「《穀梁》本魯學，公羊氏乃齊學也。」是在漢儒心目中，固有齊、魯學之別也。〔註24〕《漢書‧儒林傳》云：「召《五經》名儒蕭望之等大議殿中，平《公羊》、《穀梁》同異，各以經處是非。」又宣帝本紀甘露三年云：「詔諸儒講《五經》同異……乃立梁邱《易》，大、小夏侯《尚書》，《穀梁春秋》博士。」徐氏謂石渠之會涉及《五經》及《論語》、《孝經》而無齊、魯分疆之痕跡。此實不見石渠之會正爲平《公羊》、《穀梁》之同異而發；其所以涉及《五經》及《論語》、《孝經》，乃因《公羊》、《穀梁》爲齊、魯學分疆之一端，平《公羊》、《穀梁》之同異，必涉及《五經》齊、魯學之分別。故石渠之會因平《公》、《穀》而涉及《五經》，非因《五經》而論及於《公羊》、《穀梁》之同異也。徐氏之論，乃是倒果爲因之誤也。此其三。

　　（四）《穀梁》之立學固較《公羊》爲後，然考漢初《穀梁》之著作，其

<hr>

〔註23〕公孫弘之曲學阿世，《史記》本傳謂：「弘爲人意忌，外寬內深……殺主父偃，徙董仲舒於膠西，皆弘之力也。」又〈儒林傳〉：「公孫弘治《春秋》不如董仲舒，而弘希世用事，位至公卿，董仲舒以弘爲從諛，弘疾之」然董仲舒在孝景時即以治《春秋》爲博士，而公孫弘在武帝建元元年始以文學賢良徵爲博士，董子蓋不藉重公孫弘之力也。則公孫弘之取《春秋公羊》，實投武帝之好，《公羊》家較《穀梁》必爲恢詭多奇也。

〔註24〕《漢書‧鄒陽傳》，鄒陽曰：「鄒魯守經學，齊楚多辯知。」可見漢人論經學則推魯學。此可爲佐證也。

出反較《公羊傳》爲早；〔註25〕縱使《公羊傳》中無陰陽觀念而《穀梁傳》中有之，僅能言自劉向諸人受詔講論《穀梁》，而以陰陽之學屬入，〔註26〕非本已有此陰陽觀念。徐氏謂《穀梁》之成立在後，非事實之眞象也。此其四。

（五）謂《公羊》、《穀梁》之內容出入非來自作者地域之不同乎？孟子之責公孫丑也，以「子誠齊人也，知管仲、晏子而已。」更證之以《史記·貨殖列傳》、《漢書·地理志》之論齊、魯風氣之別，而太史公一則稱「齊、魯之間於文學，自古以來其天性也。」繼則曰：「然齊、魯之間，學者猶弗廢。」《漢書·地理志》既稱齊地迄於漢世其士多好經術，矜誇功名；而漢興以來，魯東海多至卿相，又考漢代經學之傳授，不出乎魯，則出於齊，則經學之有齊、魯之分別，決然可知也。此其五。

由以上五端之分析，在徐復觀氏以爲經學有齊、魯之分者爲妄生枝節之言，本篇則證漢代經學之分有齊、魯二宗信而有徵；在徐氏以爲劃分齊、魯學派將糾結紛擾不可清理者，本篇則以爲論漢代經學之必要釐析齊、魯學派之分疆，而後漢代經學之學術系統乃可以明瞭；此非所以與徐氏立異也，蓋論學之所致，不得不然也。

第二節　前漢初期諸儒與齊魯學淵源之考察

秦皇失政，竟然燔書，致典籍蕩然，法度無所因襲。漢興，賴有叔孫通會魯諸儒修其經藝，略定禮儀，然經籍缺滅，雖以孝惠四年除挾書之律，而公卿大臣咸介冑武夫，莫以爲意，至孝文帝頗有徵用，然孝文本好刑名，及於孝景，皆不任儒者；又竇太后好黃老之術，故諸博士具官待問而已。劉歆〈移讓太常博士書〉云：「至孝文帝時，始使掌故晁錯從伏生受《尚書》。《尚書》初出於屋壁，朽折散絕，今其書見在，時師傳讀而已。《詩》始萌芽。天下眾書往往頗出，皆諸子傳說，猶廣立於學官，爲置博士，在朝之儒，唯賈

〔註25〕見本章第二節「陸賈《新語》中之齊魯學」，陸賈爲漢初之儒，《新語》已明引《穀梁傳》之文，而胡毋生、董仲舒之前則未見《公羊傳》之痕跡，兩傳成書之先後已可知也。

〔註26〕《漢書·儒林傳》：「劉向以故諫大夫通達待詔，受《穀梁》，欲令助之。江博士復死，乃徵周慶、丁姓待詔保宮，使卒授十人。自元康中始講，至甘露元年，積十餘歲，皆明習。」則《穀梁》經劉向等講論，已屬陰陽觀念，而非其本有也；《漢書》稱劉向「鴻範論發明大傳，著天人之應」，《穀梁》之感染陰陽災異之妖氛，受劉向影響至大，讀其本傳自明也。

生而已。」是其時儒業衰落，經籍流傳甚少。然彼時學官所立，皆諸子傳說，間亦有儒者，依經而陳其議論，見之於著作之間者，亦可以略考齊、魯學之影響於經學也。

一、陸賈之崇儒與《新語》中之齊魯學

漢興，高祖以戎馬得天下，意頗自得，其對待儒生，頗輕蔑之，以為儒無用於世也。《史記‧酈生列傳》云：「騎士曰：『沛公不好儒，諸客冠儒冠來者，沛公輒解其冠，溲溺其中。與人言，常大罵。未可以儒生說也。』」又云：「酈生至，入謁。沛公方倨床，使兩女子洗足，而見酈生。酈生入，則長揖不拜，曰：『足下欲助秦攻諸侯乎？且欲率諸侯破秦也？』沛公罵曰：『豎儒！夫天下同苦秦久矣！故諸侯相率而攻秦。何謂助秦攻諸侯乎？』」〈叔孫通列傳〉云：「叔孫通儒服，漢王憎之。迺變其服，服短衣楚製。」因漢高簡慢於人，尤對儒生常為倨傲，故陳平對漢王「天下紛紛，何時而定」之問，而諫之曰：「今大王慢而少禮，士廉潔者不來。然大王能饒人以爵邑，士之頑鈍嗜利無恥者亦多歸漢……然大王恣侮人，不能得廉潔之士。」以漢王簡慢無禮，士多不附，其所以自詡以得三傑而取天下，而所謂之三傑，張良、蕭何、韓信等皆無預於儒術也；〔註27〕其時能以儒術說高祖者，唯陸賈一人而已。《史記‧陸賈列傳》云：

> 陸生時時前說，稱《詩》、《書》。高祖罵之曰：「迺公居馬上而得之，安事《詩》、《書》？」陸生曰：「居馬上得之，寧可以馬上治之乎？且湯武逆取而以順守之，文武並用，長久之術也。昔者吳王夫差、智伯極武而亡；秦任刑法不變，卒滅趙氏。鄉使秦已并天下，行仁義，法先聖，陛下安得而有之？」高帝不懌而有慚色。迺謂陸生曰：「試為我著秦所以失天下，吾所以得之者何？及古成敗之國。」陸生迺粗述存亡之徵，凡著十二篇。每奏一篇，高帝未嘗不稱善，左右呼萬歲，高祖因號其書曰《新語》云。

〔註27〕張良嘗學禮於淮陽，至其狙擊秦始皇於博浪沙中，事敗，於下邳遇圯上老人，得《太公兵法》，以任俠，助劉氏立漢。漢興之後，韜隱謀略，學辟穀、導引、輕身之術，則良誠一道家之人也。見《史記‧留侯世家》。蕭何嫻於吏事，劉邦入咸陽，何獨知收秦律令圖書藏之，遂後以助漢王平天下，乃一習申商之術之人也。至於韓信，攻城略地，兵韜之能，無人可及。殆三人各有所長，而皆無與於儒業也。

陸生為漢廷中首揭以儒術治國之第一人，其較叔孫通依違人主意以定禮儀，專威於人臣者，卓然為尚矣。

甲、辨陸賈《新語》所引之《春秋傳》學為魯學

今《漢書·藝文志》載「陸賈二十三篇」，而本傳稱「凡著十二篇」，《漢志》所載不必即陸賈之作，必有後人之論著而合之者。是故《漢書補注》，王先謙引沈欽韓曰：「隋、唐《志》陸賈《新語》二卷。王氏《漢志考》云：凡七篇。其引吳僑言〈輔政篇〉曰：書不必起於仲尼之門。今〈輔政篇〉無此語。」

《四庫全書總目提要》云：「此本（按：內府藏本）卷數與《隋志》合，篇數與本傳合，似為舊本。然《漢書·司馬遷傳》，稱遷取《戰國策》、《楚漢春秋》、陸賈《新語》作《史記》。《楚漢春秋》，張守節《正義》猶引之，今佚不可考。《戰國策》取九十三事，皆與今本合。惟是書之文悉不見於《史記》。王充《論衡·本性篇》引陸賈曰：『天地生人也，以禮義之性；人能察己所以受命則順，順謂之道。』今本亦無其文。又《穀梁傳》至漢武帝時始出，而〈道基篇〉末乃引《穀梁傳》曰，時代尤相牴牾。其殆後人依託，非賈原本歟？」

《四庫提要》因此疑今《新語》非陸賈舊本。胡適之云：

> 《提要》所疑三點，都不能成立。《漢書·藝文志》有陸賈的書二十七篇（按：應為二十三篇），王充所引未必出於《新語》，是第二點不夠證明《新語》之為偽書。近人唐晏指出，〈道基篇〉末所引《穀梁傳》：「仁者以治親，義者以利尊，萬世不亂。」之語為今本《穀梁傳》所無，可見他所據的《穀梁傳》未必是漢武帝時代所出的，是第三點不夠證明《新語》之晚出。最荒謬的是《提要》的第一條疑點，《提要》說《漢書·司馬遷傳》稱遷取陸賈《新語》作《史記》，我檢《漢書》遷傳原文，並未提及陸賈，也未提及《新語》。原文只說「司馬遷據《左氏》、《國語》、采《世本》、《戰國策》，述《楚漢春秋》，接其後世，訖於天漢。」四庫館臣一時誤記，又不檢查原書，遂據誤記之文以定《新語》出於偽託，豈非大謬？我從前也頗疑此書，近年重讀唐氏校刊本，覺得此書不是偽作之書，其思想近於荀卿、韓非，而鑒於秦帝國的急進政策的惡影響，故改向和緩的一路，遂兼採無為的治道論。〔註28〕

〔註28〕見《中國中古思想史長編》第三章「秦漢之間的思想狀態」第三章。

胡氏之辨斥《四庫提要》之語，大抵可從。徐復觀氏論之尤其詳密，其言云：

> 《漢書‧儒林傳》：「漢興，高祖過魯，申公以弟子從師（浮丘伯）
> 入見於魯南宮。申公卒以《詩》、《春秋》授，而瑕丘江公盡能傳之。」
> 「瑕丘江公受《穀梁春秋》及《詩》於魯申公。」可見瑕丘江公自
> 申公受《穀梁春秋》，而申公實出於浮丘伯；陸賈與浮丘伯的年輩略
> 同；其傳習《穀梁》，更不足異。無所謂時代尤相牴牾的問題。《穀
> 梁》在傳承中有所遺失，《新語》所引「穀梁傳曰」之語，不見於今
> 《穀梁傳》，不足為異。余嘉錫更引《新語‧辨惑篇》述夾谷之會，
> 〈至德篇〉言魯莊公「以三時興築作之役」；〈明誡篇〉：「聖人察物，
> 無所遺失」等，證明皆出於《穀梁》，與《公羊傳》無涉。我現在更
> 引〈至德〉第八下面的一段話，以證明陸賈言《春秋》之義，確本
> 於《穀梁》。〔註29〕
>
> 陸賈所說的《春秋》之義，其出於《穀梁》更無可疑。這和書中將
> 「五經」、六藝並稱，或者「經藝」並稱，述春秋之事則引《左氏》，
> 述《春秋》之義，則引《穀梁》，及兩引《孝經》等，在經學史上都
> 有很大的啟發性。

今按：陸賈之《春秋》說，全出於《穀梁》，經前人之論證，可無疑議。余嘉
錫氏謂陸賈言《春秋》之義，與《公羊傳》無涉，足可證漢初傳經，本有魯、
齊二大學說之分，《穀梁》為魯學，而《公羊傳》為齊學，據是而可定也。唐
涉江《兩漢三國學案》列陸賈之《春秋》於《穀梁》學派，而曰：「《漢書‧
儒林傳》《穀梁春秋》以申公為始，不知尚有陸生也。陸氏《新語》凡引《春
秋》者四，其二明出《穀梁》；其一引夾谷之會，未云何傳，當是《穀梁》語。
然則陸生者，固《穀梁》大師也，而其年歲應長於申公。」由是而言之，漢
興，魯學藉由陸氏《新語》，已為先出。王師熙元《穀梁范注發微》考證詳博，

〔註29〕《新語‧至德篇》：「昔者，晉厲、齊莊、楚靈、宋襄，乘大國之權，杖眾民
之威，軍師橫出，陵轢諸侯，外驕敵國，內刻百姓。……」云云，以為宋襄
公不識時勢，以致眾敗身傷，重為嗟惜。《公羊傳》讚美宋襄公，以為「有君
而無臣，以為雖文王之戰，亦不能過此也。」《左傳》則僅述子魚就襄公之「未
知戰」而加譴責。《穀梁傳》則評論之云：「倍則攻，敵則戰，少則守。人之
所以為人者，言也。人而不能言，何以為人……。」云云，其意與陸賈《新
語‧至德篇》同，見陸賈所持者《穀梁》義也。此段文字見徐復觀氏《兩漢
思想史》卷二，「漢初的啟蒙思想家——陸賈」，頁91～92部份。

斷以《穀梁春秋》著錄於浮丘伯之手，可爲篤論。其言曰：

> 竊疑著《穀梁》於竹帛者，以浮丘伯爲最近其實。何以言之？蓋浮
> 丘伯雖爲傳《詩》之經師，亦爲荀子以後傳《穀梁》之經師。且陸
> 賈《新語》已徵引《穀梁傳》，而陸氏與浮丘伯同時，《新語》所言
> 《春秋》時事，既皆用《穀梁》家法，則其時《穀梁》當已由浮丘
> 伯著於竹帛明矣。〔註30〕

《穀梁春秋》在秦漢之際已有成書；《公羊傳》據前人考證著錄於漢景帝之時，其先後之序甚明，而陸賈《新語》中引用《穀梁傳》可證其《春秋》爲魯學也。

乙、辨陸賈《新語》中之經學思想爲齊魯學之雜揉

陸賈以儒術說漢高帝，遂爲漢儒之首，其引《穀梁》諸語，經前人徵證，確爲魯學；而承接先秦之舊，陸賈之學實已雜揉齊、魯學之思想，啓漢代經學之先路，非純粹之鄒魯經學也。

胡適之先生嘗論漢代道家之學，以爲漢代道家實爲一「雜家」之形態，其言曰：

> 戰國晚年以後，中國思想多傾向於折衷混合，無論什麽學派，都可
> 以叫做雜家。總括起來：這個時候有三個大思想集團，都可以稱爲
> 雜家：一、秦學，可用《呂氏春秋》和李斯作代表。二、魯學，即
> 儒家。三、齊學，即黃老之學，又叫做道家。〔註31〕

《漢書·藝文志》論雜家曰：「雜家者流……兼儒墨、合名法，知國體之有此，見王治之無不貫，此其所長也。」又司馬談論六家之要指論道家：「其爲術也，因陰陽之大順，采儒墨之善，撮名法之要，與時遷移，應物變化，立俗施事，無所不宜。」則《漢志》之所謂雜家，正司馬談之所謂道家，皆先秦諸子之混合也。陸賈之學，正爲此雜揉之狀態，爲漢初學術之典型也。茲據《新語》略爲分析之。《新語·道基篇》：

> 傳曰：「天生萬物，以地養之，聖人成之。」功德參合，而道術生焉。
> 故曰：張日月、列星辰、序四時、調陰陽、布氣治性、次置五行。
> 春生夏長，秋收冬藏，陽生雷電，陰成雪霜，養育群生，一茂一亡。
> 潤之以風雨，曝之以日光，溫之以節氣，降之以殞霜；位之以眾星，
> 制之以斗衡，苞之以六合，羅之以紀綱；改之以災變，告之以禎祥；

〔註30〕見王熙元《穀梁范注發微》第一章導論。
〔註31〕見《中古思想史長編》第四章「道家」。

　　動之以生殺，悟之以文章。故在天者可見，在地者可量；在物者可
　　紀，在人者可相。……爲寧其心而安其性。蓋天地相承，氣感相應
　　而成者也。

按：《呂氏春秋‧孟春紀》曰：「始生之者，天也；養成之者，人也。能養天
之所生而勿攖之，謂之天子。天子之動也，以全天爲故者也；此官之所自立
也，立官者以全生也。」《呂氏春秋》基於「法天地」之思想，以遂其全生
〔註32〕之說，亦《新語》「安其性」之意，兩者皆以本始自然之爲性，爲自
然主義之人性論，蓋道家論性之義；而「張日月、列星辰、序四時、調陰陽、
布氣治性、次置五行」諸語，與《漢書‧藝文志》「陰陽家者流……敬順昊
天，歷象日月星辰，敬授民時」若同符節，尤以災變、禎祥之言，皆天人氣
感相應之學，陸賈以此爲道術之基，則此齊學之類也。又《韓非子‧五蠹篇》
以「上古之世」、「中古之世」、「近古之世」三期分論古今聖人之制作，而《新
語》則分古史爲「先聖」、「中聖」、「後聖」三期，頗有因襲之跡，以是知陸
賈之學爲雜合魯、齊學者也。〔註33〕〈道基篇〉又云：

　　於是後聖乃定《五經》，明《六藝》，承天統地，窮事察微，〔註34〕
　　原情立本，以緒人倫，宗諸天地，纂脩篇章，垂諸來世，被諸鳥獸，
　　以匡衰亂，天人合策，原道悉備。……故曰：聖人成之。所以能統
　　物通變，治情性，顯仁義也。……陽氣以仁生，陰節以義降。鹿鳴
　　以仁求其群，關雎以義鳴其雄，《春秋》以仁義貶絕，《詩》以仁義
　　存亡；〈乾〉〈坤〉以仁和合，八卦以義相承，《書》以仁敘九族，君
　　臣以義制忠；《禮》以仁盡節，樂以禮升降。仁者，道之紀；義者，
　　聖之學。

按：《五經》、《六藝》之學，陸賈以爲皆後聖之制作，統物通變，不出環內，
而其終歸，在於仁義而已。而其仁義實與天地陰陽和合，所謂「原情立本，
以緒人倫」、「天人合策，原道悉備」，《漢書‧五行志》稱「周道敝，孔子述
《春秋》，則乾坤之陰陽，效洪範之咎徵，天人之道粲然著矣。漢興，承秦滅
學之後，景武之世，董仲舒治《公羊春秋》，始推陰陽，爲儒者宗。」實則援

〔註32〕《呂氏春秋》高誘注：「生，性也。」此道家以「本始自然」爲性之通義。
〔註33〕前述陸賈《春秋》用《穀梁》，是魯學；而其思想則合於《呂氏春秋》之宇宙
　　　　論形式，乃爲齊學。故陸賈之學乃雜齊、魯學者也。
〔註34〕缺字，疑應爲「盡」字。

陰陽咎徵、天人之道以入儒學者，不始於董仲舒，陸賈《新語》已著其先聲矣。然陸賈之綜歸《五經》、《六藝》之文爲仁義二字，仁義爲儒家宗旨，故陸賈之學爲儒學無可疑也。

雖然，陸賈之學，爲魯、齊學之雜揉，其取舍於二家，義界甚是分明，其所取者乃道家無爲之術，與儒家謹敬之義，合而爲之，即其一例。〈無爲篇〉云：

> 道莫大於無爲，行莫大於謹敬。何以言之？昔舜治天下也，彈五絃之琴，歌〈南風〉之詩，寂若無治國之意，漠若無憂天下之心，然天下治。周公制作禮樂，郊天地，望山川，師旅不設，刑格法懸，而四海之內，奉供來臻，越裳之君，重譯來朝。故無爲者乃有爲也。

〔註35〕

按：孔子亦嘗以「無爲」言爲政，〔註36〕然儒家之德治主義與道家之虛靜無爲，畢竟不同。至陸賈著此論，道家無爲乃轉爲儒家之義，樞轉變化，有合於文景之政道也。又陸賈有懲於強秦之用法太虐，故變之以寬舒中和。同篇云：

> 秦始皇設刑罰，爲車裂之誅，以斂姦邪，築長城於戎境，以備胡、越，征大吞小，威震天下，將帥橫行，以服外國；蒙恬討亂於外，李斯治法於內，事逾煩天下逾亂，法逾滋而天下逾熾，兵馬益設而敵人逾多。秦非不欲治也，然失之者，乃舉措太衆、刑罰太極故也。是以君子尚寬舒以襄其身，行身中和以致疏遠；民畏其威而從其化，懷其德而歸其境，美其治而不敢違其政。民不罰而畏，不賞而勸，漸漬於道德，而被服於中和之所致也。

誠以法令所以誅惡而非所以勸善，一任於刑法，將不勝其誅；唯行教化，然後可以治也。陸賈於漢初，首倡教化論，此所以的爲儒者之治術也。

陸賈其時，齊學已行於秦。《史記‧封禪書》所謂：「自威宣、燕昭使人入海求蓬萊、方丈、瀛州，此三神山者，其傳在勃海中，去人不遠，患且至，則船風引而去；蓋嘗有至者，諸仙人及不死之藥皆在焉。……及至始皇并天

〔註35〕 道家之無爲主義，取不干涉之義。陸賈申之以「謹敬」，則合於孔子「堯舜恭己正南面」之儒家無爲之義矣。

〔註36〕 《論語‧爲政篇》：「爲政以德，譬如北辰，居其所而衆星拱之。」是以無爲爲治也。

下，至海上，則方士言之，不可勝數。」以此見齊學神仙方術之說之盛行。
而陸賈則本於儒者剛健不息之德，以闢方士頹廢之說。〈愼微篇〉云：

> 夫建大功於天下者，必先脩於閨門之內；垂大名於萬世者，必行之
> 於纖微之事。是以伊尹負鼎，居於有莘之野，修道德於草廬之下，
> 躬執農夫之作，意懷帝王之道，身在衡門之裏，志圖八極之表，故
> 釋負鼎之志，爲天子之佐，剋夏立商，誅逆征暴，除天下之患，辟
> 殘賊之類，然後海內治，百姓寧。

〈辨惑篇〉云：

> 夫君子直道而行，知必屈辱而不避也。故行不敢苟合，言不爲苟容，
> 雖無功於世而名足稱也，雖言不用於國家而舉措之言可法也。

如是，雖孔子遭暗君亂臣，顏回簞食瓢飲，因不在其位者，遂無以齊其政。
然而「君子居亂世則合道德、採微善、絕纖惡，脩父子之禮，以及君臣之序，
乃天地之通道，聖人之所不失也。」（〈愼微篇〉），以故道無因世道之廢而不
興，此儒者剛健之德，所以常爲時代之中流砥柱也。

至於方士之道則不然。〈懷慮篇〉云：

> 夫世人不學《詩》、《書》，行仁義，尊聖人之道，極經藝之深，乃論
> 不驗之語，學不然之事，圖天地之形，說災異之變，乖先王之法，
> 異聖人之意，惑學者之心，移眾人之志，指天畫地，是非世事，動
> 人以邪變，驚人以奇怪，聽之者若神，視之者如異，然猶不可以濟
> 於厄而度其身，或觸罪□□法，不免於辜戮。故事不生於法度，道
> 不本於天地，可言而不可行也，可聽而不可傳也，可□覯而不可大
> 用也。

度陸氏之意，此殆即指齊學中爲方仙道之輩也。

故陸賈之指斥方士頹廢之言行，觀此篇之言而可知也。〈愼微篇〉亦云：

> 猶人不能懷仁行義，分別纖微，忖度天地，乃苦身勞形，入深山、
> 求神仙、棄二親、捐骨肉、絕五穀、廢《詩》、《書》，背天地之寶，
> 求不死之道，非所以通世防非者也。

又云：

> 夫播布革、亂毛髮、登高山、食木實，視之無優游之容，聽之無仁
> 義之辭，忽忽若狂痴，推之不往，引之不來，當世不蒙其功，後代
> 不見其才，君傾而不扶，國危而不持，寂寞而無鄰，寥廓而獨寐，

可謂避世，非謂懷道者也。

蓋以儒者之視隱士之流，言行頹廢，避世獨居，棄人倫之當務，皆在所闢之。據此，陸賈之學，乃表現儒家剛健不息之精神者也。

故漢初齊、魯學派思想已有雜揉之趨勢，陸賈之學以魯學爲本，《新語》屢稱引《五經》、《六藝》之文，道堯舜周孔之言；而其雜合齊學之跡亦甚可見也。陸賈以道陰陽，張日月星辰、序四時，論天人之應，爲其道之基本，乃屬道家氣化之宇由論思想；其言治道，崇尙無爲，又歸之於仁義教化，實有以啓文景蕭曹之治；〔註37〕又其思想擇取陰陽家之長，而排棄消極頹廢之方士道，漢初之有儒者經生，以別於道家之方士之流，儒與道之分，在《新語》一書略可見之也。

二、叔孫通爲漢廷制禮與齊魯學淵源之考察

周之禮樂，成於周公；周公封魯，而周禮盡在焉。《史記・魯周公世家》云：「魯有天子禮樂者，以褒周公之德也。」故伯禽封魯，變俗革禮，三年而後成，魯之禮樂彬彬矣。及周衰，禮廢樂壞，大小相踰，孔子曰：「禘自既灌而往者，吾不欲觀之矣。」此禮樂崩潰之驗也。及季氏以八佾舞於庭，三家者以雍徹，其敗壞益甚，而夫子所以欲興周禮也。《史記・儒林傳》曰：「禮固自孔子時，而其經不具。及至秦焚書，書散亡益多；於今獨有《士禮》，高堂生能言之，而魯徐生善爲容。」故言禮者，必稱魯地之儒，豈有他哉，魯爲孔子講學之邦，其教化深也。

入漢以來，首揭禮學，以爲漢廷創制朝儀者，則爲叔孫通也。《史記・叔孫通列傳》云：

> 叔孫通者，薛人也。秦時以文學，徵待詔博士。數歲，陳勝起山東，使者以聞。二世召博士諸儒生問曰：「楚戍卒攻蘄入陳，於公如何？」……叔孫通前曰：「諸生言皆非也。夫天下合爲一家，毀郡縣城，鑠其兵，示天下不復用。且明主在其上，法令具於下，使人人奉職，四方輻輳，安敢有反者。此特群盜鼠竊狗盜耳，何足置之齒

〔註37〕《史記・曹相國世家》：「（以曹參爲齊相），參盡召長老諸生，問所以安集百姓，如齊故俗諸儒以百數，言人人殊，參未知所定。聞膠西有蓋公，善治黃老言，使人厚幣請之。既見蓋公，蓋公爲言治道貴清靜而民自定。推此類具言之。……其治要用黃老術，故相齊九年，齊國安集，大稱賢相。」黃老之術，乃齊學也。

牙間！郡守尉今捕論，何足憂？」二世喜曰：「善」。……迺賜叔孫
通帛二十匹，衣一襲，拜爲博士。……迺亡去，之薛；薛已降楚矣。
及項梁之薛，叔孫通從之。敗於定陶，從懷王。懷王爲義帝，徙長
沙，叔孫通留事項王。漢二年，漢王從五諸侯入彭城，叔孫通降漢
王。漢王敗而西，因竟從漢。叔孫通儒服，漢王憎之，迺變其服，
服短衣，楚製，漢王喜。叔孫通之降漢，從儒生弟子百餘人。……
漢王拜叔孫通爲博士，號稷嗣君。

按：通爲薛人。《史記索隱》云：「薛，縣名，屬魯國。」〔註38〕通即爲秦時
魯儒生也。觀其傳記，通之諛秦、降楚，繼而降漢，又以漢王之憎儒服，遂
改服短衣楚製，則其爲人之善於權變可知，無怪諸生之訾其爲從諛大猾也。
漢王之拜叔孫通爲稷嗣君者，《史記集解》徐廣曰：「蓋言其德業足以繼蹤齊
稷下之風流也。」通之行誼有類於齊稷下學士不治而議之風，徐氏所言是也。
　　叔孫通於漢最有功者，在定朝儀一事。本傳謂：

漢五年，已并天下，諸侯共尊漢王爲皇帝於定陶。叔孫通就其儀號。
高帝悉去秦苛儀法，爲簡易。群臣飲酒爭功，醉或妄呼，拔劍擊柱，
高帝患之。叔孫通知上益厭之也，說上曰：「夫儒者難與進取，可與
守成。臣願徵魯諸生，與臣弟子共起朝儀」。高帝曰：「得無難乎？」
叔孫通曰：「五帝異樂，三王不同禮。禮者，因時世人情爲之節文者
也。故夏、殷、周之禮所因損益可知者，謂不相復也。臣願頗采古
禮與秦儀雜就之。」上曰：「可試爲之，令易知，度吾所能行爲之。」
於是叔孫通使徵魯諸生三十餘人。魯有兩生不肯行，曰：「公所事者
且十主，皆面諛以得親貴。今天下初定，死者未葬，傷者未起，又
欲起禮樂。禮樂所由起，積德百年而後可興也。吾不忍爲公所爲，
公所爲不合古，吾不行。公往矣！無汙我。」叔孫通笑曰：「若眞鄙
儒也，不知時變。」

按：叔孫通爲漢定朝儀，自言其法曰「采古禮與秦儀雜就之」，故其所制定非
純古禮也。又《史記・秦始皇本紀》，李斯上書言「五帝不相復，三代不相襲，
各以其治；非其相反，時變異也。」而通之言「五帝異樂，三王不同禮。……
謂不相復也。」其學蓋取法家法後王之義，故魯有兩儒生訾其所爲不合於古；

〔註38〕薛本屬魯地，後爲齊所併，見《史記・孟嘗君列傳》。《孟子・梁惠王篇》：滕
　　　　文公問曰：「齊人將築薛，吾甚恐。如之何則可？」是齊兼併薛而築城之事也。

而叔孫通亦譏其不知時變也。然漢建國以來,諸宗廟儀法皆叔孫通所定,太史公論叔孫通:「希世度務,制禮進退,與時變化,卒爲漢家儒宗。」既著明叔孫通定漢之功,而於其希世委蛇亦有所譏刺矣。《史記・禮書》云:

> 仲尼沒後,受業之徒沈湮而不舉,或適齊楚,或入河海,豈不痛哉?至秦有天下,悉內六國禮儀,采擇其善,雖不合聖制,其尊君抑臣,朝廷濟濟,依古以來。至於高祖,光有四海,叔孫通頗有所增益減損,大抵皆襲秦故,自天子稱號,下至佐僚,及宮室官名,少所變改。

秦廷之儀,既皆納六國之制,而尊君抑臣之禮,尤非古有,至於叔孫通所增益減損,大抵皆蹈襲秦故,是故若以漢儀以考古禮,所失必多。唐晏《兩漢三國學案》云:

> 古之治天下者,無所謂法也,禮而已矣。及周室既衰,諸侯惡其害己,而去其籍;〔註39〕去其籍也,而實去其法也。韓宣子聘魯,而云周禮盡在魯,以禮爲周公所制,他國未能盡行,而魯實世守之,故曰猶秉周禮。夫周禮者,非周一代之制,周公所以兼三王而制之者也。故孔子興,以周禮爲教,亦以其備焉耳。及遭秦火,禮最失傳,則放失久矣。漢興,叔孫所制,非古禮也;曲臺所傳,非備物也。至曹襃、董鈞,失之益遠。故有漢一代,它經咸盛,惟《禮》無傳。不全不備,偏議曲說,何足以傳孔門之宏業也哉!

按:唐氏之說是也。《史記・儒林傳》謂:「禮固自孔子時,而其經不具;及至秦焚書,書散亡益多,於今獨有《士禮》,高堂生能言之。」此太史公所見之禮學也。而班孟堅則言:「今叔孫通所撰禮儀,與律令同錄,藏於理官,法家又復不傳。」(《漢書・禮樂志》)叔孫通所制漢儀,爲一代之法典,其非孔子所傳周禮,其理固已明也。然叔孫通制禮,所徵者皆魯之儒生,則漢禮所定必出乎齊、魯之學;唯叔孫通希世度務,權宜行事,亦受魯儒者之訾議,或魯儒亦有明於古禮者也,惜其不能行,故世皆莫知之,惜哉!

三、賈誼《新書》中之引用經說與齊魯學之關係

自叔孫通定漢儀,多依秦之舊;至賈誼出,而議悉更秦法,爲漢更定制度。漢自惠帝四年除挾書律,始收篇籍,廣獻書之路,儒者漸出,賈誼其第

〔註39〕籍,指圖書文籍。其時秦、晉行法家之政,於禮典文籍去之滋甚,孟子因有是言矣。

一人也。《史記‧賈誼傳》云：

> 賈生，名誼，洛陽人也。年十八，以能誦詩屬書聞於郡中。……賈
> 生以爲漢興至孝文二十餘年，天下和洽，而固當改正朔，易服色，
> 法制度，定官名，興禮樂，乃悉草具其事儀法；色尚黃，數用五，
> 爲官名，悉更秦之法。孝文帝初即位，謙讓未遑也。諸律令所更定，
> 及列侯悉就國，其說皆自賈生發之。

按：《漢書‧賈誼傳》謂「凡所著述五十八篇」，〈藝文志‧儒家〉亦列「賈誼
五十八篇」，傳與志所述相合；而《隋書‧經籍志》有「賈子十卷」。《四庫全
書總目提要》云：

> 今考《漢書》誼本傳贊，稱凡所著述五十八篇，掇其切於世事者著
> 於傳。應劭《漢書註》亦於〈過秦論〉下註曰：賈誼書第一篇名也。
> 則本傳所載皆五十八篇所有，足爲顯證。贊又稱三表五餌以係單于，
> 顏師古註所引賈誼書，與今本同。又〈文帝本紀〉註引賈誼書衛侯
> 朝於周，周行人問其名，亦與今本同。則今本即唐人所見，亦足爲
> 顯證。然決無摘錄一段立一篇名之理；亦決無連綴十數篇合爲奏疏
> 一篇上之朝廷之理。疑誼〈過秦論〉、〈治安策〉等本皆爲五十八篇
> 之一，後原本散佚，好事者因取本傳所有諸篇，離析其文，各爲標
> 目，以足五十八篇之數，故餖飣至此。其書不全眞，亦不全僞。朱
> 子以爲雜記之稿，固未核其實；陳氏以爲決非誼書，尤非篤論也。
> 〔註40〕且其中爲《漢書》所不載者，雖往往類《說苑》、《新序》、《韓
> 詩外傳》，然如青史氏之記，具載胎教之古禮。〈修政語〉上、下兩
> 篇，多帝王之遺訓。〈保傅篇〉、〈容經篇〉並敷陳古典，具有源本。
> 其解《詩》之騶虞，《易》之潛龍、亢龍，亦深得經義，又安可盡以
> 淺駁不粹目之哉？雖殘缺失次，要不能以斷爛棄之矣。

按：《提要》之說頗核其實也。原古著作之體，非必長篇累牘，故如《荀子‧
大略》、《韓非‧儲說》、《說林》等皆採擇片段以著書；即劉向《說苑》、《新
序》，亦其體類，非必可以淺駁視之也。黃師錦鋐云：

〔註40〕陳振孫《直齋書錄解題》錄「賈子十一卷」，云：「漢長沙王太傅洛陽賈誼撰。
　　　　《漢志》五十八篇。今書首載〈過秦論〉，末爲〈弔湘賦〉，餘皆錄《漢書》
　　　　語，且略節誼本傳於第十一卷中，其非《漢書》所有者，輒淺駁不足觀，決
　　　　非誼本書也。」

按賈生《新書》，頗爲繁雜，其〈宗旨〉、〈數寧〉、〈傷藩〉、〈藩彊〉
等篇，皆陳政事疏之原文，文句頗有異同，而又不及《漢書》本傳
之舊，至所敘「炎帝與黃帝之戰」、「湯見祝網者置四面，令去其三
面」皆重複，所引述前人故事多與《新序》、《說苑》、《韓詩外傳》
雷同，朱子以爲雜記之稿，殊非無據。然其〈過秦〉諸論，古今傳
誦，觀覽其文，猶可見其突兀崢嶸之氣概。〔註41〕

要之，覆以《漢書》本傳與〈藝文志〉五十八篇之數，今本《新書》殘闕失
次之情況甚是嚴重，而觀覽今本《新書》之文，又非賈子所不能道。《提要》
「不全眞，亦不全僞」之論，蓋今本《新書》之磏詰也。

賈子之學淵博淹貫，《漢書》本傳言其「誼年少，頗通諸家之書，文帝召
以爲博士。」〔註42〕不言其以何經爲博士。黃師錦鋐論之曰：「蓋秦世治百家
之學者，皆可爲博士，不專於儒者也。據〈藝文志〉注引有名家黃公爲博士，
又有占夢博士者。漢承秦制，亦頗受其影響。今觀賈生所作〈鵩鳥賦〉，引『禍
福倚伏』，陳政事疏引黃帝曰：『日中必㶱，操刀必割。』，〈制不定篇〉引『屠
牛坦解牛事』，均道家者言；欲改正朔、易服色，則陰陽家言，信乎其於諸子
百家之書，多所通曉也。」黃師故論賈誼之思想有淵源於儒家、道家、陰陽
家者俱有數端。〔註43〕然賈生固排斥法家者也，其〈時變篇〉云：

商君違禮義，棄倫理，並心於進取，行之三歲，秦俗日敗。秦人有
子，家富子壯則出分，家貧子壯則出贅；假父㭬鉏杖彗耳，慮有德
色矣；母取瓢碗箕帚，慮立訊語。抱哺其子，與公併倨；婦姑不相
說，則反脣而睨其慈子，嗜利而輕簡父母也。念罪非有儲理也，亦
不同禽獸僅焉耳。

今貫通《新書》之旨，意必在矯秦之失，而欲立德厚之俗，故賈子亦通法家
之學也。又《新書·審微篇》：「故墨子見衢路而哭之，悲一跬千里者也。」，
〈數寧篇〉引晏子曰：「唯以政順乎爲神，可以益壽。」則賈生固亦治墨家之
言也。〔註44〕故朱子嘗論賈誼爲學駁雜不純，〔註45〕蓋有所見矣。

〔註41〕見黃師錦鋐《秦漢思想研究》「西漢儒家」論賈誼部份。
〔註42〕《漢書補注》，王先謙曰：「《史記》『諸家』作『諸子百家』。」當以《史記》
　　　爲正。蓋文帝時，《詩》、《論語》、《孟子》外未見立《五經》博士也。
〔註43〕見黃師錦鋐《秦漢思想研究》。
〔註44〕亦見前書。
〔註45〕見《朱子語類》卷一三五、一三七。

　　漢初之學術思想，自外觀而言，爲儒、道思想之對立。儒者之學，具在
六經；而道者，《隋書・經籍志》嘗論之曰：

　　　　道者，蓋爲萬物之奧，聖人之至賾也。……聖人體道成性，清虛自
　　　　守。爲而不恃，長而不宰。故能不勞聰明而人自化，不假修營而功
　　　　自成。其玄德深遠，言象不測。先王懼人之惑，置於方外，六經之
　　　　義，是所罕言。……然自黃帝以下，聖哲之士所言道者，傳之其人，
　　　　世無師說。漢時，曹參始薦蓋公能言黃老，文帝宗之，自是相傳道
　　　　學眾矣。

此所謂道，即司馬談論六家要旨之所謂「道家」所宗也，而胡適則以之爲一
大「雜家」者是矣。〔註46〕此一混合折衷之道家，與專以六經著論之儒家，
前人皆謂其在漢初有形成對立之勢。黃師錦鋐論之云：

　　　　漢代無純儒，儒者實兼言道、法、陰陽諸家之術。後人以漢代初年
　　　　爲儒與道對立之世，乃受司馬遷之影響。司馬遷《史記・老子傳》
　　　　曰：「世之學老子者，則絀儒學，儒學亦絀老子。」此所謂學老子者，
　　　　實亦儒家之徒。熊十力先生云：「戰國衰季，道家影響遍及諸子百家。
　　　　大儒如荀卿亦吸收其精粹。」〔註47〕可見儒道思想實相混雜。然所
　　　　謂「絀」者，蓋儒自戰國以後，分而爲八，儒者後學各吸收諸家思
　　　　想，自立門戶，相互對立也。所謂改易其所持守，變易其思想，以
　　　　求時用耳，非純粹之道家也。故漢初所謂儒道思想派別不同之爭，
　　　　非儒道相互之抗衡也。

此實精要之論也。然儒家出自於魯；道、法、陰陽則出於齊，故就另一層面
而言，亦可謂漢初之學術思想爲魯、齊學之混合折衷也。茲就賈誼《新書》
所引經說，略論其與齊、魯學之關係。

（一）賈誼《新書》中之經說與齊魯學之關係

　　漢初六經之學，由陸賈以爲先驅，《新語》中屢有引據《詩》、《書》之文，
而陸賈本爲《穀梁》先師，前論已有明言。雖然如此，陸賈之學僅略具儒學
之雛型，故漢人每謂漢初之儒，賈生一人而已，〔註48〕蓋以賈誼溶鈞《五經》

〔註46〕漢初「道家」實道、法、陰陽諸家之混合，故可稱之爲雜家。見胡適《中國
　　　　思想史長篇》第四章。
〔註47〕見熊十力《原儒》，「原學統第二」。
〔註48〕見劉歆〈移讓太常博士書〉。《漢書補注》，錢大昕曰：「漢初菑川田何、濟南伏

以著論，其學通達治理，明於制度，迥非陸賈之所及也。

　　甲、賈誼之引《易經》說

　　《史記‧儒林傳》言漢《易》推菑川田生，賈子《易》學則不詳所出。
然《新書》頗有言《易》者，〈容經篇〉云：

　　　亢龍往而不返，故《易》曰：「有悔」，悔者，凶也。潛龍入而不出，
　　　故曰「勿用」，勿用者，不可也。

按：《易‧乾卦‧文言》：「亢龍有悔，何謂也？子曰：貴而無位，高而無民，
賢人在下位而無輔，是以動而有悔也。」其為賈子「悔者，凶也」之意。又
〈文言〉曰：「『潛龍勿用』，何謂也？子曰：『龍德而隱者也。不易乎世，不
成乎名；遯世無悶，不見是而無悶。樂則行之，憂則違之，確乎其不可拔，
潛龍也。』」；〈容經篇〉曰：「龍也者，人主之辟也。……龍之神也，其惟茲
能乎？能與細細，能與巨巨，能與高高，能與下下……明是審非，察中居宜，
此之謂有威儀。」據是，則其「不可」即「不能出」之意，與確乎不可拔同，
此皆出於《易‧文言》也。同篇：

　　　古之為路輿也，蓋圓以象天，二十八撩以象列星軫；方以象地，三
　　　十輻以象月。故仰則觀天文，俯則察地理；前視則睹鸞和之聲，側
　　　聽則觀四時之運。此輿教之道也。

按：《易‧繫辭》：「仰則觀象於天，俯則觀法於地。」此〈容經篇〉之所出。
《漢志》論陰陽家云：「敬順昊天，歷象日月星辰，敬授民時。」賈誼輿教之
道即陰陽家之說，乃齊學也。《春秋篇》云：

　　　故愛出者愛反，福往者福來。《易》曰：「鳴鶴在陰，其子和之。」
　　　其此之謂乎？

按：《易‧中孚》九二：「鶴鳴在陰，其子和之。我有好爵，吾與爾靡之。」〈象〉
曰：「其子和之，中心願也。」孔疏曰：「誠信之人願與同類相應。得誠信而
應之，是中心願也。」《新書‧春秋篇》敘楚王欲淫鄒君，乃遣之伎樂美女四
人；鄒穆公自刻以廣民，親賢以定國，親民如子；鄒國之治，路不拾遺，臣
下順從，如手投心，魯衛不敢輕，齊楚不能脅。鄒穆公死，百姓哭之若失慈
父，舉國哀慟，期年始復。其所述與《易‧中孚》之象應合，賈子所據《易》，
與今本《易》無差也。又〈君道篇〉：

　　　生、魯申公、齊轅固、燕韓嬰、魯高堂生、齊胡毋生，皆諸侯王國人；唯賈生
　　　洛陽人，在漢十五郡之內，故云漢朝之儒，唯賈生一人而已。」此論甚是。

　　《詩》曰：「愷悌君子，民之父母。」言聖王之德也。《易》曰：「鳴
　　鶴在陰，其子和之。」言士民之報也。
按：此文與《春秋篇》所述相同，則此《易》之古義也。又〈胎教雜事篇〉：
　　《易》曰：「正其本而萬事理。失之毫釐，差以千里。」故君子慎始
　　也。《春秋》之元，《詩》之關雎，《禮》之冠婚，《易》之乾坤，皆
　　慎始敬忠云爾。
黃師錦鋐曰：「今本《易經》無此文。《禮記‧經解》云：『《易》曰：君子慎
始，差若毫釐，繆以千里。』陳澔集說曰：『所以《易》曰，緯書之言也。』。」
《禮記‧經解》乃漢人解六經大義之作，則此義自是漢人之通詮，非必如陳
氏說出於緯書也。
　　綜觀賈誼《新書》之《易經》說，出於《易》爻固無論矣；其出於〈繫
辭〉、〈文言〉者，則可證漢初《易經》十傳已成文，《漢書‧藝文志》謂：「孔
氏爲之〈彖〉、〈象〉、〈繫辭〉、〈文言〉、〈序卦〉之屬十篇。……及秦燔書，
而《易》爲筮卜之書，傳者不絕。漢興，田和傳之。」之語爲可信也。〔註49〕
觀賈子《易》說，兼具魯、齊學說之義，蓋自魯商瞿受《易》於孔子，迭經
五傳，〔註50〕至齊田何，則已融合魯、齊諸家之義。賈子之《易》，雖不詳所
出，其傳授淵源亦無所繫，〔註51〕而其學自呈現此折衷混合之面貌也。

乙、賈誼之引《尚書》說

　　唐晏《兩漢三國學案》云：「西漢之初，《書》出最後，故陸生、賈生著
書多引《易》、《詩》、《春秋》而不及《書》。至文帝始獲伏生，雖遣晁錯往受，
習者終鮮；逮歐陽生出，《書》教始溥。」黃師錦鋐曰：「賈生《新書‧道德
說篇》云：『《書》者，著德之理於竹帛而陳之，令人觀焉，以著所從事，故
曰書者，此之著者也。』又曰：『《書》、《詩》、《易》、《春秋》、《禮》，五者之
道備，則合於德矣。』而《新書》引《書》之處凡三：一出於〈呂刑篇〉，一
出於〈蔡仲之命篇〉，一未詳所出。是則賈生固《書經》大師也。」唐涉江以
西漢之初，《書》出最後，而《史記‧陸賈傳》稱，賈時時前說稱《詩》、《書》，
《新語》未有引《書》之文，則《書》之傳者蓋寡也。《新書‧保傅篇》云：

〔註49〕　《漢志》錄「易經十二篇」，顏師古注曰：「上、下經及十翼，故十二篇。」
〔註50〕　《史記‧儒林傳》：「自魯商瞿受《易》孔子。孔子卒，商瞿傳《易》，六世至
　　　　　田何。」而《漢書‧儒林傳》以爲五傳，班固蓋變改《史記》六傳之誤也。
〔註51〕　賈生《易》學，不聞傳自田何。且漢興不久，諸儒皆諸侯王國人，唯賈生在
　　　　　朝，故無以繫其學。

　　天下之命，縣於太子。太子之善，在於蚤教諭與選左右。夫心未濫
　　而先諭教則易成也；夫開於道術知義理之旨，則教之切也。若其服
　　習積貫則左右而已矣。臣故曰：選左右蚤諭教最急。夫教得而左右
　　正，則太子正矣。太子正而天下定矣。《書》云：「一人有慶，兆民
　　賴之。」此時務也。

按《尙書・呂刑》曰：「惟敬五刑，以成三德。一人有慶，兆民賴之。」此呂
侯以周穆王命，作書訓暢述夏禹贖刑之法，以布告於天下也。而賈子《新書》
引之，以申保傅之教。〈春秋篇〉云：

　　楚惠王食寒菹而得蛭，因遂吞之；腹有疾而不能食。令尹入問曰：「王
　　安得此疾？」……令尹避席再拜，而賀曰：「臣聞『皇天無親，惟德
　　是輔。』王有仁德，天之所奉也。病不爲傷。……」

按：此引《尙書・蔡仲之命》：「皇天無親，惟德是輔；民心無常，惟惠之懷。」
又《左傳・僖公五年》：「宮之奇之對虞侯曰：「臣聞之，鬼神非人實親，惟德
是依。故《周書》曰：『皇天無親，惟德是輔。』……。」以此不能知賈子之
引《尙書》抑引《左傳》也。而《左傳》杜注於此《周書》句下註曰：「周書，
逸書。」明〈蔡仲之命〉爲杜氏所不見。《漢書・儒林傳》曰：「漢興，北平
侯張蒼，及梁太傅賈誼、京兆尹張敞、太中大夫劉公子皆修《春秋左氏傳》。
誼爲《左氏傳》訓故，授趙人貫公，爲河間獻王博士。」云云，是賈子乃首
爲《左氏傳》訓故者也，其引《書》或間接自《左氏傳》得來，亦未可知也。
他如〈道篇〉引「《書》曰」，「大德鬒鬒，其去身不遠」句，未見於今本《尙
書》之文。故知《尙書》在漢初其傳者實寡，以賈子之淵懿，尙不得窺《尙
書》之全豹，而況其他諸儒乎？

　　自兩漢《尙書》之傳授源流而言，《尙書》爲齊學。然《史記・儒林傳》
有言：「自此之後，魯周霸、孔安國、雒陽賈嘉，頗能言《尙書》事。」《漢
書・儒林傳》襲用此文，顏師古注曰：「嘉者，賈誼之孫也。」是賈子以《尙
書》傳子孫，嘉之《尙書》學蓋不出自伏生，賈誼當有習於《尙書》也。

　　丙、賈誼之引《詩經》說

　　賈生《詩》學，不詳其宗派。〔註52〕而閩縣陳壽祺、喬樅父子則定賈生
《詩》學出自於魯，以兩漢《詩》學魯爲先出故也。〔註53〕考《史記・儒林

〔註52〕見唐晏《兩漢三國學案》。
〔註53〕見《魯詩遺說考・敘錄》。

列傳・申公傳》：「申公者，魯人也。高祖過魯，申公以弟子從師入見高祖於魯南宮。呂太后時，申公游學長安，與劉郢同師。已而，郢爲楚王，令申公傅其太子戊；戊不好學，疾申公；及王郢卒，戊立爲楚王，胥靡申公，申公恥之，歸魯，退居家教，終身不出門，復謝絕賓客，獨王命召之乃往。弟子自遠方至受業者百餘人。申公獨以《詩經》爲訓以教；無傳（疑），疑者則闕不傳。」按據申公之傳，與賈誼殆無傳授之淵源。申公以呂后元年（歲次甲寅，西元187年）至長安游學，呂后以稱制八年卒，考文帝即位（西元前179），即徵吳公爲廷尉，並召賈誼爲博士；次年，楚夷王立，申公之楚使傅太子戊；至申公自楚歸魯教授（孝景二年，西元前155年），而賈誼已在前七年卒（文帝十二年，西元前168年），是賈誼之不及受申公《詩經》之教，可謂至明。〔註54〕由是而言之，陳氏父子繫賈誼詩學於《魯詩》中，蓋非根據史實者也。且《漢志》不有云乎：「孔子純取周詩，上采殷，下取魯；凡三百五篇，遭秦而全者，以其諷誦，不獨在竹帛故也。」故詩三百篇由戰國遞秦而至漢，賈子得竟睹全書，不必繫之於申公之傳也。《新書・禮篇》云：

> 禮者，臣下所以承其上也。故《詩》云：「一發五犯。吁嗟乎騶虞……」
> 騶者，天子之囿也；虞者，囿之司獸者也。天子佐輿十乘，以明貴
> 也。二牲而食，以優飽也。虞人翼五犯，以待壹發，所以復中也。
> 作此詩者，以其事深見良臣順上之志也。

按：兩漢經師之說「騶虞」者，皆連詞言之。賈子以「騶者，天子之囿」、「虞者、囿之司獸者」分言之，陳氏父子因繫之，以爲魯說如此。〔註55〕同篇：

> 故禮者，所以恤下也。《詩》曰：「投我以木瓜，報之以瓊琚。匪報
> 也，永以爲好也。」上少投之，則下以軀償矣。非敢謂報，願長以
> 爲好。古之蓄其下者，其施報如此。

按：此引〈衛風・木瓜篇〉之文，謂〈木瓜篇〉乃上下相報之詩，漢儒之通說蓋如此。又同篇：

> 《詩》曰：「君子樂胥，受天之祜。」胥者，相也。祜，大福也。夫
> 憂者，民必憂其憂；樂民之樂者，民亦樂其樂。與士民若此者，受
> 天之福也。

按：此引《詩》出於《詩・小雅・桑扈篇》，而其文則類《孟子》，是賈子之

〔註54〕以上繫年據《漢晉學術編年》一書。
〔註55〕見「魯詩遺說考」，「騶虞」條。

《詩》說，頗有取之於孟子者矣。又同篇：

> 《詩》曰：「王在靈囿，麀鹿濯濯，白鳥皜皜。王在靈沼，於牣魚躍。」
> 言德至也。聖主所在，魚鱉禽獸猶得其所，況於人民乎！

按：此與孟子引《詩》同義，蓋先秦〈大雅・靈臺〉詩之通說。〈君道篇〉亦引此詩，其文云：

> 《詩》曰：「經始靈臺，庶民攻之，不日成之；經始勿亟，庶民子來。」
> 文王有志為臺，令匠規之。民聞之者，麇裹而至，問業而作之，日
> 日以眾。故弗趨而疾，弗期而成，命其臺曰「靈臺」，命其囿曰「靈
> 囿」，謂其沼曰「靈沼」，愛敬之至也。《詩》曰：「王在靈囿，麀鹿
> 攸伏。麀鹿濯濯，白鳥皜皜。王在靈沼，於牣魚躍。」文王之澤，
> 下被禽獸，洽于魚鱉，咸若攸樂，而況士民乎？

按：〈大雅・靈臺〉詩：「經始靈臺」句下有「經之營之」四字，或《新書》引《詩》偶然遺漏也。此引〈靈臺〉一詩二章，〈禮篇〉引詩一章，而詩義同乎孟子，是《詩》在漢初已有通義之證也。又如〈連語篇〉引〈大雅・棫樸〉云：

> 故材性乃上主也，賢人必合，而不肖人必離，國家必治，無可憂者
> 也。若材性下也，邪人必合，賢正必遠，坐而須亡耳，又不可勝憂
> 矣。故其可憂者惟中主爾。……《詩》曰：「芃芃棫樸，薪之槱之。
> 濟濟辟王，左右趨之。」此言左右日以善趨也。

〈容經篇〉云：

> 諺曰：「君子重襲，小人無由入。正人十倍，邪辟無由來。」，古之
> 人其謹於所近乎！《詩》曰：「芃芃棫樸，薪之槱之。濟濟辟王，左
> 右趨之。」此言日以善趨也。

按：二篇引《詩》相同，且詩義亦同，蓋賈子所見〈棫樸〉詩義如此，其引《詩》同則其義亦同也。〈等齊篇〉云：

> 孔子曰：「長民者衣服不貳，從容有常，以齊其民，則民德一。」《詩》
> 云：「彼都人士，狐裘黃裳。行歸于周，萬民之望。」孔子曰：「為
> 上可望而知也，為下可述而志也，則君不疑於其臣，而臣不惑於其
> 君。」而此之不行，冰瀆無界，可謂長太息者此也。

《毛詩序》曰：「都人士，周人刺衣服無常也。古者長民，衣服不貳，從容有常，以齊其民，則民德歸壹。傷今不復見古人也。」與賈子詩義完全相同，

賈子之說《詩》與《毛詩》皆有本源，因而可證也。〈容經篇〉：

> 古者聖王居有法則，動有文章，位埶戒輔，鳴玉以行……登車則馬
> 行而鸞鳴，鸞鳴則和。應聲曰和；和則敬。故《詩》曰：「和鸞雝雝，
> 萬福攸同。」言動以紀度，則萬福之所聚也。

此引〈小雅・蓼蕭篇〉，斷章取義，以言王者之紀度也。同篇：

> 《詩》曰：「威儀棣棣，不可選也。」棣棣，富也。不可選，眾也。
> 言接君臣、上下、父子、兄弟、內外、小大，品事之各有容志也。

此段引《詩》出於〈邶風・柏舟篇〉，說詩之外，兼釋章句，如「棣棣，富也」、
「不可選，眾也」之類，已開漢儒說《詩》重章句之風氣，尤以〈禮容語下
篇〉引〈周頌・昊天有成命〉一篇，更見此章句之原貌焉。其文云：

> 昊天有成命，頌之盛德也。其詩曰：「昊天有成命，二后受之，成王
> 不敢康，夙夜基命宥謐。」「謐」者，寧也，億也。「命」者，制令
> 也。「基」者，經也，勢也。「夙」，早也。「康」，安也。「后」，王；
> 「二后」，文王、武王。「成王」者，武王之子，文王之孫也。文王
> 有大德，而功未就；武王有大功，而治未成。及成王承嗣，仁以臨
> 民，故稱「昊天」焉。不敢怠安，蚤興夜寐，以繼文王之業。布文
> 陳紀，經制度，設犧牲，使四海之內，懿然葆德，各遵其道，故曰
> 「有成」。承順武王之功，奉揚武王之德，九州之民，四荒之國，歌
> 謠文武之烈，累九譯而請朝，致貢職以供祀，故曰「二后受之」。方
> 是時也，天地調和，神民順億，鬼不屬祟，民不謗怨，故曰「宥謐」。
> 成王質仁聖哲，能明其先，能承其親，不敢惰懈，以安天下，以敬
> 民人。

按：先秦儒者之說《詩》，自孔子以下，《詩》皆斷章，孟、荀皆然。今賈生
說昊天有成命，詳其字辭，說其大義。前賢每言漢儒說經，或詳於訓詁，或
取其大義，各有偏重，而賈子實為兼之。《漢志》不詳賈誼《詩》學所自，據
今考之，賈子《詩》學不出於《魯詩》，以兩漢《詩經》學，《魯詩》先出，
而賈子猶在其前也。觀賈誼《新書》引《詩》，自〈國風〉、〈大小雅〉、〈周頌〉，
無不遍及。劉歆嘗言：「在漢朝之儒，唯賈生而已。至孝武皇帝，然後鄒、魯、
梁、趙頗有《詩》、《禮》、《春秋》先師，皆起於建元之間。當此之時，一人
不能獨盡其經，或為〈雅〉，或〈頌〉，相合而成。」此劉歆所以推崇賈生為
唯一之儒之意歟？

丁、賈誼之引《禮經》說

儒者所以經緯天地，變理人倫，調適陰陽，所據者唯禮而已。《史記》八書；禮居其首，而曰：「人道經緯萬端，規矩無所不貫，誘進以仁義，束縛以刑罰。故德厚者位尊，祿重者寵榮，所以總一海內而整齊萬民也。」蓋緣人情而制禮，其所由來尚矣。周衰，禮制崩壞，大小相踰，孔子之所以譏三家，而小管仲也。〔註56〕迄於戰國，禮樂崩潰愈甚，雖以孟子之聖，猶謂周制其詳不可得聞，〔註57〕及遭秦火，而禮最失傳矣。漢興，叔孫通制禮，雖頗有增益減損，大抵皆襲秦故，其尊君抑臣，不合聖制，《史記・禮書》言之最明。〔註58〕漢初諸儒，皆致力於禮制之復建，尤以賈子為最，其論《詩》、《書》，率以禮為其本。《新書・禮篇》云：

> 尋常之室，無奧阼之位，則父子不別；六尺之輿，無左右之義，則
> 君臣不明。尋常之室，六尺之輿，處無禮即上下踏逆，父子悖亂，
> 而況其大者乎？

其重禮之義不言而喻。在賈子而言，禮乃為一切政治制度與社會文化之樞轄，〔註59〕若無禮，國將亡無日矣。《新書・禮篇》云：

> 道德仁義，非禮不成；教訓正俗，非禮不備；分爭辨訟，非禮不決；
> 君臣上下，父子兄弟，非禮不定；宦學事師，非禮不親；班朝治軍，
> 蒞官行法，非禮威嚴不行；禱祠祭祀，供給鬼神，非禮不誠不莊。
> 是以君子恭敬撙節，退讓以明禮。禮者，所以固國家、定社稷，使
> 君無失其民者也。

禮，固有「正」、有「分」、有「數」之分別，〔註60〕此就其儀節而言也；若言禮之精義，則在相互對待之精神。故〈禮篇〉云：

> 禮，天子愛天下，諸侯愛境內，大夫愛官屬，士庶各愛其家。失愛

〔註56〕 見《論語・八佾篇》。

〔註57〕 《孟子・萬章篇》：「北宮錡問曰：『周室班爵祿也，如之何？』孟子曰：『其詳不可得聞也。諸侯惡其害己也，而皆去其籍。』」孟子處戰國之初，而博通於《詩》、《書》，其情形如此，則禮制之崩壞可知矣。

〔註58〕 《史記・禮書》云：「至于高祖，光有四海，叔孫通頗有增益減損，大抵皆襲秦故。自天子稱號，下至佐僚，及宮室、官名，少所變改。」

〔註59〕 見徐復觀《兩漢思想史》卷二，「賈誼思想的再發現」一文。

〔註60〕 《新書・禮篇》云：「主臣，禮之正也。威德在君，禮之分也；尊卑小大，強弱有位，禮之數也。」此言禮在政治上有君、臣之分，君守其威德，而臣分有尊卑，是禮之原則也。

不仁，過愛不義。禮者，所以守尊卑之經，強弱之稱也。……君仁
臣忠，父慈子孝，兄愛弟敬，夫和妻柔，姑慈婦聽，禮之至也。君
仁則不屬，臣忠則不二，父慈則教，子孝則協，兄愛則友，弟敬則
順，夫和則義，妻柔則正，姑慈則從，婦聽則婉，禮之質也。

賈子之論禮，全據禮之精神內涵而言，鮮言及禮之繁飾儀節。徐復觀氏論之
云：

在賈誼心目中，禮是人的行為規範，是政治結構中，社會結構中的
精神紐帶，及組織原理；而在經濟中則又為對一般人民生活的保證，
及對特殊利益者的一種限制。漢初儒生面對著大一統的帝國，而要
賦予以運行的軌跡，使其能鞏固安定，並且要在皇權專制政治之下，
建立人與人的合理關係，使每個人能過著有秩序而又諧和的生活。
以賈誼為代表的儒生，便只有集結整理儒家由孔子以來的禮的思
想，以作為法治的根據及教化的手段與目標。真正的法治，只有在
禮的政治社會的精神紐帶中，才可運行而不匱。〔註61〕

徐氏論賈子重禮之時代意義，最能闡明賈誼重禮之精神也。

　　按：《史記・儒林傳》云：「諸學者多言禮，而魯高堂生最本。禮固自孔
子時，而其經不具。及至秦焚書，書散亡益多，於今獨有《士禮》，高堂生能
言之。」此蓋自禮之儀節言之，故不推賈生也。唐涉江亦有言曰：「漢興，叔
孫所制，非古禮也，曲臺所傳，非備物也；至曹褒、董鈞，失之益遠。故有
漢一代，它經咸盛，惟禮無傳，不全不備，偏議曲說，何足以傳孔門之宏業
也哉？」若就禮儀一端而言，唐氏所言實為不差；若就禮之義理而言，賈子
禮說足以包納二戴禮學之內涵，賈子固漢初禮學之大師也。茲據賈誼之禮說
與二戴記之有關者比對，略見彼此之關係。《禮記・曲禮》曰：

道德仁義，非禮不成；教訓正俗，非禮不備……是以君子恭敬撙節，
退讓以明禮。

按：此段文字與賈子《新書・禮篇》全同。徐復觀先生比勘兩者上下相關文
字，判斷之以為乃〈曲禮〉之取之於賈生，非賈生之取於《禮記》者，其說
是也。《新書・無蓄篇》云：

〈王制〉曰：「國無九年之蓄，謂之不足；無六年之蓄，謂之急；無

〔註61〕見《中國經學史的基礎》，頁214；及《兩漢思想史》卷二，頁139，「賈誼思
　　　　想的再發現」一文。

三年之蓄，國非其國也。」其王制若此之迫，陛下奈何不促使計以
爲此？可以流涕者又是也。

《史記·賈誼列傳》嘗言，賈生年少，頗通諸子百家之書，文帝召之爲博士，
每詔令議下，諸老先生不能言，賈生盡爲之對，人人各如其意所欲出，諸生
於是乃以爲不能及也。又言賈生以爲漢興至孝文二十餘年，天下和洽，而固
當改正朔，易服色，法制度，定官名，興禮樂，乃悉草具其事儀法，色尚黃，
數用五，爲官名，悉更秦之法。……諸律令所更定，及列侯悉就國，其說皆
自賈生發之。而《史記·封禪書》載：

> （文帝）即位十三年……魯人公孫臣上書曰：「始秦得水德，今漢受
> 之。推終始傳，〔註62〕則漢當土德，土德之應黃龍見。宜改正朔，
> 易服色，色尚黃。」是時丞相張蒼好律曆，以爲漢乃水德之始，故
> 河決金隄，其符也。年始冬十月，色外黑內赤，與德相應。如公孫
> 臣言，非也。罷之。後三歲，黃龍見成紀。文帝乃召公孫臣，拜爲
> 博士，與諸生草改曆服色事。

是改正朔，易服色事，爲魯人公孫臣所奏上，而賈生實無與其事也。〈封禪書〉
又云：

> 其明年（按：文帝十六年），趙人新垣平以望氣見上，言「長安東北
> 有神氣，成五采，若人冠絻焉。……」夏四月，文帝親拜霸渭之會，
> 以郊見渭陽五帝。……於是貴平上大夫，賜累千金。而使博士諸生
> 剌《六經》中，作〈王制〉，謀議巡狩封禪事。

據《史記·賈誼列傳》，漢更秦法，諸改正朔，易服色，及律令之所更定，皆
自誼發之，而文帝初即位，謙讓未遑；及魯人公孫臣上書，又受抑於張蒼，
不合而罷。至十六年，文帝以郊見渭陽五帝，乃使博士諸生取《六經》，作〈王
制〉。當此際，賈子已在前四年卒；〔註63〕而《新書·無蓄篇》引〈王制〉之
文，殆有誤也。疑所引〈王制〉之文，乃本諸賈誼之奏議，後人割截其文以
作〈王制〉，是〈王制〉之襲賈生，非賈子之引用〈王制〉也。賈子之議改正
朔，易服色，文帝初即位，未遑施行，至魯人公孫臣復上書議，始有改曆服

〔註62〕 《漢書·郊祀志》，王先謙《補注》曰：「終始五德之傳也，見〈始皇紀〉。」
先謙之言是也。
〔註63〕 《漢書·賈誼列傳》，言賈生之死，年三十三。王先謙言：「賈生之卒，在文
帝十二年。」故賈誼實不及作〈王制〉也。

色事。故《漢書》傳贊亦云「及欲改定制度，以漢爲土德，色上黃，數用五。」可證也。或〈王制〉之作，乃掇取賈子五十八篇之著述而成之者，亦未可知也。〔註64〕

　　又：《大戴禮記‧保傅篇》，其首云：「殷爲天子三十餘世而周受之，周爲天子三十餘世而秦受之。秦爲天子，二世而亡。」則〈保傅篇〉之作於漢世而可知。此篇之自首語以迄「《書》曰：『一人有慶，兆民賴之』此時務也」，俱用《新書‧保傅篇》之文。此乃《大戴記》取諸賈子《新書》之顯證也。按《漢書‧儒林傳》：

> 孝文時，徐生以頌爲禮官大夫……而瑕丘蕭奮，以《禮》至淮陽太守，諸言《禮》爲頌者由徐氏。孟卿，東海人也，事蕭奮，以授后倉、魯閭丘卿。倉說《禮》數萬言，號曰《后氏曲臺記》。授沛聞人通漢子方、梁戴德延君、戴聖次君、沛慶普孝公。孝公爲東平太傅；德號大戴，爲信都太傅；聖號小戴，以博士論石渠，至九江太守，由是《禮》有大戴、小戴、慶氏之學。

《大、小戴記》之學皆來自后倉曲臺之說，已在宣帝之世，其對漢初諸儒之《禮》論必廣爲蒐納，乃事理之有者，大戴之取賈子〈保傅篇〉乃其例也。

　　漢世言《禮》出自魯高堂生，的然爲魯學；及后氏之學出與《齊詩》同流，轉而爲齊學。〔註65〕賈子其出也早，《史》、《漢》〈儒林傳〉並不言其傳《禮》，而賈子固爲漢初《禮》學大師，其《禮》學有以開漢儒之先也。

戊、賈誼之引《春秋》說

　　《漢書‧儒林傳》云：「漢興，北平侯張蒼及梁太傅賈誼、京兆尹張敞、太中大夫劉公子皆修《春秋左氏傳》。誼爲《左氏傳》訓故，授趙人貫公，爲河間獻王博士；子長卿，爲蕩陰令，授清河張禹長子。」《漢書‧藝文志》錄「《左氏傳》三十卷」，不言出自何氏，蓋因其在〈儒林傳〉敘述既明，無庸再贅言也。又據《說文解字‧敘》：「北平侯張蒼獻《春秋左氏傳》」，其不數賈子者，蓋張蒼爲漢名相，獻《左氏傳》，而賈子但作訓故，二人顯隱有別，

〔註64〕今本賈子《新書‧憂民篇》亦云：「王者之法，國無九年之蓄，謂之不足；無六年之蓄，謂之急；無三年之蓄，國非其國也。」其言不謂「王制」，而曰「王者之法」，蓋此乃賈子之言，〈王制〉引之，非賈子引〈王制〉之言也。

〔註65〕見陳喬樅《齊詩遺說考自序》，云：「后倉事始昌，亦通《詩》、《禮》爲博士；訖孝宣世，《禮》學后倉最明，戴德、戴聖、慶普皆其弟子，三家立於學官。」是漢代《禮》學爲齊學也。

故簡言之也。以兩漢今古文之爭，肇端乎立《左氏傳》一事，西漢博士皆謂左氏不傳《春秋》，致使先儒多疑左氏，以爲僞出之經也。〔註66〕王師更生著《賈誼春秋左氏承傳考》嘗云：

> 賈誼之傳《春秋》也，承荀卿、張蒼之授業，開劉歆、賈護之先河，故兩漢言《春秋》者，以賈氏爲大宗。是以賈誼於漢初學術界之地位，實有不容忽視之影響力，其《左氏傳》訓詁雖不傳於後，而其說猶可散見於《新書》各篇中。吾人生乎今之世，欲見《春秋》古說之眞象，捨賈誼莫由也。〔註67〕

按：師說是也。賈子之師吳公，史有明文；〔註68〕吳公故與李斯同邑，而嘗學事焉〔註69〕是賈誼之學承自荀卿，應無疑議也。至於誼之《左氏春秋》是否得自張蒼，不敢按據，〔註70〕且二人並在漢廷爲臣，其改曆服色議，所主者不同調，〔註71〕又疑其不能相謀者也。

今按：《春秋左氏傳》承自先秦，瞭然可考，王充《論衡》謂《左傳》三十篇出魯恭王壁中書，殆非事實；抑壁中所得與所見通行本相同，未可知也。吾人實無疑《左氏傳》之理由，賈子實初漢《左氏傳》之先師也。考賈子之

〔註66〕 清末康南海著《新學僞經考》，大肆攻詰《左氏傳》，以爲劉歆僞作，井研廖平亦辨摘其僞，致議論叢出，蔚爲一時風尚之論。

〔註67〕 見《孔孟學報》第三十五期。

〔註68〕 《漢書・賈誼傳》：「賈誼，洛陽人也。……河南守吳公聞其秀材，召置門下，甚幸愛。」是其事也。

〔註69〕 亦見《漢書・賈誼傳》。

〔註70〕 《論衡・佚文篇》：「孝武皇帝封弟爲魯恭王。恭王壞孔子宅以爲宮，得佚《尚書》百篇、《禮》三百、《春秋》三十篇、《論語》二十一篇。」《漢志》錄「《春秋》古經十二篇」、「《左氏傳》三十卷」，三十篇正《左氏傳》之卷數。段玉裁曰：「《春秋》古經及《左氏傳》，《班志》不言出誰氏，據《說文・敘》云：『北平侯張蒼獻《春秋左氏傳》』經、傳皆其所獻也。《論衡》說《左傳》三十篇出恭王壁中，恐非事實。」沈欽韓曰：「《史記・吳世家贊》：『余讀《春秋》古文，乃知中國之虞與荊蠻，句吳兄弟也。』此謂《左氏傳》也。桓譚云：『遭戰國寢藏。』本志（按：指《漢書・藝文志》）亦云：『其事實皆形於傳，故隱其書而不宣，所以免時難也。』然戰國諸子又嘗睹《春秋傳》而成書，如《韓非・姦劫弑臣篇》：『《春秋》記之曰：楚王子圍將聘於鄭，未出境，聞王病而反』云云，此全依《左氏傳》也。故〈十二諸侯年表序〉云：『鐸椒、虞卿、呂不韋之徒，各捃摭《春秋》之文以著書』，是先秦、周末並鑽研窺望其學，獨屈抑於漢耳。」由以上論，《左氏傳》之出於先秦足有顯證，康南海以其出於劉歆之僞纂，乃出於臆斷也。

〔註71〕 見前論〈王制〉之部份。

《春秋左氏傳》承自荀卿之舊業，而作訓詁，其授貫公爲河間獻王博士，乃爲古學之所本；其後傳清河張禹，乃混合魯、齊論之學者。〔註72〕自西漢末，劉歆議立《古文尚書》、《逸禮》、《春秋左氏傳》、《毛詩》，後人遂視《左傳》爲古文，甚非事實也。余因疑兩漢經學乃無今、古文之分；有之者，唯魯、齊學耳，古文殆亦魯學之脈也。由《左氏傳》之傳承，可考其事實矣。按《新書》引用《左氏傳》之文者僅二、三條，寡證寥寥，然由一斑足窺全豹也。〈審微篇〉云：

> 古者周禮，天子葬用隧，諸侯縣下。周襄王出逃伯鬥，晉文公率師誅
> 賊，定周國之亂，復襄王之位。於是襄王賞以南陽之地。文公辭南陽，
> 即死得以隧下。襄王弗聽，曰：「周國雖微，未之或代也。天子用隧，
> 伯父用隧，是二天子也。以地爲少，余請益之。」文公乃退。

按：《左傳·僖公二十五年》：「夏四月丁巳，王入于王城，取大叔于溫，殺之于隰城。戊午，晉侯朝王，王饗醴，命之宥。請隧，弗許。曰：『王章也。未有代德，而有二王，亦叔父之所惡也。』與之陽樊、溫、原、欑茅之田，晉於是始啓南陽。」此事《公羊》、《穀梁》皆不載，獨《左傳》有之。〈審微篇〉所據乃《左傳》之文而引申言之也。又同篇：

> 禮，天子之樂宮縣，諸侯之樂軒縣，大夫直縣，士有琴瑟。叔于奚
> 者，衛之大夫也。曲縣者，衛君之禮樂也。繁纓者，天子之駕飾也。
> 齊人攻衛，叔于奚率師逆之，大敗齊師。衛於是賞以溫。叔于奚辭
> 溫，而請曲縣、繁纓以朝。孔子聞之曰：「惜也！不如多與之邑。夫
> 樂者，所以載國。彼樂亡而禮從之，禮亡而政從之，政亡而國從之。
> 惜也！不如多與之邑。」

按：黃師錦鈜曰：「叔于奚請曲縣繁纓以朝事，見《左傳》成公二年」。其傳云：

> 新築人仲叔于奚救孫桓子，桓子是以免。既，衛人賞之以邑；辭，
> 請曲縣、繁纓以朝。許之。仲尼聞之曰：「惜也！不如多與之邑。唯
> 器與名，不可以假人。君之所司也，名以出信，信以守器，器以藏
> 禮，禮以行義，義以生利，利以平民，政之大節也。若以假人，與

〔註72〕《論語》有齊、魯二學。張禹本授《魯論》，晚講《齊論》，後遂合而考之，刪除煩惑，從《魯論》二十篇爲定。見陶希聖〈三《論語》與《春秋》三傳之淵源〉一文，《食貨月刊》復刊號，第八卷第十二期。

　　　人政也。政亡，則國家從之，弗可止也已！」孫桓子還於新築，不

　　　入，遂如晉乞師。

叔于奚之事，《公羊》、《穀梁》二傳並不載，其出於《左氏》無疑。準此，晉
文公請隧與叔于奚請曲縣繁纓以朝二事，盡出乎《左傳》，而《公》、《穀》不
錄，是賈子之《春秋》，乃學《左氏》者也。《左氏》在漢初已傳，而《公羊》
齊學、《穀梁》魯學，或已成書，或尚未著錄。《漢書・儒林傳》所錄，北平
侯張蒼、梁太傅賈誼著爲《左傳》先師，其當爲實情；後人以爭立《左氏》，
並疑其書，乃出於後儒褊狹，識見不廣之故，尤以清儒因治今文學，而疑古
文《左傳》爲僞，乃橫肆無根之談也。

　　以上所舉。漢初三儒，陸賈首倡儒學，稱說《詩》、《書》，雜合儒、道、
陰陽，爲漢代經學奠其根基；叔孫通依違時勢，采古今禮說以定一朝之典儀，
而以此聞稱於世。至於賈誼既出，思有以變革秦俗，故論政議禮，深撢《六
經》。以上三家爲漢儒之先驅，考其引述經言，或據經義創造制度，考其所言，
或據齊學，或用魯學，頗成雜糅之形態，故前漢之經學，乃爲一混合之局面
也。

第五章　漢武帝之尊儒與《五經》齊魯學之發展

漢起於道衰文敝之餘，雖有陸賈、叔孫通與賈誼三人之創建，而至孝景之世，朝廷皆不任儒者，故儒業之發展以成體系，不得不歸之武帝之世。《史記‧儒林傳》云：

> 漢興，然後諸儒始得脩其經藝，講習大射鄉飲之禮。……然孝文帝
> 本好刑名之言。及至孝景，不任儒者，而竇太后又好黃老之術，故
> 諸博士具官待問，未有進者。及今上即位，趙綰、王臧之屬明儒學，
> 而上亦鄉之，於是招方正賢良文學之士。自是之後，言《詩》於魯
> 則申培公，於齊則轅固生，於燕則韓太傅。言《尚書》自濟南伏生。
> 言《禮》自魯高堂生。言《易》自菑川田生。言《春秋》於齊魯自
> 胡毋生，於趙自董仲舒。及竇太后崩，武安侯田蚡爲丞相，絀黃老、
> 刑名百家之言，延文學儒者數百人，而公孫弘以《春秋》白衣爲天
> 子三公，封以平津侯，天下之學士靡然鄉風矣。

按：以學術源流而論，孝文以來，行無爲之治，用黃老之言，此乃齊學也，[註1] 而儒學則出於魯。故自一方面而言，漢武之興儒，與受黜於竇太后，亦魯、齊學爭起之一端也。

第一節　漢武帝之尊儒與齊魯兩地儒者之用事

漢武帝之初即位，其用儒則魯學。[註2]《史記‧封禪書》云：

〔註 1〕 見本文第二章，論齊學之部份。
〔註 2〕 趙綰、王臧二人皆魯申公弟子，漢武帝之初用儒，爲魯學也。

> （武帝）元年，漢興已六十餘歲矣，天下艾安，搢紳之屬皆望天子
> 封禪改正度也，而上鄉儒術，招賢良，趙綰、王臧等以文學爲公卿，
> 欲議古立明堂城南，以朝諸侯。草巡狩封禪改曆服色事未就。會竇
> 太后治黃老言，不好儒術，使人微伺得趙綰等姦利事，召案綰、臧，
> 綰、臧自殺，諸所興爲皆廢。

至此，興儒之事一度中挫。迨其後六年，竇太后崩，七年，武帝復徵文學之
士公孫弘等，始克就其事。

今考武帝之興儒，而首度受挫者，竇太后之不好儒術固爲其因，而儒者
之初未能成其事，殆亦係主因也。《史記・禮書》嘗論其事云：

> 今上（武帝）即位，招致儒術之士，令共定儀，十餘年不就。或言
> 古者太平，萬民和喜，瑞應辨至，〔註3〕乃采風俗，定制作。上聞
> 之，制詔御史曰：「蓋受命而王，各有所由興，殊路而同歸，謂因民
> 而作，追俗爲制也。議者咸稱太古，百姓何望？漢亦一家之事，典
> 法不傳，謂子孫何？化隆者闊博，治淺者褊狹，可不勉與？」乃以
> 太初之元改正朔，易服色，封太山，定宗廟百官之儀，以爲典常，
> 垂之於後云。

據以上史遷之論，定儀十年不就，故武帝深爲不滿，特爲制詔，以爲「因民
而作，追俗爲制。」作爲漢家定制，乃不以稱頌太古爲然也。然則，考初爲
定儀，而趙綰、王臧之輩，其爲魯地學者，故言必謹篤，議必聖制，牽延拘
束，久而不能就，殆爲其故也。《史記・儒林傳》云：

> 蘭陵王臧既受《詩》，以事孝景帝爲太子少傅，免去。今上初即位，
> 臧迺上書宿衛上，累遷，一歲中爲郎中令。及代趙綰亦嘗受《詩》
> 申公，綰爲御史大夫。綰、臧請天子，欲立明堂以朝諸侯，不能就
> 其事，乃言師申公。〔註4〕於是天子使使束帛加璧安車駟馬迎申公，
> 弟子二人乘軺傳從。至，見天子。天子問治亂之事，申公時已八十
> 餘，老，對曰：「爲治者不在多言，顧力行何如耳！」是時天子方好
> 文詞，見申公對，默然。然已招致，則以爲太中大夫，舍魯邸，議

〔註3〕《史記正義》云：「辨，音遍。」瑞應辨至，即瑞應遍至也。
〔註4〕申公曾以弟子身份從師浮丘伯入見高祖於魯南宮。至申公傳楚太子戊，據《史
　　　記集解》徐廣註，在文帝四年。而申公弟子王臧、趙綰爲武帝議立明堂以朝
　　　諸侯，武帝之初年申公尚存也。

明堂事。太皇竇太后好老子言，不說儒術，得趙綰、王臧之過以讓上，上因廢明堂事，盡下趙綰、王臧吏，後皆自殺。申公亦疾免以歸，數年卒。

武帝本是好大喜功之君，而申公之對，不說於其耳，兼以竇太后之責讓，武帝因而廢儒術，故興儒之業終未成於魯學者也。

而齊學者因頗倡言革命之論，初亦未能有以致其功焉。《史記·儒林傳》云：

轅固生者，齊人也。以治《詩》，孝景時為博士。與黃生〔註5〕爭論景帝前。黃生曰：「湯武非受命，乃弒也。」轅固生曰：「不然！夫桀紂虐亂，天下之心皆歸湯武，湯武與天下之心而誅桀紂，桀紂之民不為之使而歸湯武。湯武不得已而立，非受命為何？」黃生曰：「冠雖敝，必加於首；履雖新，必關於足。何者？上下之分也。今桀紂雖失道，然君上也；湯武雖聖，臣下也。夫主有失行，臣下不能正言匡過以尊天子，反因過而誅之，代立踐南面，非弒而何也？」轅固生曰：「必若所云，是高帝代秦即天子之位，非邪？」於是景帝曰：「食肉不食馬肝，不為不知味；言學者無言湯武受命，不為愚。」遂罷。是後學者莫敢明受命放殺者。竇太后好《老子》書，召轅固生問《老子》書。固曰：「此是家人言耳。」〔註6〕太后怒曰：「安得司空城旦書乎？」乃使固入圈刺豕。景帝知太后怒而固直言無罪，乃假固利兵，下圈刺豕，正中其心，一刺，豕應手而倒。太后默然，無以復罪，罷之。……今上初即位，復以賢良徵固。諸諛儒多疾毀固，曰：「固老。」罷歸之。時固已九十餘矣。固之徵也，薛人公孫弘亦徵，側目而視固。固曰：「公孫子，務正學以言，無曲學以阿世。」自是之後，齊言《詩》皆本轅固生也。諸齊人以《詩》顯貴，皆固之弟子也。

按：讀〈轅固生傳〉，其為人剛直不阿，所論湯武革命，乃其後言齊學者所本，〔註7〕故知齊學恢宏之格局，非魯學謹守之可比也。論齊、魯學，由申

〔註5〕 《史記》並不言黃生之學為何，據其尊君抑臣之論，蓋法家之流也。

〔註6〕 謂之「家人之言」者，《史記索隱》曰：「老子《道德篇》雖微妙難通，然近而觀之，理國理身而已，故言此家人言也。」觀太后之言：「安得司空城旦書乎？」，司空乃主刑法之官，道家以儒、法為急，比之於律令，《索隱》之言是也。

〔註7〕 見後篇論齊學之革命主張。

公與轅固生之風範儀型，亦可略窺其概略矣。

　　復論伏生之傳《尚書》之學。《史記·儒林傳》云：

　　　　伏生者，濟南人也。故爲秦博士。孝文帝時，欲求能治《尚書》者，
　　　　天下無有，乃聞伏生能治，欲召之。是時伏生年九十餘，老，不能
　　　　行，於是乃詔太常使掌故朝錯往受之。秦時焚書，伏生壁藏之。其
　　　　後兵大起，流亡，漢定，伏生求其書，亡數十篇，獨得二十九篇，
　　　　〔註8〕即以教於齊、魯之間，學者由是頗能言《尚書》，諸山東大師
　　　　無不涉《尚書》以教矣。

按：《尚書》爲齊學，前已有所論。武帝之時伏生已歿，其弟子張生、歐陽生
及再傳弟子兒寬，皆在武帝之朝。據《漢書·儒林傳》謂：「寬有俊材。初見
武帝，語經學。上曰：『吾始以《尚書》爲樸學，弗好，及聞寬說，可觀。』
乃從寬問一篇。」何以武帝初以《尚書》爲樸學？而又何者謂「樸學」？其
中頗有可究論者也。在夸大喜功之武帝心目中，其殆以「樸學」稱篤實之儒
學歟？若此，其所以「弗好」，必是魯學所以厭抑於武帝之故也。故武帝之提
倡儒術，乃尊尚齊學，而弗好樸實之魯學也。《史記·公孫弘傳》云：

　　　　丞相公孫弘者，齊菑川國薛縣人也。〔註9〕字季，少時爲薛獄吏，
　　　　有罪，免。家貧，牧豕海上。年四十餘，乃學《春秋》雜說，養後
　　　　母孝謹。建元元年，天子初即位，招賢良文學之士。是時，弘年六
　　　　十，徵以賢良爲博士。使匈奴，還報，不合上意，上怒，以爲不能，
　　　　弘迺病免歸。元光五年，有詔徵文學，菑川國復推上公孫弘。……
　　　　策奏，天子擢弘對爲第一。召入見，狀貌甚麗，拜爲博士。……弘
　　　　爲人恢奇多聞，常稱以爲人主病不廣大，人臣病不節儉。弘爲布被，
　　　　食不重肉。後母死，服喪三年。每朝會議，開陳其端，令人主自擇，
　　　　不肯面折庭爭。於是天子察其行敦厚，辯論有餘，習文法吏事，而
　　　　又緣飾以儒術，上大說之。……汲黯庭詰弘曰：「齊人多詐而無情實，

────────────────

〔註8〕據《論衡·正說篇》：「孝宣皇帝之時，河內女子發老屋，得《逸易》、《禮》、
　　　　《尚書》各一篇。奏之。宣帝下示博士，然後《易》、《禮》、《尚書》各益一
　　　　篇，而《尚書》二十九始定。」又曰：「或說《尚書》二十九篇，法斗四七宿
　　　　也，四七二十八篇，其一曰斗矣，故二十九。」伏生所得《尚書》當爲二十
　　　　八篇，漢儒以比之二十八宿，〈太誓〉則後得於武帝之時也。

〔註9〕《史記索隱》：「薛縣本屬魯，漢置菑川國後割入齊。」此據漢代之制也。薛
　　　　於春秋亦屬魯，及戰國而齊併之，論見於前。

始與臣等建此議，今皆倍之，不忠。」上問弘，弘謝曰：「夫知臣者以臣爲忠，不知臣者以臣爲不忠。」上然弘言。左右幸臣每毀弘，上益厚遇之。

〈儒林傳〉謂轅固生之徵也，公孫弘亦在徵之列，側目而視固，固曰：「公孫子，務正學以言，無曲學以阿世。」公孫弘固曲學阿世之人，汲黯之詰以「齊人多詐而無情」，正謂其阿諛取容者也。及至汲黯深詰公孫弘以位列三公而布被爲詐，公孫弘謝曰：「夫九卿與臣善者無過黯。然今日庭詰弘，誠中弘之病。夫以三公爲布被，誠飾詐欲以釣名。且臣聞管仲相齊，有三歸，侈擬於君，桓公以霸，亦上僭於君；晏嬰相景公，食不重肉，妾不衣絲，齊國亦治，此下比於民。」云云，其言必舉管仲、晏嬰以自期，此誠齊人之素習也。〔註10〕《漢書・地理志》云：「初太公治齊，修道術，尊賢智，賞有功。故至今其土多好經術，〔註11〕矜功名，舒緩闊達而足智；其失夸奢朋黨，言與行繆，虛詐不情。」公孫弘當之矣。

武帝以一雄才夸奢之君，故其不好樸學，故其舉而用之者，大抵皆齊人也。如主父偃者，《史記》本傳云：

主父偃者，齊臨淄人也。學長短縱橫之術，晚乃學《易》、《春秋》、百家言。游齊諸生間，莫能厚遇也。齊諸儒生相與排擯，不容於齊。家貧，假貸無所得，乃北游燕、趙、中山，皆莫能厚遇，爲客甚困。孝武元光元年中……乃上書闕下。朝奏，暮召入見。所言九事，其八事爲律令，一事諫伐匈奴。……尊立衛皇后，及發燕王定國陰事，蓋偃有功焉。大臣皆畏其口，賂遺累千金。人或說偃曰：「太橫矣。」主父曰：「臣結髮游學四十餘年，身不得遂，親不以爲子，昆弟不收，賓客棄我，我阸日久矣。且丈夫生不五鼎食，死即五鼎烹耳。吾日暮途遠，故倒行暴施之。」

云云，則其學雜博，而矜夸功名，貪求富貴，驕奢朋黨，由是可見矣。

以武帝之豪奢多欲，其癖性與齊人投合，故武帝之時，齊學最盛，經學而外，遍及其他政制，如改曆事等，皆是齊學。《史記・曆書》云：

〔註10〕《孟子・公孫丑篇》：「公孫丑問曰：『夫子當路於齊，管仲、晏子之功可復許乎？』孟子曰：『子誠齊人也，知管仲、晏子而已。』」又董仲舒陳〈天人三策〉亦有云：「是以仲尼之門，五尺之童，羞稱五伯，爲其先詐力而後仁義也。」同爲傳《公羊春秋》，仲舒較公孫弘爲近於儒門義理也。
〔註11〕《漢書補注》，蘇輿曰：「土疑士之訛。」

至今上（按，武帝）即位，招致方士唐都，分其天部，而巴落下閎
運算轉曆，然後日辰之度與夏正同。乃改元，更官號，封泰山。

則正曆用方士說，即為齊學也。〈天官書〉云：

夫自漢之為天數者，星則唐都，氣則王朔，占歲則魏鮮，故甘、石
曆五星法，唯獨熒惑有反逆行，逆行所守，及他星逆行，日月薄蝕，
皆以為占。

按：甘石曆五星法，創自齊人甘公，為戰國時人，所作有《天文星占》八卷，
〔註12〕是星占之法乃齊學也。〈天官書〉太史公曰：「所見天變，皆國殊窟穴，
家占怪物，以合時應，其文圖籍機祥不法。是以孔子論六經，紀異而說不書。
至天道命，不傳；傳其人，不待告；告非其人，雖言不著。」明天官之學非
魯學所有也。又如〈河渠書〉：

漢興三十九年，孝文時河決酸棗，東潰金隄，於是東郡大興卒塞之。
其後四十有餘年，今天子元光中，而河決於瓠子，東南注鉅野，通
於淮、泗。……蚡言於上曰：「江河之決皆天事，未易以人力為彊塞，
塞之未必應天。」而望氣用數者亦以為然。……天子以為然，令齊
人水工徐伯表，〔註13〕悉發卒數萬人穿漕渠，三歲而通。通，以漕，
大便利。

則治渠河工，亦藉齊人之力也。又如〈平準書〉：

自公孫弘以《春秋》之義繩臣下取漢相，張湯用峻文決理為廷尉，
於是見知之法生，而廢格沮誹窮治之獄用矣。……當是之時，招尊
方正賢良文學之士，或至公卿大夫。公孫弘以漢相，布被，食不重
味，為天下先。然無益於俗，稍騖於功利矣。

彼時乃因齊人之倡，天下遂競於功利矣。及武帝有事於匈奴，財庫大空，而
富商大賈，貯財役貧，冶鑄煮鹽，累財萬金，不佐國家之急，百姓大困，乃
始重財賦之聚斂，以應國家之急用，而鹽鐵之政起焉。〈平準書〉云：

於是以東郭咸陽、孔僅為大農丞，領鹽鐵事；桑弘羊以計算用事，
侍中。咸陽，齊之大煮鹽，孔僅，南陽大冶，皆致生累萬金，故鄭

〔註12〕《史記·天官書》，《正義》云：「《七錄》云：楚人，戰國時作《天文星占》
八卷。」而《史記》以為甘氏星經為齊人之作也。

〔註13〕《史記索隱》：「舊說，徐伯表，水工名。」《漢書》顏注：「表者，巡行穿渠
之處而表記之，若今豎標。表不是名也。」按：後說較通，蓋發卒數萬人穿
漕渠，非水工所能也。

　　　　當時進言之。弘羊，雒陽賈人之子，以心計，年十三侍中。故三人
　　　　言利事析秋毫矣。

自鹽鐵之政與均輸平準之法施行，漢廷財政略能寬解。東郭咸陽，則齊人也。
其中又有博士褚大、徐偃等參與其事，循行郡國。褚大，董仲舒弟子；而徐
偃，申公弟子也。〔註 14〕見齊、魯學者均參與鹽鐵事也。而鹽鐵均輸之法，
實效齊管子之策，故《史記》特為著明之，曰：「齊桓公用管仲之謀，通輕重
之權，徼山海之業，以朝諸侯，用區區之齊顯成霸名。」是漢武之朝所行鹽
鐵、均輸平準之法，皆法齊學也。

　　若論漢武之際，齊學用世，其最顯著者，厥在封禪一事。爰武帝之初即
位，特敬鬼神之祀，亦有以繼文帝改正朔、服色，謀議巡狩封禪者，故以趙
綰、王臧等議明堂，並草巡狩、封禪儀，以魯學篤謹，未敢馳騁，不能就事，
終而廢之。至武帝七年，竇太后崩，政歸武帝，始徵賢良文學公孫弘等，至
雍郊見五畤。當時，李少君以祠灶、穀道、卻老方見武帝，受尊信，少君所
獻皆方士之學，則武帝之好尚可知矣。觀少君之說於武帝曰：

　　　　祠灶則致物，致物而丹砂可化為黃金，黃金成，以為飲食器則益壽，

　　　　益壽而海中蓬萊仙者可見，見之以封禪，則不死，黃帝是也。

按：少君主「方」，其游乃以方遍說諸侯者也。〈封禪書〉嘗云：「自齊威宣之
時，騶子之徒論著終始五德之運。及秦帝而齊人奏之，故始皇采用之；而宋
毋忌、正伯僑、充尚、羨門子高，最後皆燕人，為方仙道，形解銷化，依於
鬼神之事。」少君之「方」，即騶衍之「術」也。

　　至是，武帝始親祠，遣方士入海求蓬萊安期生之屬，並從事化丹砂諸藥
劑為黃金；及李少君病死，武帝以為化去不死，而使黃錘人史寬舒受其方，
而海上燕齊怪迂之方士多更來言神事矣。其顯著可記者，如齊人少翁，以鬼
神方進獻，拜文成將軍；欒大，少與少翁同師，夸言「黃金可成，河決可塞，
不死之藥可得，仙人可致。」拜為五利將軍，封樂通侯，並適衛長公主，貴
震天下，遂使海上燕、齊之間莫不扼腕而自言有禁方，能神仙事矣。雖少翁
與欒大之方終不驗而受誅，而繼起者公孫卿、望氣王朔、公孫玉帶、丁公等，
皆齊人，是此方士說為齊學可知也。

〔註14〕〈徐偃傳〉見《史記‧儒林傳‧申公傳》；又《漢書‧終軍傳》：「元鼎中，博
　　　　士徐偃使行風俗。偃矯制，使膠東、魯國鼓鑄鹽鐵。」

今考諸方士說之主要內容，一為祠之方，如亳人謬忌奏上祠太一方是也；二為丹沙化為黃金，如李少君所進；三則致神仙得不死藥，四則封禪是也。《史記・封禪書》，太史公曰：「自古受命帝王，曷嘗不封禪。……每世之隆，則封禪答焉。」自《尚書》「有類于上帝，禋于六宗」之文，故天子以歲二月，東巡狩，至於岱宗，岱宗即泰山，是古或即有其儀也。考《管子》有〈封禪〉之篇，〔註15〕則封禪之說應出於齊學，此所以方士之說皆必言及於封禪也。

蓋封禪之儀，在秦始皇之際已嘗為實行之。《史記・封禪書》云：

> 即帝位三年，東巡郡縣，祠騶嶧山，頌秦功業。於是徵從齊、魯之儒生博士七十人，至乎泰山下。諸儒生或議曰：「古者封禪為蒲車，惡傷山之土石草木，埽地而祭，席用菹稭，言其易遵也。」始皇聞此議各乖異，難施用，由此絀儒生。

唯始皇此次之上泰山，中途遇暴風雨，封禪事不就，而封禪之儀，亦因秦代儒生既受絀，典儀遂不明；延宕至漢初，諸儒雖亦頗有議之者，終究不能明也。

漢武帝即位之二十八年，得寶鼎。齊人公孫卿獻寶鼎神策，述其書曰：「漢興復當黃帝之時」，曰：「漢之聖者在高祖之孫且曾孫也。寶鼎出而與神通，封禪。封禪七十二王，唯黃帝得上泰山封。」申公〔註16〕曰：「漢主亦當上封，上封則能仙登天矣。黃帝時萬諸侯，而神靈之封居七千。天下名山八，而三在蠻夷，五在中國。中國華山、首山、太室、泰山、東萊，此五山黃帝之所常游，與神會。黃帝且戰且學仙，患百姓非其道者，乃斷斬非鬼神者。百餘歲然後得與神通。」云云，武帝遂受方士封禪之說而不疑，以此遂行封禪事矣。

按：公孫卿所述寶鼎神策之言，分明希意逢迎武帝之旨。所謂「漢興復當黃帝之時」，〔註17〕此用迎日推策之法，本是據曆數之學所推得也，公孫卿則轉以「得天之紀，終而復始」說武帝，遂蒙上神奇之色彩；又其所本《管子》書，言封禪七十二王唯黃帝得上泰山，此本齊人怪迂之說也，公孫卿復述其師申公之說，以為漢主亦當上封，以效黃帝登仙云云，皆中武帝心意，

〔註15〕今本《管子・封禪篇》已悉亡佚，其所載全據《史記・封禪書》補之，故不可以此論《管子》封禪之禮矣。

〔註16〕據公孫卿之言其師申公為齊人，能與安期生通，而受黃帝書，即此鼎書是也。此申公非傳《魯詩》之申公。

〔註17〕公孫卿言得寶鼎之年，其冬辛巳朔日為冬至，與黃帝之時相同，故據此而言「得天之紀，終而復始。」此即比擬武帝為黃帝，以阿諛奉迎也。

乃至歎曰:「嗟乎!吾誠得如黃帝,吾視去妻子如脫躧耳!」亦甚可笑也。
此後,武帝始加意於祠社之務,郊祀太一之神;太一神,先民之原始信仰也。
〔註18〕並進而行封禪之禮。《史記·封禪書》述其事云:

> 自得寶鼎,上與公卿諸生議封禪。封禪用希曠絕,莫知其儀禮,而
> 群儒采封禪《尚書》、《周官》、〈王制〉之望祀射牛事。齊人丁公年
> 九十餘,曰:「封禪者,合不死之名也。秦皇帝不得上封。陛下必欲
> 上,稍上即無風雨,遂上封矣。」上於是乃令諸儒習射牛,草封禪
> 儀。數年,至且行。天子既聞公孫卿及方士之言,黃帝以上封禪,
> 皆致怪物與神通,欲放黃帝以上接神仙人蓬萊士,高世比德於九皇,
> 而頗采儒術以文之。〔註19〕群儒既已不能辨明封禪事,又牽拘於
> 《詩》、《書》古文而不能騁。上為封禪祠器示群儒,群儒或曰:「不
> 與古同。」徐偃又曰:「太常諸生行禮不如魯善。」周霸屬圖封禪事,
> 於是上絀偃、霸,而盡罷諸儒不用。〔註20〕

按:封禪之儀本無自而有,而武帝一意行之,遂使群儒束手無措,或采《尚書》、
《周官》、《王制》之類以附會,《史記·封禪書》言諸儒「又牽拘於《詩》、《書》
古文而不能騁」,足以說明諸儒之窘態也。故武帝終納兒寬之議,自制其儀事,
采儒術以文之。而魯學者徐偃、周霸等,繼趙綰、王臧之後,盡絀而去。蓋綰、
臧、偃、霸等,皆魯申公弟子,魯學幾度受絀,終不獲武帝之青睞者,或即肇
端於綰、臧、偃、霸之輩,未能如公孫弘、兒寬之曲學阿附之故也。

　　據以上所論,魯學在武帝之世頗受黜,而齊學則張揚熠耀,為彼時之顯
學,其間抑揚之勢,甚為分明。蒙文通《經學抉原》論武帝時代之風氣云:

> 武帝時江公與仲舒並。仲舒通《五經》,善屬文,江公吶於口。上使
> 與仲舒議,不如仲舒,於是上因尊《公羊》家。兒寬善屬文,見武
> 帝語經學,上曰:「吾始以《尚書》為樸學,弗好;及聞寬說,可觀。」
> 乃從寬問一篇。褚大與兒寬議封禪於上前,大不能及,退而服曰:「上
> 誠知人。」韓嬰與仲舒論於上前,其人精悍,處事分明,仲舒不能

〔註18〕《漢書·郊祀志》:「亳人謬忌奏祠太一方,曰天神貴者太一,太一佐曰五帝。」
　　　　太一者,北辰之神名也。見洪興祖《楚詞九歌注》。

〔註19〕《漢書·倪寬傳》:「及議欲放古巡狩封禪之事,諸儒對者五十餘人,未能有
　　　　所定。……以問寬,對曰……上然之,乃自制儀,采儒術以文焉。」

〔註20〕武帝之封禪祠器即采周霸圖,而群儒既言不與古同,除偃又譏太常諸生,互
　　　　相矛盾,武帝罷儒不用,殆由此故也。

難也。蓋武帝方好文辭，申公對以「爲治不在多言，顧力行何如耳。」深乖其意。當時家學之廢興，悉視持論之善否以爲斷。俗學承風而浮麗之論滋起，西京之學於是一變。

此說是也。以武帝之驕夸侈大，篤謹之學未能奪其心目，唯恢奇夸飾之齊學，乃能投其所好，武帝之尊儒而崇齊，毋寧爲運會之趨乎！

第二節　武、昭、宣之際《五經》齊魯學發展之狀況

承上節所述，漢武帝之尊儒，開立新局，變文景無爲之治，思欲有爲；唯其所尊崇者，實儒學中之齊學也。其時儒者乃須「希世度務，制禮進退，與時變化」，〔註21〕投合時主所好，始與有爲焉。宜乎漢興，叔孫通變改舊儀，以尊顯帝威；公孫弘議事不決，皆開陳其端，令人主自擇；而倪寬議封禪則欲武帝自制其儀，采儒術以文之。此皆令諸儒或踴躍頌聖，〔註22〕或退而歎服者也。〔註23〕唐涉江曰：「兩漢經學首宜辨者，爲魯與齊之分。魯學爲孔門正傳，齊學則雜入衍、奭之餘緒，是以餘閏而參正統也。」誠然！

今考兩漢經學以魯、齊爲兩大宗。以經師之隸籍觀之，凡兩漢傳經之大師，其或隸屬於魯，或屬於齊；或有兼爲齊、魯兩地之學者也。〔註24〕如申公傳《魯詩》、《穀梁春秋》，爲魯學；轅固生傳《齊詩》，胡毋生傳《公羊春秋》爲齊學，二者渺不相涉；此專隸齊、魯之一者。而浮丘伯爲齊人，實傳魯學；伏生以《尙書》教於齊、魯，此又能共兩地者也。又如齊田何以《易經》爲教，齊地學者殷然至盛，而魯人之習《易》而名於世者又寥寥。高堂生傳《士禮》十七篇，而魯人明於頌儀；叔孫通制禮依采於今古，后蒼說《禮》數萬言，以此齊地之言《禮》學者多也。以此而言，兩漢經學中之今文學實爲齊、魯學，亦甚明矣。

更有進者，往者論漢代經學每囿於今古文之分，爭議時起；而以古文經

〔註21〕見《史記·叔孫通列傳·贊語》。

〔註22〕叔孫通以制儀受賞，出而以五百金遍賜諸生，諸生皆喜，曰：「叔孫生誠聖人，知當世要務。」見《史記》本傳。

〔註23〕《漢書·倪寬傳》：「初，梁相褚大通《五經》，爲博士，時寬爲弟子。及御史大夫缺，徵：褚大自以爲得御史大夫。至洛陽，聞倪寬爲之，褚大笑。及至與倪寬議封禪於上前，大不能及，退而服曰：『上誠知人！』。」褚大爲董仲舒弟子。

〔註24〕見附錄「史傳所錄兩漢之間齊魯地域之經師一覽表」。

師所出地域考之亦多出於齊、魯兩地。如傳古文《尙書》之孔安國，傳《毛詩》之王璜、衛宏，《逸禮》之出於魯國孔壁；此古文之出於魯地者也；而傳古文《易》之費直則出於東萊，屬齊地。〔註 25〕更如《左氏春秋》作於魯人左丘明，早出於漢初之際，〔註 26〕凡此皆爲後世言古文經學之所本。由此言之，古文經學亦爲齊、魯學之分脈，欲論漢代經學，捨齊、魯學而莫由也。

　　皮錫瑞《經學歷史》云：「經學至漢武始昌明，而漢武時之經學最爲醇正。」〔註 27〕言經學昌明於漢武則然，謂爲最醇正，未必然也。以皮氏守今文家說，故有是言，蓋武帝經學爲尊齊，以「餘閏而參正統」，唐氏已嘗論之矣。然自武帝崇儒，迄於宣、昭之際，齊、魯之學迭有興衰。茲據《五經》齊之分野與其傳授分別論之，以明其概略焉。

一、《易經》齊魯學之傳授

（一）《易》齊學之傳授

　　漢《易》之傳授，以田氏爲正宗，爲齊學也。《漢書・儒林傳》云：

> 漢興，田何以齊田徙杜陵，號杜田生。授東武王同子中、雒陽周王孫、丁寬、齊服生，皆著《易傳》數篇。同授淄川楊何，字叔元，元光中徵爲太中大夫。齊即墨成，至城陽相。廣川孟但，爲太子門大夫。魯周霸、莒衡胡、臨淄主父偃，皆以《易》至大官。要言《易》者本之田何。

同傳云：

> 丁寬，字子襄，梁人也。初，梁項生從田何受《易》，〔註28〕時寬爲項生從者，讀《易》精敏，材過項生，遂事何。學成，何謝寬。〔註29〕寬東歸，何謂門人曰：「《易》以東矣。」寬至洛陽，復從周王孫受古義，號《周氏傳》。景帝時，寬爲梁孝王將軍距吳楚，號丁將軍，作《易說》三萬言，訓故舉大誼而已，今《小章句》是也。寬授同郡碭田王孫。王孫授施讎、孟喜、梁丘賀。繇是《易》有施、孟、

〔註25〕亦見附錄「兩漢齊魯地域之經師一覽表」。
〔註26〕見第四章論賈誼之部份。
〔註27〕見《經學歷史》「經學昌明時代」
〔註28〕今本《漢書》作「梁人，一王梁項生從田何受《易》。」錢大昭曰：「一王，二字誤，閩本作『也初』。」王先謙《補注》亦云：「官本作『也初』」今據改。
〔註29〕《漢書》顏師古注曰：「告令罷去」，是也。

梁丘之學。

按：秦禁學之際，《易》爲卜筮之書，獨不禁，故自魯商瞿受《易》於孔子，五傳至田何，皆魯學；而何以齊諸田氏傳《易》，始爲齊學。唐涉江曰：

> 田何之學本無章句，至王同、周王孫、丁寬始有《易傳》。然周生獨號古義，豈周氏別有所得乎？商瞿之傳至周王孫、丁將軍，蓋又一變矣。

又《漢書·儒林傳》云：

> 京房，受《易》梁人焦延壽。延壽云嘗從孟喜問《易》。會喜死，房以爲延壽《易》即孟氏學，翟牧、白生不肯，皆曰非也。至成帝時，劉向校書，考《易》說以爲諸《易》家說皆祖田何、楊叔元、〔註30〕丁將軍，大誼略同，唯京氏爲異黨，焦延壽獨得隱士之說，託之孟氏，不相與同。房以明災異得幸，爲石顯所譖誅，自有傳。房授東海殷嘉、河東姚平、河南乘弘，皆爲郎、博士，繇是《易》有京氏之學。

據劉向之說，漢《易》諸家皆祖田何，唯《京氏易》爲異黨，而焦氏嘗從孟喜問《易》，孟氏亦田何之分派，雖變改師法，亦齊學之屬也。〈儒林傳〉云：

> 孟喜，字長卿，東海蘭陵人也。父號孟卿，善爲《禮》、《春秋》，授后倉、疏廣，世所傳后氏《禮》、《疏氏春秋》，皆出孟卿。孟卿以《禮經》多，《春秋》煩雜，乃使喜從田王孫受《易》。喜好自稱譽，得《易》家候陰陽災變書，詐言師田生且死時枕喜膝，獨傳喜，諸儒以此耀之。同門梁丘賀疏通證明之，曰：「田生絕於施讎手中，時喜歸東海，安得此事？」又蜀人趙賓好小數書，後爲《易》；飾《易》文，以爲「箕子明夷，陰陽氣亡箕子；箕子者，萬物方荄茲也。」賓持論巧慧，《易》家不能難，皆曰「非古法也。」云受孟喜，喜爲名之。後賓死，莫能持其說，喜因不肯仞，〔註31〕以此不見信。……喜授同郡白光少子、沛翟牧子兄，皆爲博士。繇是《易》有翟、孟、白之學。

按：劉向以《京氏易》爲異黨，焦延壽之《易》本爲隱士之說，而《漢書·

〔註30〕今本《漢書》作「皆祖田何、楊叔、丁將軍。」《漢書補注》，王先謙曰：「上文云：『楊何，字叔元』。〈藝文志〉自注同，此脫元字。」今據補注。

〔註31〕仞，古「認」字，亦「名」也。見《漢書》顏師古注，王先謙《補注》。

儒林傳》謂孟喜得《易》家候陰陽災變書，實亦爲隱士之《易》也。焦氏既言嘗從孟喜問《易》，或即得此陰陽災變之說，因之京房乃專爲傳此派之《易》學也。同傳又云：

> 梁丘賀，字長翁，琅邪諸人也。……從太中大夫京房受《易》（按：此別一京房，非傳京氏學之京房也）。房者，淄川楊何弟子也。房出爲齊郡太守，賀更事田王孫。宣帝時，聞京房爲《易》明，求其門人，得賀。……會八月飲酎，行祠孝昭廟，先歐旄頭劍挺墮墜，首垂泥中，刃鄉（按嚮也）乘輿車，馬驚。於是召賀筮之，有兵謀，不吉。上還。……賀以筮有應，由是近幸，爲太中大夫，給事中，至少府。爲人小心周密，上信重之。年老終官。傳子臨，亦入說，爲黃門郎。甘露中，奉使問諸儒於石渠。臨學精熟，專行京房法。琅邪王吉通《五經》，聞臨說，善之。時宣帝選高材郎十人從臨講，吉乃使其子郎中駿上疏從臨受《易》。臨代五鹿充宗君孟爲少府，駿御史大夫。充宗授平陵士孫張、沛鄧彭祖、齊衡咸。張爲博士，至揚州牧，光祿大夫給事中，家世傳業；彭祖，眞定太傅；咸，王莽講學大夫。由是梁丘有士孫、鄧、衡之學。

同傳云：

> 施讎，字長卿，沛人也。沛與碭相近，讎爲童子，從田王孫受《易》。後讎徙長陵，田王孫爲博士，復從卒業，與孟喜、梁丘賀並爲門人。……及梁丘賀爲少府，事多，乃遣子臨分將門人張禹等從讎問。讎自匿不肯見，賀固請，不得已乃授臨等。於是賀薦讎：「結髮事師數十年，賀不能及」。詔拜讎爲博士。甘露中與《五經》諸儒雜論同異於石渠閣。讎授張禹、琅邪魯伯。伯爲會稽太守，禹至丞相。禹授淮陽彭宣、沛戴崇。崇爲九卿，宣大司空。魯伯授太山毛莫如、琅邪邴丹，著清名。由是施家有張、彭之學。

按：唐晏曰：「《周易》施氏之學，乃田何之正傳也。孔子授《易》商瞿，自瞿傳至田何，未雜異說。而何諸弟子亦恪守其說，未敢變亂。孟氏以下，漸涉旁流也。」是漢《易》之專爲齊學，門戶啓自田何，施、孟、梁丘皆傳此派，而孟氏漸涉陰陽災變之說，至《京氏易》純以占驗說《易》，後此派《易》說大行，漢《易》乃自儒門之義理轉至象數一路，而《易》學爲別傳矣。以上所述乃專以《易》學名家者也，又有非專以《易經》名家者，如司馬談、

韓嬰等是也。《史記・太史公自序》曰：

> 太史公學天官於唐都，受《易》於楊何，習道論於黃子。

按：司馬談之學大抵皆齊學之傳，天官星占之說本為齊學；〔註32〕黃生習道論，見於《史記・儒林傳》與轅固生之辯，黃生道論亦齊學也。故司馬談論六家要指，必以陰陽家居首，而以道家統陰陽、儒、墨、名、法諸家，〔註33〕其為學之旨趣，以此而可知矣。又《漢書・儒林傳》：

> 韓嬰，燕人也。孝文時為博士，景帝時至常山太傅。……韓生亦以《易》授人，推《易》意而為之傳。燕趙間好《詩》，故其《易》微，唯韓氏自傳之。……孝宣時，涿郡韓生其後也，以《易》徵，待詔殿中，曰：「所受《易》即先太傅所傳也。嘗受《韓詩》，不如韓氏《易》深，太傅故專傳之。」司隸校尉蓋寬饒本受《易》於孟喜，見涿韓生說《易》而好之，即更從受焉。〔註34〕

按：燕學本齊學之分派，已見前論。韓氏《易》傳，乃推《易》意而為之者，其猶《韓詩》推《詩》意之作也，故《韓詩》有《易》傳，載在史籍，固亦當繫在齊學之類也。茲依上所述，為之系統表於後。（見附錄二）

（二）《易》魯學之傳授

漢《易》大抵為齊學，如以上所述。然孔子授《易》於魯商瞿，魯固未必無《易》之傳也；其傳者則《費氏易》是也。唐晏《兩漢三國學案》云：

> 大抵西漢除《詩》、《禮》為魯，餘三經皆齊學也。而齊自稷下諸生以來，衍則談天，奭則雕龍。故齊人承其末流以雜之，孔學漸失其意矣。若魯學則費氏《易》、孔氏《書》、申公《詩》、《穀梁春秋》、高堂生《禮》，尚不失孔氏之故。顧費《易》則不立學官，孔《書》但孔氏自守之；《穀梁》雖立學官，習者甚稀；高堂氏《禮》不聞繼

〔註32〕《史記・天官書》云：「星則唐都也。」星占之學，齊學也。見前節所論。

〔註33〕司馬談〈論六家之要指〉云：「道家使人精神專一，動合無形，贍足萬物。其為術也，因陰陽之大順，采儒、墨之善，撮名、法之要，與時遷移，應物變化，立俗施事，無所不宜；指約而易操，事少而功多。」其以道家統其餘五家，又以陰陽家居首，則六家先後之序，於此斯明矣。

〔註34〕《漢書・蓋寬饒傳》：「又引韓氏《易傳》，言：『五帝官天下，三王家天下。』家以傳子，官以傳賢，若四時之運，功成者去，不得其人，則不居其位。」《漢書補注》，沈欽韓曰：「《御覽》一百九十三引《韓詩外傳》有此語。」《韓氏易》以推《易》意而為之傳，與《韓詩》推《詩》意為傳同科；而其言禪讓之意，與《公羊》家言革命之旨相同，亦齊學也。

起，所盛行者獨《魯詩》耳。昔劉向以中古文《易經》校施、孟、梁丘經，或脫去「無咎」、「悔亡」，唯《費氏易》與古文同，以此見魯學之足重。而且費氏但以〈十翼〉解經，此亦必孔門之舊法。

夫以魯為孔子講學之邦，夫子晚年始學《易》，韋編三絕，及其後而道消學匿，甚可怪也。按諸《漢書・儒林傳》：「丁寬至洛陽，復從周王孫受古義，號《周氏傳》。」是《易》之古義不泯，猶有存其遺者也。〔註35〕

傳《費氏易》者，《漢書・儒林傳》曰：「費直，字長翁，東萊人也。治《易》為郎，至單父令。長於卦筮，亡章句，徒以〈彖〉、〈象〉、〈繫辭〉十篇文言解說上、下經。琅邪王璜平中能傳之。璜又傳古文《尚書》。」又同傳云：

> 高相，沛人也。治《易》與費公同時，其學亦無章句，專說陰陽災異，自言出於丁將軍。傳至相，相授子康及蘭陵毋將永。……及王莽居攝，東郡太守翟誼謀舉兵誅莽，事未發，康候知東郡有兵，私語門人，門人上書言之。後數月，翟誼兵起，莽召問，對受師高康，莽惡之，以為惑眾，斬康。由是《易》有高氏學。

按：唐晏云：「高氏《易》不詳所本。雖自云出自丁將軍，然丁氏之學最古，非陰陽災異之說。惟後來如管輅、郭璞之術，庶幾近焉。」此說是也。自孟喜得《易》家候陰陽災變之書，改變師法，而京氏更由焦延壽受學，益之以隱士《易》之內容，而純以占驗說《易》。高氏之學，雖無章句，然以其專以陰陽災異說《易》，其殆與京氏同黨，不能謂其為古《易》也。言古《易》者，其唯費氏一家而已。故東萊呂氏嘗云，漢《易》六家，唯費氏傳古文《易》。凡古文學家言《易》，多舉費氏，如光武年間，韓歆上疏欲為《費氏易》、《左氏春秋》立博士，與范升反復辨難，而陳元、鄭眾、馬融、鄭玄等皆傳《費氏易》，或為之傳，可為證也。《漢書・藝文志》曰：

> 劉向以中《古文易經》校施、孟、梁丘經，或脫去「無咎」、「悔亡」，唯費氏經與古文同。

〔註35〕《漢書・藝文志》錄：「易傳周氏二篇」、「服氏二篇」、「楊氏二篇」、「蔡公二篇」、「韓氏二篇」、「王氏二篇」，不與施、孟、梁丘三家「十二篇」合者，蓋只據上、下經言之也，此之謂古義。又《漢志》：「丁氏八篇」，〈儒林傳〉云：「景帝時，寬為梁孝王將軍，距吳、楚，號丁將軍，作《易說》三萬言，訓故舉大誼而已，今小章句是也。」則《易經》之有章句，自丁氏始，前此田何傳《易》，必皆據古義，故服光、楊何、蔡公、韓嬰、王同之受《易》於田何者，皆僅二篇而已。

費氏既與古文經同，其長於卦筮，徒以〈彖〉、〈象〉、〈繫辭〉十篇文言解說上、下經，真孔氏遺書也，故其在漢《易》六家中，為唯一之魯學耳。在西漢《費氏易》之傳授唯王璜一人，其大行則在後漢矣。〔註36〕

二、《書經》齊魯學之傳授

西漢之初，《書》出最後，故陸賈、賈誼著書多稱引《易》、《詩》，而鮮及於《尚書》者，〔註37〕若無伏生，則《尚書》已不傳矣。唐晏論漢代《尚書》之傳授云：

> 至文帝始獲伏生，雖遣晁錯往受，習者終鮮。逮歐陽生出，《書》教始溥；至兩夏侯出，《書》用益宏；至東漢桓氏世為帝師，而人爭鶩之矣。若古文《尚書》出自安國，乃魯學也，習之者鮮。及乎馬、鄭既生，古文爰尚，歐、夏舊說，遂等弁髦，此蓋《書》之一變矣。

今文《尚書》，純為齊學，以伏生之教於齊、魯之間，雖習《尚書》者亦不乏魯人；〔註38〕然論《尚書》之魯學，則必推古文《尚書》也。

《史記·儒林傳》云：

> 伏生者，濟南人也。故為秦博士。孝文帝時，欲求能治《尚書》者，天下無有，乃聞伏生能治，欲召之。是時伏生年九十餘，老，不能行，於是乃詔太常使掌故朝錯往受之。秦時禁書，伏生壁藏之。其後兵大起，流亡，漢定，伏生求其書，亡數十篇，獨得二十九篇，即以教於齊、魯之間。學者由是頗能言《尚書》，諸山東大師無不涉《尚書》以教矣。伏生教濟南張生及歐陽生，歐陽生教千乘兒寬。兒寬既通《尚書》，以文學應郡舉，詣博士受業，受業孔安國。……
>
> 自此之後，魯周霸、孔安國、洛陽賈嘉，頗能言《尚書》事。

《漢書·儒林傳》云：

> 歐陽生，字和伯，千乘人也。事伏生，授倪寬。寬又受業孔安國。……

〔註36〕徐復觀《西漢經學史》以為《費氏易》非古文《易》，通兩漢至三國亦無《費氏易》之蹤跡；然《漢書·儒林傳》既已言及《費氏易》，劉向且據以校經，則《費氏易》為古《易》當不成問題也。

〔註37〕見第四章，陸賈、賈誼經說部份。

〔註38〕如大、小夏侯皆夏侯始昌之後；始昌通《五經》，而以《齊詩》與《禮》聞，為一齊學者。石渠閣之議，大、小夏侯皆與會，在《歐陽尚書》之後亦立其學，故此不以夏侯氏之為魯人而謂其學為魯學也。

欧陽、大小夏侯氏學皆出於寬。寬授歐陽生子，世世相傳，至曾孫高子陽爲博士。高孫地餘以太子中庶子授太子，後爲博士，論石渠。……地餘少子政爲王莽講學大夫。由是《尚書》世有歐陽氏學。

同傳又云：

林尊，字長賓，濟南人也。事歐陽高，爲博士，論石渠。……授平陵平當、梁陳翁生。……由是歐陽有平、陳之學。翁生授琅邪殷崇、楚國龔勝。而平當授九江朱普、上黨鮑宣。普爲博士，宣司隸校尉。徒眾尤盛。

又云：

夏侯勝，其先夏侯都尉，從濟南張生受《尚書》，以傳族子始昌。始昌傳勝，勝又事同郡簡卿。簡卿者，兒寬門人。勝傳從兄子建，建又事歐陽高。由是《尚書》有大小夏侯之學。

又：

周堪，齊人也。與孔霸俱事大夏侯勝，霸爲博士。堪譯官令，論於石渠，經爲最高。……及元帝即位，堪爲光祿大夫，與蕭望之並領尚書事，爲石顯等所譖。……堪授牟卿及長安許商。牟卿爲博士。孔霸以帝師賜爵號褒成君，傳子光，亦事牟卿，至丞相。由是大夏侯有孔、許之學。

又：

張山拊，字長賓，平陵人也。事小夏侯建，爲博士，論石渠，至少府。授同縣李尋、鄭寬中、山陽張無故、信都秦恭、陳留假倉。無故善修章句，守小夏侯說文。恭增師法至百萬言，倉以謁者論石渠，尋善說災異。寬中有俊才，以博士授太子，成帝即位，賜爵關內侯，甚尊重。……由是小夏侯有鄭、張、秦、假、李氏之學。寬中授東郡趙玄，無故授沛唐尊，恭授魯馮賓。

又三國・吳・謝承《後漢書》云：

何比干，字少卿，經明行修，兼通法律。……學《尚書》於朝錯，武帝時，爲廷尉正，與張湯同時。

按：西漢《尚書》之傳始於伏生；伏生初授僅止於朝錯，而後遍及於山東諸儒；然錯本於韓非刑名之學，論政多雜而不純，據舊史所載，其傳《尚書》唯何比干一人，故《尚書》今文學之傳者皆爲伏生所傳之齊學也。茲據上述，

錄其傳授之統系焉。（附錄四）

今文《尚書》爲齊學，而古文《尚書》則魯學也。〔註39〕《漢書・儒林傳》云：

> 孔氏有古文《尚書》，孔安國以今文字讀之，因以起其家逸《書》，得十餘篇，蓋《尚書》滋多於是矣。遭巫蠱，未立於學官。安國爲諫大夫，授都尉朝，而司馬遷亦從安國問故，遷書載〈堯典〉、〈禹貢〉、〈洪範〉、〈微子〉、〈金縢〉諸篇，多古文説。都尉朝授膠東庸生。庸生授清河胡常，以明《穀梁春秋》爲博士，又傳《左氏》。常授虢徐敖。敖爲右扶風掾，又傳《毛詩》，授王璜、平陵塗惲子眞。子眞授河南桑欽。王莽時，諸學皆立。

按：古文與魯學同源，故膠東庸生受《古文尚書》於孔安國，其於《春秋》則明《穀梁》，並傳《左氏》；而徐敖受學於胡常，則亦並傳《毛詩》。凡《古文尚書》、《左氏春秋》，與《毛詩》者，皆古文家所並尊，而皆出於魯地，此非事出於偶然也。又如《論語》，《漢志》載「《論語》古二十一篇」、「齊二十二篇」、「魯二十篇」，皇侃《論語疏・敘》引劉向《別錄》云：「魯人所學，謂之《魯論》；齊人所學，謂之《齊論》；孔壁所得，謂之《古論》。」《齊論》多〈問王〉、〈知道〉兩篇，不惟《魯論》所無，亦《古論》所不錄也，〔註40〕《魯論》所本蓋即《古論》，傳《古論》之孔安國，其時代在傳《魯論》之龔奮、夏侯勝、韋賢等人之先，《魯論》與《古論》當爲同類，益證漢世所出古文實爲魯學也。本編故以《古文尚書》繫於魯學。茲列其傳授源流於後。（附錄四）

三、《詩經》齊魯學之傳授

《漢書・藝文志》云：「孔子純取周詩，上采殷，下取魯，凡三百五篇；遭秦而全者，以其諷誦，不獨在竹帛故也。漢興，魯申公爲《詩》訓故，而齊轅固、燕韓生皆爲之傳，或取《春秋》，采雜説，咸非其本義；與不得已，魯最爲近之。三家皆列於學官。又有毛公之學，自謂子夏所傳，而河間獻王

〔註39〕 此亦唐涉江之説也。見《兩漢三國學案》。

〔註40〕 《漢志》於「《論語》古二十一篇」下，班固自注云：「出孔子壁中，兩子張。」而《齊論》下注：「多問王、知道。」故《魯論》與《古論》篇目相合，不與《齊論》類也。

好之，未得立。」

　　按：《漢志》謂《詩》三百五篇，以其諷誦不獨在竹帛，故遭秦火而得全，則《詩經》文本三百五篇，乃孔門之舊本也。〔註41〕劉歆〈移讓太常博士書〉云：「至孝武皇帝，然後鄒、魯、梁、趙頗有《詩》、《禮》、《春秋》先師，皆起於建元之間。當此之時，一人不能獨盡其經，或為〈雅〉，或為〈頌〉，相合而成。」而漢興《魯詩》實已先出，不合一人不盡全經之情態；歆蓋指居朝之經師而言，故曰在漢朝之儒，唯賈生而已。〔註42〕及文帝之世，韓嬰已為博士，雖不詳其以何而立學，其所治《詩》固已為《韓詩》也；景帝時，轅固亦已顯，《齊詩》已名學也。

（一）《魯詩》之傳授

《漢書‧儒林傳》云：

> 申公，魯人也。少與楚元王交俱事齊人浮丘伯受《詩》。漢興，高祖過魯，申公以弟子從師入見于魯南宮。呂太后時，浮丘伯在長安，楚元王遣子郢與申公俱卒學。……申公獨以《詩經》為訓故以教，無傳，〔註43〕疑者則闕弗傳。……弟子為博士十餘人，孔安國至臨淮太守，周霸膠西內史，夏寬城陽內史，碭魯賜東海太守，蘭陵繆生長沙內史，徐偃膠西中尉，鄒人闕門慶忌膠東內史，其治官民皆有廉潔稱。其學官弟子行雖不備，而至於大夫、郎、掌故以百數。

〔註41〕《史記‧孔子世家》稱：「古者詩三千餘篇，及至孔子去其重。」以是啟後世孔子有否刪詩之議：然〈孔子世家〉繼云：「三百五篇，孔子皆弦歌之，以求合韶武雅頌之音。」是亦三百五篇為孔門之定本而無疑辭也。

〔註42〕此見前章論賈誼部份，並見《漢書補注》，錢大昕曰：「漢初，菑川田何、濟南伏生、魯申公、齊轅固、燕韓嬰、魯高堂生、齊胡毋生皆諸侯王國人；唯賈生洛陽人，在漢十五郡之內，故云漢朝之儒唯賈生一人。」此說甚是。

〔註43〕《漢書》顏師古注曰：「口說其指，不為解說之傳。」是也，故當以「無傳」為句，證以《漢志》錄「魯故二十五卷」，又「魯說二十八卷」，而無傳，顏師古說是矣。《齊詩》則「后氏故」、「孫氏故」之外復有「后氏傳」、「孫氏傳」；《韓詩》有「韓故」外，又有「內、外傳」，俱《魯詩》之所無。故班固於《漢志》特言：「漢興，魯申公為《詩》訓故，而齊轅固、燕韓生皆為之傳，或取《春秋》，采雜說，咸非其本義，與不得已，魯最為近之。」即指齊、韓二家之傳皆取《春秋》雜說而之，《魯詩》則否也。詳見拙著《陳壽祺父子三家詩遺說研究》第三章，「三家詩之傳述」部份。然黃慶萱《史記儒林列傳疏證》，謂申公作傳，引《漢書‧楚元王傳》：「申公始為《詩》傳，號《魯詩》」故疑「亡傳」下脫一「疑」字，謂「無傳疑」也。說見原書。

申公卒以《詩》、《春秋》授，而瑕丘江公盡能傳之，徒眾最盛。及魯許生、免中徐公，皆守學教授。韋賢治《詩》，事（博士）大江公及許生，又治《禮》，至丞相。傳子玄成，以淮陽中尉論石渠，後亦至丞相。玄成及兄子賞以《詩》授哀帝。由是《魯詩》有韋氏學。

同傳又云：

王式，字翁思，東平新桃人也。事免中徐公及許生。……山陽張長安先事式，後東平唐長賓、沛褚少孫亦來事式，問經數篇，式謝曰：「聞之於師具是矣，自潤色之。」不肯復授。唐生、褚生應博士弟子選，詣博士，摳衣登堂，頌禮甚嚴，試誦說，有法，疑者丘蓋不言。〔註44〕……張生、唐生、褚生皆為博士。張生論石渠，至淮陽陽中尉。唐生楚太傅。由是《魯詩》有張、唐、褚氏之學。張生兄子游卿為諫大夫，以《詩》授元帝，其門人琅邪王扶為泗水中尉，陳留許晏為博士。由是張家有許氏學。初，薛廣德亦事王式，以博士論石渠，授龔舍。

《漢書·楚元王傳》云：

楚元王交，高祖同父少弟也。少時嘗與魯穆生、白生、申公俱受《詩》於浮丘伯。伯者，孫卿門人也。……高后時，浮丘伯在長安，元王遣子郢客與申公俱卒業。文帝時，聞申公為《詩》最精，以為博士。元王好《詩》，諸子皆讀《詩》，申公始為《詩》傳，號《魯詩》。元王亦次之《詩》傳，號曰《元王詩》，世或有之。

同傳云：

辟彊，字少卿，亦好讀《詩》，能屬文。武帝時，以宗室子隨二千石論議，冠諸宗室。清靜少欲，常以書自娛，不肯仕。昭帝即位，或說大將軍霍光……光然之，乃擇宗室可用者。……遂拜辟彊為光祿大夫，守長樂衛尉，時年已八十矣。

又同傳云：

德，字路叔（少），修黃老術，有智略。少時數言事，召見甘泉宮，武帝謂之「千里駒」。昭帝初，為宗正丞。

德承家學，所治當亦為《魯詩》也。同傳云：

〔註44〕《漢書》師古注曰：「《論語》載孔子曰：『蓋有不知而作之者，我無是也。』欲遵此意，故效孔子自稱丘耳。」蓋者，發語之辭。此亦即申公「疑者則闕弗傳」之意也。

向，字子政，本名更生。年十二，以父德任爲輦郎。既冠，以行修飭擢爲諫大夫。是時，宣帝循武帝故事，招選名儒俊材置左右，更生以通達能屬文辭，與王褒、張子僑等並進對。上復興神仙方術之事，而淮南有《枕中鴻寶苑祕書》，書言神仙使鬼物爲金之術，及鄒衍重道延命方，世人莫見，而更生父德武帝時治淮南獄得其書。更生幼而讀誦，以爲奇，獻之。……會初立《穀梁春秋》，徵更生受《穀梁》，講論《五經》於石渠。……元帝初即位，太傅蕭望之爲前將軍，少傅周堪爲諸吏光祿大夫，薦更生宗室忠直，明經有行。……成帝即位，更生乃復進用，更名向。……上方精於《詩》、《書》，觀古文，〔註45〕詔向領校中《五經》祕書。向見《尚書·洪範》，箕子爲武王陳五行陰陽休咎之應。向乃集合上古以來歷春秋六國至秦漢符瑞災異之記，推跡行事，連傳禍福，著其占驗，比類相從，各有條目，凡十一篇，號曰《洪範五行傳論》，奏之。……向睹俗彌奢淫，而趙、衛之屬起微賤，踰禮制。向以爲王教由内及外，自近者始，故採取《詩》、《書》所載賢妃貞婦，興國顯家可法則，及孽嬖亂亡者，序次爲《列女傳》，凡八篇，以戒天子；及采傳記行事，著《新序》、《說苑》凡五十篇奏之。……向三子皆好學。長子伋，以《易》教授。少子歆，最知名。

按：訖乎劉向之際，齊、魯學已有匯流之實，〔註46〕是以劉向早歲治《淮南枕中鴻寶祕書》，典鄒子鍊金延命之方術，繼之論著《洪範五行傳》，專推跡符瑞災異之記，此類皆爲齊學。劉向學術淵懿，博通五經傳記、諸子之說。然就《詩》學一端而論，劉向當治《魯詩》無疑；王引之以《列女傳》〈貞順篇〉、〈賢明篇〉、〈母儀篇〉等所引《詩》與《韓詩》相合，遂謂劉向當傳《韓詩》。〔註47〕然《韓詩》專以雜采爲學，斷章取義，已不若《魯詩》之純篤，〔註48〕先儒早有定論；且《韓詩》内、外傳之文與劉向《說苑》、《新序》出

〔註45〕《漢書補注》，宋祁曰：「浙本觀字下有覽字」，今據補。
〔註46〕徐復觀先生《中國經學史的基礎》頁198言：「《公羊傳》中無陰陽觀念而《穀梁傳》中有之，乃來自它成立的時代較《公羊傳》爲後。」正說明宣帝欲立《穀梁》，集名儒學者積十餘年之討論，如劉向等亦已雜採齊魯學以申《穀梁》之現象也。
〔註47〕見王引之《經義述聞》「劉向述韓詩」條。
〔註48〕見拙著《陳壽祺父子三家詩遺說研究》，第七章第一節「韓詩之推詩人之意」部份。

處頗多雷同，大抵爲漢儒通說，難以韓、魯爲區別也。謂劉向述《韓詩》，證據猶嫌不足，故劉向《詩》說當繫之於魯也。〔註49〕同傳繼云：

> 歆，字子駿，少以通《詩》、《書》能屬文召，見成帝，待詔宦者署，爲黃門郎。河平中，受詔與父向領校祕書，講六藝傳記、諸子、詩賦、數術、方技，無所不究。向死後，歆復爲中壘校尉。哀帝初即位，大司馬王莽舉歆宗室有材行，爲侍中太中大夫，遷騎都尉，奉車光祿大夫，貴幸。復領《五經》，卒父前業。歆乃集六藝群書，種別爲《七略》。歆及向始皆治《易》，宣帝時，詔向受《穀梁春秋》，十餘年，大明習。及歆校祕書，見古文《春秋左氏傳》，歆大好之。時丞相史尹咸以能治《左氏》，與歆共校經傳。歆略從咸及丞相翟方進受，質問大義。初，《左氏傳》多古字古言，學者傳訓故而已；〔註50〕及歆治《左氏》，引傳文以解經，轉相發明，由是章句義理備焉。歆亦湛靖有謀，父子俱好古，博見彊志，過絕於人。歆以爲左丘明好惡與聖人同，親見夫子，而《公羊》、《穀梁》在七十子後，傳聞之與親見之，其詳略不同。歆數以難向，向不能非間也，然猶自持其《穀梁》義。及歆親近，欲建立《左氏春秋》及《毛詩》、《逸禮》、《古文尚書》皆列於學官。哀帝令歆與《五經》博士講論其義，諸博士或不肯置對，歆因移書太常博士，責讓之。

按：以歆傳更證古文與魯學乃同條共貫也。劉向淵懿，博通五經諸子，條其篇目，撮其指意，著爲《別錄》；歆卒父業，剖判藝文，綜百家之緒，《七略》之作，有意其推本也。〔註51〕歆父向受詔習《穀梁春秋》，明於《魯詩》，則歆亦習《魯詩》與《穀梁》爲可知，此魯學也。及歆校中祕，見《左氏傳》，特爲好之，願爲表彰之；其所從尹咸、翟方進二人受《左氏》，二人亦爲《穀梁》學大師，〔註52〕尹咸之父尹更始早爲《左氏》章句，故歆從之學，歆之

〔註49〕 證據見陳喬樅《魯詩遺說考》。

〔註50〕 《漢書》顏師古注曰：「故，謂指趣也。」師古謂訓故即大義也。〈儒林傳〉：「申公獨以《詩經》爲訓故以教，無傳。」師古亦曰：「口說其指，不爲解說之傳。」是在漢人，「訓故」即大義，與後世「訓詁」爲解說文字不同也。

〔註51〕 《漢書》本傳贊論曰：「劉氏《鴻範論》，發明《大傳》，著天人之應；《七略》剖判藝文，總百家之緒，《三統歷譜》考步日月五星之度，有意其推本之也。」

〔註52〕 《漢書‧儒林傳》：「宣帝即位，聞衛太子好《穀梁春秋》。以問丞相韋賢、長信少府夏侯勝及侍中樂陵侯史高，皆魯人也。言《穀梁》本魯學，公羊氏乃齊學也；宜興《穀梁》。……汝南尹更始本自事蔡千秋，能說矣。……又受《左

所從事，乃「引傳文以解經」，以明其義理耳。〔註53〕乃康有爲《新學僞經考》云：

> 左丘明所作，史遷所據，《國語》而已，無所謂《春秋傳》也。歆以其非博之學，欲奪孔子之經，而自立新説以惑天下。知孔子制作之學首在《春秋》；《春秋》之傳在《公》、《穀》；《公》、《穀》之法與六經通，於是思所以奪《公》、《穀》者。以《公》、《穀》多虛言，可以實事奪之，人必聽實事而不聽虛言也。求之古書，得《國語》與《春秋》同時，可以改易竄附，於是毅然削去平王以前事，依《春秋》以編年，比附經文，分《國語》以釋經，而爲《左氏傳》（康氏自註云：歆本傳稱歆始引傳解經，得其實矣），作《左氏微》以爲書法，依《公》、《穀》日月例而作日月例，託之古文以黜今學；託之河間、張蒼、賈誼、張敞名臣通學以張其名，亂之《史記》以實其書，改爲十二篇以新其目，變改「紀子帛」、「君氏卒」諸文以易其説，續爲經文，尊「孔子卒」以重其事，遍僞群經以證其説。〔註54〕

以考歆傳其得《左氏傳》與其授受之源流，康氏之論，蓋失之於武斷也。若《左氏傳》果僞作於劉歆，則賈誼何而能引之？尹更始何得而爲章句？而劉氏父子何能好之不絕乎？故古文與魯學同源，治魯學者多及於古學；古學之興雖始乎劉歆之欲立於學，而其源遠流長；班固〈劉歆贊論〉謂歆「有意其推本也」，實至爲持平之論也。其他習《魯詩》之學者，如：

榮廣，魯人。瑕丘江公弟子，盡能傳其《詩》、《春秋》。（見《經典釋文·敘錄》。）

義倩，瑕丘江公弟子。（見唐晏《兩漢三國學案》）

薛廣德，沛郡相人也。以《魯詩》教授楚國，龔勝、舍師事焉。蕭望之爲御史大夫，除廣德爲屬，數與議論，器之。爲博士，論石渠，至御史大夫。

氏傳》，取其變理合者以爲章句，傳子咸及翟方進、琅邪房鳳。」據此，則宣帝深知《穀梁春秋》爲魯學，故有問於魯人，以取資證焉。《左氏傳》之有章句，始於尹更始，更始爲尹咸之父也。

〔註53〕《漢書補注》，引葉德輝曰：「原本《北堂書鈔》九十八，引桓譚《新論》曰：劉子政、子駿、伯玉三人尤珍重《左氏》，教子孫下至婦女，無不讀誦。」可見劉向亦珍好《左傳》，故父子論難，向不能間之，唯其猶自持《穀梁》義耳，此可證《左氏》之不僞也。

〔註54〕見《新學僞經考》「漢書藝文志辨僞上」。

（見《漢書》卷七十一本傳）

陳宣，沛國蕭人也。博學，明《魯詩》，遭王莽篡位，隱處不仕。（見謝承《後漢書》）

李業，廣漢梓潼人也。習《魯詩》，師博士許晃。元始中舉明經，除爲郎；會王莽居攝以病去官，杜門不應州郡之命。（見《後漢書·獨行列傳》）

高嘉，以《魯詩》授元帝，爲上谷太守。傳子容，爲光祿大夫。孫詡，以世傳《魯詩》知名，王莽時逃去不仕。（見《後漢書·儒林高詡傳》）

卓茂，南陽宛人也。元帝時學於長安，事博士江生，習《詩》、《禮》及曆算，究極師法，稱爲通儒。（見《後漢書·卓茂傳》）

包咸，會稽曲阿人也。師事博士右師細君，習《魯詩》、《論語》。王莽末，去歸鄉里。（見《後漢書·儒林傳》）

上舉諸儒，或繫在前漢之季，或不以學術顯名，故師傳無以緒繫，並列之於末。（見附錄五）

前述嘗論及魯學與古學同源共貫。漢興之後，《詩》有魯、齊、韓三家，古文唯《毛詩》一家耳。今文三家，魯最先出，其傳亦最廣；前漢古學實闇微不彰，而其實亦源流久長。《漢書·藝文志》云：

又有毛公之學，自謂子夏所傳，而河間獻王好之，未得立。

《漢志》於毛氏繫以「自謂」之辭，似未深信；然〈河間獻王傳〉則云：

河間獻王德，以孝景前二年立，修學好古，實事求是。從民得善書，必爲好寫與之，留其眞，加金帛賜以招之。由是四方道術之人不遠千里，或有先祖舊書，多奉以奏獻王者，故得書多，與漢朝等。是時，淮南王安亦好書，所招致率多浮辯。獻王所得書皆古文先秦舊書，《周官》、《尚書》、《禮》、《禮記》、〔註55〕《孟子》、《老子》之屬，皆經傳說記，七十子之徒所論。其學舉六藝，立《毛氏詩》、《左氏春秋》博士。修禮樂，被服儒術，造次必於儒者。山東諸儒者多從而游。武帝時，獻王來朝，獻雅樂，對三雍宮〔註56〕及詔策所問

〔註55〕《禮》，指禮經，即《儀禮》十七篇也；《禮記》者，諸儒記禮之說，即《漢志》所謂「記百三十一篇」是也。

〔註56〕〈藝文志〉有「河間獻王對上下三雍宮三篇」，見儒家類；故應劭以「辟雍、明堂、靈臺」爲三雍，言天地、君臣、人民皆得雍和也。王先謙以爲，對三雍宮之制度，非召對於三雍宮，是也。

三十餘事。其對推道術而言，得事之中，文約指明。立二十六年，

薨。〔註57〕

按：《漢書‧儒林傳》云：「毛公，趙人也。治《詩》爲河間獻王博士，授同國貫長卿，長卿授解延年；延年爲阿武令，授徐敖；敖授九江陳俠，爲王莽講學大夫，由是言《毛詩》者，本之徐敖。」此所見爲《毛詩》在前漢之傳承也，先儒於此每有疑焉，謂毛氏之學，《史記‧儒林傳》所不載，其驟出於《漢書》，而繫以「自謂」之辭，〔註58〕故爾疑之。然據《史記》謂河間獻王好儒學，「山東諸儒多從之游」，〔註59〕《漢書‧儒林傳》不過敘述較詳而已，則其說必有所本，非虛誑嚮壁之言也。古學之起於河間獻王，而武帝以其夸侈之性情，對古學頗不好，前已有所論，《史記集解》崔駰嘗引漢名臣奏，杜業奏曰：

河間獻王經術通用，積德累行，天下雄俊眾儒皆歸之。孝武帝時，獻王朝，被服造次必於仁義，問以五策，獻王輒對無窮。孝武帝艴然難之，謂獻王曰：「湯以七十里，文王百里，王其勉之。」王知其意，歸即縱酒聽樂因以終。

故知河間獻王乃以干武帝之忌而死，古文之學殆亦因此受擯於漢；〔註60〕若驗之以梁孝王招延四方豪傑，不得善終，〔註61〕淮南王劉安招致方術之士，

〔註57〕《史記》卷二十二，〈漢興以來將相名臣年表〉云：「孝景元年，立皇子德爲河間王。」又卷五十九，〈五宗世家〉云：「河間獻王德，以孝景前二年用皇子爲河間王，好儒學，被服造次必於儒者，山東諸儒多從之游，二十六年，卒。」前者云河間獻王立於孝景元年，後者言立於二年，班氏蓋據〈五宗世家〉也。其立二十六年卒，在武帝即位後十年，即元光三年。

〔註58〕疑古學爲僞者，莫南海康氏爲甚。《新學僞經考》「漢書河間獻王魯恭王傳辨僞」云：「余讀《史記》〈河間獻王〉、〈魯共王世家〉，怪其絕無獻王得書、共王壞壁事，與《漢書》絕殊。竊駭此關六藝大典，若誠有之，史公何得不敘；及讀〈儒林傳〉，又無《毛詩》、《周官》、《左傳》，乃始大疑。」至以《漢書》亦劉歆所作，以屬古學僞說，此康氏勇於論斷，而乏於實驗也。若《漢書》果劉歆所作，其佐王莽以代漢，何於王莽之傳肆意攻揭，比之於桀紂，謂「自書傳所載亂臣賊子，無道之人，考其禍敗，未有如莽之甚者也。」而於助莽篡盜古學，猶序其傳授，道其源委乎？若果如康氏所言，則班氏父子何愚駭之至也。

〔註59〕見前註三十六所引《史記‧五宗世家》。

〔註60〕蒙文通《經學抉原‧今學第四》云：「淹中孔壁佚文，朝廷所棄者，并存河間；《毛詩》、《左氏》，又立博士。獻王作日華宮，置客館二十餘區，以待學士佚老，蓋毛公、貫公之徒，并居尊顯，固與朝廷好惡殊也。……若獻王者，誠可謂善其所私學，以非上所建立者也。」所論誠爲篤碻。

〔註61〕見《漢書‧卷四十七‧梁孝王武傳》。

而卒以謀反誅除，〔註62〕其事出同類，古學之出雖早，而終受絀於朝廷也。

《毛詩》之出於河間，自謂出於子夏，明其自許爲孔學之眞也；〔註63〕又子夏居西河，爲魏文侯師，《史記・儒林傳》嘗云：「是時獨魏文侯好學。」河間爲故趙地，《毛詩》傳於趙國毛萇，《左氏傳》於趙國貫長卿，二家并爲河間獻王博士，非偶然也。蒙文通《經學抉原》云：

> 進而推之，李克傳《毛詩》，魏文侯之相也；吳起傳《左氏春秋》，魏文侯之將也；蔡邕《月令章句》引魏文侯《孝經傳》；漢得魏文侯人樂人竇公，獻其書則《周官・大宗伯》之大司樂章也。則今文之學源於齊、魯，而古文之學源於梁、趙也。

故不得以古文未立於漢廷，即謂其僞，彼嘗立於河間，其時代實與齊、魯之學俱也；又不得以《毛詩》之出於梁、趙，而謂其非孔子之學，彼則子夏之經傳，亦孔門之學之散處於天下之間者，論其實亦魯學之一端耳，本編故以之繫之於魯學也。（附錄六）

（二）《詩經》齊學之傳授

《史記・儒林傳》云：「言《詩》，於魯則申培公，於齊則轅固生。」〔註64〕又云：「自是之後，齊言《詩》皆本轅固生也。諸齊人以《詩》顯貴，皆固之弟子也。」固之弟子中，以昌邑太傅夏侯始昌爲最明。〔註65〕《漢書・眭、兩夏侯、京、翼、李傳》云：

> 夏侯始昌，魯人也。通《五經》，以《齊詩》、《尚書》教授。自董仲舒、韓嬰死後，武帝得始昌，甚重之。始昌明於陰陽，先言柏梁臺災日，至期日果災。……族子勝亦以儒顯名。

按：《漢書》本傳贊，謂漢興以來，推陰陽言災異者，武帝時有董仲舒、夏侯始昌，而不言轅固生，則《齊詩》之雜陰陽災異，蓋始昌首爲之也。《漢書・儒林傳》又云：

> 后蒼，字近君，東海郯人也。事夏侯始昌。始昌通《五經》，蒼亦通

〔註62〕見《漢書・卷四十四・淮南王安傳》。

〔註63〕《論語・先進篇》：「子曰：從我於陳蔡者，皆不及門也。德行：顏淵、閔子騫、冉伯牛、仲弓。言語：宰我、子貢。政事：冉有、季路。文學：子游、子夏。」《毛詩》所以自繫於子夏者，蓋以傳經自許也。

〔註64〕《漢書》顏師古注曰：「務得事實，每得眞是也。」河間獻王之好古，而武帝則夸奇，故漢廷以齊學爲尊，而河間多存古舊之眞也。

〔註65〕此本《漢書・儒林傳》語。

　　《詩》、《禮》，爲博士，至少府，〔註66〕授翼奉、蕭望之、匡衡。衡授琅邪師丹、伏理、〔註67〕潁川滿昌。〔註68〕由是《齊詩》有翼、匡、師、伏之學。滿昌授九江張邯、琅邪皮容，皆至大官，徒眾尤盛。

《漢書・蕭望之傳》云：

　　蕭望之，東海蘭陵人也。治《齊詩》，事同縣后蒼且十年。以令詣太常授業，復事同學博士白奇。

唐晏曰：「《齊詩》本爲《詩》家別傳，而奉之學尤異，純以陰陽五行說《詩》，仿佛京房之於《易》、李尋之於《書》。夫《齊詩》，齊學也。齊人當戰國之時，騶衍之學最勝。衍之學蓋陰陽五行家言，故齊之儒者多承其緒餘，其末流遂以變孔門之眞相。」〔註69〕《齊詩》一派，人才不盛，而多詭辟之言，翼奉有「三期四始五際六情」之論，〔註70〕而匡衡說《詩》，諸儒爲之語曰：「無說《詩》，匡鼎來；匡說《詩》，解人頤。」《齊詩》之荒誕由此可見。皮錫瑞《經學歷史》云：

　　漢有一種天人之學，而齊學尤盛。伏傳《五行》、《齊詩》五際，《公羊春秋》多言災異，皆齊學也。

皮氏蓋以齊學有神道設教之旨，爲漢時行孔教之證；然孔子不以怪力亂神教諭弟子，子貢謂夫子天道性命不可得聞，則孔教精義不在於此，皮氏以崇今文之學，致推仰齊學太過，非篤論也。茲依《漢書・儒林傳》列其傳授表。（附錄七）

　　《詩經》之齊學除轅固傳《詩》之外，復有韓嬰一家。《史記・儒林傳》謂《韓詩》「其語頗與齊、魯間殊，然其歸一也。」謂「其語」者，蓋說經作傳之法；謂「其歸」者，乃指其《詩》旨大趣也。《漢書・藝文志》錄《詩》有魯、齊、韓三家皆立學官，而曰：「或取《春秋》，采雜說，咸非其本義；與不得已，魯最爲近之。」《漢書補注》，王先謙曰：「此謂齊、韓二傳推演之詞，皆非本義，不得其眞耳，非併《魯詩》言之。魯最爲近者，言齊、韓訓

〔註66〕　《漢書補注》，王先謙據〈公卿表〉定在宣帝本始二年，則《齊詩》與《后氏禮》亦出在武帝末、宣帝初，其出頗晚。

〔註67〕　《後漢書・伏湛傳》：「伏湛，琅邪東武人也。九祖勝，字子賤，所謂濟南伏生者也。……父理，爲當世名儒，以《詩》授成帝，爲高密太傅，別自名學。」則伏理爲伏生八世孫也。

〔註68〕　《東觀漢記・馬援傳》：「受《齊詩》潁川蒲昌。」又《廣韻》蒲字下引《風俗通》：「漢有詹事蒲昌。」當爲同一人，疑「滿」作「蒲」也。

〔註69〕　見《兩漢三國學案》卷六。

〔註70〕　見下章《齊詩》之經說部份。

故亦各有取，惟魯最優。顏謂三家皆不得，謬矣。」〔註71〕先謙說是也。夫以《魯詩》之傳於申公，乃荀卿之學，申公作《詩》訓故，無推演之傳，「疑者則闕無傳」。王式說《詩》，則曰：「聞之於師具是矣，自潤色之。」式則申公再傳弟子也，其篤守如此；唐生、褚生應博士弟子選，摳衣登堂，誦說有法，疑者丘蓋不言，亦篤守《詩》義，未敢濫言也。《漢志》言魯最為近之，乃評比批判後之論斷也。故《韓詩》當與《齊詩》同類。且燕學本齊學之分支也。蒙文通《經學抉原》云：

> 《藝文志》：《論語》有「《燕傳說》三篇」。〈儒林傳〉以燕韓太傅《詩》不如韓氏《易》深，齊、魯之外復見有燕學。井研先生以燕學同於齊學，〔註72〕蓋燕之風尚，素與齊同，燕之儒生多自齊往故也。《史記》云：「燕昭王收破燕之後，乃卑辭厚幣，以招賢者，於是樂毅自魏往，劇辛自趙往，鄒衍自齊往。」齊有稷下，燕有碣石之宮，其事一也，則燕學者齊學之附庸也。〔註73〕

按：梁任公《儒家哲學》一書嘗云：「兩漢經學，一方面為今古文之爭，一方面即齊、魯派之爭。」〔註74〕《韓詩》崛出於齊、魯今文經學壁壘之外，以雜采博徵而成學，與齊學之有陰陽數術、魯學之篤守師說，別自成家，要其實，如上蒙氏所述，當歸於齊學一派也。《漢書·儒林傳》云：

> 韓嬰，燕人也。孝文時為博士，景帝時至常山太傅。嬰推詩人之意，而作《內外傳》數萬言，其語頗與齊、魯間殊，然歸一也。淮南賁生受之，燕、趙間言《詩》者由韓生。……武帝時，嬰嘗與董仲舒論於上前，其人精悍，處事分明，仲舒不能難也。後其孫商為博士。孝宣時，涿郡韓生其後也。

同傳云：

〔註71〕《漢書》顏師古注：「與不得已者，言皆不得也。三家者不得其真，而魯最近之。」

〔註72〕廖平《今古學考》云：「魯、齊、古三學分途，以鄉土而異。鄒與魯近，孟子云：『去聖人居若此其近。』蓋以魯學自負也。荀子趙人，而游學于齊，為齊學；《韓詩》，燕人，傳今學而兼用古義，大約遊學於齊所傳也。〈儒林傳〉謂其說頗異而其歸同。蓋同鄉皆講古學，一齊眾楚不能自堅，時有改異；此韓之所變齊也。」此說雖頗近理而實為臆測，未若蒙氏抉提事實以為徵驗，蒙氏雖遵師說，而大有後出轉精之趣也。

〔註73〕見《經學抉原·魯學齊學第八》。

〔註74〕見梁著《儒家哲學》第四章，「二千五百年儒學變遷概略」。

　　趙子，河內人也。事燕韓生，授同郡蔡誼。誼至丞相，授同郡食子
　　公與王吉。吉爲昌邑中尉。食生爲博士，授泰山栗豐。吉授淄川長
　　孫順。順爲博士，豐部刺史。由是《韓詩》有王、食、長孫之學。

　　豐授山陽張就，順授東海髮福，皆至大官，徒眾尤盛。

按：《魯詩》行於西漢，《韓詩》盛於東漢，尤以薛漢章句，尤推爲長。故史
傳所載，西漢傳《韓詩》有王、食、長孫三家，其傳人顯者亦寡。大抵習《韓
詩》者多亦擅長齊學，如薛漢善說災異讖緯，光武初年嘗受詔改定圖讖；郅
惲治《韓詩》、《嚴氏春秋》，明天文曆數；夏恭，習《韓詩》、《孟氏易》；唐
檀，習《韓詩》、《京氏易》、《顏氏春秋》；廖扶、習《韓詩》、《歐陽尚書》；
公沙穆、習《韓詩》、《公羊春秋》；馮緄、治《韓詩》、《嚴氏春秋》；胡碩，
治《韓詩》、《孟氏易》、《歐陽尚書》；武梁，治《韓詩》、兼通河洛諸子傳記；
田君，修《韓詩》、《京氏易》等，〔註75〕大抵習《韓詩》者皆通陰陽數術之
學，故知《韓詩》亦當繫於《詩經》齊學之列也。

四、《禮經》齊魯學之傳授

　　《史記·儒林傳》謂漢興以來，《禮》本於魯高堂生，其傳《士禮》十七
篇，即今《儀禮》是也。然《漢書·藝文志》錄「禮，五十六卷」，據劉歆〈移
讓太常博士書〉云：「及魯恭王壞孔子宅欲以爲宮，而得古文於壞壁之中，逸
《禮》有三十九篇。」合高堂生所傳十七篇，正五十六篇之數。賈公彥《儀
禮註疏》云：

　　漢興，求錄遺文，有古書、今文。高堂生傳十七篇，是今文也；孔
　　子宅得《大儀禮》五十六篇，其字皆篆書，是古文也。古文十七篇
　　與高堂生所傳同，而字多不同；餘三十九篇絕無師說，祕在於館。

故雖劉歆謂《逸禮》有三十九篇，後世皆亡佚，即通搜古今，遍注群經之鄭
玄，所注《儀禮》亦僅十七篇耳。〔註76〕《四庫全書總目提要》謂漢代傳《儀
禮》者有三本，一曰戴德本，一曰戴聖本，一曰劉向《別錄》本，是漢代傳
《禮經》者，亦唯高堂生之《士禮》也。《漢書·藝文志》云：

〔註75〕以上並見陳喬樅《韓詩遺說考·敘錄》；唐晏《兩漢三國學案》。
〔註76〕《隋書·經籍志》：「《儀禮》十七卷，鄭玄注」。又云：「又有古經出於淹中，
　　而河間獻王好古愛學，收集餘燼，得而獻之，全五十六篇，並威儀之事。而
　　又得《司馬穰苴兵法》一百五十五篇，及明堂陰陽之記，並無敢傳之者。」

漢興，魯高堂生傳《士禮》十七篇。訖孝宣世，后蒼最明。戴德、
戴聖、慶普皆其弟子，三家立於學官。

按：《禮》有經，有容，故曰：「禮經三百，威儀三千。」《史記》、《漢書》於
后蒼之前，皆不敘傳經之人，唯言嫻於頌儀之人，蓋傳經說《禮》唯經生乃
能故也。《史記·儒林傳》云：

於今獨有《士禮》，高堂生能言之。而魯徐生善爲容。〔註77〕孝文帝
時，徐生以容爲禮官大夫。傳子至孫徐延、徐襄。襄，其天姿善爲容，
不能通《禮經》；延頗能，未善也。襄以容爲漢禮官大夫，至廣陵內
史。延及徐氏弟子公户滿意、桓生、單次，皆嘗爲漢禮官大夫。而瑕
丘蕭奮以《禮》爲淮陽太守。是後能言《禮》爲容者，由徐氏焉。

按：《史記》於《禮》分「言禮」與「爲容」二端，自魯高堂生以來，魯人傳
承不絕，蓋皆爲魯學也；自瑕丘蕭奮傳於孟卿，而《禮》學遂一變爲齊學。《漢
書·儒林傳》云：

孟卿，東海人也。事蕭奮，以授后蒼、魯閭丘卿。倉說《禮》數萬
言，號曰《后氏曲臺記》，授沛聞人通漢子方、梁戴德延君、戴聖次
君、沛慶普孝公。孝公爲東平太傅。德號大戴，爲信都太傅；聖號
小戴，以博士論石渠，至九江太守。由是《禮》有大戴、小戴、慶
氏之學。通漢以太子舍人論石渠，至中山中尉。普授魯夏侯敬，又
傳族子咸，爲豫章太守。大戴授琅邪徐良斿卿，爲博士、州牧、郡
守，家世傳業。小戴授梁人橋仁季卿、楊榮子孫。仁爲大鴻臚，家
世傳業，榮琅邪太守。由是大戴有徐氏，小戴有橋、楊氏之學。

唐涉江曰：「漢興，叔孫所制，非古禮也；曲臺所傳，非備物也。至曹褒、董
鈞，失之益遠。故有漢一代，它經咸盛，惟《禮》無傳，不全不備，偏議曲
說，何足以傳孔門之宏業也哉！」此說是也。蓋高堂生說《禮》，據《儀禮》
十七篇，推《士禮》以至天子，〔註78〕是後世說《禮》之祖，而兼具容儀；

〔註77〕「容」，《漢書》作「頌」，亦音容。蘇林曰：「漢舊儀有二郎爲此頌貌，威儀
有徐氏，徐氏後有張氏，不知經，但能盤辟爲禮容，天下郡國有容史，皆詣
魯學之。」阮元《揅經室集》卷一「釋頌」一文云：「《詩》分〈風〉、〈雅〉、
〈頌〉。〈頌〉之訓爲美盛德者，餘義也；〈頌〉之訓爲形容者，本義也。且頌
字即容字也。故《說文》：頌，貌也。從頁，公聲，籀文作額，是容即頌。《漢
書·儒林傳》：魯徐生善爲頌，即善爲容。」。

〔註78〕見《漢書·藝文志》。

自魯學微絕，齊學代興，威儀之事遂爲《禮》說所變，《后氏曲臺記》是也。
嚮使孔氏古經具存，雖未見古禮之全，亦殊勝於叩槃捫籥矣，漢代《禮》說
之紛紜者殆由此也。本篇之所以歸后倉以下《禮》家爲齊學者，陳喬樅《齊
詩遺說考・自序》云；

> 后蒼事夏侯始昌，亦通《詩》、《禮》爲博士，訖孝宣世，《禮》學后
> 昌最明，戴德、戴聖、慶普皆其弟子，三家立於學官。

《詩》、《禮》師傳既同出后氏，則繫之於齊學可也。〔註79〕（附錄九）

又《漢書・藝文志》有錄「《周官經》六篇」、「《周官傳》四篇」。見此書
之出甚早，似非僞作。《史記・封禪書》云：

> 封禪用希曠絕，莫知其儀禮。而群儒采封禪《尚書》、《周官》、《王
> 制》之望祀射牛事。

此謂封禪者，蓋采《管子》書；而《王制》乃文帝時作，至《周官》則不言
其本何而出也。班固《漢書・景十三王傳》云：

> 河間獻王所得書皆古文先秦舊書，《周官》、《尚書》、《禮記》、《孟子》、
> 《老子》之屬，皆經傳說記，七十子之徒所論。

又《漢書・藝文志》云：

> 六國之君，魏文侯最爲好古，孝文時得其樂人竇公，〔註80〕獻其書，
> 乃《周官・大宗伯》之〈大司樂〉章也。武帝時，河間獻王好儒，
> 與毛生等共采《周官》及諸子言樂事者，以作《樂記》，獻八佾之舞，
> 與制氏不相遠。

《周官》與《樂記》同出河間，爲古文之屬；其傳者自河間內史丞王定，以
授常山王禹；禹成帝時爲謁者，獻二十四卷記，〔註81〕皆不立於學官，至王
莽時始置博士。《漢書・王莽傳》在居攝三年謂「發得《周禮》，以明因監。」
乃稱「周官」爲「周禮」，並爲之立學矣。徐復觀氏以《周官》並非古文，其

〔註79〕拙著《陳壽祺父子三家詩遺說研究》，第五章第二節「齊詩與禮樂之淵源」，
於此已有詳論，兹不贅述。

〔註80〕《漢書》顏師古注引桓譚《新論》，謂竇公年百八十歲。而齊召南據其年數之，
竇公於漢文帝時年當二百三四十歲，此頗謬於常情，見《漢書補注》。

〔註81〕《漢書・禮樂志》：「至成帝時，謁者常山王禹世受河間《樂》，能說其義，其
弟子宋曄等上書言之，下大夫平當等考試。」云云，以二十四卷《樂記》爲
王禹弟子宋曄所獻也。又《漢書・藝文志》錄「樂記二十三篇」，爲劉向校中
祕所得，與王禹又自不同，今本《禮記・樂記》斷取其十一篇合爲一篇，餘
十二篇猶存其名，見《漢書補注》引王應麟說。

言曰：

> 班固取劉歆的《七略》以爲《漢書・藝文志》。〈六藝略〉中凡係古
> 文者皆特爲標出，且錄於一家之首；未標古文者皆爲今文。流傳之
> 《易》與《詩》，皆無古文本，故於《易》序中僅謂「劉向以中古文
> 《易經》校施、孟、梁、丘經，或脫去無咎悔亡。惟費氏經與古文
> 同。」「與古文同」，乃字句之同，並非字體之同。《後漢書・儒林傳》
> 謂費氏學「本以古字，號古文《易》」，乃出於誤解《漢志》文字所
> 傅會。《書》首列「尚書古文經四十六卷」，《禮》首列「禮古經五十
> 六卷」，《春秋》首列「《春秋》古經十二篇」，《論語》首列「《論語》
> 古二十一篇」，《孝經》首列「孝經古孔氏一篇」，其義例甚爲明確。
> 以劉歆的首倡《周官》，以班固的尊信劉氏，若《周官》爲古文，則
> 必仿「禮古經五十六卷」之例，稱爲「古周官經六卷」……或「周
> 官古經六卷」。當劉歆補錄《周官》入〈六藝略〉時，僅稱「周官經
> 六卷」，其爲今文，更無可懷疑之餘地。所以他的〈讓太常博士書〉
> 是爲古文爭地位，而未嘗及《周官》。以《周官》爲古文，殆始於許
> 慎。他在所著的《説文解字・敍》中有「其偁《易》孟氏，《書》孔
> 氏，《詩》毛氏，《禮》周官，《春秋》左氏，《論語》、《孝經》皆古
> 文也。」的話。自後論及經今古文學的，率以《周官》是屬於古文
> 學派。孫詒讓《周禮正義・略凡例十二》中謂：「此經在漢爲古文之
> 學，與今文家師説不同。」原注：「大、小戴記及《公羊春秋》」，並
> 今文之學，故與此經義多不合。」，皮錫瑞《經學通論》第三冊三禮
> 「論周禮爲古經，戴禮有古有今，當分別觀之，不可合併爲一」條
> 中謂：「《王制》爲今文大宗，《周禮》爲古文大宗」，以《周官》爲
> 古文學，似成定論，這是一個最大的錯覺。〔註82〕

按：徐氏之説是也。以考《史記・禮書》論秦有天下，悉納六國禮儀，其已
不合聖制，而漢定禮儀，叔孫通亦襲秦故；〈儒林傳〉稱孔子之時，其經不具；
至秦焚書，散亡益多。如《周官》爲孔氏舊書，緣何太史公所不見，而無以
具論？《周官》出於河間，與〈王制〉出於漢廷，其事相類，以漢黜古文，
遂不得興。古文之學實以漸而起，〔註83〕非眞孔氏古文。即以《周官》一書

〔註82〕文見徐復觀先生《周官成立時代及其思想性格》十七，「周官非古文」一節。
〔註83〕蒙文通《經學抉原・古學》第五，云：「劉歆之創立古學，發端於《左氏》，

而言，《史記・封禪書》既以之與〈王制〉並列，於〈王制〉則述其作者，而《周官》則無提及；班固謂河間獻王所得皆先秦古文舊事，《周官》爲經傳說記，七十子之徒所論，至劉歆「發得《周禮》，以明因監。」然傳《周官》諸儒，許愼以前如杜子春、賈逵、衛宏、鄭眾、鄭興等皆無《周官》爲古文之說，至於馬融猶謂：「至孝成皇帝，達材通人劉向子歆校理祕書，始得列序，著錄、略；然亡其〈多官〉，以〈考工記〉足之。時眾儒並出，共排以爲非是，惟歆獨識。……眾、逵洪雅博聞，又以經記轉相證明爲解。逵解行於世，眾解不行；然眾所解說，近得其實。獨以『書序言成王既黜殷命，還歸于豐，作《周官》，則此《周官》也』失之矣。」〔註84〕故以馬融之博注群經，以其時《周官》已大顯於世，尚不能以之爲周公制作，是其爲千古疑案，雖博雅通儒亦不能決斷也。〔註85〕

五、《春秋》齊魯學之傳授

《孟子・滕文公篇》云：「世衰道微，邪說暴行有作，臣弒其君者有之，子弒其父者有之，孔子懼，作《春秋》。《春秋》，天子之事也。是故孔子曰：『知我者其惟《春秋》乎！罪我者其惟《春秋》乎！』」《五經》之中，唯《春秋》爲代天子創作，義例最嚴，故孟子以爲《春秋》乃繼《詩》而作，所以警懼亂臣賊子也。〔註86〕繼孟子者，漢儒也；〔註87〕漢儒則大肆闡發孔子作

歸重於《周官》。方其初起，尚近今文，後乃益去而益遠。……則知古學以漸而起也。」

〔註84〕見馬融《周官傳・序》。

〔註85〕陸德明《經典釋文》云：「劉歆始建立《周官經》爲《周禮》，迄東漢末鄭康成註之，遂名《周禮》。」鄭氏《周禮》注云：「周公居攝，而作六典之職，謂之《周禮》。營邑於土中，七年致政成王，以此《禮》授之，使居洛邑治天下。」人皆知《周禮》爲鄭學，故賈公彥《周禮》疏云：「《周禮》起於成帝劉歆，而成于鄭玄，附雜之者大半。故臨孝存以爲武帝知《周官》末世瀆亂不驗之書，故作十論七難以排棄之。何休亦以爲六國陰謀之書。唯有鄭玄遍覽群經，知《周禮》者乃周公致太平之跡，故能答林碩之論難，使《周禮》義得條通。」是也。

〔註86〕《孟子・離婁篇》：「王者之跡熄而《詩》亡，《詩》亡然後《春秋》作。晉之《乘》、楚之《檮杌》、魯之《春秋》，一也。其事則齊桓、晉文，其文則史，孔子曰：其義則丘竊取之矣。」在孟子之經學觀念中，《詩》與《春秋》爲前後接繼之經，而《春秋》最重要者，則在「義」，此觀念完全爲漢儒所繼承而加以發揮也。

〔註87〕荀子之學在禮義之統，近乎法，故雖知《春秋》寓有微義，而不以其爲綱領。

《春秋》之用意。《史記‧孔子世家》云：

> 至於爲《春秋》，筆則筆，削則削，子夏之徒不能贊一辭。弟子受《春
> 秋》，孔子曰：後世知丘者以《春秋》，而罪丘者亦以《春秋》。

〈十二諸侯年表序〉亦云：

> 七十子之徒，口受其傳指，爲有所刺譏褒諱挹損之文辭，不可以書
> 見也。

凡此，皆可見漢儒以《春秋》爲後世制法之意也。

（一）《春秋》公羊學之傳授

　　漢興以來傳《春秋》之儒，唯《史記》可爲按據。司馬遷稱，爲《春秋》
中有所刺譏褒諱挹損之辭不可以書見，孔子之授弟子，及七十子之徒之再
授，皆以口授，故《春秋》公羊之傳，出在漢代，先秦之際絕不見其蹤跡也。
〔註88〕《史記‧儒林傳》稱「漢興，……言《春秋》，於齊、魯自胡毋生；
於趙自董仲舒。」然司馬遷於《春秋》，本受之於董仲舒，故對《公羊春秋》
特詳陳其指。《史記‧儒林傳》云：

> 董仲舒，廣川人也。以治《春秋》，孝景時爲博士。……今上即位，
> 爲江都相。以《春秋》災異之變推陰陽所以錯行。……故漢興至於
> 五世之間，唯董仲舒名爲明於《春秋》，其傳公羊氏也。

據此，明災異之《春秋》學實成之於董子一人也。同傳又云：

> 胡毋生，齊人也。孝景時爲博士，以老歸教授。齊之言《春秋》者
> 多受胡毋生，公孫弘亦頗受焉。

太史公在《五經》之傳授者，每經皆僅舉一人，獨於《春秋》特舉董仲舒、

〈非十二子篇〉以「略法先王而不知其統，猶然而材劇志大，聞見雜傳。」
爲罪孟子之辭，則其無取於孟子者也固然矣。又荀子以孟子之學「僻違而無
類，幽隱而無說，閉約而無解。」爲疵，此說或因鄒衍陰陽消息之說之羼雜
而有此誤解，然孟子之學始終較荀子帶有神秘主義之色彩，故孟、荀一向不
能會通。二家之學，一則開宋明之學，尚簡約，孟子是也；一則開漢學，賴
積累，荀子是也。

〔註88〕王熙元疑《穀梁傳》著於竹帛，以浮丘伯爲最近實，是其時在秦漢之際；漢
興，陸賈著《新語》已引據《穀梁》，是其證也。論見《穀梁范注發微》一書。
又李新霖《春秋公羊傳要義》亦以爲：「由先秦諸子有之材料中，除文字雷同，
傳義偶合外，實無《公羊傳》制作之任何徵兆。」唯有《左氏傳》已著作在
先秦，非出於漢世，而《左傳》固敘事以明經，非《公羊》、《穀梁》之專爲
解經之作也。

胡毋生二人，似《公羊傳》之著錄至孝景帝時所傳已廣，董生與胡毋生二人似非有相師承之關係，其由公孫弘以齊人而治《公羊春秋》，與仲舒學術不同，〔註89〕公孫弘則受之於齊學胡毋生一系統者也。徐復觀先生云：

> 按〈儒林列傳〉，對《五經》的傳授，皆有簡單紀錄；而司馬遷又親聞《公羊春秋》義於仲舒；「公孫弘亦頗受焉」，「亦頗」云者，是曾稍稍受於胡毋生，但非正式弟子，史公尚記了出來；豈有仲舒是胡毋生的正式弟子，而不加紀錄之理？公孫弘因爲是齊菑川國薛縣人，所以當胡毋生老歸教授於齊時，「年四十餘，乃學《春秋》雜說」的公孫弘，有「亦頗受」的機會。董仲舒是趙人，又與胡毋生同時爲博士，此時無相師之理。胡毋生因年老回鄉，而仲舒應仍在長安，更無相師之事。《史記‧儒林列傳》中敘述了仲舒弟子中有成就的人，而未及胡毋生的後學，這說明仲舒的弟子較胡毋生爲盛。〔註90〕

徐氏此說董仲舒之《春秋》非受之於胡毋生，證之以《漢書‧儒林傳》，當更爲明確。傳云：

> 胡毋生，字子都，齊人也。治《公羊春秋》，爲景帝博士。與董仲舒同業，仲舒著書稱其德。年老，歸教於齊，齊之言《春秋》者宗事之，公孫弘亦頗受焉。

《漢書‧儒林傳》既云胡毋生與董生「同業」，則仲舒未嘗師事胡毋生，決然可知也。因之，《公羊春秋》之傳者出於兩源，一則出胡毋生，一則出董仲舒；胡毋生以齊人而傳《公羊》，可謂爲齊學；仲舒雖趙人，而推陰陽災異以言《春秋》，是亦齊學也。

　　按在史傳之中，明言經之有齊、魯之分者，唯《春秋》公羊、穀梁二傳之學。《漢書‧儒林傳》述此事云：

> 瑕丘江公受《穀梁春秋》及《詩》於魯申公，傳子至孫爲博士。武帝時，江公與董仲舒並。仲舒通《五經》，能持論，善屬文。江公吶

〔註89〕《史記‧儒林傳》：「公孫弘治《春秋》不如董仲舒，而弘希世用事，位至公卿。董仲舒以弘爲從諛，弘疾之，乃言上曰：獨董仲舒可使相膠西王。」又《史記‧公孫弘傳》：「弘爲人意忌，外寬內深，諸嘗與弘有卻者，雖詳與善，陰報其禍；殺主父偃、徙董仲舒於膠西，皆弘之力也。」公孫弘蓋齊人變詐之尤者也。

〔註90〕見《兩漢思想史》卷二〈先秦儒家思想的轉折及天的哲學的完成〉，「董氏的《春秋》學」一節。

於口，上使與仲舒議，不如仲舒。而丞相公孫孫弘本爲《公羊》學，比輯其議，卒用董生。〔註91〕於是上因尊《公羊》家，詔太子受《公羊春秋》，由是《公羊》大興。太子既通，復私問《穀梁》而善之。其後浸微，唯魯榮廣、皓星公二人受焉。……宣帝即位，聞衛太子好《穀梁春秋》，〔註92〕以問丞相韋賢、長信少府夏侯勝及侍中樂陵侯史高，皆魯人也。言：穀梁子本魯學，公羊氏乃齊學也。宜興《穀梁》。

是以《公羊》、《穀梁》二傳，爲齊、魯學二家之分，出自當時經學家之口，豈無可信之理？〔註93〕即徐復觀氏斷然主張兩漢經學不當再有齊、魯之劃分，否則其糾結紛擾將至無法清理；〔註94〕然其在論「《公羊傳》之成立」之問題，猶不得不承認《公羊傳》之著作成之於齊人之事實。其言云：

從《傳》的內容看，不僅推尊齊桓、晉文，且亦盛推楚莊。至孟子言《春秋》，而恥言齊桓、晉文，後遂成爲儒家傳統。則此傳之成立，合理的推測，應當是孔門中屬於齊國這一系統的第三代弟子，〔註95〕就口耳相傳的加以整理，紀錄下來，有如《論語》成立有《齊論》、《魯論》的情形一樣。先有了這樣著於竹帛的「原傳」，在傳承中又

〔註91〕 錢穆先生以尊儒崇孔議自仲舒，而公孫弘與董仲舒於建元之歲並舉云云；戴君仁氏以爲漢武帝抑黜百家非發自董仲舒，實始於田蚡，而成之於公孫弘。二家似以戴說爲近實。觀此傳，公孫弘已爲丞相，而爲之評定《公羊》、《穀梁》，則似公孫弘已居仲舒之前位，《公羊》學之盛於武帝之世，賴弘之力爲多也。見錢穆〈兩漢博士家法考〉，戴君仁《梅園論學集》。

〔註92〕 《漢書・宣帝紀》：「孝宣皇帝，武帝曾孫，戾太子孫也。」宣帝爲衛太子之孫，聞衛太子好《穀梁春秋》，意頗欲興之。

〔註93〕 《漢書・卷五十一・鄒陽傳》，載鄒陽之言曰：「鄒魯守經學，齊楚多辯知，韓魏時有奇節。」鄒陽爲齊人，其推崇鄒魯能守經學，則見漢代之儒魯齊學術之分別甚易明瞭。於此可證韋賢、夏侯勝、史高之輩並非自囿於區域而爲此言，齊、魯學固自有分異也。

〔註94〕 見《中國經學史的基礎》，西漢經學史部份，「齊學、魯學問題」一節。

〔註95〕 《四庫全書總目提要》定《公羊傳》爲漢公羊壽與胡母子都於漢景帝時著於竹帛，而又曰：「今觀傳中有子沈子曰、子司馬子曰、子女子曰，子北宮子曰，又有高子曰、魯子曰，蓋皆傳授之經師，不盡出於公羊子。」是也。然《公羊傳》隱五年傳：「登來之也」，注：「登讀言得，得來之者，齊人語也。」桓五年傳：「曷爲以二月卒之忧也。」注：「忧者，狂也，齊人語。」桓六年傳：「化我也。」注：「行過無禮謂之化，齊人語。」成公二年傳：「踊於棓而窺客」，注：「凡無高下有絕加蹻板棓，齊人語。」以《公羊傳》文多用齊人語，則作傳者出於齊人是無可疑也。

有若干人對「原傳」作解釋上的補充，被最後寫定的人，和「原傳」
抄在一起，這便是漢初《公羊傳》的共同祖本。〔註96〕

雖然，《公羊傳》之著錄竹帛出於齊人，猶出於齊地醇正之儒，其本質實無「非
常異義可怪之論」，〔註97〕其有非常異義可怪之論，蓋出於董仲舒及其後學一
派。徐復觀氏析論《公羊傳》之本來面目，即謂其謹嚴質實，爲忠於歷史性
之解釋，其第四證謂「《公羊傳》中，不僅絕無五行觀念；且僅在莊公二十五
年六月傳『日食則曷爲鼓，用牲於社？求乎陰之道也』，有一個『陰』字外，
全書沒有出現一個『陰陽』的名詞。即是陰陽的思想還未曾介入。」據是，
胡毋生爲傳經之儒，於傳義並無所發明；而董仲舒則引陰陽五行以言災變，
二人同傳《公羊》，而學術不同也。蒙文通《經學抉原‧內學》第七，云：

> 〈五行志〉言：「董仲舒治《公羊春秋》，始推陰陽爲儒宗。」蓋經
> 師而言災變，自仲舒始也。〈志〉又言：「夏侯始昌通五經，善推五
> 行傳，以傳族子夏侯勝，下及許商，皆以教所賢弟子。」則漢師傳
> 經，雖並傳災異五行之說，經則遍授弟子，災變實不以遍授弟子，
> 故仲舒著論，呂步舒不知其師書，以爲大愚，此固內學之名所由立
> 也。翼奉好律曆陰陽，同門之匡衡、蕭望之不必曉律曆陰陽，李尋
> 獨好《洪範五行》，同門之鄭寬中不必亦傳《洪範五行》。蓋災變章
> 句之說，雖一師傳之，而道究未嘗混也。

蒙氏以爲漢儒傳經則遍授弟子，而災異之內學則未爲遍授，以考漢師之傳授
其學若合其論。然《漢書‧儒林傳》於《公羊》無隻字述及胡毋生及董仲舒
之傳承從何而來，以今考之，《公羊傳》之著錄於竹帛，當不晚於漢景之世。
〔註98〕其源分兩家，胡毋生以傳經爲主；而董仲舒之《春秋》學則據《公羊

〔註96〕見《兩漢思想史》卷二，頁324，「《公羊傳》成立的情形」一節。

〔註97〕周師一田《公羊傳要義講授大綱》，分「《公羊傳》的要義」與「《公羊》家的
要義」兩部份。就《公羊傳》本身分析而言，其「正統論」、「華夷觀」、「復
讎論」、「三世說」、「內外議」等皆爲平實之人道與政道理論，此固爲《公羊
傳》所有，而《穀梁傳》所罕見，足爲《公羊傳》齊學之本色也。其後董仲
舒推陰陽災異，建立其災異之《春秋》學，而有「《公羊》家之要義」，如「三
統論」、「王魯說」、「三世說」、「災異論」、「三科九旨五始六輔二類七等」等
非常異義可怪之論矣。周師之分析固爲極明達之論也。關於《公羊傳》本身
之理論，見李新霖《公羊傳要義》一書。

〔註98〕李新霖論兩漢間《公羊傳》之傳授，云：「《公羊》家由子夏五世傳經之說既
不可信，《史記》、《漢書》對於《公羊傳》之傳授，又僅溯至漢初。基于傳信
不傳疑之精神，敘述《公羊傳》之傳授，自當始於入漢以後。」論《公羊傳》

傳》爲本,《春秋繁露》一書乃其發揮《公羊》義之作,漢儒之借《春秋》以言災變,實自董仲舒始也。《漢書・儒林傳》云:

> 董生爲江都相……弟子遂之者,蘭陵褚大、東平嬴公、廣川段仲、溫呂步舒。大至梁相,步舒丞相長史,唯嬴公守學不失師法,爲昭帝諫大夫,授東海孟卿、魯眭孟。

《漢書・眭、兩夏侯、京、翼、李傳》云:

> 眭弘,字孟,魯國蕃人也。……從嬴公受《春秋》,以明經爲議郎,至符節令。……孟推《春秋》之意,以爲「石柳皆陰類,下民之象;而泰山者岱宗之嶽,王者易姓告代之處。今大石自立,僵柳復起,非人力所爲,此當有從匹夫爲天子者。枯社木復生,故廢之家公孫氏當復興者也。」孟意亦不知其所在,即說曰:「先師董仲舒有言,雖有繼體守文之君,不害聖人之受命。漢家堯後,有傳國之運。漢帝宜誰差天下,求索賢人,禮以帝位,而退自封百里,如殷周二王後,以承順天命。」孟使友人內官長賜上此書。時,昭帝幼,大將軍霍光秉政,惡之,下其書廷尉,奏賜、孟妄設袄言惑眾,大逆不道,皆伏誅。後五年,孝宣帝興於民間,即位,徵孟子爲郎。

按:眭孟爲董仲舒再傳弟子,仲舒以推陰陽災異,至罹其禍,〔註99〕而眭孟踵蹈之,以此不免其身矣。此《春秋》災異學乃董氏創獲,迭經嬴公,以迄眭孟而光大之。《漢書・儒林傳》云:

> 嚴彭祖,字公子,東海下邳人也。與顏安樂俱事眭孟。孟弟子百餘人,唯彭祖、安樂爲明,質問疑誼,各持所見。孟曰:「《春秋》之意,在二子矣。」孟死,彭祖、安樂各專門教授。由是《公羊春秋》有顏、嚴之學。

又云:

> (彭祖)授琅邪王中,爲元帝少府,家世傳業。中授同郡公孫文、東門雲。雲爲荊州刺史,文東平太傅,徒眾尤盛。

同傳云:

之淵源,當以此爲信實也。

〔註99〕《漢書・董仲舒傳》:「先是,遼東高廟長陵高園殿災,仲舒居家推說其意,草稿未上;主父偃候仲舒,私見,嫉之,竊其書奏焉。上召視諸儒,仲舒弟子呂步舒不知其師書,以爲大愚。於是下仲舒吏,當死;詔赦之。仲舒遂不敢復言災異。」此見推陰陽災異,仲舒未遍傳弟子,蒙文通氏所云是也。

> 顏安樂，字公孫，魯國薛人，眭孟姊子也。……安樂授淮陽冷豐，
> 淄川任公。由是顏家有冷、任之學。

又云：

> 始貢禹事嬴公，成於眭孟，至御史大夫，疏廣事孟卿，至太子太傅。
> 廣授琅邪筦路，路為御史中丞。禹授潁川堂谿惠，惠授泰山冥都，
> 都為丞相史。都與路又事顏安樂，故顏氏復有筦、冥之學。

按：嚴氏、顏氏二家皆出於董仲舒，乃同家之學，前漢之世其所傳最盛。唐涉江曰：「然以石經考之，知蔡邕所書，嚴氏本也；何休所注，顏氏本也。二本間有不同，石經已明言之。是以石經於顏氏本有無不同之處，往往注出，是真歧中之歧也。至於漢儒習嚴氏者多，習顏氏者鮮。至何氏注行，而嚴本亡矣。」故同為《公羊》也，董仲舒之傳陰陽災異《公羊》學，與胡毋生不同；又同為董仲舒之學也，呂步舒所見，與嬴公亦復不同，而眭孟子傳為災異一路，顏、嚴皆是傳災異者也。及至後漢何休著《春秋公羊解詁》，而有「三科」、「九旨」、「五始」、「七等」、「六輔」、「二類」等異義，考何氏於《公羊·序》云：「往者略依胡毋生條例多得其正，故遂隱括，使就繩墨焉。」或何氏《解詁》之異義即胡毋生所著條例亦未可知也。（見附錄《春秋公羊》傳授表）

（二）《春秋》穀梁學之傳授

　　《春秋穀梁傳》之出現較《公羊》為早，漢初陸賈著《新語》已具見引用，〔註100〕是其早出之證也。《史記·儒林傳》述《穀梁傳》之言僅寥寥數語，〔註101〕足見武帝時代《穀梁》甚是式微也。《漢書·儒林傳》則詳陳《公羊》、《穀梁》迭次立學之經過。考《穀梁》淵源所自，始乎魯申公，《穀梁春秋》蓋與《魯詩》同源於浮丘伯，為魯學也。《漢書·儒林傳》云：

> 瑕丘江公受《穀梁春秋》及《詩》於魯申公，傳子至孫為博士。

又同傳云：

> 沛蔡千秋少君從（榮）廣〔註102〕受（《穀梁春秋》）。……（宣帝）
> 求能為《穀梁》者，莫及千秋。……會千秋病死，徵江公孫為博士。

〔註100〕見前第四章，論陸賈之部份。

〔註101〕《史記·儒林傳》云：「瑕丘江生為《穀梁春秋》。自公孫弘得用，嘗集比其
　　　　義，卒用董仲舒。」或因司馬遷受《春秋》於董仲舒，習《公羊》，故於《穀
　　　　梁》敘述簡略；或《史記·儒林傳》所述為所顯之學官，是時《穀梁》未列
　　　　於學官，故略言之耳。

〔註102〕榮廣，瑕丘江公弟子也。

按：《漢書‧宣帝紀》甘露三年：「詔諸儒講《五經》同異，太子太傅蕭望之等平奏其議，上親稱制臨決焉。乃立《梁丘易》，《大、小夏侯尚書》，《穀梁春秋》博士。」則《穀梁傳》之立於學官，遲至於宣帝之時，而《漢書‧儒林傳》謂「瑕丘江公受《穀梁》及《詩》於魯申公，傳子至孫爲博士。」正在宣帝前後之間也。唯同傳又言：「申公卒以《詩》、《春秋》授，而瑕丘江公盡能傳之，徒眾最盛，及魯許生、免中徐公皆守學教授。韋賢治《詩》，事博士大江公及許生。」觀此傳兩處所述不同，前傳謂瑕丘江公未嘗爲博士，而後傳所稱「博士大江公」應即爲瑕丘江公，而爲博士，未詳孰是？王國維〈漢魏博士題名考〉云：

> 案江氏世傳《魯詩》與《穀梁春秋》。江公孫爲博士時，《穀梁》尚未立學官；則所爲者《魯詩》博士也。王式亦以《魯詩》爲博士，與江公同時；此亦如歐陽地餘、林尊皆以博士論石渠，二人皆治歐陽《尚書》，亦同時爲博士也。〔註 103〕

本文此處所以不煩贅言《漢書‧儒林傳》兩處述及江公爲博士之事而文或互異者，旨在明江公之稱「博士大江公」爲《魯詩》博士而非《穀梁》博士也。蓋《穀梁》之立於學官，過程極爲曲折，據前所引述漢宣帝三年「詔諸儒講《五經》同異」，史稱所謂「石渠閣之會」者，即爲立《穀梁春秋》於學官而發。〈儒林傳〉詳述其事，云：

> 宣帝即位，聞衛太子好《穀梁春秋》，以問丞相韋賢、長信少府夏侯勝及侍中樂陵侯史高，皆魯人也，言：「穀梁子本魯學，公羊氏乃齊學也，宜興《穀梁》。」時千秋爲郎，召見，與《公羊》家並説，上善《穀梁》説，擢千秋爲諫大夫給事中。……復求能爲《穀梁》者，莫及千秋。上憫其學且絕，乃以千秋爲郎中戶將，選郎十人從受。汝南尹更始翁君本自事千秋，能説矣，會千病死，徵江公孫爲博士。劉向以故諫大夫通達待詔，受《穀梁》，欲令助之。江博士復死，乃徵周慶、丁姓待詔保宮，使卒授十人。自元康中始講，至甘露元年，積十餘歲，皆明習。乃召《五經》名儒太子太傅蕭望之等大議殿中，平《公羊》、《穀梁》同異，各以經處是非。時《公羊》博士嚴彭祖、侍郎申輓、伊推、宋顯，《穀梁》議郎尹更始、待詔劉向、周慶、丁姓並論。《公羊》家多不見從，願請內（納）侍郎許廣，使者亦並內（納）

〔註 103〕見《海寧王靜安先生遺書》。

《穀梁》家中郎王亥，各五人，議三十餘事。望之等十一人各以經誼

對，多從《穀梁》。由是《穀梁》之學大盛。

按：由此可見漢代立學於官之艱難。宣帝之貴爲天子，欲立《穀梁》，先則問
之於丞相，次則召諸儒積十餘年之講授，復在殿中大議，平二傳之同異，終
則使《穀梁》得立於學。此舉非徒中國學術史上前所未有，即衡諸世界學術
史，亦創其先聲，誠漢代一大事也。〔註104〕

　　《漢書・儒林傳》對《穀梁》之立學，敘述特爲詳備，蓋因《穀梁》之
初師魯申公，並傳《魯詩》，爲魯學之代表。唯《穀梁》在宣帝之前所傳不廣，
瑕丘江公父子孫外，僅魯榮廣、皓星公、蔡千秋、周慶、丁姓等寥寥數人，
故宣帝憫其且廢學，而有石渠之會以興《穀梁》之事。自是之後，周慶、丁
姓二人皆爲博士。〈儒林傳〉云：

姓至中山太傅，授楚申昌曼居，爲博士，至長沙太傅，徒眾尤盛。

尹更始爲諫大夫，長樂戶將。又受《左氏傳》，取其變理合者以爲章

句，傳子成及翟方進、琅邪房鳳。

同傳云：

房鳳，字子元，不其人也。……時光祿勳王龔以外屬內卿，與奉車

〔註104〕《漢書補注》引錢大昭之言，曰：「時與議石渠者，《易》家博士沛施讎、黃
　　　　門郎東萊梁丘臨；《書》家博士千乘歐陽地餘、博士濟南林尊、譯官令齊周堪、
　　　　博士扶風張山拊、謁者陳留假倉；《詩》家淮陽中尉魯韋玄成、博士山陽張長
　　　　安、沛薛廣德；《禮》家梁戴聖、太子舍人沛聞人通漢；《公羊》家博士嚴彭
　　　　祖、待郎申輓、伊推、宋顯、許廣；《穀梁》議郎尹更始、待詔劉向、梁周慶、
　　　　丁姓、中郎王亥。其可考者凡二十三人，議奏之見於〈藝文志〉者，《書》四
　　　　十二篇、《禮》三十八篇、《春秋》三十九篇、《論語》十八篇、《五經雜議》
　　　　十八篇，凡一百六十五篇；《易》、《詩》二經獨無議奏，班氏失載之耳。」據
　　　　石渠之會之與會者二十三人分析之，宣帝時《易》家、《書》家、《禮》家皆
　　　　爲習於齊學者；唯《詩》家用魯說。而此次會議本爲平《公羊》、《穀梁》之
　　　　同異，故兩家之人數相等，可見至宣帝之際，齊學爲盛，《五經》之中魯學唯
　　　　《詩》與《穀梁》也。蒙文通氏云：「石渠之議，其意固在興《穀梁》，崇魯
　　　　學。夏侯氏魯人也，立《穀梁》並立夏侯，則夏侯亦魯學之黨歟？又並立梁
　　　　邱，蓋梁邱亦魯學之黨也。」故《五經》同異，即魯學與齊學之同異也。蒙
　　　　氏復云：「以石渠議後十二博士言之，則《魯詩》、大小夏侯之《尚書》、后氏
　　　　《禮》、梁丘氏《易》、《穀梁春秋》，此魯學之黨也。齊、韓《詩》、歐陽《尚
　　　　書》、施氏、孟氏《易》、《公羊春秋》，此齊學之黨也。齊魯治學，態度各殊，
　　　　《公羊》、《穀梁》、《易》、《書》之學，在漢傳之者非特齊魯之士，蓋以合於
　　　　齊人旨趣者謂之齊學，合於魯人旨趣者謂之魯學，固不限於漢師之屬齊屬魯
　　　　也。」

都尉劉歆共校書，三人皆侍中。歆白《左氏春秋》可立，哀帝納之。
以問諸儒，皆不對。歆於是數見丞相孔光，爲言《左氏》以求助，
光卒不肯。唯鳳、龔許歆。……始江博士授胡常，常授梁蕭秉君房，
王莽時爲講學大夫。由是《穀梁春秋》有尹、胡、申章、房氏之學。

按：《穀梁》立學之後，即與《左氏春秋》互爲表彰。尹更始既以《穀梁春秋》
顯於世，又受《左氏傳》，「取其變理合者，以爲章句。」則《穀梁春秋》之
章句，實有取之於《左氏傳》者，二者遂得結合爲一；及東漢古學興起，《左
氏》、《穀梁》、《毛詩》、《古文尚書》合爲古學之骨幹，蓋以魯學雖《穀梁》、
《左氏》有今學、古學之分，而其同出先秦則相同，故久分後合也。尹更始
之後，其子尹咸、弟子翟方進、房鳳，並江博士弟子胡常等爲《穀梁》大師
者，皆並傳《左氏春秋》，《穀梁》與《左氏》未始不可合而爲一也。

（三）《春秋左氏傳》與齊、魯學

《史記‧儒林傳》未言及《左氏傳》一書，而太史公於〈十二諸侯年表
序〉曰：

是以孔子明王道，干七十餘君，莫能用，故西觀周室，論史記舊聞，
興於魯而次《春秋》，上記隱，下至哀之獲麟，約其辭文，去其煩重，
以制義法，王道備，人事浹。七十子之徒口受其傳指，爲有所刺譏
褒諱挹損之文辭不可以書見也。魯君子左丘明懼弟子人人異端，各
安其意，失其眞，故因孔子史記具論其語，成《左氏春秋》。鐸椒爲
楚威王傅，爲王不能盡觀《春秋》，采取成敗，卒四十章，爲《鐸氏
微》。趙孝成王時，其相虞卿上采《春秋》，下觀近世，亦著八篇，
爲《虞氏春秋》。呂不韋者，秦莊襄王相，亦上觀尚古，刪拾《春秋》，
集六國時事，以爲八覽、六論、十二紀，爲《呂氏春秋》。及如荀卿、
孟子、公孫固、韓非之徒，各往往捃拾《春秋》之文以著書，不可
勝紀。漢相張蒼歷譜五德，上大夫董仲舒推《春秋》義，頗著文焉。
太史公曰：儒者斷其義，馳說者騁其辭，不務綜其終始；曆人取其
年月，數家隆於神運，譜諜獨記世諡，其辭略，欲一觀諸要難。於
是譜十二諸侯，自共和迄孔子，表見《春秋》、《國語》學者所譏盛
衰大指著於篇，爲成學治古文者要刪焉。

按：《史記》此序最足以說明《左氏春秋》之著作及其性質也。司馬遷謂孔子因
《魯史記》而編次《春秋》，爲有所刺譏褒諱挹損之辭，不可書見，故七十子之

徒皆口受其傳指；唯魯君子左丘明懼時日曠久而人各異端，因具論事跡本末，為《左氏春秋》。其後如鐸椒之有《鐸氏微》，虞卿有《虞氏春秋》，呂不韋有《呂氏春秋》，凡戰國諸子之著書，皆采摭《春秋》之文，乃本於《左氏》者也。司馬遷所謂「儒者斷其義」者，則儒者說經之引據於《春秋》，若漢代《公羊》、《穀梁》之傳也；「馳說者騁其辭」者，類縱橫家遊說干世也；此二者皆不能盡《左氏》全書大義，亦不能務其終始者。其他如「曆者」、「數家」，皆陰陽家推終始之傳；譜諜、世諡僅記其人物、時代，皆非如《左氏春秋》之首尾通貫，是非分明也。故司馬遷雖由董仲舒學《公羊春秋》，然其著《史記》百三十篇，則非賴《左氏》則不能竟其事也。《左氏》之出於先秦，其事至明也。乃自《左氏》之大出於前漢之季世，今文學者多對《左氏》全力排擯，〔註105〕欲以《公羊》、《穀梁》空言以自守。《漢書・劉歆傳》敘其事云：

> 宣帝時，詔向受《穀梁春秋》，十餘年，大明習。及歆校秘書，見古文《春秋左氏傳》，歆大好之。時丞相史尹咸以能治《左氏》，與歆共校經傳。歆略從咸及丞相翟方進受，質問大義。初《左氏傳》多古字古言，學者傳訓故而已，及歆治《左氏》，引傳文以解經，由是章句義理備焉。……歆以為左丘明好惡與聖人同，親見夫子，而《公羊》、《穀梁》在七十子後，傳聞之與親見之，其詳略不同。歆數以難向，向不能非間也，然猶自持其《穀梁》義。及歆親近，欲建立《左氏春秋》及《毛詩》、《逸禮》、《古文尚書》皆列於學官。哀帝令歆與《五經》博士講論其義，諸博士或不肯置對，歆因移書太常博士，責讓之。

按：《穀梁》既立於學，取《左氏傳》以為《穀梁》章句者，始於尹更始，而非劉歆，《漢書・儒林傳》所述甚詳也。歆之治《左氏傳》，則從尹更始之子尹咸，及更始所傳之翟方進；劉歆之於《左氏傳》，唯取傳文以解《春秋經》而已，何嘗有變造之處？而其欲建《左氏傳》，亦唯不過「以為左丘明好惡與聖人同，親見夫子；而《公羊》、《穀梁》在七十子後，傳聞之與親見之，其詳略不同。」而已。若取《公羊》、《穀梁》與《春秋》經文對讀之，則司馬

〔註105〕徐復觀先生以為：「漢武帝由董仲舒之建議，立《五經》博士，《春秋》立《公羊》，至宣帝加立《穀梁》後，博士對《左氏傳》的全力排擯，乃必然之勢。」觀宣帝之欲立《穀梁》而勞頓十數年，終藉皇權之力，得以破博士集團保守之勢力；至此《左氏傳》又出，無怪受阻力甚大也。

遷所謂「儒者斷其義，馳說者騁其辭，不務綜其終始」者，欲觀其始末亦甚
難也。今劉歆之見《左氏》之備，欲以摧揚之，則見沮於博士集團保殘守闕
之勢力。故歆責讓之曰：

> 往者綴學之士，不思廢絕之闕，苟因陋就寡，分文析字，煩言碎辭，
> 學者罷老且不能究其一藝。信口說而背傳記，是末師而非往古，至
> 於國家將有大事，若立辟雍、封禪、巡狩之儀，則幽冥而莫知其原。
> 猶欲保殘守缺，挾恐見破之私意，而無從善服義之公心，或懷妒嫉，
> 不考情實，雷同相從，隨聲是非，抑此三學，以《尚書》為備，謂
> 《左氏》為不傳《春秋》，豈不哀哉？

其言之甚切，故諸儒怨恨，其時名儒若龔勝、師丹等，或深自罪責，願乞骸
骨罷，或奏歆改亂舊章，非毀先帝所立。唯哀帝頗能持平，謂：「歆意欲廣
道術，亦何以為非毀哉？」然歆亦由此而忤執政大臣，求出為補吏，此番立
學之意，竟以不了了之矣。及至後漢光武建元年間，尚書令韓歆上疏，欲為
《費氏易》、《左氏春秋》立博士，四年議於雲臺，范升曰：「《左氏》不祖孔
子，而出於丘明，師徒相傳，又無其人，且非先帝所存，無因得立。」其言
不謂《左氏傳》為偽，而僅言其出丘明，又無師徒相傳，如漢儒傳經之家法，
故不當為朝廷所推尊而已；至於范升之奏「《左氏》之失凡十四事」，而難者
以太史公多引《左氏》，范升因又言太史公違戾《五經》，謬孔子言，及《左
氏春秋》不可錄三十一事，而猶不能言《左氏傳》之為偽也。〔註106〕是以
後人所謂漢代經學史上之「今古文之爭」，在漢儒則是彼此持門戶之見，或
以「謂左氏不傳《春秋》」，或「深閉固距而不肯試，猥以不誦絕之。」相較
於劉歆欲廣道術之用意，其拘守之心態亦已太甚矣。迄於清代，漢學家以考
古所得，今古文之爭議復起，晚清劉逢祿謂左丘明僅作《左氏春秋》，與《呂
氏春秋》同一性質，又言左丘明僅有《國語》，而劉歆取《國語》偽作《左
氏傳》；而南海康有為至以謂凡漢代之所謂「古文」者，全出劉歆一人之偽
作，《史》、《漢》凡言及《左氏》、《毛詩》、《逸禮》、《古文尚書》者，全出
劉歆之竄附，〔註107〕其說愈出愈為誕妄，其在漢儒本身猶不敢以為偽者，
在清人則全憑己臆斷之以為偽經矣，此皆不考於故實之患也。〔註108〕

〔註106〕詳見《後漢書・范升傳》。
〔註107〕見劉逢祿《左氏春秋考證》、康有為《新學偽經考》。
〔註108〕劉歆有否偽作諸經，錢穆先生作《劉向歆父子年譜》已辯之而有餘，無足深

　　然則，《左氏》之不偽，決然可知也。漢興，賈誼《新書》已歷引《左傳》之文，〔註109〕而司馬遷作《史記》多據《左氏》之言，班固則曰：「以魯周公之國，禮文備物，史官有法，故與左丘明觀其史記，據行事，仍人道，因興以立功，就敗以成罰，假日月以定曆數，藉朝聘以正禮樂。有所褒諱貶損，不可書見，口授弟子；弟子退而異言。丘明恐弟子各安其意，以失其真，故論本事而作傳，明夫子不以空言說經也。」〔註110〕

　　以是而言，《左氏傳》的然為魯學，劉歆之見不誤，而尹更始之所以引用《左傳》作《穀梁》章句者，正見後世之所謂「古文」，乃為魯學之緒也。司馬遷作《史記》雖遍用《左氏春秋》，而〈儒林傳〉則不言其傳承，蓋在漢初，猶不以《左氏春秋》為《春秋經》之傳也。〔註111〕言《左傳》之傳承，始於

覆也。見《兩漢經學今古文平議》。錢氏云：「清季今文學大師凡兩人，曰廖季平與康有為。康著《新學偽經考》，專主劉歆偽造古文經之說；而廖季平之《今古學考》，剔抉益細，謂前漢今文經學十四博士，家法相傳，道一風同，其與古文對立，則一一追溯之於戰國先秦，遂若漢代經學之今古文分野，已遠起於先秦戰國間，而夷考漢博士家法，事實後起，遲在宣帝之世。」此說是也。按學術之興起，其蔚然為一時代之潮流者，必以漸而出，後人之所謂漢代「今古文之爭」，在當時必非如今人所見之堅壁分野，判若水火，而僅為資料之發掘，基於學術之良知欲為之推廣，唯格於現實之利益，而受排拒焉，如劉歆者是也。如前述范升議《左傳》不可立有四十五事，而同時之陳元則曰：「臣元竊見博士范升等所議奏《左氏春秋》不可立，及太史公違戾凡四十五事。案升等所言，前後相違，皆截小文，媟黷微辭，以年數小差，掇為巨謬，遺脫纖微，指為大尤，抉瑕摘釁，掩其弘美，所謂『小辯破言，小言破道』者也。」而後范升復奏，遂引發建武年間第二次爭辯，光武雖卒立《左氏》於學，不久復廢。凡此類爭議，僅在《左氏》之立學與否，是關係現實利益，所謂「利祿之途」是也，而於《左傳》並不疑其有偽也。至於清季今古文之爭，則閭閭於真偽之問題，如康有為作《新學偽經考》，斷古文皆劉歆所偽作，而廖平則據《王制》與《周官》之禮制不同，引以為今古文之絕大分野，此皆漢儒所未嘗言，而清儒言之者，皆推論太過之謬也。

〔註109〕見第四章第二節，前漢初諸儒與齊魯學淵源之考察，「賈子之《春秋》說」部份。

〔註110〕見《漢書‧藝文志‧春秋家》。

〔註111〕徐復觀《兩漢思想史》卷三，「原史」一篇云：「漢人常稱傳為經，如《易傳》有時即稱《易》，此種情形，可推及於戰國中期前後。所以《史記》中所用之『春秋』一詞，有的指經文而言，有的指《公羊傳》而言，有的指《左氏傳》而言，全視其所引之內容而定。」《史記》所用《左氏傳》之文，有時即言「春秋」，如〈六國年表序〉云：「余於是因秦記踵《春秋》之後，起周元王，表六國時事，訖二世，凡二百七十年。」此正指《左氏傳》也；〈吳太伯世家〉：「余讀《春秋》古文，乃知中國之虞與荊蠻勾吳兄弟也。」此謂「春秋古文」，

《漢書‧儒林傳》，《漢書》云：

> 漢興，北平侯張蒼及梁太傅賈誼、京兆尹張敞、太中大夫劉公子皆
> 修《春秋左氏傳》。誼爲《左氏傳》訓故，授趙人貫公，爲河間獻王
> 博士；子長卿爲蕩陰令，授清河張禹長子。禹與蕭望之同時爲御史，
> 數爲望之言《左氏》；望之善之，上書以稱說。後望之爲太子太傅，
> 薦禹於宣帝，微禹待詔，未及問，會疾死。授尹更始，更始傳子咸
> 及翟方進、胡常；常授黎陽賈護季君，哀帝時待詔爲郎，授蒼梧陳
> 欽子佚，以《左氏》授王莽，至將軍。而劉歆從尹咸及翟方進受。
> 由是言《左氏》者，本之賈護、劉歆。

則是《左氏傳》在西漢之傳承，自賈誼出而後，從而光大之者，爲賈護、劉
歆也。〔註112〕

六、其他諸經傳齊魯學之傳授

前引唐氏之言曰：「兩漢經學首宜辨者，爲魯與齊之分。」誠然！就漢代
《五經》授受傳承之源流觀之，其或屬於齊學，或屬於魯學，判然可分。前
漢經學之大分爲齊、魯，《五經》之外，《論語》亦復有齊、魯之分，明文載
於《漢書‧藝文志》。《漢志》云：

> 《論語》古二十一篇。
>
> 原注：「出孔子壁中，兩〈子張〉」。如淳曰：「分〈堯曰〉篇後子張
> 問『何如可以從政』以下爲篇，名曰〈從政〉」。
>
> 《齊》二十二篇。
>
> 原注：「多〈問王〉、〈知道〉。」
>
> 《魯》二十篇，《傳》十九篇。
>
> 《補注》引王應麟曰：「《正義》云：《魯論》者，魯人所傳，即今所
> 行篇次也。」

指《左傳》僖公五年宮之奇「太伯虞仲，太王之昭也」之言。漢儒之著作，
大量廣引《左氏傳》，如《新語》、《新書》、《韓詩外傳》、《新序》、《說苑》等，
或稱「春秋」，或即不言，蓋受漢代立學官之影響，漢唯《公羊》、《穀梁》之
被視爲《春秋》之傳，而《左氏》則不然也。

〔註112〕王師更生《賈誼春秋左氏承傳考》一文，據陸德明《經典釋文‧序錄》「誼傳
至其孫嘉，嘉傳趙人貫公」一語，置賈嘉在貫公之上；唯徐復觀氏以爲此已較
《漢書‧儒林傳》晚兩代，便無由與河間王之年相值，不以序錄爲然，是也。

《齊說》二十九篇。

　　《補注》先謙曰：「傳《齊論》者惟王吉名家。」〈吉傳〉云：「王陽
　　說《論語》。」即此《齊說》也。

《魯夏侯說》二十一篇。

　　《補注》錢大昭曰：「〈夏侯勝傳〉：受詔撰《論語說》。」

《魯安昌侯說》二十一篇。

　　師古曰：「張禹也。」

《魯王駿說》二十篇。

　　師古曰：「王吉子」。

《燕傳說》三卷。

《議奏》十八篇。

　　原注：「石渠論。」

按：《漢志》所錄《論語》分古、齊、魯三家，除《齊論》多〈問王〉、〈知道〉二篇外，《古論》與《魯論》篇目大致相同，與諸經古學與魯學為近類似，是可證古學亦由魯學衍出也。《齊說論語》二十九篇外，《燕傳說》三卷亦當附之，甚說已證在前。〔註113〕其餘皆魯說，蓋《論語》平實，此乃魯學之長也。
《漢志》曰：

　　《論語》者，孔子應答弟子時人及弟子相與言而接聞於夫子之語也。
　　當時弟子各有所記。夫子既卒，門人相與輯而論纂，故謂之《論語》。
　　漢興，有齊、魯之說。傳《齊論》者，昌邑中尉王吉、少府宋畸、御
　　史大夫貢禹，尚書令五鹿充宗、膠東庸生；唯王陽名家。傳《魯論語》
　　者〔註114〕常山都尉龔奮、長信少府夏侯勝、丞相韋賢、魯扶卿、前
　　將軍蕭望之、安昌侯張禹，皆名家。張氏最後而行於世。〔註115〕

―――――――――――――――――――――――――――――

〔註113〕見前述「《詩經》齊學之傳授」，引蒙文通《經學抉原》語。
〔註114〕《漢志》：「傳《魯論語》者」，王念孫曰：「語字涉上文而衍。「論」下無「語」
　　　　字者，省文也。上文傳《齊論》者，亦無「語」字。皇侃《論語疏·敍》引
　　　　劉向《別錄》云：『魯人所學，謂之《魯論》；齊人所學，謂之《齊論》；孔壁
　　　　所得，謂之《古論》。』皆其證也。」
〔註115〕《漢書·張禹傳》：「始魯扶卿及夏侯勝、王陽、蕭望之、韋玄成、皆說《論
　　　　語》，篇第或異。禹先事王陽，後從庸生采獲所安，最後出而尊貴，諸儒為之
　　　　語曰：欲為論，念張文。」以《漢志》對勘之，張禹前後皆從《齊論》學者
　　　　治《論語》，而終繫在《魯論》之下，豈其採摘而以《魯論》為上乎？又《漢
　　　　書》本傳云：「初禹為師，以上（案：成帝也）難數對己問經，為《論語》章

又皇侃《論語疏》發題引《別錄》云：「何晏集季長等七家，又採《古論》孔
註，又自下己意，即今所重者。今日所講即是《魯論》，爲張侯所學，何晏所
集者也。張侯參用三家，以魯爲本。鄭玄更爲校注；至何晏采獲師說，爲之
集解，正始中上之。」則今日通行者，乃張禹以《魯論》爲主之參校本也。

《論語》之外，《孝經》亦漢代之經也。趙岐《孟子題辭》曰：

> 孝文帝欲廣遊學之路，《論語》、《孝經》、《孟子》、《爾雅》皆置博士。
> 後罷傳記博士，獨立五經而已。

蓋《孝經》在漢代雖不隸在《五經》，而屬之於傳記，文帝乃以之立於學官，
爲置博士也；〔註116〕其後武帝立《五經》博士之故，遂罷傳記博士，然《論
語》、《孝經》，學者皆得誦習。王國維《觀堂集林・漢魏博士考》，云：

> 傳記博士之罷，錢氏大昕以爲即在置五經博士時，其說蓋信。然《論
> 語》、《孝經》、《孟子》、《爾雅》雖同時並罷，其罷之之意則不同。《孟
> 子》以其爲諸子而罷之也；至《論語》、《孝經》則以受經與不受經者
> 皆誦習之，不宜限於博士而罷之者也。劉向父子作《七略》，六藝一
> 百三家，於《易》、《書》、《詩》、《禮》、《樂》、《春秋》之後附以「論
> 語」、「孝經」（爾雅附）、「小學」三目，六藝與此三者皆漢時學校誦
> 習之書。以後世之制明之，小學諸書者，漢小學之科目；《論語》、
> 《孝經》者，漢中學之科目；而六藝則大學之科目也。武帝罷傳記博

句獻之。」《漢志》所錄「魯安昌侯二十一篇」是也；又：成帝永始、元廷年
間，日蝕地震尤數。吏民多上書言災異之應，譏切王氏專政所致。成帝親造
禹第，辟左右而問事。禹自見年老，子孫弱，又與曲陽侯不平，恐爲所怨。
故對曰：「《春秋》二百四十二年間，日蝕三十餘，地震五十六，或爲諸侯相
殺，或夷狄侵中國，災變之異，深遠難見，故聖人罕言命，不語怪神、性與
天道，自子貢之屬不得聞，何況淺見鄙儒之所言。陛下宜修事以善應之。新
學小生，亂道誤人，宜無信用，以經術斷之。」上雅信愛禹，由此不疑王氏。
後曲陽侯根及諸王子弟聞知禹言，皆喜說，遂親就禹。按：張禹所引《論語》
言孔子所罕言命，不語怪神、性與天道云云，固魯學申張人道之旨，無誤也。
在彼災異天變說充斥之時代，張禹以治《論語》而有此見，殊屬難得；唯張
禹之所以引此以對成帝，蓋恐見怒於王氏，保身護家，違悖正諫之職，禹亦
曲學阿世之徒也。

〔註116〕《漢書・劉歆傳》，〈責讓太常博士書〉云：「至孝文皇帝，始使掌故朝錯從伏
　　　　生受《尚書》；《尚書》初出於屋壁，朽折散絕，今其書見在，時師傳讀而已。
　　　　《詩》始萌牙，天下眾書往往頗出，皆諸子傳說，猶廣立於學官，爲置博士。」
　　　　此「諸子傳說」，即趙岐「傳記」，在漢代《五經》未全出之前，有諸子傳記
　　　　博士也。

士，專立五經，乃除中學科目於大學之中，非遂廢中小學也。

故《論語》、《孝經》、《爾雅》乃漢人之通習者，其或有一師之專授，或由經師而兼授，然其「有受《論語》、《孝經》、小學，而不受一經者；無受一經而不先受《論語》、《孝經》者。」〔註117〕以是知漢儒之通經之前，皆須先通《論語》、《孝經》也。故漢人之傳《論語》、《孝經》者，皆他經大師，無以此二書而專門名家者。王國維云：

> 如傳《齊論》者，有王吉父子、宋畸、貢禹、五鹿充宗、膠東庸生，
> 中惟宋畸無考，王吉則傳《韓詩》，王駿及五鹿充宗傳《梁邱易》，
> 貢禹傳《公羊春秋》，庸生傳《古文尚書》。傳《魯論》者，有龔奮、
> 夏侯勝、韋賢、魯扶卿、蕭望之、張禹、朱雲，奮與扶卿無考，夏
> 侯勝則傳《尚書》，韋賢傳《魯詩》，蕭望之傳《齊詩》，張禹傳《施
> 氏易》，朱雲傳《孟氏易》。傳《孝經》者，有長孫氏、江翁、后蒼、
> 翼奉、張禹，長孫氏無考。江翁則傳《魯詩》與《穀梁春秋》，后蒼、
> 翼奉傳《齊詩》，蒼又傳《禮》。蓋經師授經，亦兼授《論語》、《孝
> 經》。……然則漢時《論語》、《孝經》之傳，實廣於五經，不以博士
> 之廢置為盛衰也。

今考《孝經》之著，不晚於秦統一之後，《呂氏春秋》早著之矣。〔註118〕其傳至漢也，亦有今古文之分。今文《孝經》出河間顏芝，〔註119〕為齊、魯儒生所通習，誠如王國維氏所言，不以博士家法所限也。唯古文《孝經》，《漢書‧藝文志》云：

> 漢興，長孫氏、博士江翁、少府后蒼、諫大夫翼奉、安昌侯張禹傳
> 之，各自名家。經文皆同，唯孔氏壁中古文為異。「父母生之，續莫
> 大焉。」，「故親生之膝下」，諸家說不安處，古文字讀皆異。

按：桓譚《新論》云：「《古孝經》一卷二十章，千八百七十二字，今異者四百餘字。」據《漢志》，於「《孝經》古孔氏一篇」下，班固原注云：「二十二篇」；是桓譚與班固所見，分章亦有不同也。然《古孝經》本或自為一篇，分

〔註117〕此段皆採王國維〈漢魏博士考〉。
〔註118〕見本篇第三章，第二節，「《呂氏春秋》中之齊學」部份。
〔註119〕唐晏《兩漢三國學案》卷十，「孝經」，云：「遭秦焚書，為河間人顏芝所藏。
　　　　漢初，芝子貞出之，凡十八章，而長孫氏、博士江翁、少府后蒼、諫大夫翼
　　　　奉、安昌侯張禹皆名其學。又有古文《孝經》，與古文《尚書》同出，而長孫
　　　　有『閨門』一章，其餘經文，大較相似。」

章之異，皆後出，非義理之有不同；而文字異者，亦以古今師讀所致也。張嚴《孝經通識‧今古文孝經章法異同考辨》一文，辨古文《孝經》本出於僞撰，故文字不免近俗，尤以增「閨門章」爲甚。《唐會要》云：「閨門之義，近俗之語，非仲尼之正說。按其文云：『閨門之內，具禮矣乎？嚴兄妻子臣妾，猶百姓徒役也。』是比妻子於徒役，文句凡鄙，不合經典。」當是古文早亡，後人據今文《孝經》所纂輯而成，以應《漢志》「二十二章」之數也。故論《孝經》於前漢之傳承，今文經說，齊、魯儒者所傳，亦爲已足；其古文《孝經》者，僅在校字句之用，「其餘止文辭之詳略，章句之異同，於實義無所增損也」〔註120〕是也。

　　馬宗霍論兩漢經學云：「自六經燔於秦而復出於漢，以其傳之非一人，得之非一地，雖有勸學舉遺之詔，猶興書缺簡脫之嗟，既遠離於全經，自彌滋乎異說。是故從其文字言，則有古今之殊；從其地域言，則有齊、魯之異；從其受授言，則有師法、家法之分；從其流布言，則有官學、私學之別。」然據漢代通行隸體言之，篆籀之文時人所不識，〔註121〕以字體古今之異論漢代經學，此不通之論也。〔註122〕馬氏又論兩漢經學有師法、家法之分，師法者溯其源，家法者衍其流，然西漢之世多言師法，家法即章句之學，其出甚晚，當在昭、宣之後。〔註123〕以師法、家法論昭宣以後之經學固宜，而其不宜賅漢武暨其前代儒學發展之情勢亦甚明也。至以流佈而言，其分官學、私學，凡學官所立，博士所授，錄在《史記》、《漢書》儒林傳者，必已爲官學，

〔註120〕見清雷學淇《介菴經說》卷十，本處據張嚴《孝經通識》所引。

〔註121〕許愼《說文解字‧序》云：「秦燒滅經書，滌除舊典，大發吏卒，興戌役，官獄職務繁，初有隸書，以趣約易而古文由此絕矣。」則不唯大篆爲漢代之人所不識，即小篆識者亦遂杳焉也。其下復云：「諸生競逐說字解經義，稱秦之隸書爲倉頡時書。」即並秦隸亦且不知矣，則謂前漢之有以古文解經者，此不通之論也。

〔註122〕《古史辨》第五冊，劉節〈論今古學書〉一文云：「弟前與朋輩談今古學，深知其根本癥結在五行災異讖緯說之不同，其次爲制度名物之異。至於文字訓詁之乖違，其實皆同聲假借之故，無所謂今古文之分也。」徐復觀云：「今文與古文的分別，其實不在字體的不同……可知漢初的今文皆來自古文，而古文以隸書改寫後即爲今文。凡流佈中的字體是相同的、即同爲隸書。今古文的分別，乃在文字上有出入，及由文字上的出入而引起解釋上的出入。」(《西漢經學史》) 故以古今字體之殊，爲今古文之別，此亦不通之論也。

〔註123〕說見錢穆〈兩漢博士家法考〉，又《秦漢史》第五章「昭宣以後之儒術」，第三節「博士之增立」。

而私學則式微而鮮見於史傳，以流佈而論經學之興衰，固不足賅漢代經學之全貌也。

故論漢代經學，以齊、魯之分別實較今古之分得宜。馬氏以為齊學尚恢宏，魯學多迂謹；齊學喜言天人之學，魯學多守典章之遺；以言陰陽災異也，齊學為勝；以言明習於典章也，魯學為長。錢穆先生云：

> 漢人通經本以致用，所謂以儒術緣飾吏治者，而其議論則率本於陰陽及《春秋》。陰陽據自天意，《春秋》本諸人事，一尊天以爭，一引古以爭。非此不足以折人而自伸其說，非此亦不足以居位而自安。
>
> 〔註124〕

其託天意而言陰陽，是齊學也；引人事以論是非，則魯學也；漢儒之經術乃不外此二端也。

附錄七、史傳所錄兩漢之間齊魯地域之經師一覽表

（一）籍隸於魯地之經師

申　公：魯人。傳《魯詩》、《穀梁春秋》。

大江公：瑕丘人。授《穀梁春秋》及《詩》於魯申公，傳子至孫，為武帝時博士。

榮　廣：魯人。授《詩》及《春秋》於瑕丘江公，高材敏捷，與《公羊》大師眭孟等論，數困之。

皓星公：魯人。與榮廣同師瑕丘江公。

許　生：魯人。申公弟子。

徐　公：免中人。申公弟子，守學教授。

周　霸：魯人。任膠西內史。

夏　寬：魯人。任城陽內史。

魯　賜：碭人。東海太守。

徐　偃：魯人。亦申公弟子，任膠西中尉。

孔安國：魯曲阜人。申公弟子，臨淮太守。

闕門慶忌：鄒人。申公弟子，任膠東內史。

王　式：東平新桃人。事免中徐公及許生，為昌邑王師。

張長安：山陽人。事王式，受《詩》，詣博士弟子選。

〔註124〕見〈兩漢博士家法考‧上〉，「齊學與魯學」一節。

唐長賓：東平人。王式弟子，應博士弟子選。

韋　孟：家本彭城，後徙於鄒。爲楚元王傅，傳子夷王及孫王戊。

韋　賢：韋孟五世孫，鄒人。兼通《禮》、《尚書》，以《詩》教授，號稱
　　　　鄒魯大儒。《魯詩》有韋氏學。

韋玄成：韋賢之子，宣帝時受詔與《五經》諸儒雜論同異於石渠閣。

韋　賞：韋玄成子，以明《詩》，哀帝爲定陶王時爲太傅。

夏侯都尉：魯人。從濟南張生受《尚書》，以傳族子始昌。

夏侯始昌：魯人。通《五經》，以《齊詩》、《尚書》教授。

夏侯勝：始昌族子。從始昌受《尚書》及《洪範五行傳》，說災異，傳《大
　　　　夏侯尚書》。

夏侯建：勝之從兄子。師事勝及歐陽高，左右采獲牽引以次章句，具文
　　　　飾說，爲《小夏侯尚書》。

周　霸：魯人。伏生弟子，頗能言《尚書》。

孔　霸：魯人。孔安國之子，傳《古文尚書》，及其子孫孔福、孔光、孔
　　　　驩、孔房、孔均、孔志、孔損、孔曜、孔完、孔昱俱受《古文
　　　　尚書》。

高堂生：魯人。漢興，傳《士禮》十七篇。

徐　生：魯人。受《禮》高堂生，善爲頌，文帝時以頌爲禮官大夫。

徐　延：魯人。徐生之子，頗善爲頌。

徐　襄：魯人。徐生之孫，資性善爲頌，至廣陵內史。

蕭　奮：魯人。以《禮》，至淮陽太守。

公戶滿意、桓生、單次：皆徐生弟子，爲禮官大夫。

曹　褒：魯國薛人。父充，持《慶氏禮》，建武中爲博士，從巡狩岱宗，
　　　　定封禪禮，還，受詔立七郊、三雍、大射、養老禮儀。

朱　雲：魯人。從博士白子友（奇）受《易》，又事前將軍蕭望之受《論
　　　　語》，皆能傳其業。

江　公：瑕丘大江公孫，武帝時與董仲舒並議，不如仲舒，傳《穀梁春
　　　　秋》魯榮廣、皓星公等。

史　高：魯人。學《穀梁春秋》，宣帝時任侍中。

眭　弘：魯國蕃人也。從嬴公受《春秋》，以明經爲議郎。

顏安樂：魯國薛人，眭孟（弘）姊之子，官至齊郡太守丞。習《公羊春

秋》，授淮陽泠豐、淄川任公，由是顏氏有泠、任之學；又有管、冥之學。

孔　僖：魯國魯人。自安國以下，世傳《古文尚書》、《毛詩》。

朱　勃：平陵人。治《韓詩》。

（二）籍隸於齊地之經師

浮丘伯：齊人。嘗事荀卿學。漢興，授魯申公、楚元王、繆生等《詩》。

轅固生：齊人。以治《詩》，孝景時為博士，諸齊以《詩》顯貴，皆固之弟子。

后　蒼：東海郯人。事夏侯始昌。始昌通《五經》，蒼亦通《詩》、《禮》，博士，至少府。授翼奉、蕭望之、匡衡，於是《齊詩》有翼、匡、師、伏之學。

蕭望之：東海蘭陵人。好學，治《齊詩》，事同縣后蒼且十年。以令詣太常授業，復事同學博士白奇；又從夏侯勝問《論語》、禮服，京師稱述焉。

翼　奉：東海下邳人。治《齊詩》，與蕭望之、匡衡同師，三人經術皆明。衡為後進，望之施於政事，而奉惇學不仕，好律曆陰陽之占。及匡衡為丞相，請徙南北郊，其議皆自奉發之。以中郎為博士、諫大夫，以壽終。《齊詩》有翼氏學。

匡　衡：東海承人。家貧，好學，庸作以供資用，尤精力過絕人，諸儒為之語曰：「無說《詩》，匡鼎來；匡說《詩》，解人頤。」

師　丹：琅邪東武人。治《詩》，事匡衡。舉考廉，為郎，元帝末為博士。哀帝即位，代王莽為大司馬。

伏　湛：琅邪東武人。性孝友，父理以《詩》授成帝，為高密太傅，別自名學（按：《齊詩》有伏氏之學）。湛少傳父業，教授數百人。光武即位，知湛名儒舊臣，徵拜尚書，建武三年，代鄧禹為大司徒，封陽都侯。子晨、孫無忌，亦傳家學，永和元年，詔無忌與議郎黃景校定中書《五經》、諸子百家、藝術。桓帝元嘉中，復詔無忌與黃景、崔寔等共撰《漢記》；又自采集古今，刪著事要，號曰《伏侯注》。子質、孫完皆有名。

按：伏生於漢興傳授《尚書》，伏氏終漢之世皆以學顯名。

伏　恭：兄子。湛弟黯，以明《齊詩》，改定章句，作解說九篇，位至光

祿勳，無子，以恭爲後。恭少傳黯學，建武中，太常試經第一，拜博士；敦修學校，教授不輟，由是北州多爲伏氏學。初，父黯章句多，恭乃省減浮詞，定爲二十萬言。

主父偃：齊國臨淄人。學長短縱橫之術，晚乃學《易》、《春秋》、百家之言。武帝元光初，迺上書闕下，所言九事，其八事爲律令，一事諫伐匈奴。乃拜爲郎中。

嚴　安：齊國臨淄人。以故丞相史上書陳時弊，書稱鄒衍，是齊學者也。

終　軍：濟南人。少好學，以辨博能屬文聞於郡中。年十八，選爲博士弟子。至長安，上書言事，武帝異其文，拜爲謁者，給事中。

王　吉：琅邪皋虞人。少好學明經，爲昌邑中尉，而昌邑王好遊獵，馳驅國中，動作無節，吉上疏諫。吉兼通《五經》，能爲《騶氏春秋》，以《詩》、《論語》教授，好梁丘賀說《易》，令子駿受焉。

王　駿：梁丘賀說《易》，父吉令駿受焉。先是京兆有趙廣漢、張敞、王尊、王章，至駿皆有能名，故京師稱曰：「前有趙、張，後有三王。」後至御史大夫。

仲長統：山陽高平人。少好學，博涉書記，贍於文詞。著論名《昌言》，凡三十四篇，十餘萬言。

田　君：東平人。費令，始游學，治《韓詩》、《孝經》。

都尉朝：孔氏有《古文尚書》，孔安國以今文字讀之，因以起其家。安國爲諫大夫，授都尉朝；都尉朝授膠東庸生，庸生授清河胡常，以明《穀梁春秋》爲博士，又傳《左氏》。

伏　生：濟南人。故爲秦博士。孝文時，求能治《尚書》者，天下無有，聞伏生治之，欲召。時伏生年九十餘，老不能行，於是詔太常使掌故朝錯往受之。秦時禁書，伏生壁藏之，其後兵大起，流亡。漢定，伏生求其書，亡數十篇，獨得二十九篇，即以教於齊、魯之間。齊、魯間學者由是頗能言《尚書》，山東大師無不涉《尚書》以教。伏生教濟南張生及歐陽生，張生爲博士。

歐陽生：千乘人。事伏生，授兒寬；寬又授業孔安國。寬授歐陽生子，世世相傳，至曾孫高，爲博士。高孫地餘以太子中庶子授太子，後爲博士，論石渠。由是《尚書》有歐陽氏學。

倪　寬：千乘人。治《尚書》，事歐陽生。以郡國選詣博士，受業孔安國。

見武帝，語經學。上曰：「吾始以《尚書》爲樸學，弗好；及聞寬說，可觀。」乃從寬問一篇。歐陽、大小夏侯氏學皆出於寬。

林　尊：濟南人。事歐陽高，爲博士，論石渠。授平陵平當，梁陳翁生。翁生信都太傅，家世傳業，授琅邪殷崇、楚國龔遂；平當授九江朱普、上黨鮑宣，由是歐陽氏有平、陳之學。

張山拊：平陵人。事小夏侯建，爲博士，論石渠，至少府，授同縣李尋、鄭寬中、山陽張無故、信都秦恭、陳留假倉。無故善修章句，守小夏侯說文；恭增師法至百萬言；倉以謁者論石渠；尋善說災異；寬中以博士授太子。由是小夏侯有鄭、張、秦、假、李氏之學。寬中授東郡趙玄，無故授沛唐尊，恭授魯馮賓。

李　尋：平陵人。治《尚書》，與張子儒、鄭寬中等同守師法教授；尋獨好〈洪範〉災異，又學天文月令陰陽。

張　馴：濟陰定陶人。少游太學，能誦《左氏春秋傳》，以《大夏侯尚書》教授。與蔡邕共奏定六經文字。

周　堪：齊人。與孔霸俱事大夏侯勝。霸爲博士；堪譯官令，論於石渠，經最高。堪授牟卿及長安許商；商善爲算，著《五行論曆》；霸以帝師賜爵褒成君，傳子光，亦事牟卿。由是大夏侯有孔、許之學。

云　敞：平陵人。師事同縣吳章。章治《尚書經》爲博士，爲當世名儒。

吳　良：齊國人。習《大夏侯尚書》，爲郡議曹掾。

牟　融：北海安丘人少博學，以《大夏侯尚書》教授，門徒數百人，名稱州里。

王　良：東海蘭陵人。少好學，習《小夏侯尚書》。王莽時，稱病不仕，教授諸生千餘人。

王　璜：琅邪人。孔安國以《古文尚書》授都尉朝；都尉朝授膠東庸生；庸生授清河胡常，以明《穀梁春秋》爲博士，又傳《左氏》；常授虢徐敖，敖爲右扶風掾，又傳《毛詩》，授琅邪王璜、平陵塗惲；塗惲授河南桑欽，王莽時諸學皆立，劉歆爲國師，璜、惲等皆貴顯。是傳古文者，亦齊、魯之學者也。

衛　宏：東海人。少與鄭興俱好古學。初，九江謝曼卿善《毛詩》，乃爲其訓。宏從曼卿受學，因作〈毛詩序〉，善得風雅之旨，于今傳

於世。後從大司空杜林更受《古文尚書》，作訓旨。時濟南徐巡
師事宏，後從林受學，亦以儒顯，由是古學大興。此又古學亦
由齊、魯學者而來之一證也。

徐　巡：濟南人。師事衛宏受《毛詩》，又從杜林學《古文尚書》，以儒
顯，古文之興與有功焉。

孫　期：濟陰成武人。少爲諸生，習《京氏易》、《古文尚書》。里落化其
仁，黃巾賊起，相約不犯孫先生舍。

貢　禹：琅邪人。以明經絜行著聞，徵爲博士。元帝初即位，徵禹爲諫
大夫，數虛己問以政事。習《公羊春秋》、《齊論》。

王　朗：東海郡人。以通經，拜郎中。師太尉楊賜，孫策渡江，朗與戰，
敗，浮海至東冶。曹操徵之，拜諫議大夫。朗著《易》、《春秋》、
《孝經》、《周官傳》，其子肅，善賈馬之學，不好鄭氏，采會同
異，爲《尚書》、《詩》、《論語》、《三禮》、《左氏解》，晉代皆列
於學官。

王　嘉：平陵人。以明經射策甲科爲郎，哀帝時丞相。

鄭　崇：高密人。哀帝時，以董賢貴盛過度，諫，得罪。

鄭　玄：北海高密人。師事京兆第五元先，始通《京氏易》、《公羊春秋》、
《三統曆》、《九章算術》；又從東郡張恭祖受《周官》、《禮記》、
《左氏春秋》、《韓詩》、《古文尚書》。鄭氏網羅眾家，爲東漢末
大儒。

叔孫通：薛人。秦時以文學爲博士，漢初官太子太傅，起朝儀，漢代之
禮所本。薛地本屬魯，後併於齊，而叔孫通制禮非古，與高堂
生傳《士禮》有別，故繫之於齊云。

孟　卿：東海人。事蕭奮，以授后倉、魯閭丘卿。蒼說《禮》數萬言，
號曰《后氏曲臺記》，是齊地言《禮》之所本也。

田　何：齊人。自孔子授《易》，五傳至何。及秦禁學，以《易》爲卜筮
之書，獨不禁，故何傳之不絕。漢興，田何以齊諸田徙杜陵，
號曰杜田生，以《易》授弟子。東武王同、雒陽周王孫、丁寬、
齊服生等皆顯當世，終爲漢《易》家之宗。

楊　何：菑川人。漢武帝元光元年，徵爲中大夫。

即墨成：齊人。以治《易》至城陽相。

孟　但：廣川人。以治《易》爲太子門大夫。

衡　胡：莒人。以《易》至二千石。

魏　相：濟陰定陶人，徙平陵。少學《易》，爲郡卒史，武帝時舉賢良，
　　　　以對策高第，爲茂陵令。宣帝即位，徵爲大司農，遷御史大夫，
　　　　數采《易》陰陽及明堂月令奏之，與丙吉同心輔政，稱賢相焉。

梁丘賀：琅邪諸人。從京房受《易》。房者，淄川楊何弟子也。房出爲齊
　　　　郡太守，賀更事田王孫。宣帝時，會八月飲酎，行祠孝昭廟，
　　　　先驅旄頭劍挺墮墜，首垂泥中，刃嚮乘輿車，馬驚；於是召賀
　　　　筮之，有兵謀，不吉。賀以筮有應，由是近幸，年老終官。

梁丘臨：賀之子。臨學《易》精熟，專行京房法，授五鹿充宗；宗授平
　　　　陵士孫張、沛鄧彭祖、齊衡咸。由是梁丘有士孫、鄧、衡之學。

孟　喜：東海蘭陵人。父號孟卿，善爲《禮》、《春秋》，授后倉、疏廣，
　　　　世所傳《后氏禮》、《疏氏春秋》，皆出孟卿。孟卿以《禮經》多、
　　　　《春秋》煩雜，乃使喜從田王孫受《易》。喜好自稱譽，得《易》
　　　　家候陰陽災變書，詐言師田生且死時枕喜膝，獨傳喜，諸儒以
　　　　此耀之。同門梁丘賀疏通證明之，曰：「田生絕於施讎手中，時
　　　　喜歸東海，安得此事？」又蜀人趙賓好小數書，後爲《易》，飾
　　　　《易》文，以爲「箕子明夷，箕子者，萬物方荄茲也。」賓持
　　　　論巧慧，《易》家不能難，皆曰「非古法也」。博士缺，眾人薦
　　　　喜，上聞喜改師法，遂不用之。喜授同郡白光、沛翟牧，皆博
　　　　士。《易》由是有翟、孟、白之學。

京　房：淄川楊何弟子。爲大中大夫、齊郡太守。此另一京房，與京氏
　　　　之學之京房不同一人。

京　房：東郡頓丘人。治《易》，事梁人焦延壽。延壽常曰：「得我道以
　　　　亡身者，京生也。」其說長於災變，分六十四卦，更直日用事，
　　　　以風雨寒溫爲候，各有占驗，房用之尤精，好鍾律，知音聲。《易》
　　　　家有京氏之學。

郎　宗：北海安丘人。學《京氏易》，善風角、星算、六日七分，能望氣
　　　　占候吉凶，常賣卜自奉。安帝徵之，對策爲諸儒表，拜吳令。

郎　顗：郎宗之子。少傳父基，兼明經典。隱居海畔，延致學徒常數百
　　　　人。順帝時，災異屢見，公車徵顗，乃詣闕拜章，條便宜七事，

後爲同郡孫禮所殺。

費　直：東萊人。治《易》爲郎，至單父令。長於卦筮，無章句，徒以彖
　　　　象繫辭文言解說上下經。琅邪王璜能傳之，璜又傳《古文尚書》。

胡毋生：齊人。治《公羊春秋》，爲景帝博士。與董仲舒同業，仲舒著書
　　　　稱其德。年老，歸教於齊，齊之言《春秋》者宗事之。公孫弘
　　　　亦頗受焉。

公孫弘：菑川薛人。年四十餘，乃學《春秋》。武帝初即位，招賢良方正，
　　　　弘年六十，以賢良徵爲博士。弘習文法吏事，緣飾以儒術，常
　　　　稱武帝意。元朔中，爲丞相，封平津侯。其性意忌，外寬內深，
　　　　諸常與弘有隙，雖佯與善，終報之，殺主父偃、徙董仲舒膠西，
　　　　皆弘力也。

疏　廣：東海蘭陵人。少好學，明《春秋》，家居教授，徵爲博士大中大
　　　　夫。宣帝時，疏廣爲太子少傅，與丙吉共傅太子。

嚴彭祖：東海下邳人，與顏安樂俱事眭孟。孟死，彭祖、安樂各顓門教
　　　　授，由是《公羊春秋》有顏、嚴之學。

馬　宮：東海戚人。治《春秋嚴氏》，以射策甲科爲郎，後爲丞相司直。
　　　　師丹薦宮行能高潔，遷廷尉平，代孔光爲大司徒。王莽篡位，
　　　　以宮爲太子太師。

丁　恭：山陽東緡人。習《公羊嚴氏春秋》，學義精明，教授常數百人。
　　　　光武建武初，爲諫議大夫、博士、封關內侯，當世稱爲大儒。

周　澤：北海安丘人。少習《公羊嚴氏春秋》，隱居教授，門徒常數百人。
　　　　建武末，辟大司馬府。

甄　宇：北海安丘人。清靜少欲，習《嚴氏春秋》，教授常數百人。建武
　　　　中，徵拜博士。

魯　峻：山陽昌邑人。治《魯詩》，兼通《顏氏春秋》。

公沙穆：北海膠東人。習《韓詩》、《公羊春秋》，尤銳思河洛推步之術。
　　　　隱東萊山，學者自遠而至。

附錄八、前漢《易經》齊學之傳授系統表

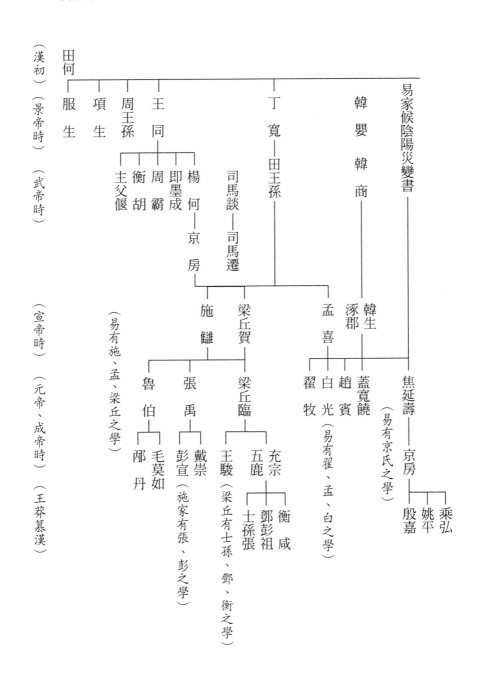

附錄九、《尚書》齊學在西漢之傳授源流表

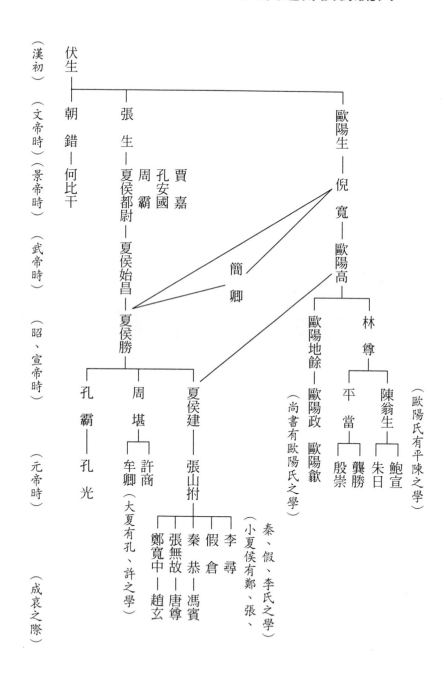

附錄十、《尚書》魯學在前漢之傳授系統（表見朱睦㮮《授經圖》卷二）

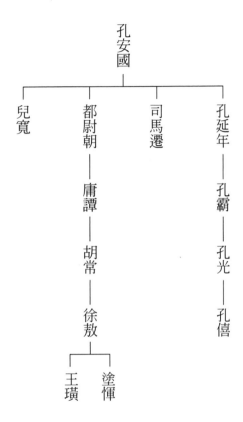

附錄十一、前漢《魯詩》之傳授源流表

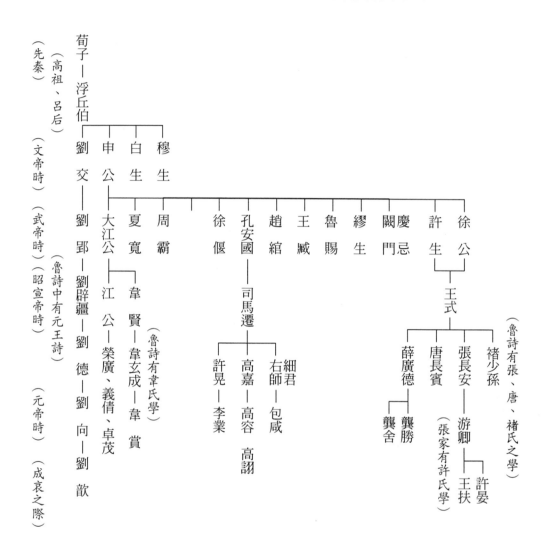

附錄十三、《詩經》齊學在前漢之傳授系統表

附錄十二、《毛詩》在前漢之傳授源流表

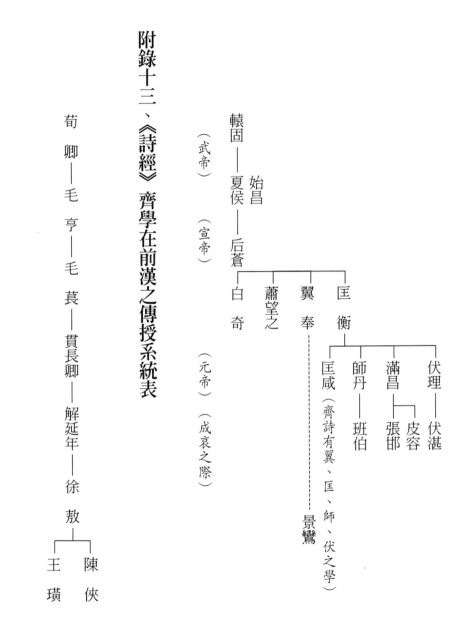

附錄十四、《韓詩》在前漢之傳授系統表

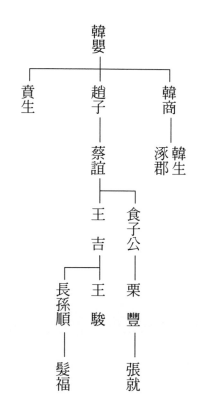

附錄十五、《儀禮》、《禮記》齊魯學之傳授系統表

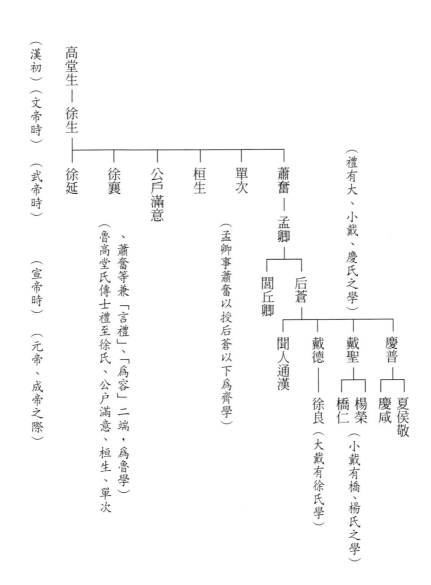

附錄十六、前漢《春秋公羊》傳授表

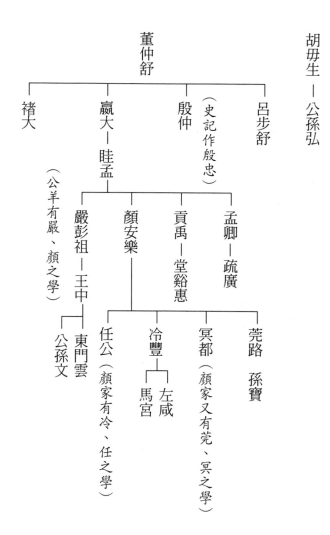

附錄十八、前漢《春秋左氏傳》傳授源流表（同註112）

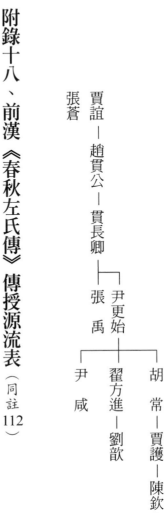

附錄十七、前漢《穀梁春秋》傳授表

第六章 《五經》齊魯學術思想之異同 及其內容

馬宗霍曾論漢代經學齊、魯之分云：「大抵齊學尙恢宏，魯學多迂謹；齊學喜言天人之理，魯學頗守典章之遺。」此論其大較也。錢穆先生亦以漢代經學有齊、魯學之別，其言曰：

〈藝文志〉稱申公：「以《詩經》爲訓以教，無傳，疑則闕不傳。」蓋申公祇有訓故，不別爲傳。無傳，對上爲訓爲文；闕不傳，對上以教爲文。漢儒注經各守義例，故訓傳說，體裁不同。故訓者，疏通其字義；傳說者，徵引於事實。申公獨以《詩經》爲訓，無傳，謂申公祇作詩故，不別作詩傳也。云獨者，以別齊、韓《詩》之有故復有傳也。申公之治《詩》，蓋魯學謹嚴之風然也。武帝初即位，申公弟子王臧、趙綰言其師於帝，召申公。至，見天子，天子問治亂之事。對曰：「爲治者不多言，顧力行何如耳。」武帝內實好文詞浮誇，見申公對，默然不悅。後臧、綰自殺，申公亦疾免以歸。則申公爲人如其學，亦純謹一流也。申公雖弟子受業者百餘人，然於朝廷大政殊不得志。《史記·封禪書》：「上爲封禪祠器示群儒，群儒或曰不與古同。徐偃又曰：太常諸生行禮，不如魯善。周霸屬圖封禪事。於是上絀偃、霸，而盡罷諸儒不用。」徐偃、周霸皆申公弟子，亦謹守舊聞，不事阿合，遂以見斥，蓋仍是申公純謹遺風矣。

武帝以封禪事問兒寬，寬逆探上意爲對，[註1] 遂稱旨得親幸，拜御

<hr />

[註 1] 漢武帝之崇儒，因其人之好侈而多欲，所好皆齊學者。《漢書·兒寬傳》：「及

史大夫。寬千乘人，治《尚書》，事歐陽生，又受業孔安國。其人有政治才，蓋齊學恢宏之風也。齊學言《尚書》自伏生，其傳爲晁錯，亦擅權用事；伏生《尚書大傳》，特重〈洪範五行〉，爲後儒言五行災異之祖。齊學言《詩》自轅固生；韓嬰燕人，亦治《詩》，燕、齊學風較近似。故班氏論之曰：「漢興，魯申公爲《詩》訓故，而齊轅固、燕韓生皆爲之傳。或取《春秋》，采雜說，咸非其本義。與不得已，魯最爲近之。」是齊學恢奇駁雜，與魯學純謹不同之驗也。〔註2〕

蓋齊、魯二邦本於戰國以來，遵儒業而不廢，是以入漢以後，《五經》之學多出於齊、魯地，前章已作分明之論述，此章則就齊、魯二家之經學精神與內容更進一層作論述焉。

第一節　齊學之尙於權變與魯學之謹於篤守

自漢儒而言，魯學者多篤守師說，不能馳騁見奇，而趨時以求合，故常見抑於當世；《漢書‧地理志》稱魯道近正，是以其民好學，尙禮義、重廉恥，雖周孔遺化銷微，庠序衰壞，然其好學之風，猶有愈於它俗者也。而齊學者則博采雜說，推言陰陽災變，行及於政道；《漢書‧地理志》謂齊俗夸侈，其士闊達足智，言與行繆，虛詐不情，應之於學術，當亦有是習性也。

一、齊學尙權變，魯學守經義

齊學好言權變，故齊學所以恢詭多奇也。齊學之祖於太公、管仲，而宗於鄒衍也。《史記》最善推齊太公之權謀，〔註3〕亦盛贊管仲之權術；〔註4〕

議欲放古巡狩封禪之事，諸儒對者五十餘人，未能有所定。……寬對曰：『……然享薦之義，不著於經，以爲封禪告成，合袪於天地神祇，祇戒專精，以接神明，總百官之職，各稱事宜，而爲之節文，唯聖主所由制定其當，非群臣之所能列。』上然之，乃自制儀，采儒術以文焉。」此見兒寬之能阿附上意，以取貴顯也。又如公孫弘「每朝會議，開陳其端，使人主自擇，不肯面折庭爭。於是上察其行慎厚，辯論有餘，習文法吏事，緣飾以儒術。」兒寬之所行與公孫弘相類也。主爵都尉汲黯嘗庭詰公孫弘曰：「齊人多詐而無情。」正《漢書‧地理志》稱「其士多好經術，矜功名，舒緩闊達而足智，其失夸奢朋黨，言與行繆，虛詐不情。」此齊人之素習也。

〔註2〕見錢穆《秦漢史》第五章，第三節，「博士之增立」，論齊學魯學部份。

〔註3〕《史記‧齊太公世家》：「周西伯昌之脫羑里歸，與呂尚陰謀修德以傾商政，其事多兵權與奇計。故後世之言兵及周之陰權，皆宗太公爲本。」又云：「討

其論鄒衍之學，稱「作怪迂之變，〔註5〕其語閎大不經」，自戰國以來，齊人多以善於權變者稱也。〔註6〕

　　夫道者，有常、有變。常者，道之體性；變者，道之作用也。〔註7〕常者，乃道之實體，人若體此實體以踐履於日用之間，則為君子，故「常」為君子之道焉。唯體常或有不足應變，而有隨時更化之「權」之一義。《論語·子罕篇》云：

　　　　可與共學，未可與適道。可與適道，未可與立。可與立，未可與權。

其「可與立」者，必立於道之常體上；唯孔子稱「可與立，未可與權。」則見行權之難，有甚於立於常也。故終古大聖，唯夫子「可以速而速，可以久而久，可以處而處，可以仕而仕。」孟子因而稱孔子為「聖之時者也」，而謂其集大成，〔註8〕孔子蓋於「經」與「權」之應化，非伯夷、伊尹、柳下惠等之所及，〔註9〕於道最高也。

紂之罪、散鹿臺之錢、發鉅橋之粟以振貧民、封比干墓、釋箕子囚、遷九鼎、修周政，與天下更始，師尚父謀居多。於是武王已平商而王天下，封師尚父於齊營邱，東就國，道宿行遲，逆旅之人曰：『吾聞時難得而易失，客寢甚安，殆非就國者也。』太公聞之，夜衣而行，黎明至國；萊侯來伐，與之爭營邱。」太史公述齊太公事蹟：每言其「權」，其「謀」，而又強調「時」之義，見此三者實為一事也，齊人之尚權者，以此可知。

〔註4〕《史記·管子列傳》：「其為政也，善因禍而為福，轉敗而為功，貴輕重、慎權衡。」故如南伐楚，北伐山戎，皆善藉名義而成功，此是管仲之善於謀略也。

〔註5〕變，辯也，論也。怪迂之變即怪異迂遠之論。

〔註6〕《史記》稱淳于髡「學無所主，皆承意觀色為務。」此在公孫弘、主父偃、兒寬等人身上亦可見之；又稱燕齊海上之方士為「怪迂阿諛苟合之徒」，則漢代新垣平、李少君、少翁、欒大、丁公、公玉帶等齊人實可當之，足見齊人虛詐之性，迄漢代猶無改也。

〔註7〕熊十力《讀經示要》云：「經者，常道也。夫常道者，包天地、通古今，無時而不然也，無地而可異也。以其恒常，不可變改，故曰常道。」《老子》曰：「道可道，非常道。」又曰：「反者，道之動。」據道家之義，道因非經驗之對象，而又範疇萬有，故為常道；而道之作用，皆循環變化，故有「反」之義，經驗界之萬事萬象皆變逝無常者。儒家蓋據道之體以立其常；道家則據道之變以言其用也。

〔註8〕見《孟子·萬章篇》。孟子曰：「伯夷，聖之清者也。伊尹，聖之任者也。柳下惠，聖之和者也。孔子，聖之時者也。孔子之謂集大成。」四聖之中，以孔子之道為最高。

〔註9〕〈公孫丑篇〉，孟子曰：「伯夷隘，柳下惠不恭。隘與不恭，君子不由也。」朱熹注云：「隘，狹窄也；不恭，簡慢也。夷、惠之行固皆造乎至極之地，

　　孟子之所以「時之宜」為孔子最高之道者，其觀念蓋頗受齊人之影響。〈公孫丑篇〉嘗引齊人之語曰：「雖有智慧，不如乘勢；雖有鎡基，不如待時。」是其證也。蓋「時宜」即「權」之結果，〈離婁篇〉載曾子居武城，寇至而去；子思居衛，寇至而守。二人所行不同，孟子曰：

> 曾子、子思同道。曾子，師也，父兄也；子思，臣也，微也。曾子、子思易地則皆然。

據人倫而論之，曾子為武城之父兄，對其師，故寇至，以護全子民為其務；子思為衛之守，則護城為其職責。二人所為不同，據道以權之，各得其宜，故曰：「曾子、子思易地則皆然。」此是權之用也。同篇又云：

> 禹、稷當平世，三過其門而不入，孔子賢之。顏子當亂世，居於陋巷，一簞食，一瓢飲，人不堪其憂，顏子不改其樂。孟子曰：禹、稷、顏回同道。禹思天下有溺者，由己溺之也。稷思天下有飢者，由己飢之也；是以如是其急也。禹、稷、顏子易地則皆然。

蓋聖賢之心同處於道之常體上，隨感而應，無所偏倚，在能盡之而已。朱子云：「故使禹、稷居顏子之地，則亦能樂顏子之樂；使顏子居禹、稷之任，亦能憂禹、稷之憂。」是也。雖所遭事各異，然禹、稷、顏子所行各合乎道而當其理。尹氏曰：「當其可之謂時。前聖後聖，其心一也。」〔註10〕其可不可，當據時而權宜，「時」之義大矣哉！又同篇，孟子對稷下學士淳于髡之問，則具體提出「經」與「權」之對應關係：

> 淳于髡曰：「男女授受不親，禮與？」孟子曰：「禮也。」曰：「嫂溺，則援之以手乎？」曰：「嫂溺不援，是豺狼也。男女授受不親，禮也；嫂溺援之以手者，權也。」

禮是常經，是道之體，包天地、通古今，無因時、地之異而變改；〔註11〕然若遇非常之變，則應權衡「生命與常禮孰重？」之問題。「男女授受不親」，為別男女之大防也；嫂溺，則關繫生命之存亡，若仍拘於男女之大防，遂令嫂溺之而不援，其於心之仁何能交待？故謂「嫂溺而不援是豺狼也」。凡謂輕重之權衡，即「義」之所處也，故「權」之為「時宜」者，即義之所在也。

　　然既有所偏，則不能無弊，是以君子不從也。」又曰：「有伊尹之志則可，無伊尹之志則篡也。」見伯夷，柳下惠、伊尹等皆有所偏至，唯孔子最合時宜。

〔註10〕見朱子《孟子集注》所引。

〔註11〕見註7，熊十力《讀經示要》語。

據《孟子》一書觀之,對「權」一義抒發最多,〔註12〕蓋以齊人多尙權故也。

而齊人亦實能繼孟子之後,在經義之中闡發「權」之精要者。《公羊傳》者,齊學也。桓公十一年,《春秋》經云:「九月,宋人執鄭祭仲。」傳云:

> 九月,宋人執鄭祭仲。祭仲者何?鄭相也。何以不名?賢也。何賢乎祭仲?以爲知權也。其爲知權奈何?……莊公死,已葬。祭仲將往省于留,塗出於宋。宋人執之,謂之曰:「爲我出忽而立突。」祭仲不從其言,則君必死,國必亡;從其言,則君可以生易死,國可以存易亡。少遼緩之,則突可故出而忽可故反;是不可得則病,〔註13〕然後有鄭國。古人之有權者,祭仲之權是也。權者何?權者,反於經然後有善者也。權之所設,舍死亡無所設。行權有道;自貶損以行權,不害人以行權。殺人以自生,亡人以自存,君子不爲也。

茲據《左傳》敍其事之本末,以見所云之義。《左傳·桓公十一年傳》云:

> 夏,鄭莊公卒。初,祭封人仲足有寵於莊公,莊公使爲卿。爲公娶鄧曼,生昭公,故祭仲立之。宋雍氏女於鄭莊公,曰雍姞,生厲公。雍氏宗有寵於宋莊公,故誘祭仲而執之。曰:「不立突將死。」亦執厲公而求賂焉。祭仲與宋人盟,以厲公歸而立之。

按:《左傳》敍述此事之始末而無評論。其事在魯桓公十一年之夏,鄭莊公卒,鄭國遂生變故。鄭祭仲爲鄭國之相,在前祭仲曾爲莊公娶鄧曼,生忽,即後之鄭昭公。而宋國雍氏亦以女妻於鄭莊公,生突,即後之鄭厲公。逮鄭莊公卒,祭仲立忽爲君,而宋人雍氏爲其甥突之故,乘祭仲之道經宋國而執之,迫其出忽而立突。

《公羊傳》爲祭仲而設想,設祭仲不從宋人之要脅,則君死而國亡;從其要脅,則君可生,國可以存。故祭仲慮之,終以自身將蒙逐君之罪,迫忽出亡而立突爲君,以存鄭國;復有進一層之思慮者,祭仲之從宋人之要脅也,無非期待他日再逐突而復迎忽返國;即若因有賢才,而此計不能行,然鄭國

〔註12〕 〈盡心篇〉,孟子曰:「子莫執中;執中爲近之。執中無權,猶執一也。所惡執一者,爲其賊道也,舉一而廢百也。」此章乃孟子論「權」之最鞭辟入裏者。執中,謂處事執其中道,然此中道必是經權衡而後決斷之結果,故曰「執中無權,猶執一也」,執一之害,在其未能體道之作用爲變化;若遇事皆執中,而不問其宜不宜,是其結果如同執一,其害於道者固大矣。

〔註13〕 《公羊傳》何休《解詁》云:「使突有賢才,是計不可得行,則已病逐君之罪。」

既得存立,祭仲亦唯蒙受逐君之罪名而已。在此,《公羊傳》因此稱祭仲爲「知權」。蓋「權」者,「反於經而後有善者也」,鄭祭仲捨棄己身之聲名以保全鄭國,所謂「自貶損以行權,不害人以行權」者是也。《公羊傳》因此稱祭仲爲賢也,許其爲知權也。

若在《穀梁傳》則不然。《穀梁傳》以祭仲不能死君難,復又專己行權廢立其君,故惡而黜之。傳云:

> 突歸於鄭。曰突,賤之也。曰歸,易辭也。祭仲易其事,權在祭仲也。死君難,臣道也。今立惡而黜正,惡祭仲也。

就此而論,以《公羊》、《穀梁》二傳對勘之,《公羊》之嘉許祭仲行權以存鄭,是齊學尙權變之精神也;《穀梁》黜惡祭仲之專擅,正魯學守正不移之純篤之風也。齊、魯二家之經學思想因之顯現其差異性矣。〔註14〕

又,《公羊傳》雖以能行權爲貴,但亦爲行權設一限制,而曰:「權之所設,舍死亡無所設。」即行權僅限於死亡之大事上始得行之,而行使亦不可「殺人以自生,亡人以自存」,須設在「自貶損以行權,不害人以行權」之一義上。此自我犧牲之精神,乃《公羊》家認可者;若害人以利己,亡人以自存之虛詐行爲,而美其名曰行權,皆非《公羊》家之所許,而大失正道也。

陳柱《公羊家哲學》云:

> 蓋嘗試論之:《公羊》家所貴之權,發於惻隱之心者也。於何見之?宣十四年經書:「宋人及楚人平。」傳曰:外平不書,此何以書?大其平乎已也。何大其平乎已?莊王圍宋,軍有七日之糧爾;盡此不勝,將去而歸爾。於是使司馬子反乘堙而窺宋城;宋華元亦乘堙而出見之。司馬子反曰:「子之國何如?」華元曰:「憊矣。」曰:「何如?」曰:「易子而食之,析骸而炊之。」司馬子反曰:「嘻!甚矣憊!雖然,吾聞之也:圍者柑馬而秣之,使肥者應客,是何子之情也?」華元曰:「吾聞之:君子見人之厄,則矜之;小人見人之厄,則幸之。吾見子之君子也,是以告情於子也。」司馬子反曰:「諾。勉之矣!吾軍亦有七日之糧爾,盡此不勝,將去而歸爾。」揖而去之,反于莊王。莊王曰:「何如」司馬子反曰:「憊矣!」曰:「何如」曰:「易子而食之,析骸而炊之。」莊王曰:「嘻!甚矣憊!雖然,

---

〔註14〕本節論齊人重權,舉例多有取於李新霖《公羊傳要義》一書,詳其第五章「經權說」。

吾今取此，然後歸爾。」司馬子反曰：「不可，臣已之告之矣，軍有七日之糧爾。」莊王怒曰：「吾使子往視之，子曷爲告之？」司馬子反曰：「以區區之宋，猶有不欺人之臣，可以楚而無乎？是以告之也。」莊王曰：「諾！舍而止。雖然，吾猶取此，然後歸爾。」司馬子反曰：「然則君請處于此，臣請歸爾。」莊王曰：「子去我而歸，吾孰與處于此？吾亦從子而歸爾。」引師而去之。故君子大其平乎已也。

董子《春秋繁露·竹林篇》論此段尤詳。其言云：

> 司馬子反爲其君使，廢君命，與敵情，從其所請，與宋平，是內專政而外擅名也。專政則輕君，擅名則不臣，而《春秋》大之，奚由哉？曰：爲其有慘怛之恩，不忍餓一國之民，使之相食。推恩者遠之而大，爲仁者自然而美。今子反出己之心，矜宋之民，無計其間，故大之也。〔註15〕

按：董仲舒《春秋繁露》云：「《春秋》之道，固有常有變。變用于變，常用于常，各止其科，非相妨也。今諸子所稱，皆天下之常，雷同之義也；子反之行，一曲之變，獨修之義也。……故說《春秋》者，無以平定之常義，疑變故之大義，則幾可諭矣。」

此處董子論《春秋》之義有常有變，是《公羊春秋》特有之說法，《公羊》家在此大作文章。而《穀梁傳》唯曰：

> 夏五月，宋人及楚人平。平者，成也。善其量力而反，義也。人者，眾辭也。平，稱眾，上下欲之也。外平不道，以吾人之存焉道之也。

在《穀梁傳》而言，「宋人及楚人平」一事，僅因宋、楚二國鏖戰，終將不堪，故稱二國人皆欲搆和，唯我魯國公孫歸父適與於其事，〔註16〕故歸而道之也。若以《左傳》傳文以考其事，則見《穀梁傳》所言爲平實。《左傳》云：

> 夏五月，楚師將去宋。〔註17〕申犀稽首於王之馬前，曰：「毋畏知死而不敢廢王命。王棄言焉。」王不能答。申叔時僕，曰：「築室反耕

〔註15〕見陳柱《公羊家哲學》「經權說」。

〔註16〕《春秋經》宣公十五年：「春，公孫歸父會楚子於宋。」宋楚之戰，自宣公十三年夏，楚伐宋，十四年秋楚圍宋，至十五年夏，宋楚搆和，其間三年。魯公孫歸父會楚子於宋，蓋懼楚國之伐，故預先薦賄以求免也。見《左傳》宣公十四年傳「孟獻子言於公曰：臣聞小國之免於大國也」一段。

〔註17〕杜注云：「在宋積九月，不能服宋，故去。」此即《公羊傳》所云：「莊王圍宋，軍有七日之糧爾，盡此不勝，將去而歸爾。」之意。

者，宋必聽命。」從之。宋人懼，使華元夜入楚師，登子反之床，起之曰：「寡君使元以病告。曰敝邑易子而食，析骸以爨。雖然，城下之盟，有以國斃，不能從也。去我三十里，唯命是聽。」子反懼，與之盟，而告王，退三十里。宋及楚平，華元爲質，盟曰：「我無爾詐，爾無我虞。」。

《左傳》謂楚莊王因圍宋九月猶不能勝服宋國，故欲去之；唯因一二部屬之勸諫而打消歸去之意，致使宋國使華元夜入楚軍，迫司馬子反以止戰，故宋、楚終得訂盟而和平。曾無《公羊傳》所述楚司馬子反與宋華元在城上之一段對話。據三傳而考之，《穀梁》與《左傳》較近，范甯《穀梁傳·序》曰：「《左》艷而富，其失也巫；《穀梁》清而婉，其失也短；《公羊》辯而裁，其失也俗。」按據屬辭比事而言，左氏躬覽國史，事有可依據，故品藻富艷；艷者，謂其文辭美也；然多敘鬼神之事，預言禍福之期，故范氏謂其失也巫。而《公羊》、《穀梁》二傳爲說經之傳體，性質相近，與《左氏》不類。楊士勛疏云：

> 云清而婉者，辭清義通，若論隱公之小惠、虞公之中知是也；云其失也短者，謂元年大義而無傳，益師不日之惡，略而不言是也。云辯而裁者，辯謂說事分明，裁謂善能裁斷，若斷元年五始，益師三辭，美惡不嫌同辭，貴賤不嫌同號是也；云其失也俗者，若單伯之淫叔姬、郳子之請魯女、論叔術之妻嫂是非、說季子之兄弟飲食是也。

蓋《穀梁》平實而拘謹，其辭義若能解經文爲已足，不嫌其短而略；《公羊》則藉經而申微言，往往說經文之所不至，而勇於裁斷經旨，如前述論「權」者是也。然此又齊、魯恢宏瑰偉與篤實拘謹之分疆也。

二、齊學推陰陽倡革命，魯學重教化遵體制

　　齊學宏傳，多雜取異義；〔註18〕魯學篤謹，傳學有疑則闕，〔註19〕此先

〔註18〕非常異義者，如《公羊傳》莊公四年，齊襄復九世之讎而滅紀；僖公元年，實與齊桓專封之類。謂之異義者，言其異於文武時之常義也。若其常義，則諸侯不得擅滅，諸侯不得專封，今《公羊》齊學不同，故曰非常異義。其可怪之論者，如昭公三十一年邾婁叔術妻嫂，而《春秋》善之是也。見《公羊傳》楊士勛疏。

〔註19〕《穀梁傳》之理想，在使其傳之切於實錄。故《穀梁》桓公五年傳云：「《春秋》之義，信以傳信，疑以傳疑。」明其以實錄自居。六年傳：「九月丁卯，子同生。疑故志之。」桓公十四年：「夏五，傳疑也。」莊公七年傳云：「《春秋》著以傳著，疑以傳疑。」僖公十六年：「君子之於物，無所苟而已。石、鶂且

儒論漢代經學之常言也。抑有進者，齊學以雜取爲長，故自道、法、名、陰陽皆有所取，尤以調和陰陽爲其學術之大體；魯學則篤於人倫教化，故嚴君臣父子之倫常。以齊學之尙於權變，故於政治則倡言革命，而魯學則敬君法祖，又其學術判然分野也。茲略論之。

（一）齊學以調和陰陽為大體

《漢書·翼奉傳》云

> 奉奏封事曰：臣聞之於師曰：天地設位，懸日月、布星辰、分陰陽、定四時、列五行，以視聖人，名之曰道。聖人見道，然後知王治之象，故畫州土、建君臣、立律曆、陳成敗，以視賢者，名之曰經。賢者見經，然後知人道之務，則《詩》、《書》、《易》、《春秋》、《禮》、《樂》是也。《易》有陰陽，《詩》有五際，《春秋》有災異，皆列終始、推得失、考天心，以言王道之安危。

按：翼奉之師后蒼，則奉之說本之於師說，其所奏封事之內容，乃齊學之大類也。〔註 20〕又據《漢書·儒林傳》，后蒼事夏侯始昌，始昌通《五經》，后氏之學當本之於夏侯始昌。《漢書·五行志》云：

> 孝武時，夏侯始昌通《五經》，善推〈五行傳〉，以傳族子夏侯勝，下及許商，皆以教所賢弟子。

明翼氏之學亦自夏侯氏遞傳而來也。《漢書·夏侯始昌傳》云：

> 夏侯始昌，魯人也。通《五經》，以《齊詩》、《尚書》教授。自董仲舒、韓嬰死後，武帝得始昌，甚重之。始昌明於陰陽，先言柏梁臺災日，至期日果災。

是夏侯氏明於陰陽災異之證也。然夏侯氏又在董仲舒之後，其災異之學，或得之於董仲舒。〔註21〕據《漢書·五行志》云：

猶盡其辭，而況於人乎？故五石六鶂之辭不設，則王道不宄矣。」《穀梁傳》類此言者甚多，不煩贅舉。然則，在作《穀梁傳》者言之，其有志於實錄之用心，以此可知矣。《春秋》經文一千八百九十八條，《穀梁傳》文僅七百四十一條（據李甲孚《春秋穀梁傳及其作者》一文），其中有經而無傳者，居半以上，其闕疑者多矣。據《公》、《穀》二傳觀之，則齊、魯學之大趨可知也。

〔註20〕《漢書·眭兩夏侯京翼李傳贊》云：「漢興，推陰陽、言災異者，孝武時有董仲舒、夏侯始昌；昭宣則眭孟、夏侯勝；元成則京房、翼奉、劉向、谷永；哀平則李尋，田終術。此其納說時君著明者也。」《漢書》以此諸人列在同一傳中，蓋視其學爲同類也。齊經學之大類見本章第二節。

〔註21〕徐復觀《兩漢思想史》卷二，〈先秦儒家思想的轉折及天的哲學的完成〉一文

景武之世，董仲舒治《公羊春秋》，始推陰陽，爲儒者宗。

是推陰陽以言經術者始於仲舒也。據《史記》本傳：

> 以《春秋》災異之變推陰陽之所以錯行，故求雨閉諸陽，縱諸陰，其
> 止雨反是。行之一國，未嘗不得所欲。中廢爲中大夫，居舍，著《災
> 異之記》。是時遼東高廟災，主父偃疾之，取其書奏之天子。天子召
> 諸生示其書，有刺譏。董仲舒弟子呂步舒不知其師書，以爲下愚。於
> 是下董仲舒吏，當死，詔赦之。於是董仲舒竟不敢復言災異。

仲舒之著災異之記，而弟子呂步舒竟不知其師書，是知《公羊春秋》本無災異之論也。〔註22〕黃師錦鋐曾謂：「董生之思想，根源於孔子，發展於陰陽，左右於黃老刑名之術，而又歸本於漢儒。〔註23〕」漢代經學之規模，奠立於董仲舒，蓋至董子而漢儒經術之所援據，已爲完成故也。試觀《春秋繁露‧五行相生篇》云：

> 天地之氣，合而爲一，分爲陰陽，判爲四時，列爲五行。

豈非即翼奉所述《五經》之大綱乎？董子之學，實主陰陽，以爲天地之數畢於陰陽五行，〔註24〕王者之德在配天，配天之德，在如天之施爲，故具辨陰陽四時五行，乃王者之務也。如〈天施爲篇〉云：

> 夫王者不可以不知天。……天意難見也，其道難理。是故明陰陽入
> 出實虛之處。所以觀天之志；辨五行之本末順逆，小大廣狹，所以
> 觀天之道也。爲人主者予奪生殺，各當其義，若四時；列官置吏，
> 必以其能，若五行；好仁惡戾，任德遠刑，若陰陽，此之謂配天。

仲舒之學，倡言天道性命之旨，揭孔門之微言，然其所據《公羊春秋》爲齊

云：「讖語是自古有之，而緣經以爲緯書，則其端發自仲舒。夏侯始昌的《洪
範五行傳》、京房之《易》、翼奉之《詩》，皆係由仲舒所引發；緯書更各由此
異說滋演而生，遂大盛於哀平之際。故先秦經學，實至仲舒而一大歪曲；儒
家思想，亦至仲舒而一大轉折」。

〔註22〕蒙文通《經學抉原‧內學第七》云：「蓋經師而言災變，自仲舒始也。……漢
師傳經，雖並傳五行災異之說，經則遍授弟子，災變實不以遍授弟子。故仲
舒著論，呂步舒不知其師書，以爲大愚，此固內學之名所由立也。翼奉好律
曆陰陽，同門之匡衡、蕭望之不必曉律曆陰陽；李尋獨好《洪範五行》，同門
之鄭寬中不必亦傳《洪範五行》。蓋災變章句之說，雖一師傳之，而道究未嘗
混也。」其說是也。

〔註23〕見《秦漢思想研究》「董仲舒──西漢孔學之統一」一節。

〔註24〕《春秋繁露‧天地陰陽篇》：「天、地、陰、陽、木、火、土、金、水，與人
而十者，天之數畢也。」

學鄒子之衍緒，故偏在陰陽五行之術，以災異之變言《春秋》。〔註25〕《春秋繁露・王道篇》云：

> 《春秋》何貴乎元而言之？元者，始也，言本正也；道，王道也。王者，人之始也。王正則元氣和順，風雨時，景星見，黃龍下。王不正則上變天，賊氣並見。

其舉五帝三王之治爲王者治世之象，桀紂之虐爲不正之徵，其具體事例皆見於《春秋》二百四十二年之記。故董子曰：

> 周衰，諸侯力政，大夫專國，士專邑，不能行度制法文之禮。諸侯背叛，莫修貢聘，奉獻天子。臣弒其君，子弒其父，孽殺其宗，不能統理，更相伐銍以廣地，以強相脅，不能制屬。……日爲之食、星實如雨、雨螽、沙鹿崩、夏大雨水、冬大雨雪、實石於宋五、六鶂退飛、實霜不殺草、李梅實、正月不雨至於秋七月、地震、梁山崩，雍河三日不流、晝晦、彗星見於東方，孛於大辰、鸜鵒來巢，《春秋》異之，以此見悖亂之徵。孔子明得失、差貴賤，反王道之本；譏天王以致太平，刺惡譏微，不遺小大，善無細不舉，惡無細而不去，進善誅惡，絕諸本而已矣。（《春秋繁露・王道篇》）

《春秋》，乃人道之紀也，而董子繫之以天道，以遂其「以人隨君，以君隨天」（〈玉杯篇〉）之主旨，由是焉而人與天道相應，故凡自然之變，如日食、隕星、地震、山崩、河決，以致於氣候失節，皆天示警之意，董子則以《春秋》二百四十二年間事，以爲演示，推陰陽，言災異，乃成爲董仲舒《春秋》學之核心。〈二端篇〉云：

〔註25〕《春秋繁露・楚莊王篇》：「《春秋》之道，奉天而法古。……然則先王之遺道，亦天下之規矩六律已。故聖者法天，賢者法聖，此其大數也。得大數而治，失大數而亂，此治亂之分也。」〈玉杯篇〉：「《春秋》之法，以人隨君，以君隨天。……故屈民而伸君，屈君而伸天，《春秋》之大義也。《春秋》論十二世之事人道浹而王道備。」又云：「《春秋》修本末之義，達變故之應，通生死之志，遂人道之極者也。」〈玉英篇〉：「《春秋》理百物，辨品類，別嫌微，修本末者也。是故星墜謂之隕，螽墜謂之雨，其所發之處不同，或降於天，或發於地，其辭不可同也。」〈精華篇〉：「《春秋》慎辭，謹於名倫等物者也。……大水者，陰滅陽也。陰滅陽者，卑勝尊也；日食亦然，皆下犯上，以賤傷貴者逆節也，故鳴鼓而攻之，朱絲而脅之，爲其不義也，此亦《春秋》之不畏強禦也。故變天地之位，正陰陽之序，直行其道而不忘其難，義之至也。」董子以《春秋》爲王者之法，王者之道配天，天之行有常有變，《春秋》亦有經禮與變禮（〈玉英篇〉），天之變則災異是也，故《春秋》多災異之記。

是故《春秋》之道，以元之深正天之端，以天之端正王之政，以王
之政正諸侯之即位，以諸侯之即位，正竟內之治。五者俱正而化大
行。故書日蝕、星霣、有蜮、山崩、地震、夏大雨水、冬大雨雹、
隕霜不殺草……孔子以此效之，吾所以貴微重始是也。因惡夫推災
異之象於前，然後圖安危禍亂於後者，非《春秋》之所甚貴也。然
而《春秋》舉之以爲一端者，亦欲其省天譴而畏天威，內動於心志，
外見於事情，修身審己，明善心以反道者也。

又〈俞序篇〉云：

仲尼之作《春秋》也，上探正天端、王公之位、萬民之所欲；下明
得失，起賢才以待後聖。

亦同〈二端篇〉所論，孔子之作《春秋》至微之意也。

而所謂之災異者，亦有分別；小者爲災，大者爲異。〈必仁且智篇〉云：

天地之物，有不常之變者，謂之異；小者謂之災。災常先至而異乃
隨之。災者，天之譴也；異者，天之威也。譴之而不知，乃畏之以
威。……凡災異之本，盡生於國家之失；國家之失乃始萌芽，而天
出災害譴告之，譴去之而不知變，乃見怪異以驚駭之；驚駭之尚不
知畏恐，其殃咎乃至。……《春秋》之法，上變古易常，應是而有
天災者，謂之幸國。

董仲舒之《春秋》學，皆類此也。其繼仲舒後之漢儒，因此多言災異之變。
夏侯始昌以災異推《尚書·洪範五行傳》，是《尚書》盛言災異之學也；夏侯
勝據〈洪範五行傳〉推臣下之陰謀，而睢孟之言聖人受命有傳國之運，故倡
禪讓革命之論，亦自言其稟之於董子之學也。他如京房之《易》受之於孟喜，
善言災變；翼奉以「知下之術，在六情十二律」，亦陰陽災變之類也，〔註26〕
此推其術至極矣。《漢書·李尋傳》，以尋見漢家有中衰阨會之象，其意以爲
且有洪水之災，故說曲陽侯王根曰：

……《書》曰：「曆象日月星辰」，此言仰視天文，俯察地理，觀日
月消息，候星辰行伍，揆山川變動，參人民繇俗，以制法度，考禍
福。舉錯誖逆，咎敗將至，微兆爲之先見。明君恐懼修正，側身博
問，轉禍爲福；不可救者，即蓄備以待之，故社稷無憂。竊見往者
赤黃四塞，地氣大發，動土竭民，天下擾亂之微也。彗星爭明，庶

〔註26〕見本章第二節，「齊學新義」，翼奉詩說部份。

雄爲桀，大寇之引也。此二者已頗效矣。

按：李尋之言，即《尙書》咎徵、《春秋》災異之學也。凡災異既出，亦有救正之術。故李尋復曰：

> 宜急博求幽隱，拔擢天士，任以大職。諸闒茸佞諂，抱虛求進，及用殘賊酷虐聞者，若此之徒，皆嫉善憎忠，壞天文，敗地理，涌趨邪陰，湛溺太陽，爲主結怨於民，宜以時廢退，不當得居位。誠必行之，凶災銷滅，子孫之福不旋日而至。政治感陰陽，猶鐵炭之低卬，見效可信者也。

然陰陽災異之學，據漢儒言之，謂皆出於《五經》。故李尋之對哀帝之言，曰：

> 考之文理，稽之《五經》，揆之聖意，以參天心。夫變異之來，各應象而至。臣謹條陳所聞。《易》曰：「懸象著明，莫大乎日月。」夫日者，眾陽之長，輝光所燭，萬里同晷，人君之表也。故日將旦，清風發，群陰伏，君以臨朝，不牽於色。日初出，炎以陽，君登朝，佞不行，忠直進，不蔽障。日中輝光，君德盛明，大臣奉公。日將入，專以壹，君就房，有常節。君不修道，則日失其度，晻昧亡光。各有云爲。其於東方作，日初出時，陰雲邪氣起者，法爲牽於女謁，有所畏難；日出後，爲近臣亂政；日中，爲大臣欺誣；日且入，爲妻妾役使所營。

李尋所言，乃以君比日，陰雲邪氣比讒邪，而以日出、日出後、日中、日且入等辰爲候，而自言其爲「法」；此法者，陰陽數術也。日爲君象，月爲后妃大臣之象，而五星者，亦各有所主；四時之政，與天道同爲消息，陰陽家所言，皆彷彿一端；然假借《五經》，設爲義理，是皆師董仲舒之故智，且後人其法愈密，然亦無甚深意也。

又，成帝時，齊人甘忠可詐造《天官曆包玄經》十二卷，以言「漢家逢天地之大終；當更受命於天；天帝使眞人赤精子下教我此道。」云云，忠可持之以教夏賀良、丁廣世、郭昌等；郭昌說李尋以助夏賀良，哀帝納之，遂改元，以建平二年爲太初元將元年，改號曰陳聖劉太平皇帝。……哀帝卒以其言皆無驗，而改制度等又背經義，以賀良等反道惑眾，姦態當窮竟，皆下獄，夏賀良伏誅，李尋及解光等減死一等，徙敦煌郡。由是漢儒藉陰陽災異之論至此而稍戢其說，然王莽終藉陰陽家之言，造爲符命，遂易漢幟，而讖緯之風起矣，此又陰陽學說面貌之一變也。

班固謂漢儒之推言陰陽災異者，董仲舒、夏侯始昌、眭孟、夏侯勝、京房、翼奉、劉向、谷永、李尋、田終術等皆以納說時君，察其所言，彷彿一端，皆假經設誼，依託象類，或而億有屢中，終罪辜不旋踵，以失其身，此推言災異者之大悲也，然因言災異遂而倡革命，固齊學之主張也。

（二）魯學重教化遵體制

魯學不尚言災異，此由於魯學重人道之故。以重人道故崇教化。《鹽鐵論・本議篇》，文學以為治人之道在「防淫佚之原，廣道德之端，抑末利而開仁義，然後教化可興而風俗可移」，此其根原之論也。故文學主張唯仁之處，唯義之行，〔註27〕不戚戚於貧賤，出仕不干祿為己，唯以成就人倫為目標。〈論儒篇〉文學曰：「君子執德秉義而行，故造次必於是，顛沛於是。……寧窮居於陋巷，安能變己而從俗化？……虧義得尊，枉道取容，效死不為也。」此皆本於孔、孟之遺教，而重現於漢儒者也。故在鹽鐵之會，與議之文學賢良，如茂陵唐生、文學魯萬生之倫，其所議論，皆尚仁義以為本，而抑功利為末，〔註28〕桓寬直以「或上仁義，或務權利」為公卿與文學賢良議論之分野。「務權利」誠為管子、商鞅法家之學，其原於太公治齊之教；而「尚仁義」則篤於孔孟之遺化，為鄒魯之學，亦甚明也。

是故漢代朝議政，有齊、魯之別，不能相融，實即學術不同之反應。魯學者尚謹守孔、孟遺教，其通經致用之術在教化也。《漢書・儒林傳》：

> 王式，事免中徐公及許生。式為昌邑王師。昭帝崩，昌邑王嗣立，以行淫亂廢，昌邑群臣皆下獄誅，唯中尉王吉、郎中令龔遂以數諫減死論。式繫獄當死，治事使者責問曰：「師何以亡諫書？」式對曰：「臣以《詩》三百五篇朝夕授王，至於忠臣孝子之篇，未嘗不為王反復誦之也；至於危亡失道之君，未嘗不流涕為王深陳之也。臣以三百五篇諫，是以無諫書。」使者以聞，亦得減死論。

按：王氏習《魯詩》，《魯詩》自申公，前漢其傳最廣，其諷諫之精神當亦自申公所啓。《國語・周語》，邵公諫厲王曰：「故天子聽政，使公卿大夫獻詩、

〔註27〕見《鹽鐵論・地廣篇》。

〔註28〕賢良文學言「王者行仁政，無敵於天下。」（〈本議〉），其言本諸孟子；言「誠信禮義如宣房，功業已立，垂拱無為。」（〈申韓〉），「刑不可以成化，故廣德教。」（〈論菑〉）等皆本於孔、孟之教。而桑弘羊等御史大夫所持，多近法家之言論，故蕭公權《中國政治思想史》即謂「漢代儒法衝突最佳之紀錄，無過桓寬之《鹽鐵論》。」是也。

瞽獻曲、史獻書、師箴、瞍賦、矇誦、百工諫、庶人傳……。」又，晉文子戒趙文子曰：「吾聞古之王者，政德既成，又聽於民，於是乎使工誦諫於朝，在列者獻詩，使勿兜；風聽臚言於市，辨祆祥於謠，考百事於朝，聞謗議於路，有邪而正之，盡戒之術也。」《詩》三百五篇，皆陳諫戒之意也。故衛武公年數九十有五，猶作懿戒以自儆；楚左史倚相，陳祈招之詩以止王心；宋城者為諷華元而作謳；鄭輿人對子產以作誦，以此見先秦皆以詩諫也。賡先秦諷諫之傳統，《魯詩》以三百篇為諫詩，是魯學篤守之一端也；〔註29〕其諷諫之意，在於致教化。魯學之重教化，今舉《鹽鐵論》文學之言為證。其所以以文學之言為據者。〈國疾篇〉云：

> 大夫謂賢良曰：世人有「鄙儒不如都士。」文學皆出山東，希涉大
> 論。子大夫論京師之日久，願分明政治得失識之事，故所以然也。

可知《鹽鐵論》中諸文學皆山東之儒，而賢良則處京師之士也。然山東實據齊、魯二地，知非齊地之儒者，《鹽鐵論・論鄒篇》，大夫引用鄒衍大九州之說，以為開邊境廣土地之依據。〔註30〕文學則駁斥之曰：

> 堯使禹為司空，平水土，隨山刊木，定高下而序九州。鄒衍非聖人，
> 作怪迂，〔註31〕熒惑六國之君以納其說。此《春秋》所謂「匹夫熒
> 惑諸侯」者也。孔子曰：「未能事人，焉能事鬼神？」近者不達，焉
> 能知瀛海？故無補於用者，君子不為；無益於治者，君子不由。

此文學不以鄒衍之術為是者，知其必非齊儒也。然下篇〈論菑〉，大夫引「日月在天，其徵在人。災異之變，夭壽之期，陰陽之化，四時之敘，水火金木，妖祥之應，鬼神之靈，祭祀之福，日月之行，星辰之紀，曲言之故，何所本始？不知則默，無苟亂耳。」以此問於文學，文學則應之曰：

> 始江都相董生推言陰陽，四時相繼，父生之、子養之、母成之、子
> 藏之。故春生，仁；夏長，德；秋成，義；冬藏，禮。此四時之序，
> 聖人之所則也。……蓋越人美蠃蚌而簡太牢，鄙夫樂咋唶而怪韶濩。
> 故不知味者以芬香為臭，不知道者以美言為亂耳。

〔註29〕詳見拙著《陳壽祺父子三家詩遺說考》，「《魯詩》之諷諫精神」一節。

〔註30〕〈論鄒篇〉，大夫曰：「鄒子疾晚世之儒墨不知天地之弘，昭曠之道，將一曲而欲道九折，守一隅而欲知萬方。……故秦欲達九州而方瀛海，牧胡而朝萬國。」即據鄒衍大九州之說，以為漢朝拓邊之根據也。

〔註31〕怪迂，字本作「怪誤」。張敦仁曰「誤，當作迂。《史記》所謂作怪迂之變者也。」是也。

此文以下詳言禎祥符瑞之理，文學之儒者於災異之論實知之甚明也；亦唯文學而能知董子所以推言災異之故，而其所以不從鄒子之術者，蓋以其狂惑世人故也。則此處之儒者，非齊學之儒，而爲純謹之魯儒可知也。文學主張「政有不從之教，而世無不可化之民」（〈和親篇〉）是其遵孟子「性善」之教也。以其爲「性善」之教，故特重教化。〈大論篇〉，文學曰：

> 文王興而民好善，幽、厲興而民好暴，非性之殊，風俗使然也。故商、周之所以昌，桀、紂之所以亡也。湯、武非得伯夷之民以治，桀紂非得蹠、蹻之民以亂也。故治亂不在於民。孔子曰：「聽訟，吾猶人也；必也使無訟乎！」無訟無難；訟而聽之易。夫不治其本而事其末，古之所謂愚，今之所謂智；以箠楚正亂，以刀筆正文，古之所謂賊，今之所謂賢也。

〈詔聖篇〉，文學曰：

> 湯、武經禮義，明好惡，以道其民，刑罪未有所加，而民自行義，殷、周所以治也。上無德教，下無法則，任刑必誅，劓鼻盈蔂，斷足盈車，舉河以西，不足以受天下之徒，終而以亡者，秦王也。非二尺四寸之律異，所行反古而悖民心也。

按：御史、大夫動輒引商鞅、韓非之言，是其效法家之學也；而文學輒引堯、舜、湯、武，皆可以明漢代猶有純篤之鄒魯之學者，其所持學以教化爲本，而斥刑法之治也。

魯學守古，其學說皆遵於體制。《穀梁傳·僖公八年》傳曰：

> 王人之先諸侯何也？貴王命也。朝服雖敝，必加於上；弁冕雖舊，必加於首；周室雖衰，必先諸侯。〔註32〕

〔註32〕《史記·儒林傳》，轅固生與黃生爭論於景帝前。黃生曰：「湯武非受命，乃弒也。」轅固生曰：「不然。夫桀紂虐亂，天下之心皆歸湯武，湯武與天下之心而誅桀紂，桀紂之民不爲之使而歸湯武，湯武不得已而立，非受命爲何？」黃生曰：「冠雖敝，必加於首；履雖新，必關於足。何者？上下之分也。今桀紂雖失道，然君上也；湯武雖聖，臣下也。夫主有失行，臣下不能正言匡過以尊天子，反因過而誅之，代立踐南面，非弒而何也？」轅固生曰：「必若所云，是高帝代秦即天子位，非邪？」於是景帝曰：「食肉不食馬肝，不爲不知味；言學者無言湯武受命不爲愚。」遂罷。是後學者莫敢明言受命放殺者。《史記·太史公自序》曰：「太史公習道論於黃子」；若此黃子即〈儒林傳〉之黃生，當爲法家之流，其所言即法家尊君之義也。《穀梁》此傳所襲，黃生之論也。然《穀梁》立於宣帝時，其講習十餘年，必已摻和諸家也。

尊君之義，爲魯學之大體，其有異於齊學之言放殺革命之論也。文公二年傳云：

> 八月，丁卯，大事于大廟，躋僖公。……躋，升也。先親而後祖，
> 逆祀也。逆祀則是無昭穆也。無昭穆則是無祖也，無祖則無天也。
> 故曰：文無天。無天者，是無天而行也。君子不以親親害尊尊，此
> 《春秋》之義也。

此事在《公羊傳》唯曰：

> 躋者何？升也。何言乎升僖公？譏。何譏爾？逆祀也。其逆祀奈何？
> 先禰而後祖也。

則《穀梁》以定昭穆而重尊尊之義，乃齊學所不言也。

又《穀梁‧宣公十五年》，傳云：

> 爲天下主者，天也。繼天者，君也。君之所存者，命也。爲人臣而
> 侵其君之命而用之，是不臣也；爲人君而失其命，是不君也。君不
> 君，臣不臣，此天下所以傾也。

此條《公羊傳》僅云「王札子殺召伯、毛伯。王札子何？長庶之號也。」亦無尊君之義。持《公羊》、《穀梁》二傳對勘，則《穀梁》尊君、重體制之精神尤爲顯豁。故《穀梁》乃特詳說於井田之制、明於宗廟之數。〔註33〕元帝時，貢禹言古者天子七廟，其時孝惠、孝景廟皆親盡宜毀，及郡國廟不應古禮，宜正定，〔註34〕其說皆本於《穀梁》傳之文也。故自《穀梁》立學，議古之風崛起，遂開晚漢儒生復古一派，〔註35〕而《穀梁》終得爲今古學之媒介者，蓋魯學守古、遵於體制，晚漢古文經學漸顯者，其受魯學精神之灌輸影響也。

第二節　《五經》齊學之新義

鄒魯之學猶守古之遺說，齊學則已變改舊學而爲新義也。《鹽鐵論》，御史大夫面刺與議之眾文學曰：〔註36〕

〔註33〕《穀梁》宣公十五年：「古者三百步爲里，名曰井田。井田者，九百畝，公田居一。」僖公十五年：「天子七廟，諸侯五、大夫三、士二。故德厚者流光（廣），德薄者流卑，是以貴始，德之本也。」

〔註34〕毀廟之議見於《漢書‧卷七十三‧韋玄成傳》。

〔註35〕錢穆先生《兩漢今古文平議‧劉向、歆父子年譜》云：「元帝尊信貢禹，遂開晚漢儒生復古一派。」以爲漢武、宣之世用儒生，頗重文學，徒事粉飾；元成以下，乃言禮制，追古昔，漢儒學風遂一大變。

〔註36〕《鹽鐵論》起於昭帝始元年間，徵文學賢良問以治亂，皆對以願罷鹽鐵、酒

文學祖述仲尼，稱誦其德，以爲自古及今未之有也。然孔子修道魯、衛之間，教化洙泗之上，弟子不爲變，當世不爲治，魯國之削滋甚。齊宣王褒儒尊學，孟軻、淳于髡之徒受上大夫之祿，不任職而論國事。蓋齊稷下先生千有餘人，當此之時，非一公孫弘也。……此儒者之安國尊君，未始有效也。

而文學則對之曰：

齊威、宣之時，顯賢進士，國家富強，威行敵國。及湣王，奮二世之餘烈，南舉楚淮北，幷巨宋，苞十二國，西摧三晉，卻彊秦，五國賓從，鄒魯之君，泗上諸侯皆入臣，矜功不休，百姓不堪。諸儒諫不從，各分散，慎到、捷子亡去，田駢如薛，而孫卿適楚。內無良臣，故諸侯合謀而攻之。〔註37〕

此處御史大夫與文學之應對，足以引發吾人注意者，在御史以齊稷下之士皆視爲儒者，而文學亦以「慎到」、「捷子」、〔註38〕「田駢」列在儒者之中，是漢儒之視早期道家之人物亦爲儒者也。唯同篇，御史復言曰：

故商君以王道說孝公，不用；即以強國之道，卒以就功。鄒子以儒術干世主，不用；即以變化始終之論，卒以顯名。……孟軻守舊術，不知世務，故困於梁、宋；孔子能方不能圓，故飢于黎丘。今晚世之儒勤德，時有乏匱，言以爲非，困此不行。自周室以來千有餘歲，獨有文、武、成、康，如言必參一焉，取所不能及而稱之，猶躄者能言遠不能行也。聖人異塗同歸，或行或止，其趣一也。商君雖革法改教，志存於強國利民；鄒子之作變化之術，亦歸於仁義。祭仲自貶損以行權，時也。故小枉大直，君子爲之。今硜硜然守一道，引尾生之意，即晉文之譎諸侯以尊周室不足道，而管仲蒙恥辱以存亡不足稱也。

是則，御史大夫之意以孔子、孟子守故持舊，故受飢寒，以比當世之儒匱乏而困窘；以商君之變法強國，鄒子之作變化之術，比之於祭仲自貶以行權，〔註39〕

權、均輸，務本抑末，以興治化；而御史大夫桑弘羊、丞相車千秋等以爲此所以安邊境、制四夷，國家之大業，不可廢，雙方以此詰難。至宣帝時，汝南桓寬推衍其議，增寬條，目即今《鹽鐵論》一書。其中賢良文學爲儒生，尤其爲魯儒；而御史大夫多據管子、商鞅之教，最可見齊魯學之議論。

〔註37〕 見《鹽鐵論・卷二・論儒篇》。

〔註38〕 《漢書・藝文志》錄道家「捷子二篇，齊人。」《史記・孟荀列傳》作「接子，齊人。」二者爲同一人。

〔註39〕 見本章第一節，「齊學尚權變」部份。

其斥儒者硜然自守，若尾生之不知變；而自任以晉文之譎、管仲之權謀，此乃齊學尚權變之傳統也。文學則應之曰：

> 孔子曰：「名不正則言不順，言不順則事不成。」如何其苟合以成霸王也？君子執德秉義而行，故造次必於是，顛沛必於是。〔註40〕孟子曰：「居今之朝，不易其俗而成千乘之勢，不能一朝居也。」〔註41〕寧窮飢居於陋巷，安能變己而從俗也，闔廬殺僚，公子札去而之延陵，終身不入吳國；魯公殺子赤，叔肸退而隱處，不食其祿。虧義得尊，枉道取容，效死不爲也。聞正道不行，釋事而退；未聞枉道以取容也。

故御史尙權謀以取功利，而文學守古而不失，其所論往往不合；然其所以不合之故，正見齊、魯學思想之差異也。〔註42〕李則芬〈中國政治思想的二大淵源〉一文云：

> 代表政府的桑弘羊等人，發言常引太公、管仲或《管子》一書的理論；文學、賢良則動引孔、孟。這正是周代齊學、魯學兩種思想對抗的縮影，雖然只限於經濟政策方面。〔註43〕

此言是也。據《鹽鐵論・雜論》第六十，桓寬曰：「余睹鹽鐵之義，觀乎公卿文學賢良之論，意指殊路，各有所出；或上仁義，或務權利，異哉吾所聞。」其「上仁義」者，文學賢良也；其「務權利」者，指公卿大夫也。自公卿大夫言之，文學之論皆爲空言，爲「不知趨舍之宜，時事之變」；〔註44〕倘自文學言之，則視公卿之唯喻於末利。文學其務則在「崇禮義，退財利，復往古之道，以匡當世之失」也。〔註45〕故自魯齊學之大體論，「仁義」與「功利」、

〔註40〕語見《論語・里仁篇》。文學動引《論》、《孟》，見其爲醇儒也。

〔註41〕此引語不見於今本《孟子》，然《孟子・滕文公篇》，陳代曰「不見諸侯，宜若小然。今一見之，大則以王，小則以霸。且志曰：『枉尺而直尋』，宜若可爲也。」孟子則答以：「且夫枉尺而直尋者，以利言也。如以利，則枉尋直尺而利，亦可爲與？……如枉道而從彼，何也？且子過矣！枉己者，未有能直人者也。」此處文學所據，即孟子進必以正之意。

〔註42〕章太炎《國故論衡・論式篇》云：「漢論著者，莫如《鹽鐵》。然觀其駁議，御史大夫、丞相史言此，而文學、賢良言彼，不相剴切。有時牽引小事，攻劫無已，則論已離其宗。……其文雖博麗哉，以持論則不中矣。」觀其彼此立場之互異，必剖析其立場始能進行交辯，此論辯所必有者，實不足爲病。今亦藉其辯論之攻詰，吾人始得以考見齊魯學之思想也。

〔註43〕見《先秦及兩漢歷史論文集》。

〔註44〕見〈利議篇〉。

〔註45〕同見〈利議篇〉。

「文德」與「武力」、「禮義」與「刑法」、「農本」與「工商」、「富民」與「富國」，兩不相侔，〔註46〕其趣舍異路，亦至明也。

以考《五經》齊、魯學，論其所以異者，則魯學猶存古義，而齊學則摻和陰陽，頗出新義也。《漢書‧五行傳》曰：

> 周道敝，孔子述《春秋》，則〈乾〉〈坤〉之陰陽，效〈洪範〉之咎徵，天人之道燦然著矣。

孔子之《春秋》，魯之史記也，本據史而錄，以昭明實事；而班固謂其有陰陽咎徵，此類其實皆漢儒之學，非孔子之學所本有，尤以齊學變改舊學為最著也。《漢書‧翼奉傳》，奉之上封事曰：

> 臣聞之於師曰，天地設位，懸日月，布星辰，分陰陽，定四時，列五行，以視聖人，名之曰道。聖人見道，然後知王治之象。故畫州土，建君臣，立律曆，陳成敗，以視賢者，名之曰經。賢者見經，然後知人道之務，則《詩》、《書》、《易》、《春秋》、《禮》、《樂》是也。《易》有陰陽，《詩》有五際，《春秋》有災異，皆列終始，推得失，考天心，以言王道之安危。

前述所引翼奏封事之內容，乃齊學之大綱，亦即〈五行志〉所謂「天人之道」是也。漢代五經因齊學所浸染，皆有陰陽五行之成份，此漢代經學所以異於先秦鄒魯之學也。茲就《五經》齊學之部份論述之。

一、《易經》有陰陽災變之書

《漢書‧儒林傳》謂孟喜：「好自稱譽，得《易》家候陰陽災變書，詐言師田生且死時，枕喜膝，獨傳喜，諸儒以此耀之。」就傳授源流考之，漢《易》本為齊學，無庸置疑。然自田何漢初傳《易》以來，迄於田王孫，皆儒門《易》也；其改《易》家師法，當自孟喜始，其為漢《易》象數占驗派之第一人。屈萬里先生云：

> 西漢武帝以前，說《易》者猶紹〈十翼〉之緒餘，承先秦之遺風，惟務義理，不尚象數；專家自田何以下，迄費、施、梁邱，其說今皆不存，無從具論。孟喜好雜術數，開漢人象數之學之先。〔註47〕

《漢書‧儒林傳》言，丁寬事田何學《易》，學成，東歸；復從周王孫受古義，

〔註46〕詳見賀凌虛《西漢政治思想論集》，〈鹽鐵論中論辯雙方所顯現的政治思想〉。
〔註47〕見《先秦漢魏易例述評》，「西漢武帝前諸子易例」一節。

號《周氏傳》，作《易說》三萬言，訓故舉大誼而已。丁寬之從田何，學其筮術也；其從周王孫，受「古義」，其所傳，是儒門之義理《易》也。迨丁寬傳碭田王孫，王孫爲漢武《易》家博士，以授施讎、孟喜、梁丘三家，由是《易》有專家之學，﹝註48﹞亦未變改儒門《易》之傳統；其有所變改，自孟喜得《易》家候陰陽災變書始，故本傳言「喜改師法」是也；其卓然以開創象數《易》，爲漢儒之先驅。其後焦延壽、京房等順勢推挽，象數《易》乃襲奪儒門《易》之正宗，而爲漢代《易》家之代表矣。

　　蓋自董子推陰陽爲儒者倡，《易》家亦受此風氣，遂取陰陽災異之學以說《易》，孟喜即其人也。屈萬里先生曰：

　　　所謂《易》家候陰陽災變書者，疑即趙賓之術。趙賓蜀人，《漢書》

　　稱其好小數書，曾「飾《易》文，以爲箕子明夷，陰陽氣無箕子；

　　箕子者，萬物方荄茲」者也。﹝註49﹞

自爾之後，以災異說解《易》，蔚然成風氣，《漢書‧京房傳》謂京氏「以明災異得幸」，焦延壽「其說長於災變」；《漢志》著錄《孟氏京房》十一篇，《災異孟氏京房》六十六篇；〈五行志〉引《京房易傳》論災異凡七十二見，﹝註50﹞其猶持卦筮以解《易》者，唯費氏一家耳。﹝註51﹞

　　孟氏《易》學之特色，在「卦氣」之說。卦氣乃以六十四卦三百八十四爻象配四時、十二月、二十四氣、七十二候、三百六十五日，蓋「陽息坤謂之息，陰消乾謂之消」，﹝註52﹞故有「十二月消息卦」之名。屈萬里先生曰：

　　　陽息坤由〈復〉而〈臨〉、而〈泰〉、而〈大壯〉、〈而夬〉，以至於〈乾〉。

　　　陰消乾則由〈姤〉而〈遯〉、而〈否〉、而〈觀〉、而〈剝〉，以至於

　　　〈坤〉。故消息之卦，凡十有二。

十二消息卦配以十二月。〈繫辭上傳〉：「變通配四時。」虞翻曰：

﹝註48﹞據《漢書‧儒林傳‧施讎傳》「田王孫爲博士」，度其世，當在武帝時也。《易》
　　　之傳授問題見本篇第五章第二節。

﹝註49﹞見屈著《先秦漢魏易例述評》，「以象數解易之始」一節。

﹝註50﹞見高懷民著《兩漢易學史》。

﹝註51﹞徐復觀氏謂漢初《易》說有三系統：一是以卦筮卜人事吉凶，爲田何所授，
　　　爲《易》家老傳統：即儒門《易》也。二是在卦本身外，再介入干支等因素，
　　　焦氏「候司先知奸邪」者也。三是與陰陽時日結合，以言卦爻之陰陽消長，
　　　孟喜是也。詳《西漢經學史》，「孟喜易與焦京易的傳承關係」一節。

﹝註52﹞虞翻屢曰「陽息坤」、「陽息二」、「陰消乾」、「陰消姤二」之等，是以陰陽消
　　　息論六十四卦也。見李氏《周易集解》。

變通趣時，謂十二月消息也。〈泰〉、〈大壯〉、〈夬〉配春；〈乾〉、〈姤〉、

〈遯〉配夏；〈否〉、〈觀〉、〈剝〉配秋；〈坤〉、〈復〉、〈臨〉配冬。

以圖解之如下：〔註53〕

䷗	復	十一月		䷫	姤	五月
䷒	臨	十二月		䷠	遯	六月
䷊	泰	正月		䷋	否	七月
䷡	大壯	二月		䷓	觀	八月
䷪	夬	三月		䷖	剝	九月
䷀	乾	四月		䷁	坤	十月

然十二月消息卦乃以時間爲循環終始，故圖當以圓形表之較爲明顯：

孟喜卦氣圖，以「公」、「辟」、「侯」、「大夫」、「卿」分當六十卦。十二消息卦，皆值辟位，故又名「十二辟卦」。孟康注曰：「房以消息卦爲辟；辟，君也。」《易緯・乾鑿度》曰：「消息卦，純者爲帝，不純者爲王。」純者，謂〈乾〉〈坤〉二卦是也；不純者，謂〈復〉〈姤〉等十卦也。

然六十四卦三百八十四爻當一年，爻當一日，則三百六十五爻爲已足。於是孟喜分析〈坎〉、〈離〉、〈震〉、〈兌〉爲四正卦，卦爻各主一氣，爲二十四節氣，而有「四正卦」之名。唐・一行《大衍曆議》引《孟氏章句》曰：

〔註53〕圖見高懷民《兩漢易學史》，頁108、109。

〈坎〉、〈離〉、〈震〉、〈兌〉二十四氣，次主一爻。其初，則二至二
分也。〈坎〉以陰包陽，故自北正，微陽動於下，升而未達。極於二
月，凝固之氣消，〈坎〉運終焉。春分出於〈震〉，始據萬物之元，
爲主於內，則群陰化而從之。極於南正，而豐大之變窮，〈震〉功究
焉。〈離〉以陽包陰，故自南正，微陰生於地下，積而未章。至於八
月，文明之質衰，〈離〉運終焉。仲秋陰形於〈兌〉，始循萬物之末，
爲主於內，群陰降而承之。極於北正，而天澤之施窮，〈兌〉功究焉。

據是，孟喜是以四正卦之二十四爻，分主一年之二十四氣。以〈坎〉、〈離〉
二卦之初爻分主二至（冬至、夏至）；〈震〉、〈兌〉二卦之初爻分主二分（春
分、秋分）。二十四氣之說入漢以後早已完備，〔註54〕《孟喜易》以四正卦
說之，然此非〈說卦傳〉所本有，是《孟氏易》之新義也。又「四正卦」有
「方伯卦」之名。〔註55〕茲以圖示之：

〔註54〕王力《古代漢語‧常識》云：「二十四節氣系統是逐步完備起來的。古人很早
　　　　就掌握了二分、二至這四個最重要的節氣：《尚書‧堯典》把春分叫做日中，
　　　　秋分叫做宵中；《呂氏春秋》統名之曰日夜分，因爲這兩天晝夜長短相等；〈堯
　　　　典〉把夏至叫做日永，冬至叫做日短，因爲夏至白天最長，冬至白天最短，
　　　　所以《呂氏春秋》分別叫做日長至、日短至。」至淮南子時代，二十四節氣
　　　　則已完備。
〔註55〕《京氏易傳》曰：「方伯分戚，厥妖：馬生亡子。」《漢書‧京房傳》，孟康注
　　　　曰：「分卦值日之法，……〈震〉、〈離〉、〈兌〉、〈坎〉爲方伯監司之長。」其
　　　　取義於四方諸侯之長也。

六十四卦除「四正卦」二十四爻以主二十四氣之外，實餘三百六十爻，以分值周歲三百六十五又四分之一日，然其數不足；於是孟喜又創爲「六日七分」之法。《漢書・律曆志》云：

> 曆數之生也，乃定儀表以校日景（影），景長則日遠，天度之端也。日發其端，周而爲歲，然其景不復，四周千四百六十一日而景復初，是則日行之終。以周除日，得三百六十五四分度之一，爲歲之日數。

此乃一年三百六十五日又四分之一之來源，爲校日影所得者。孟喜既以六十卦三百六十爻值周歲，爻數不足，於是爲孟氏創爲「六日七分」之法。《新唐書》一行卦議曰：

> 京氏又以卦爻配期之日。〈坎〉、〈離〉、〈震〉、〈兌〉，其用事自分至之首，皆得八十分日之七十三。〈頤〉、〈晉〉、〈井〉、〈大蓄〉皆五日十四分。餘皆六日七分。

而《易・稽覽圖》則曰：

> 冬至日在〈坎〉，春分日在〈震〉，夏至日在〈離〉，秋分日在〈兌〉。《易緯・是類謀》以此四正之卦，卦有六爻，爻主一氣。餘六十卦，卦主六日七分。

孔穎達注〈復卦〉辭「七日來復」云：

> 案《易緯》云：卦氣起〈中孚〉，故〈離〉、〈坎〉、〈震〉、〈兌〉，各主其一方。其餘六十卦，卦有六爻，爻別主一日，凡主三百六十日。餘有五日四分日之一者，每日分爲八十分，五日分爲四百分；四分日之一，又分爲爲二十分，是四百二十分。六十卦分之，六七四十二，卦別各得七分，是每卦六日七分也。

此正由於周歲實三百六十五日又四分日之一，而六十卦只三百六十爻，若每爻主一日，不得一年之數，故就其餘數五又四分之一日，派分至六十卦，故每卦六日之外又得七分，此折衷所得之法也。〔註56〕然至此又不得以爻計日，而只得以卦計矣。《漢書・京房傳》，孟康注曰：

> 分卦值日之法，一爻主一日；六十卦爲三百六十日。餘四卦〈震〉、〈離〉、〈兌〉、〈坎〉爲方伯監司之官。所以用〈震〉、〈離〉、〈兌〉、〈坎〉者，是二至、二分用事之日，又是四時各專王之氣。各卦主時，其占法各以其日觀其善惡也。

〔註56〕「六日七分」法見高懷民《兩漢易學史》，「孟喜易」一節。

故孟喜本欲以「爻」計日，而終不得不以「卦」論其陰陽消長之氣，是卦氣說本非《易經》之所有，乃孟喜所創之新義也。〔註57〕然至此之後，漢儒則屢有用之者。如《漢書‧魏相傳》云：

> 東方之卦不可以治西方，南方之卦不可以治北方。春興〈兌〉治則饑，秋興〈震〉治則華，冬興〈離〉治則泄，夏興〈坎〉治則雹。

此即四正卦占，而又與《呂氏春秋‧月令》結合也。

承《孟喜易》法者，爲焦延壽。《漢書‧儒林傳》云：

> 京房受《易》梁人焦延壽。延壽云：「嘗從孟喜問《易》。」會喜死，房以爲延壽《易》即孟氏學，翟牧、白生不肯，皆曰「非也」。

《漢書‧京房傳》嘗載延壽事云：

> 延壽字贛。贛貧賤，以好學得幸梁王，王共其資用，令極意學。既成，爲郡史，察舉補小黃令。以候司（伺）先知姦邪，盜賊不得發。……贛常曰：「得我道以亡身者，必京生也。」其說長於災變，分六十四卦，更直日用事，以風雨寒溫爲候，各有占驗。

按：據〈儒林傳〉，延壽自云：「嘗從孟喜問《易》」，焦氏《易》當與孟氏同；然《漢書‧京房傳》曰：「焦延壽獨得隱士之說，託之孟氏，不與相同。」要之，「其說長於災變，分六十四卦更直日用事，以風雨寒溫爲候，各有占驗。」當是據孟氏《易》法更進一進步之發展者也。〔註58〕蓋孟喜初創，本擬以一爻當一日，唯周歲之日數與爻數不相值，而有「六日七分」之說，經焦氏改良之，遂以一爻當一日，以占候。故《漢書‧京房傳》孟康注曰：

> 分卦直日之法，一爻主一日，六十四卦爲三百六十日，餘四卦〈震〉、〈離〉、〈兌〉、〈坎〉，爲方伯監司之官。所以用〈震〉、〈離〉、〈兌〉、

〔註57〕 說《孟喜易》者，又有以十二辟卦，凡七十二爻，以主七十二候；又以辟卦、雜卦配君臣，以公、辟、侯、大夫、卿五等配每月所值五卦，詳屈萬里《先秦漢魏易例述評》。

〔註58〕 徐復觀云：「孟喜以一卦當一月，以四（正卦）當二至二分，焦延壽則由此再推進一步，以一爻當一日，以此表現陰陽消長之數，卦氣說至此而得初步建立其輪廓。這是順承孟喜而來的發展。」見《兩漢經學史》，「孟喜易與焦京易的傳承關係問題」一節。然孟喜以六十卦當十二，故一月得五卦，各有消息。此處徐氏謂孟喜「以一卦當一月」有誤。《焦氏易林》曰敘焦林直日曰：「六十卦，每卦直六日，共三百六十日，餘四卦，各寄直一日。」春分以〈震卦〉值之，夏至以〈離卦〉值之，秋分以〈兌卦〉值之，冬至以〈坎卦〉值之，是《焦氏易林》所改良於孟者，在以四正卦各值一日，故六十四卦得三百六十四日也。

〈坎〉者，是二至、二分用事之日，又是四時各專王之氣，各卦主時，
各以其日觀其善惡也。

焦氏所改良於《孟喜易》法之處、在以四正卦名當二至、二分之一日，其餘
三百六十卦各以一爻當一日，如此六十四卦可當三百六十四日，可免孟喜「六
日七分」之支離。費直序《焦氏易林》曰：

六十四卦變者占，王莽時建信天水焦延壽之撰也。……贛善於陰陽，
復造此以致易未見者，其射存亡吉凶，遇其事類則多中，至於糜碎
小事非其事類，則亦否矣。贛之通達隱幾，聖人之一隅也。

此處費直言焦氏有「六十四卦變占者」，即仿八卦變為六十四卦之法，以六十
四卦依次與六十四卦相配。如〈乾卦〉，依〈序卦傳〉之順序，由本卦始，其
次之〈坤〉、之〈屯〉、之〈蒙〉……，則六十四卦可化為四千九十六卦，即
費直稱之為「六十四卦變者占」者也，《易林》一書之結構即是據此而推得者。
茲舉〈乾卦〉一例為證：

☰ 乾下乾上 乾
道陟石阪，胡言連謇。譯瘖且聾，莫使道通。請謁不行，求事無功。
之坤 招禍來蟄，害我邦國。病在手足，不得安息。
之屯 陽孤亢極，多所恨惑。車傾蓋亡，身常憂惶。乃得其願，雌雄相從。
之蒙 鵠鵃鳲鳩，專一無尤。君子是則，長受嘉福。

．．．．．．．．．．．．．．．．．

焦氏所謂「某卦之某卦」，即「某卦變為某卦」之意。其下斷語或據通俗
語，或據古義，詳見高懷民《兩漢易學史》。

焦氏以六十四卦值日之法，乃承之於孟喜；京房據之，更作改良。屈萬
里先生曰：

《易》辭非據象而作，先秦及漢初《易》家，亦不據象以釋卦爻辭，
故無互體及卦變之說。互體卦變者，皆所以濟象數之窮也。孟喜始
以象釋《易》辭，京房承其緒餘，因時以象數說《易》。然本卦之象，
不足以濟其說也，乃求之互體；互體仍不足以濟也，遂更求諸爻變。
《周易》之學，自是而愈紛矣。

互體、爻變皆起於京房《易》說。互體者，以卦之二至四三爻互一卦，三至
五三爻又互一卦。爻變者，本陰爻而使之變陽爻；或陽爻而使之變陰爻也。

語其變化，有「八宮卦」、「世應」、「世建」、「游魂」、「歸魂」之法。屈萬里先生曰：

> 按八宮、世應、遊歸等說，京房以前無聞。……其說以八純卦各變爲八卦，初爻變所成之卦爲一世卦，次爻變所成之卦爲二世卦，以至於五世。上爻不變，復回變已變之四爻，謂之遊魂；更變遊魂卦之下體三爻，謂之歸魂。〈乾卦〉所生各卦，謂之乾宮；餘以類推。八卦所生凡六十四卦，謂之八宮。〔註59〕京氏又以一世、二世爲「地易」；三世、四世爲「人易」；五世八純卦爲「天易」，遊魂、歸魂爲「鬼易」。（見《京房易傳》卷下），後世術士占筮之法，皆據之，而漢《易》象數一路，與漢初儒門卜筮之舊法，益爲無涉矣。

後代《易》學有「飛伏」之法、「八卦六位」之說、「世卦起月」之例、「爻位貴賤」之別、「爻體」之論、「爻辰」之分配；以至於荀爽「升降」、「卦變」、「納甲」，虞翻「互體」、「半象」、「兩象互易」、「旁通」、「反卦」、「卦變」等，愈爲繁複，推其原始，皆本於孟喜言陰陽災變之法，而京氏復創其變通，此等皆是陰陽家所變改先秦儒門《易》法之處也。凡物窮則變，至漢末王弼奮起，矯象數之悠謬，一本〈十翼〉爲說，粹然歸宗於《易傳》。雖王弼未免時代習氣，有以老莊之旨說《易》，然其有功於儒門也。〔註60〕

故《易》雖是齊學，田何以下，迄施、梁邱氏猶守舊義；孟、京則變易創新，此漢代《易》學之變化也。

附 《京氏易》八宮卦變圖

八宮	八純卦	一 世	二 世	三 世	四 世	五 世	游 魂	歸 魂
乾宮	乾 ䷀	姤 ䷫	遯 ䷠	否 ䷋	觀 ䷓	剝 ䷖	晉 ䷢	大有 ䷍
震宮	震 ䷲	豫 ䷏	解 ䷧	恒 ䷟	升 ䷭	井 ䷯	大過 ䷛	隨 ䷐
坎宮	坎 ䷜	節 ䷻	屯 ䷂	既濟 ䷾	革 ䷰	豐 ䷶	明夷 ䷣	師 ䷆
艮宮	艮 ䷳	賁 ䷕	大畜 ䷙	損 ䷨	睽 ䷥	履 ䷉	中孚 ䷼	漸 ䷴

〔註59〕見《先秦漢魏易例述評》卷下，頁99。

〔註60〕王弼《易》學之功，在掃除漢《易》象數之言。《周易略例》云「夫象者，出意者也；言者，明象者也。盡意莫若象，盡象莫若言。……故言者所以明象，得象而忘言；象者所以存意，得意而忘象。……然則忘象者，乃得意者也。」其推《易》例，大率與〈十翼〉合，屈萬里氏以爲其「掃象數之妖氛，一歸於〈十翼〉及先秦《易》家之平實，其功不可沒矣。」是也。

坤宮	坤 ䷁	復 ䷗	臨 ䷒	泰 ䷊	大壯 ䷡	夬 ䷪	需 ䷄	比 ䷇
巽宮	巽 ䷸	小畜 ䷈	家人 ䷤	益 ䷩	无妄 ䷘	噬嗑 ䷔	頤 ䷚	蠱 ䷑
離宮	離 ䷝	旅 ䷷	鼎 ䷱	未濟 ䷿	蒙 ䷃	渙 ䷺	訟 ䷅	同人 ䷌
兌宮	兌 ䷹	困 ䷮	萃 ䷬	咸 ䷞	蹇 ䷦	謙 ䷧	小過 ䷽	歸妹 ䷵

二、《齊詩》有「三期」、「四始」、「五際」、「六情」、「八節」之說，與星象分野之學

漢初齊、魯、韓三家《詩》載在《史記・儒林傳》，其出甚早。《魯詩》傳自先秦，篤守舊說；齊、韓繼後，乃為齊學之《詩》說；二家皆有陰陽學說之成份，尤以《齊詩》最有新義，「三期」、「四始」、「五際」、「六情」、「八節」，皆《齊詩》之學也。

按：三期之說者，《漢書・谷永傳》，永之上書曰：

> 王者躬行道德，承順天地……則卦氣理效，五徵時序…符瑞並降，以昭保右。失道妄行，逆天暴物，……則卦氣悖亂，咎徵著郵，上天震怒，災異屢降。……陛下承八世之功業，當陽數之標季，涉三七之節紀，遭〈无妄〉之卦運，直百六之災阨，三難異科，雜焉同會。

〈谷永傳〉，稱永於天官《京氏易》最密，故善言災異。甘忠可、夏賀良等方以推運數見誅，而永又言如此，正自見此乃一時學者之言也。錢穆先生云：

> 三七，謂二百一十歲，自漢開國至是已近。無妄，按京房六日七分圖，為九月卦，亦所謂陽數之標季也。故《京氏易》以為大旱之卦，萬物皆死，無所復望。百六者，〈律曆志〉初入元百六陽九，蓋亦陽數已極，例有災阨之歲。……九世當陽數標季，為一難。自漢開國以來二百十一歲，適合三七，七亦陽數，其運三終，為二難。又自漢武改曆紀元，至是近百六，又值陽九之阨，為三難。三難異科同會……則曆數已終，大命莫續矣。〔註61〕

按：《漢書・路溫舒傳》，謂溫舒從祖父受曆數天文，以為漢阨三七之間，上封事以豫戒，〔註62〕是漢當三七之間之阨，有再受命之期。據〈谷永傳〉所言與

〔註61〕見《劉向、歆父子年譜》，《兩漢今古文平議》，頁44。
〔註62〕《漢書》卷五十一：「溫舒從祖父受曆數天文，以為漢厄三七之間。」張晏注

〈洪範〉咎徵、《京氏易》卦氣說合言，是時《五經》皆有此說也。又〈谷永傳〉
言：

> 建始元年以來二十載間，群災大異，交錯蜂起，多於《春秋》所書。
> 八世著記，久不塞除，重以今年正月己亥朔日有食之，三朝之會，
> 四月丁酉四方眾星白晝流隕，七月辛未彗星橫天。乘三難之際會，
> 畜眾多之災異，因之以饑饉，接之以不瞻。

蓋「正月」，為春之始；「四月」，夏之始；「七月」，秋之始，皆在變改之期。
此是以周歲言之；其在天道盛衰之間，王者亦有「三七之節季」，當更命有德，
遷命於聖賢之義，〔註63〕此乃經由推陰陽災異，以至於言受命改制之論，為
齊學之言也。

　　《齊詩》「三期」之說，與谷永言三七之阨相類。《後漢書・郎顗、襄楷
列傳》錄郎顗條便宜七事曰：

> 七事：臣伏惟漢興以來三百三十九歲，於《詩》三基。高祖起亥仲
> 二年，今在戌仲十年。《詩・氾歷樞》曰：「卯酉為革政，午亥為革
> 命，神在天門，出入候聽。」言神在戌亥，司候帝王興衰得失，厥
> 善則昌，厥惡則亡。於《易・雄雌秘歷》，今值困乏。……臣以為戌
> 仲已竟，來年入季。文帝改法，除肉刑之罪，至今適三百載。宜因
> 斯際，大蠲法令，官名稱號，輿服器械，事有所更，變大為小，去
> 奢就儉，機衡之政，除煩為簡。改元更始，招求幽隱，舉方正，徵
> 有道，博採異謀，開不諱之路。〔註64〕

《後漢書》李賢注云：

> 「基」當作「期」，謂以三期之法推之也。《詩・氾歷樞》曰：「凡推

〔註63〕之續、〔註64〕

　　日：「三七，二百一十歲也。自漢初至哀帝元年二百一年也，至平帝崩二百十
　　一年。」《漢書》又言：「成帝時，谷永亦言如此。及王莽篡位，欲章代漢之
　　符，著其語焉。」故谷永此說，乃當時運數論者之通言也。

〔註63〕谷永上書言：「臣聞天生蒸民，不能相治，立王者以統理之，方制海內，非為
　　天子；列土封疆，非為諸侯，皆以為民也。垂三統、列三正、去無道、開有
　　德，不私一姓，明天下乃天下之天下，非一人之天下也。……夫去惡奪弱，
　　遷命聖賢，天地之常經，百王之所同也。」此齊學受命之說，實本之於董仲
　　舒。《漢書・眭孟傳》，孟之說曰：「先師董仲舒有言：『雖有繼體守文之君，
　　不害聖人之受命。』漢家堯後，有傳國之運。漢帝宜差天下求索賢人，而退
　　自封百里，如殷周二王後，以承順天命。」是再受命說之起源甚早也。

〔註64〕見《後漢書・卷三十・郎顗、襄楷列傳》。

其數，皆從亥之仲起，此天地所定位，陰陽氣周而復始，萬物死而復蘇，大統之始，故王命一節爲之十歲也。」

按：據《漢書‧谷永傳》「涉三七之節紀」，又〈路溫舒傳〉：「漢厄三七之間」，皆以二百十歲爲歷數之週期，至《詩》有「三基」之說，則以三百四歲爲週期。因前者在西漢，漢祚未值三百；後者已達三百，數術家立言，皆因時而立其說也。〈郎顗傳〉又云：

臺詰顗曰：「對云『白虹貫日，政變常也』。朝廷率由舊章，何所變易而言變常？……又陽嘉初建，復欲改元，據何經典？其以實對。」
顗對曰：「……又孔子曰：『漢三百載，（計）斗歷改憲。』三百四歲爲一德，五德千五百二十歲，五行更用。〔註65〕王者隨天，譬猶自春徂夏，改青服絳者也。自文帝省刑，適三百年，而輕微之禁，漸已殷積。……今年仲竟，來年入季，仲終季始，歷運變改，故可改元，所以順天道也。」

此證《齊詩》「三基」之說與路溫舒、谷永「三七之節季」爲相類之事。林金泉論之曰：

亥爲十二支之一，「亥之仲」與傳文「戌仲已竟，來年入季」參照，則推算之法，以孟仲季三者合爲一辰可知；又十二支就一日而言，分屬十二辰，就一年而言，分屬十二月。一日晝夜之迭代，隨十二辰而遞轉，猶一年四時寒暖之交替，隨十二月而遞變。應之萬物，則春啓夏見秋殺冬閉；應之農事，則春生夏長秋收冬藏。如此，日復一日，年復一年，循環不已，故曰「陰陽氣周而復始，萬物死而復蘇」也。又據「王命一節爲之十歲」一語，則三基推數之法，蓋以一節爲十歲，自亥仲初年起，迄亥孟十年止，歷十二辰三十六節三百六十歲而一周，固昭昭矣。〔註66〕

是以列其表，證「三基」之說乃《齊詩》推歷之法，由推歷而言大道興衰之理也。孔廣森曰：

其法以三十年管一辰，凡甲子、甲午旬首者爲仲；甲戌、甲辰旬者

〔註65〕 李賢注引《春秋‧保乾圖》曰：「陽起於一，天帝爲北辰，氣成於三，以立五神，三五展轉，機以動運。」故三百歲斗歷當改憲也。又引《易緯乾鑿度》，孔子曰：「立德之數，先立木、金、水、火、土德，各三百四歲。」五德備凡千五百二十歲，太終復初，故曰五行更用。
〔註66〕 見林金泉〈齊詩學之三基四始五際六情說探微〉，《成大學報》第二十卷。

為季；甲申、甲寅旬首為孟，率十年一移，故謂之三期。〔註67〕

又《漢書·律曆志》云：

歷數三統，天以甲子，地以甲辰，人以甲申，孟仲季迭用事為統首。

此證《詩·氾歷樞》謂推數由亥之仲起，陰漸消而陽息，為天道之始；而戌仲則處變革之際，應改元更始，以順天道。《齊詩》之三基說與五際說關係至為密切，二者皆陰陽消息之學也。

《齊詩》又有「四始」之說。四始者，〈周南·關雎〉，孔穎達疏引《詩緯·氾歷樞》曰：「大明在亥，水始也；四牡在寅，木始也；嘉魚在巳火始也；鴻雁在申，金始也。」陰陽家推五行，以木、火、金、水配春、夏、秋、冬四時，四時皆有始，而以詩篇配之，此《齊詩》四始之義也。然則，《齊詩》四始之義，固與魯、毛二家有別矣。〔註68〕

「五際」之說者，《漢書·翼奉傳》云：「《詩》有五際。」孟康注引《齊詩內傳》云：「五際，卯、酉、午、戌、亥也。陰陽終始際會之歲，於此則有變改之政也。」而鄭玄《六藝論》引《詩緯·氾歷樞》云：「午亥之際為革命，卯酉之際為改正（政），辰在天門，出入候聽。卯，天保也；酉，祈父也；午，采芑也；亥，大明也。然則亥為革命，一際也；亥又為天門，出入候聽，二際也；卯為陰陽交際，三際也；午為陽謝陰興，四際也；酉為陰盛陽微，五際也。」鄭氏與孟氏不同者，孟氏以戌為一際，而鄭氏則以亥兼二際也。然考翼奉之言曰：

臣竊學《齊詩》，聞五際之要，〈十月之交〉篇，知日蝕地震之效，昭然可明。

以十二地支配十二月，十月正當戌位，戌當為一際，《漢書》孟康注引《齊詩內傳》：「五際，卯酉午戌亥。」之言是也。鄭引《氾歷樞》，既云「辰在天門」，又云「亥在天門」，辰亥二支不得兼在天門，此疑誤一也；既云「亥為一際」，又云「亥又為一際」，一支賅兩際，此疑誤二也。林金泉云：

今考《後漢書·郎顗傳》引《氾歷樞》曰：「卯酉為革政，午亥為革命，神在天門，出入候聽。」注引宋均曰：「神，陽氣，君象也；天門，戌亥之間，乾所據者。」《河圖括地象》謂「西北為天門」，楊

<hr/>

〔註67〕見《經學卮言》。

〔註68〕《齊詩》四始之義，詳見林金泉〈四始五際說探微〉，並見拙著《陳壽祺父子三家詩遺說研究》「齊詩翼氏學」一節。

炯〈少姨廟碑〉言「崑崙西北之地，天門也」，亦可與「天門，乾所
據者」相發明，則〈周南・關雎〉疏所引緯文「辰在天門」一句，
當是「神在天門」之訛無疑也。

足證鄭氏所據有闕誤也。

然則，《齊詩》所以「卯酉午戌亥」爲《詩》之五際者，糜文開云：

此（五際）以一日十二時爲例，以言終始際會，而配以詩篇也。亥
終子始，另成一日，而有新命，故亥爲革命。卯時日出，夜終晝始，
故爲陰陽交際。午時日中而昃，陽初謝而陰始興也。酉時日落，陰
大盛而陽已微也。〈天保〉之詩曰：「如日之升。」以配卯也；〈祈父〉
之詩曰：「胡轉予于恤，靡所止居。」日暮無所止，以配酉也；〈采
芑〉之詩曰：「如霆如雷。」雷霆興雨而陽謝，以配午也；〈大明〉
之詩曰：「有命自天，命此文王。」以殷周革命配亥也。〔註69〕

至於戌亦爲一際者，戌在極陰，亥則生陽，以言天有非常之變，故〈十月之
交〉之詩曰：「百川沸騰，山冢崒崩。」是也。〔註70〕蓋漢儒言《詩》，多斷
章取義，《齊詩》據斷章說《詩》推陰陽消息，以十二辰說五際皆陰陽之際會，
當是《齊詩》之本義也。

又《齊詩》言「六情」者，翼氏曰：「故《詩》之爲學，情性而已。五性
不相害，六情更興廢；觀性以歷，觀情以律。」〈翼奉傳〉曰：

治道要務，在知下之邪正。……知下之術，在於六情十二律而已。
北方之情，好也；好行貪狼，申子主之。東方之情，怒也；怒行陰
賊，亥卯主之。貪狼必待陰賊而後動，陰賊必待貪狼而後用，二陰
並行，是以王者忌子卯也。《禮經》避之，《春秋》諱焉。南方之情，
惡也；惡行廉貞，寅午主之。西方之情，喜也；喜行寬大，巳酉主
之。二陽並行，是以王者吉午酉也，《詩》曰：「吉日庚午」。上方之
情，樂也；樂行姦邪，辰未主之。下方之情，哀也；哀行公正，戌
丑主之。辰未屬陰，戌丑屬陽，萬物各以其類應。今陛下明聖虛靜
以待物至，萬事雖眾，何聞而不諭，豈況乎執十二律而御六情！於
以知下參實，亦甚優矣，萬不失一，自然之道也。

〔註69〕 見糜文開、裴普賢合著《詩經欣賞與研究（三）》，「齊詩的五際六情」。
〔註70〕 此據《漢書・翼奉傳》「〈十月之交〉篇，知日蝕地震之效」一語補足五際。
詳見拙著「齊詩之五際」一節。

此乃《齊詩》「六情」說，最爲怪誕難明。考《呂氏春秋·序意》曰：

> 凡〈十二紀〉者，所以紀治亂存亡也，所以知壽夭吉凶也。上揆之
> 天，下驗之地，中審之人；若此則是非、可不可，無所遁矣。天曰
> 順，順維生；地曰固，固維寧；人曰信，信維聽。

《呂氏春秋》以「聽」爲知人之道，即君主之道也。古數術或本有此聽言之
術也。據《呂氏春秋·有始覽·聽言篇》云：「聽言不可不察，不察則善不善
不分；善不善不分，亂莫大焉。」〈謹聽篇〉云：「故人主之性，莫過乎所疑，
而過於其所不疑；不過乎所知，而過於其所以知。故雖不疑，雖已知，必察
之以法，揆之以量，驗之以數，若則是非無所失，而舉措無所過也。」《呂氏
春秋》所謂聽言之秘術，翼奉《詩》學則大加發揮之。翼奉謂《詩》之爲學，
情性而已，王者治道之務，在知下之邪正，知下之邪正在執十二律以御六情。
故曰：

> 觀性以曆，觀情以律，明主所宜獨用，難與二人共也。故曰：「顯諸
> 仁，臧諸用。」，露之則不神，獨行則自然矣。

自天地言，有「北、東、南、西、上、下」等六合；自人情言，有「好、怒、
惡、喜、樂、哀」之六情，在陰陽五行有「水、木、火、金、陰、陽」之性，
十二律以十二支配之，又合以十二月之曆。董仲舒《春秋繁露·陰陽義篇》
嘗曰：「天亦有喜怒之氣、哀樂之心，與人相副；以類合之，天人一也。」；〈王
道篇〉曰：「人主之大守，在於謹藏而禁內，使好惡喜怒必當義乃出而未嘗差，
如春秋冬夏之未嘗過，可謂參天矣。」翼奉之以情性之學言《詩》，乃陰陽家
一貫之常義，考其來源，當亦無可怪者也。

孔廣森曰：「始際之說，蓋生於律。」《齊詩》六情，當與十二律相應也。
林金泉〈六情說探微〉曰：

> 觀情以律，即觀情以十二律也。十二律者：黃鐘、太族、姑洗、蕤
> 賓、夷則、無射六者爲陽；大呂、夾鐘、中呂、林鐘、南呂、應鐘
> 六者爲陰。陽六爲律、陰六爲呂，陰陽各六，合爲十二。言律不言
> 呂者，陰統於陽，舉六律即賅六呂矣！《五行大義》卷四論情性引
> 翼奉曰：「五行在人爲性，六律在人爲情。」是翼氏以六律應六情也。

唯在《漢書·翼奉傳》中，奉以十二支代十二律耳。五行有休王（消息），以
配十二支即有相刑之說。《淮南子·天文訓》云：

> 木生於亥，壯於卯，死於未，三辰皆木也。火生於寅，壯於午，死

於戌，三辰皆火也。土生於午，壯於戌，死於寅，三辰皆土也。金生於巳，壯於酉，死於丑，三辰皆金也。水生於申，壯於子，死於辰，三辰皆水也。

又《五行大義》論十二支之自刑曰：

支自相刑者，子刑在卯，卯刑在子；丑刑在戌，戌刑在未，未刑在丑；寅刑在巳，巳刑在申；申刑在寅；辰午酉亥各自刑。《漢書》翼奉奏事曰：木落歸本，故亥卯未，木之位，刑在北方。亥自刑。卯刑在子，未刑在丑，水流向末，故申子辰，水之位，形在東方。申刑在寅，子刑在卯。辰自刑。金剛火強，各還其鄉，故巳酉丑，金之位，刑在西方。巳刑在申，酉自刑。丑刑在戌。寅午戌，火之位，刑在南方。寅刑在巳，午自刑，戌刑在未。

以此考翼氏六情之義，謂「北方之情，好也」者，孟康注曰：

北方水，水生於申，盛於子。水性觸地而行，觸物而潤，多所好故；好則貪而無厭，故為貪狼也。

謂「東方之情，怒也」者，孟康注曰：

東方木，木生於亥，盛於卯。木性受水氣而生，貫地而出，故為怒；以陰氣賊害土，故為陰賊也。

謂「南方之情，惡也」者，孟康注曰：

南方火，火生於寅，盛於午，火性炎猛，無所加受，故為惡；其氣精專嚴整，故為廉貞。

謂「西方之情，喜也」者，孟康注曰：

西方金，金生於巳，盛於酉。金之為物，喜以利刃加於萬物，故為喜；利刃所加，無不寬大，故曰寬大也。

謂「上方之情，樂也」者，孟康注曰：

上方，謂北與東也。陽氣所萌生；故為上。辰，窮水也；未，窮木也。翼氏《風角》云：「木落歸本，水流歸末」，故木利在亥，水利在辰，盛衰各得其所，故樂也。水窮則無隙不入；木上出，窮則旁行，故為姦邪。」

按：「水生於申，壯於子，死於辰。」故辰為窮水；「木生於亥，壯於卯，死於未。」故未為窮木。在北之東之向，木漸盛，水漸衰，故曰「盛衰得所」。

「下方之情，哀也」者，孟康注曰：

下方，謂南與西也。陰氣所萌生，故爲下。戌，窮火也；丑，窮金也。

翼氏《風角》曰：「金剛火強，各歸其鄉」，故火刑於午，金刑於酉；酉午，金火之盛也。盛時而受刑，至窮無所歸，故曰哀也。火性無所私，金性方剛，故曰公正。

南與西，於五行爲火與金，於四時曰秋曰夏，夏秋陰始生。火死於戌，故爲窮火；金死於丑，故爲窮金；火盛於午，金盛於酉，盛時而受刑，故窮無所歸。

〈翼奉傳〉載奉之對：「來者以善日邪時，孰與邪日善時？」，奉對曰：「師法用辰不用日。辰爲客，時爲主人。見於明主，侍者爲主人。辰正時邪，見者正，侍者邪；辰邪時正，見者邪，侍者正。忠正之見，侍者雖邪，辰時俱正；大邪之見，侍者雖正，辰時俱邪。即以自知侍者之邪，而時邪辰正，見者反邪，即以自知侍者之正，而時正辰邪，見者反正。」此知下邪正之術也。

〈奉傳〉曰：

迺正月癸未日加申，有暴風從西南來。未主姦邪，申主貪狼，風以大陰下抵建前，是人主左右邪臣之氣也。

翼氏「以律知人情，王者之秘道」，謂「明主所宜獨用，難與二人共也。……露之則不神，獨行則自然。」唯當時，翼奉能用之，學者莫能行，與秦始皇時燕齊方士之秘術相同，後世有「翼氏風角」者，皆此類秘術也，其本於陰陽家之數術，可知已。

《齊詩》又有「八節」之說。《詩緯推度災》曰：「建四始五際而八節通。」林金泉〈四始五際八節說〉一節，云：

八節者，立春、春分、立夏、夏至、立秋、秋分、立冬、冬至也。「建四始五際而八節通」，是建立四始五際之綱紀，可與立春……八節相配通也。

茲錄其「四始五際應八節表」於後一：

四始五際應八節表

（錄自林金泉〈齊詩學之表三基四始五際六情說探微〉，《成功大學學報》第二卷）

四時	五行	八節	八卦	八方	十二支	詩篇	四　始　五　際
冬	水	立冬 冬至	乾 坎	西北 北	亥 子 丑	大明	大明在亥，水始也。 亥際：大明。（亥又爲一際）

春	木	立春 春分	艮 震	東北 東	寅 卯 辰	四牡 天保	四牡在寅木始也。 卯際：天保。
夏	火	立夏 夏至	巽 離	東南 南	巳 午 未	嘉魚 采芭	嘉魚在巳，火始也。 午際：采芭。
秋	金	立秋 秋分	坤 兌	西南 南	申 酉 戌	鴻雁 祈火	鴻雁在申，金始也。 西際：祈父。（戌際）

　　《齊詩》又有星象分野之學。中國載籍之言地理，濫觴於《尚書‧禹貢》；〈禹貢〉言中國山川之勢，水土所殖，有九州之名，其相傳乃禹敷土刊木，告厥成功之作。其或作於東周之世，鄒衍之前。〔註71〕故司馬遷述鄒衍之學曰：

> 先列中國名山大川，通谷禽獸，水土所殖，物類所珍，因而推之及海外，人所不能睹。……以爲儒者所謂中國者，於天下乃八十一分居其一分耳。〔註72〕中國名曰赤縣神州；赤縣神州內自有九州，禹之序九州是也；不得爲州數。中國外如赤縣神州者九，乃所謂九州也。於是有裨海環之，人民禽獸莫能相通者如一區中者乃爲一州，如此者九，乃有大瀛海環其外，天地之際焉。

鄒衍之所以創「大九州」說，其受儒家《尚書‧禹貢》之影響甚明。然自鄒子之後，陰陽家每好言地理，以與其天文之學相應焉，故星象分野之學，必出於齊學無疑也。《呂氏春秋》作在戰國之後，〈有始篇〉曰：

> 天有九野，地有九州，土有九山，山有九塞，澤有九藪，風有八等，水有六川。何謂九野，中央曰鈞天，其星角、亢、氐。東方曰蒼天，其星房、心、尾。東北曰變天，其星箕、斗、牽牛。北方曰玄天，其星婺女、虛、危、營室。西北曰幽天，其星東壁、奎、婁。西方

〔註71〕屈萬里先生曰：「本篇言梁州貢鐵、鏤。而吾國在西周以前尚未有鐵器之應用，故本篇當爲東周以來之作品；然篇中不言四岳、五岳，言六府不及五行；且鄒衍大九州之說，必當在本篇傳世以後，以此證之，本篇之著成，或不至遲至戰國之世。」是也。

〔註72〕此處語頗有疑義，司馬遷稱鄒衍謂「中國於天下乃八十一分之一。」實則鄒衍以爲中國有九州，於天下爲九分之一，是爲「小九州」；如中國者復有八州，是爲「大九州」。此證之於《鹽鐵論‧論鄒篇》，《論衡》卷十一、卷二十四，皆可得之。詳王夢鷗《鄒衍遺說考》七，「大九州說的原理」一文。

日顥天，其星胃、昴、畢。西南曰朱天，其星觜、巂、參、東井。
南方曰炎天，其星輿鬼、柳、七星。東南曰陽天，其星張、翼、軫。

又云：

何謂九州？河漢之間爲豫州，周也。兩河之間爲冀州，晉也。河濟
之間爲兗州，衛也。東方爲青州，齊也。泗上爲徐州，魯也。東南
爲揚州，越也。南方爲荆州，楚也。西方爲雍州，秦也。北方爲幽
州，燕也。

按：《呂覽・有始篇》兩段，「九野」述天之分野，「九州」述地區州域。蓋前
者屬天文，後者屬地理，天宿與地域，古人或已並言，而視其有聯繫對應之
關係也。〔註73〕太史公曰：「夫陰陽、四時、八位、十二度、二十四節，各有
教令，順之者昌，逆之者亡，未必然也。故曰：使人拘而多畏。」故其據陰
陽家以述天官而言曰：

自初生民以來，世主曷嘗不歷日月星辰，及至五家、三代紹而明之，
內冠帶外夷狄，分中國爲十有二州，仰則觀象於天，俯則法類於地；
天則有日月，地則有陰陽；天有五星，地有五行；天則有列宿，地
則有州域。

由此見以天宿言地理，所由來已遠，此尤爲陰陽家之所善長也。〔註74〕

按星象分野之學，星象之學應爲早出，而後分野之說繼之。《呂氏春秋》
雖以「九野」、「九州」並列，然猶未以二十八宿與州域結合，至《史記・天
官書》則以天官與地理並言，其或本於甘公《星經》也。〔註75〕《史記・天
官書》曰：

〔註73〕《尚書》、《詩經》、《春秋》、《左傳》、《國語》對有關天文星宿之記載頗多，
唯以星宿與地域聯繫，或起於《左傳》。昭公元年傳云：「昔高辛氏有二子，
伯曰閼伯，季曰實沈，居於曠林，不相能也，日尋干戈，以相征討。后帝不
臧，遷閼伯於商丘，主辰（主祀大火），商人是因，故辰爲商星（即心宿）；
遷實沈於大夏，主參（主祀參星），唐人是因，……故參爲晉星（即參宿）。」
此據傳說將天宿與地域聯結者也。引見王力《古代漢語・常識》。

〔註74〕《史記・天官書》言天官之學，與「天地、陰陽、日月、五行。」等並論，
證其爲陰陽家之學；在春秋之前，言天數者，如高辛前之重黎，出於《左傳》；
唐虞羲和，出自《尚書》；商巫咸；周史佚、萇弘；春秋列國如宋子韋、鄭裨
竈、齊甘公、楚唐昧、趙尹皋、魏石申等，《史記・天官書》則總集成者也。

〔註75〕以天文與地理連結而言之者，即星象分野之說也。《左傳》已載有星象分野之
文，然具體言之成系統者，則載在《甘氏星經》一書，見林金泉〈詩緯星象
分野考〉一文。

角、亢、氐，兗州。房、心，豫州。尾、箕，幽州。斗，江、湖。
牽牛、婺女，揚州。虛、危，青州。營室至東壁，并州。奎、婁、
胃，徐州。昴、畢，冀州。觜觿、參，益州。東井、輿鬼，雍州。
柳、七星、張，三河。翼、軫，荆州。

又曰：

秦之疆也，候在太白，占於狼、弧。吳、楚之疆，候在熒惑，占於
鳥衡。燕、齊之疆，候在辰星，占於虛、危。宋、鄭之疆，候在歲
星，占於房、心。晉之疆，亦候在辰星，占於參罰。

據此而知，星象分野之學至遲在《史記》著作之前已完成，[註76]而能繼此
以發揚光大之者，則《齊詩》之學也。其說存在《詩緯》者甚多，如《詩緯
含神霧》：

齊地，處孟春之位，海岱之間，土地汙泥，流之所歸，利之所聚，
律中太蔟，音中宮角。（《太平御覽》卷十八引）

陳地，處季春之位，土地平夷，無有山谷，律中姑洗，音中宮徵。
（同）

曹地，處季夏之位，土地勁急，音中徵，其聲清以急。（《太平御覽》
卷二十一）

秦地，處仲秋之位，男懦弱，女高臁，白色身，音中商，其言舌舉
而仰，聲清而揚。（《太平御覽》卷二十四）

唐地，處孟冬之位，得常山太岳之風，音中羽，其地磽确而收，故
其民儉而好畜，此唐堯之所起。（《太平御覽》卷二十六）

魏地，處季冬之位，土地平夷。（同）

邶、鄘、衛、王、鄭，此五國者，千里之城，處州之中，曰地軸。（《太
平御覽》卷一五七）

鄭、代，巳之地也，位在中宮，而治四方，參連相錯，八風氣通。（《玉

[註76] 林金泉〈詩緯星象分野考〉云：「此條所言秦、吳、楚、燕、齊、宋、鄭、晉
皆春秋時國名也；狼、弧、參、罰亦皆屬二十八宿系，以二十八宿系宿名附
之春秋諸國而言占驗，其時代可上溯至春秋殆無疑義也。」按《呂氏春秋·
制樂篇》：「宋景公之時，熒惑在心，公懼，召子韋而問焉。曰：『熒惑在心何
也？』子韋曰：『熒惑者天罰也，心者宋之分野也，禍當於君……。』云云，
宋子韋，春秋時人，星象分野之說早已有之，林氏之說是也。

燭寶典》卷六引）〔註77〕

是《齊詩》以星象之二十八舍爲《詩經》十三國風之分野，配五行、八節、八方、八風、十二月、十二律、十干、十二支、五音，以至於與《孟氏易》十二辟卦、二十四節氣、七十二候等結合，考其作用在占各州域之災祥，此乃齊學陰陽五行之產物也。林金泉〈詩緯星象分野考〉曰：

> 夫《詩》本文學創作，理當無星象分野之可言，而《詩緯》竟連及之者，必當有義蘊存焉。此義蘊之所存，端在乎國風之配分野也。……蓋邶、鄘、衛、王、鄭、齊、魏、唐、秦、陳、檜、曹、豳十三國者，皆變風也；以其爲變風，故配分野而言災異。……故上應星象，下觀人事，而言分野占驗、災祥曆法，其爲陰陽五行家天人相應思想下之產物，蓋歷歷可徵也。

論陰陽家星象分野之學，其影響所至，即《漢書‧地理志》之條貫天下風俗，必舉《詩》篇以爲證驗；鄭玄作《詩譜》而論三百篇之政教風化，以源流清濁，作爲詩之綱領，星象分野之說已成專門之學矣。陳喬樅曰：

> 《齊詩》之學，宗旨有三：曰四始，曰五際，曰六情，皆以明天地陰陽終始之理，考人事盛衰得失之原，言王道安危之故。且其說多出《詩緯》，察躔象、推曆數、徵休咎，蓋齊學之所本也。

是故「三基、四始、五際、六情、八節」之說，乃《齊詩》之義，而《詩緯》星象分野之學，亦前有所承；然此皆非孔門《詩》學之本義，其出於漢儒之齊學者之手，亦可知也。

三、《尚書》有洪範之咎徵

　　《尚書》爲齊學，前屢有所徵。自伏生傳二十九篇，其後與齊學陰陽五行之學結合，《尚書大傳》一書是也。《尚書大傳‧唐傳》云：

> 主春者張，昏中可以種穀。主夏者火，昏中可以種黍。主秋者虛，昏中可以種麥。主冬者昴，昏中可以收斂。蓋藏田獵斬伐當告乎天子，而天子賦之民。故天子南面而視四方星之中，知民之緩急。急則不賦，籍則不事力，故曰敬授民時，此之謂也。

按：以四時五行配合，而曰敬授民時，此說實本之於〈周書‧月令〉、《呂氏

〔註77〕詳林金泉〈詩緯星象考〉，《成功大學學報》第二十一卷，人文社會篇，第135～223頁。

春秋·十二紀》；又其與二十八宿並言，則據陰陽家之說也。同傳又云：

> 《書》曰：「三歲攷績，三考黜陟幽明。」其訓曰三歲而小攷，正職
> 而行事也。九歲而大攷者，黜無職而賞有功也。一之三以至九年，
> 天數窮矣，陽德終矣。

又云：

> 見諸侯，問百年，太師陳詩以觀民風俗，命市納賈，以觀民好惡。
> 山川神祇有不舉者爲不敬，不敬者君削以地。宗廟有不順者爲不孝，
> 不孝者黜以爵。……《書》曰：「明試以功，車服以庸。」

舉上之例，《尚書大傳》與陰陽家關係之密切，實不待言也。然據今傳《尚書
大傳》觀之，其尚鮮及於災異咎徵之說。有之者唯〈殷傳〉曰：

> 武丁祭成湯，有飛雉升鼎耳而雊。武丁問諸祖己，祖己曰：「雉者，
> 野鳥也；不當升鼎。今升鼎者，欲爲用也。無則遠方將有來朝者乎？」
> 故武丁內反諸己，以思先王之道。三年編髮重譯來朝者六國。孔子
> 曰：「吾于〈高宗肜日〉，見德之有報之疾也。」

此雖偶及於祥徵，然猶未普及於全書也。

《尚書大傳》之盛言災異者，在〈洪範五行傳〉一篇。〔註78〕其傳曰：

> 維王后元祀，帝令大禹步於上帝。維時洪祀六沴用咎於下，是用知不
> 畏而神之怒，若六沴作見；若是共禦帝用不差，神則不怒，五福迺降，
> 用章於下。若六沴作見，若不共禦，六伐既侵，六極其下。禹迺共辟
> 厥德，受命休令，爰用五事，建用王極。五事一曰貌。貌之不恭，是
> 謂不肅，厥咎狂，厥罰恆雨，厥極惡；時則有服妖，時則有龜孽，時
> 則有雞禍，時則有下體生於上之痾，時則有青眚、青祥、維金沴木。
> 次二事曰言。言之不從是謂不乂，厥咎僭，厥罰恆暘，厥極憂；時則
> 有詩妖，時則有介蟲之孽，時則有口舌之痾，時則有白眚、白祥，維
> 木沴金。次三事曰視。視之不明，是謂不悊，厥咎荼，厥罰恆燠，厥
> 極疾；時則有草妖，時則有臝蟲之孽，時則有羊禍，時則有目痾，時
> 則有赤眚、赤祥，維水沴火。次四事曰聽。聽之不聰，是謂不謀，厥
> 咎急，厥罰恆寒，厥疾貧；時則有鼓妖，時則有魚孽，時則有豕禍，
> 時則有耳痾，時則有黑眚、黑祥，維水沴水。次五事曰心。心維思，
> 思之不睿，是謂不聖，厥咎瞀，厥罰恆風，厥極凶短折；時則有脂夜

〔註78〕見《漢魏遺書鈔》，《尚書大傳》卷下。

之妖，時則有華孽，時則有黃眚、黃祥，維金木水火沴土。王之不極，
是謂不建，厥咎瞀，厥罰恒陰，厥極弱，時則有射妖，時則有龍蛇之
孽，時則有馬禍，時則有下人伐上之痾，時則有日月亂行，星辰逆行。
維五位復建，辟厥沴。二月三月，維貌是司；四月五月，維視是司；
六月七月，維言是司；八月九月，維聽是司；十月十一月，維思心是
司；十二月與正月，維王極是司。……

按：漢儒之言洪範咎徵，皆本之於《尚書大傳》；此處所引，蓋其舊本如此也。
考《尚書‧洪範》言曰：「初一曰五行；次二曰敬用五事；次三曰農用八政；次
四曰協用五紀；次五曰建用皇極；次六曰乂用三德；次七曰明用稽疑；次八曰
念用庶徵；次九曰嚮用五福，威用六極。」五行者，水、火、木、金、土是也；
五事者，貌、言、視、聽、思是也；庶徵，雨、暘、燠、寒、風是也。唯庶徵
之有休徵、有咎徵。休徵者，「曰肅，時雨若；曰乂，時暘若；曰哲，時燠若；
曰謀，時寒若；曰聖，時風若。」咎徵者，「曰狂，恒雨若；曰僭，恒暘若；曰
豫，恒燠若；曰急，恒寒若；曰蒙，恒風若。」《尚書‧洪範篇》謂周武王訪於
箕子，箕子為陳洪範九疇；洪範者，大法也；疇，類也，謂治國之大法九種也，
尚鮮《尚書大傳》所言咎徵之事也，《大傳》蓋據〈洪範〉推衍而言陰陽災異，
其後傳《尚書》者愈盛，洪範咎徵終成為專門之學矣。今考推演《尚書‧洪範
篇》以言咎徵者；當始於夏侯始昌。《漢書‧夏侯始昌傳》曰：

> 夏侯始昌，魯人也。通《五經》，以《齊詩》、《尚書》教授。……始
> 昌明於陰陽，先言柏梁臺災日，至期日果災。

始昌乃善推陰陽災異者，則其推洪範以著《大傳》，乃自然之事也。又〈夏侯
勝傳〉曰：

> 勝少孤，好學，從始昌受《尚書》及《洪範五行傳》，說災異。

然則，傳洪範災異之說者，當始於夏侯始昌也。故《漢書‧五行志》曰：

> 孝武時，夏侯始昌通《五經》，善推〈五行傳〉，以傳族子夏侯勝，
> 下及許商，皆以教所賢弟子，其傳與劉向同，唯劉歆傳獨異。

而〈劉向傳〉曰：

> 向見《尚書‧洪範》，箕子為武王陳五行陰陽休咎之應，向乃集合上
> 古以來，歷春秋六國至秦漢符瑞災異之記，推跡行事，連傳禍福，
> 著其占驗，比類相從，各有條目，凡十一篇，曰《洪範五行傳論》。

而《漢書‧五行志》乃據劉向之著以作之者，論其原本，當皆始於《尚書大

傳・洪範五行傳》一文也。

《尚書・洪範》咎徵之學，具錄在《漢書・五行志》中。計其所錄系統有四：（一）則夏侯始昌、夏侯勝、李尋、谷永之系統，乃本之於《尚書大傳》者是也，凡〈五行志〉中之言「傳曰」者皆是。（二）則董仲舒、眭孟子《公羊春秋》災異之系統，志中言「董仲舒以爲」者，皆是也。（三）劉向《穀梁春秋》之系統，《穀梁春秋》本篤守於經義，至劉向治《穀梁》，亦持以說災異。凡〈志〉中言「劉向以爲」，與「《穀梁》以爲」者是也。（四）劉歆治《左氏傳》，亦有災異之論，別自爲一家，其或與《京氏易》合而爲一矣。故《漢書・五行志》，班氏曰：

> 《易》曰：「天垂象，見吉凶，聖人象之；河出圖，洛出書，聖人則之。」劉歆以爲虙羲氏繼天而王，受《河圖》，則而畫之，八卦是也。禹治洪水，賜《雒書》，法而陳之，《洪範》是也。聖人行其道而寶其眞。降及于殷，箕子在父師位而典之。周既克殷，以箕子歸，武王親虛己而問焉。故經曰……。此武王問《雒書》於箕子，箕子對禹得《雒書》之意也。「初一曰五行，次二曰羞用五事，次三曰農用八政，次四曰叶用五紀，次五曰建用皇極，次六曰艾用三德，次七曰明用稽疑，次八曰念用庶徵，次九曰嚮用五福，畏用六極」。凡此六十五字，皆《雒書》本文，所謂天迺錫禹大法九章常事所次者也。以爲《河圖》、《雒書》相爲經緯，八卦、九章相爲表裏。昔殷道弛，文王演《周易》；周道敝，孔子述《春秋》。則〈乾坤〉之陰陽，效《洪範》之咎徵，天人之道燦然著矣。漢興，承秦滅學之後。景、武之世，董仲舒治《公羊春秋》，始推陰陽，爲儒者宗。宣、元之後，劉向治《穀梁春秋》，數其禍福，傳以〈洪範〉，與仲舒錯。〔註79〕至向子歆治《左氏》傳，其《春秋》意亦已乖矣。……是以攈仲舒，別向、歆，傳載眭孟、夏侯勝、京房、谷永、李尋之徒所陳行事，訖於王莽，舉十二世，以傳《春秋》，著於篇。

是則《漢書・五行志》乃前漢災異學集大成之作也。論其基本骨幹，是以《尚書・洪範》、《易》之《河圖》、《雒書》爲主；以考其所根據，皆《春秋》之事跡，論其方法，是以「推跡」之法爲之，於是漢儒災異之學之全部內容具錄在此篇矣。茲據〈五行志〉所述，略陳其梗概。

〔註79〕《漢書》顏師古注：「錯，互不同也。」。

論《漢書・五行志》之結構，分「經」、「傳」、「說」、「或說」四部份。如：

經曰：初一曰五行。五行：一曰水、二曰火、三曰木、四曰金、五曰土。水曰潤下，火曰炎上，木曰曲直，金曰從革，土爰稼穡。

傳曰：田獵不宿，飲食不享，出入不節，奪民農時，及有姦謀，則木不曲直。

說曰：木，東方也。於易，地上之木爲觀；其於王事，威儀容貌亦可者觀也。……如此則木得其性矣。若迺田獵馳騁不反……則木失其性矣。蓋工匠之爲輪矢者多傷敗，及木爲變怪，是爲木不曲直。

《春秋》成公十六年，正月，雨木冰。

劉歆以爲：上陽施不下通，下陽施不上達，故雨而爲之冰霧氣寒，木不曲直也。

劉向以爲：冰者陰之盛而水滯者也。木者少陽，貴臣卿大夫之象也。此人將有害，則陰氣協木，木先寒，故得雨而冰也。

是時，叔孫喬如出奔，公子偃誅死。

一曰：時晉執季孫行父，又執公，此執辱之異。

或曰：今之長老名木冰爲木介。介者甲；甲，兵象也。是歲晉有鄢陵之戰，楚王傷目而敗，屬常雨也。

此舉「木曰曲直」一條爲例。按，木有可曲可直之性，故《尙書・洪範》本之，爲五行之初義也。《尙書大傳》據以申之，謂田獵、飲食、出入不節，則木不曲直。歐陽、大小夏侯《尙書》，當時列於學官者皆有所說；以下歷引《春秋》及漢事爲證，又采董仲舒、劉向、歆，或他家之說。此《漢書・五行志》之結構也。王鳴盛分《漢書・五行志》之結構曰：

志先引經，是《尚書・洪範》文。次引傳，是伏生〈洪範五行傳〉文。又次引說，是歐陽、大小夏侯等說，當時列於學官博士所習者。以下歷引《春秋》及漢事證之：所采皆仲舒、向、歆說也。而歆說與傳、說或不同，志或舍傳說而從歆。又采《京房易傳》甚多，今所傳《京氏傳》中無之，蓋非足本。間采眭、谷、李尋說；眭、谷語略見傳中，尋說無之。〔註80〕

自《尚書》有洪範「五行」、「五事」、「八政」、「五紀」、「皇極」、「庶徵」之文，伏生作《大傳》，採洪範之咎徵以立義，創爲「師法」，〔註81〕漢儒說《尚書》，特重視〈洪範〉一篇，用以爲闡明陰陽災異，蓋《尚書》本是齊學，咎徵之說更出自齊說，可無疑也。

四、《禮》家有明堂陰陽之制

《禮》本魯學，故韓宣子聘魯，而曰周禮盡在魯；以周禮本周公所制，他國未能盡行，而魯則世守之也。及遭秦火，而《禮》最失傳，《史記·儒林傳》已有言之矣。漢興，叔孫通制朝禮，實采秦儀雜就之，非古禮也，唯魯高堂生傳《士禮》十七篇，猶傳鄒魯之脈；然后蒼說禮曲臺，禮一變而爲齊學，前文論之詳矣。

漢代《禮》家有明堂陰陽之文，其出於齊學也。今考明堂之名，先秦已有之。《孟子·梁惠王篇》云：

> 齊宣王問曰：「人皆謂我毀明堂。毀諸？已乎？」孟子對曰：「夫明堂者，王者之堂也。王欲行王政，則勿毀之矣。」

趙岐注云：「謂泰山下明堂，本周天子東巡狩朝諸侯之處也。齊侵地而得有之。」齊所侵之地，當得之於魯，以魯得有天子禮樂，而明堂乃周天子踐魯以朝諸侯之處，故孟子謂「明堂者，天子之堂」是也。此明堂非創之於漢儒之證也。

按：〈秦始皇本紀〉，三十五年，盧生說始皇曰：

> 臣等求芝奇藥仙者常弗遇，類物有害之者。方中，人主時爲微行以辟惡鬼，惡鬼辟，眞人至。人主所居而人臣知之，則害於神。眞人者，入水不濡，入火不爇，陵雲氣，與天地久長。今上治天下，未能恬惔。願上所居宮毋令人知，然後不死之藥殆可得也。

明堂本是周禮天子朝諸侯之所，既入於齊地，方士之說明堂，遂一變而成爲秘術也。入漢之後，高祖二年，立墨帝祠，以合五帝之祀。〔註82〕文帝時，

〔註81〕《漢書·五行傳》，「聽」傳下，李尋之對奏曰：「洪範所謂鼓妖者也，師法以爲人君不聽，爲眾所惑，空名得進，則有聲無形，不知所從生。其傳曰：歲月日之中，則正卿受之。」按：李尋所引，出《尚書大傳》「凡六沴之作，歲之朝，月之朝，日之朝，則后王受之；歲之中，月之中，日之中，則正卿受之；歲之夕，月之夕，日之夕，則庶民受之。」則李尋以《尚書大傳》爲師法，馬宗霍《中國經學史》謂師法即先師之言，是也。

〔註82〕高祖二年，東擊項籍而還入關，問秦時上帝祠何帝也？對曰「四帝，有白青

祠五帝如故，至十三年，魯人公孫臣上書議改正朔、易服色；十六年，黃龍見成紀，召拜公孫臣為博士，與諸生草改歷服色事；十七年，趙人新垣平以望氣，見上，言長安東北有神氣，成五采，若人冠冕焉，於是作渭陽五帝廟，以合符應。其五帝廟同宇，帝一殿，面各五門，各如其帝色；於是年集博士諸生刺取六經，作〈王制〉，謀議巡狩封禪事，皆不見有議明堂之言也。

至漢武帝，尤敬鬼神之祀。建元元年，招賢良趙綰、王臧等，欲議古，立明堂城南以朝諸侯，並草巡狩封禪改歷服色事。今考明堂既為天子巡狩朝諸侯之所處，文帝時不見有立明堂之議；後因新垣平所言神氣事之詐發，由是文帝怠於改正朔、服色、祀神明之事；而景帝歲時奉祠如故，未有所興也。

然武帝之欲立明堂，先則受挫於竇太后。《史記·儒林傳》曰：

> 綰、臧請天子，欲立明堂以朝諸侯，不能就其事，乃言師申公。……
> 已招致，則以為太中大夫，舍魯邸，議明堂事。太皇竇太后好老子
> 言，不說儒術，得趙綰、王臧之過以讓上，上因廢明堂事，下趙綰、
> 王臧吏，後皆自殺。

由是以魯學儒者議明堂事，一度而廢也。其後立明堂事，始終議之，未曾中歇。武帝十九年郊雍，於是濟北王以為天子且封禪，乃上書獻泰山及其旁邑；又徙常山王，然後五岳皆在天子之邦，而封禪之事且就矣。《史記·封禪書》曰：

> 自得寶鼎，上與公卿諸生議封禪。封禪用希曠絕，莫知其儀禮，而
> 群儒采封禪《尚書》、《周官》、〈王制〉之望祀射牛事。……群儒既
> 已不能辨明封禪事，又牽拘於《詩》、《書》古文而不能騁。上為封
> 禪祠器示群儒，群儒或曰：「不與古同。」徐偃又曰：「太常諸生行
> 禮不如魯善」，周霸屬圖封禪事，於是上絀偃、霸，而盡罷諸儒不用。

按：武帝欲立明堂，初受挫於竇太后；及竇太后崩，而魯諸儒因泥古久議而不決。武帝所示群儒封禪祠器，乃周霸所作圖，而徐偃不知，以為不與古同，武帝興怒，故魯學者再度受絀。此乃因封禪與明堂之禮，皆非古有，故諸生及方士人言人殊，其言皆不經而難施行也。《漢書·兒寬傳》云：

> 及議欲放古巡狩封禪之事，諸儒對者五十餘人，未能有所定。……
> 以問寬。寬對曰：「……然享薦之義，不著於經，以為封禪告成，合
> 祛於天地神祇，祇戒精專以接神明，總百官之職，各稱事宜而為之

黃赤帝之祠。」高祖曰：「吾聞天有五帝，而有四。何也？」莫知其說。於是高祖曰：「吾知之矣！乃待我而具五也。」乃立黑帝祠，命曰北畤。

節文。唯聖主所由，制定其當，非群臣之所能列。今將舉大事，優
游數年，使群臣得人自盡，終莫能成。唯天子建中和之極，兼總條
貫，金聲而玉振之，以順成天慶，垂萬世之基。」上然之，乃自制
儀，采儒術以文焉。

兒寬，治《尚書》者也，其所事歐陽生、孔安國，然猶未能言明封禪明堂之
禮，唯曰「兼總條貫，金聲而玉振之。」欲武帝之自制其儀耳。既東封泰山，
還登明堂，寬上壽曰：

臣聞三代改制，屬象相因。間者聖統廢絕，陛下發憤，合指天地，
祖立明堂辟雍，宗祀泰一，六律五聲，幽贊聖意，神樂四合，各有
方象，以承嘉祀，為萬世則，天下幸甚。

兒寬之所謂漢武帝「祖立明堂」者，即武帝創始之也；謂「幽樂四合，各有
方象」者，武帝所立明堂具四方色，而中為太一祠也。故明堂之制，創於武
帝，而助武帝成之者，則齊方士也。《史記・封禪書》云：

上欲治明堂奉高旁，未曉其制度。濟南人公玉帶上黃帝時明堂圖。
明堂圖中有一殿，四面無壁，以茅蓋，通水，圜宮垣為複道，上有
樓，從西南入，命曰昆侖，天子從之入，以拜祠上帝焉。於是上令
奉高作明堂汶上，如帶圖。及五年脩封，則祠太一、五帝於明堂上
坐，令高皇帝祠坐對之。祠后土於下房，以二十太牢。天子從昆侖
道入，始拜明堂如郊禮。禮畢，燎堂下。

是武帝之立明堂，其圖為方士公玉帶所上也。武帝且采納其制度、禮儀，明
堂實為齊方士之創作也。故司馬遷論之曰：「余從巡祭天地諸神名山川而封禪
焉。入壽宮侍祠神語，究觀方士祠官之意。於是退而論次自古以來用事於鬼
神者，具見其表裏。後有君子得以覽焉。」〔註 83〕漢代《禮》家有明堂陰陽
之制，實導源於齊學也。《大戴禮記・明堂篇》曰：

明堂者，古有之也。凡九室，一室而有四戶八牖：三十六戶，七十
二牖。以茅蓋屋，上圓下方。明堂者，所以明諸侯尊卑。外水曰辟
雍，南蠻、東夷、北狄、西戎。明堂月令，赤綴戶也，白綴牖也，
二九四七五三六一八，堂高三尺，東西九筵，南北七筵，上圓下方。
九室十二堂，室四戶，戶二牖，其宮方三百步。在近郊三十里。

《小戴禮記・明堂位》云：

〔註 83〕見《史記・封禪書・贊》。

命魯公世世祀周公以天子之禮樂。是以魯君孟春乘大路，載弧韣，
旂十有二旒，日月之章，祀帝於郊，配以后稷，天子之禮也。季夏
六月，以禘禮祀周公於大廟，牲用白牡，尊用犧、象山罍，鬱尊用
黃目，灌用玉瓚大圭，薦用玉豆、雕簋，爵用玉琖仍雕，加以璧散、
璧角，俎用梡嶡。升歌〈清廟〉，下管〈象〉；朱干玉戚，冕而舞〈大
武〉；皮弁素積，裼而舞〈大夏〉。〈昧〉，東夷之樂也。〈任〉，南蠻
之樂也。納夷蠻之樂於大廟，言廣魯於天下也。……凡四代之服、
器、官，魯兼用之。是故魯，王禮也，天下傳之久矣，君臣未嘗相
弒也，禮樂、刑法、政俗未嘗相變也。天下以為有道之國，是故天
下資禮樂焉。

按：《禮》家明堂陰陽皆齊學也，乃古所未嘗有也。然漢儒之言明堂之禮，而
必歸之於魯禮者，蓋先秦諸侯國中，唯魯國有明堂之制度；明堂乃天子之禮，
唯魯國能兼用之耳。故漢儒之說明堂月令者，實為齊學，而往往藉魯以言之；
猶《公羊》說《春秋》之文，必稱「我」者是矣。《漢書・魏相傳》云：

又數表采《易陰陽》及《明堂月令》奏之，曰：「……臣聞《易》曰：
『天地以順動，故日月不過，四時不忒；聖王以順動，故刑罰清而民
服。』天地變化，必由陰陽，陰陽之分，以日為紀。日冬夏至，則八
風之序立，萬物之性成，各有常職，不得相干。東方之神太昊，乘〈震〉
執規司春；南方之神炎帝，乘〈離〉執衡司夏；西方之神少昊，乘〈兌〉
執矩司秋；北方之神顓頊，乘〈坎〉執權司冬；中央之神黃帝，乘〈坤〉
〈艮〉執繩司下土。茲五帝所司，各有時也。東方之卦不可以治西方，
南方之卦不可以治北方。春興〈兌〉治則飢，秋興〈震〉治則華，冬
興〈離〉治則泄，夏興〈坎〉治則雹。明王謹於尊天，慎於養人，故
立羲和之官以乘四時，節授民事。君動靜以道，奉順陰陽，則日月光
明，風雨時節，寒暑調和。……臣愚以為陰陽者，王事之本，群生之
命，自古賢聖未有不由者也。」

宣帝之際，魏相上書言陰陽明堂之儀，選明經通知陰陽者四人，各主一時，
時至則明言所職，而宣帝采用之。是自武帝採齊人公玉帶明堂圖立明堂，至
宣帝魏相設陰陽明堂之職，此明堂義之一變，謂陰陽明堂為齊學，非古有之，
可知也。〔註84〕

_____

〔註84〕魏相采《易》陰陽及明堂月令合而為一。《呂氏春秋》已有「明堂月令」之記

五、《春秋》有陰陽災異之學，尚有「三科九旨」、「五始」、「六輔」、「二類」、「七等」諸端非常可怪之異義

齊學以推陰陽、言災異爲大體，其始於鄒衍之五德轉移與機祥符應之論。自鄒衍創此新義，而漫覆襲捲，以入於學術。入漢之後，援陰陽五行以言經義者，咸推董仲舒爲始焉。〔註85〕《漢書・董仲舒傳・贊》曰：

> 仲舒遭漢承秦滅學之後，六經離析，下帷發憤，潛心大業，令後學
> 者有所統一，爲群儒首。

蓋自武帝初立而隆儒，仲舒對策，以推明孔氏，抑黜百家，自仲舒發之也。仲舒通《五經》，〔註86〕而其學以《春秋》爲主。《春秋》本魯國史記，實錄二百四十二年間列國大事，董子藉焉以窺天道，以爲天道之微具存於《春秋》之中。《春秋繁露・二端篇》云：

> 《春秋》至意有二端；不本二端之所從起，亦未可與論災異也，小
> 大微著之分也。夫覽求微細於無端之處，誠知小之將爲大也，微之
> 將爲著也；吉凶未形，聖人之所獨立也，雖欲從之，末由也已，此
> 之謂也。故王者受命，改正朔，不順數而往，必迎來而受之者，授
> 受之義也。故聖人能繫心於微，而致之著也。是故《春秋》之道，
> 以元之深，正天之端；以天之端，正王之政；以王之政，正諸侯之
> 即位，以諸侯之即位，正竟內之治；五者俱正，而化大行。

載，〈孟夏紀〉：「天子居明堂左介」，〈仲夏紀〉：「天子居明堂太廟」，〈季夏紀〉：「天子居明堂右介」皆是也。唯《呂氏春秋》春稱「青陽」，夏稱「明堂」，秋稱「總章」，冬稱「玄堂」，計各有三，稱「左介」、「太廟」、「右介」是也；《小戴禮記》承之；而《大戴禮記》謂明堂有「九室十二堂」，與《呂氏春秋》、《小戴禮記》符合，是漢儒早先之明堂義也。至魏相添入八卦之配列，簡化之爲四時，亦不得不然之勢也。考其所以然之故，王夢鷗先生以爲明堂有「時令」派之設計，其源於管子、鄒衍，應爲五時令之安排，至《呂氏春秋》、《禮記・月令》則分化爲十二月者是也。其後「八卦」不能相合，遂簡化爲四時矣。《後漢書・張衡傳》，衡上疏曰，「臣聞聖人明審律曆以定吉凶。重之以卜筮，雜之以九宮，經天驗道，本盡於此。」或觀星辰逆順，寒燠所爲二物，二者之結合，當在漢宣帝之際，魏相所言者即是也。詳《鄒衍遺說考》五、〈五時令與明堂的設計〉一文。又見王氏〈古明堂圖考〉（三禮研究論文集）、王國維〈明堂寢廟通考〉（《觀堂集林》卷三）、《周禮・考工記》、《呂氏春秋》、《淮南子・本經訓》等。以本篇非專論明堂，故不具及。

〔註85〕《漢書・五行志》：「景武之世，董仲舒治《公羊春秋》，始推陰陽，爲儒者宗。」

〔註86〕《漢書・儒林傳》：「武帝時，江公與董仲舒並。仲舒通《五經》，能持論，善屬文。」是仲舒通《五經》也。

考仲舒謂《春秋》所以有寄微之意者，蓋爲後世有國者立法。故曰：

> 仲尼之作《春秋》也，上探正天端、王公之位、萬民之所欲；下明
> 得失，起賢才以待後聖。故引史記，理往事、正是非，序王公史記
> 十二公之間，皆衰世之事，故門人惑。孔子曰「吾因其行事而加乎
> 王心焉，以爲見之空言，不如行事著明」……故衛子夏言有國家者
> 不可以不學《春秋》；不學《春秋》則無以見前後旁側之危，則不知
> 國之大柄，君之重任也。（《春秋繁露‧俞序篇》）

又仲舒之答武帝策命「三代受命，其符安在？災變之異，何緣而起？性命之
情，或夭或壽，或仁或鄙……。」之問，則曰：

> 臣謹案《春秋》之中，視前世已行之事，以觀天人相與之際，甚可
> 畏也。國家將有失道之敗，而天迺先出災害以譴告之，不知自省，
> 又出怪異以警懼之，尚不知變，而傷敗迺至。以此見天心之仁愛人
> 君而欲止其亂也。自非大亡道之世者，天盡欲扶持而全安之，事在
> 彊勉而已矣。〔註87〕

緣夫天道固在，而有國者不由，是以國政日以仆滅也，周之幽、厲是也；至於
宣王，思先王之德，興滯補弊，明文、武之功業，周道燦然復興，上天佑之。
故仲舒以爲治亂廢興操之在己，非天降命不可得反，其失國者皆所操持悖謬，
自失其統耳。若積善累德，天瑞應誠而至，則是受命之符也。故仲舒之《春秋》
學應包括災、祥二端；災爲譴告，祥是頌讚。唯儒者用其說之際，以爲頌讚者
少，課職譴告者多，故稱之爲災異之學耳。董子釋災異之緣起曰：

> 及至後世，淫佚衰微，不能統理群生，諸侯背畔，殘害良民以爭壤土，
> 廢德教而任刑罰；刑罰不中，則生邪氣，邪氣積於下，怨惡畜於上。
> 上下不和，則陰陽繆盭而妖孽生矣。此災異所緣而起也。〔註88〕

其所以然者，蓋以天人爲相應也。《春秋繁露‧陰陽義》第四十九云：

> 天亦有喜怒之氣、哀樂之心，與人相副；以類合之，天人一也。春，
> 喜氣也，故生；秋，怒氣也，故殺；夏，樂氣也，故養；冬，哀氣
> 也，故藏。四者，天人同有之，有其理而一用之，與天同者大治，
> 與天異者大亂，故人主之道，莫明於在身之與天同者而用之，使喜
> 怒必當義而出，如寒暑之必當其時而發也，使德之厚於刑也，如陽

〔註87〕《漢書‧董仲舒傳》賢良對策，天人三策一。
〔註88〕同註87。

之多於陰也。〔註89〕

緣董子以天亦具人格意志，故人主之施合於天道者，天應之以祥瑞；其違於天道者，天譴告之以災異，其說乃本於同類相應之理也。故《繁露》曰：

> 帝王之將興也，其美祥亦先見；其將亡也，妖孽亦先見，物故以類相召也。……天有陰陽，人亦有陰陽，天地之陰氣起，而人之陰氣應之而起；人之陰氣起，天地之陰氣亦應之而起，其道一也。〔註90〕

因天人有相應之理，故王者當奉承天意以從事，《繁露》因言「《春秋》之道，以元之深，正天之端；以天之端，正王之政。」〈天人對策〉則申之曰：

> 臣謹案《春秋》之文，求王道之端，得之於正。正次王，王次春。春者，天之所爲也；正者，王之所爲也。其意曰，上承天之所爲，而下以正其所爲，正王道之端云爾。然則王者欲有所爲，宜求其端於天。天道之大者在陰陽。陽爲德，陰爲刑；刑主殺而德主生。是故陽常居大夏，而以生育長養爲事；陰常居大冬，而積於空虛不用之處。以此見天之任德不任刑也。

「王者承天意以從事，故任德而不任刑。」此乃董子立其政教之根本義也，唯藉陰陽以申其意耳。蓋陰陽乃董氏對天道根本之認定，天道好陽而惡陰，董子遂藉之以申儒家任德不任刑之義理。故其言曰：「刑者不可任以治世，猶陰之不可任以成歲也。爲政而任刑，不順於天，故先王莫之肯爲也。今廢先王德教之官，而獨任執法之吏治民，毋迺任刑之意與？孔子曰：『不教而誅，謂之虐。』虐政用於下，而欲德教之被四海，故難成也。」此乃對武帝之專任酷吏，羅織法網甚密之諫正也。

天人既相應矣，董子《春秋》學之所以專爲王者立法，不及庶人者，〔註91〕

〔註89〕《繁露·人副天數篇》：「天德施，地德化，人德義。天氣上，地氣下，人氣在其間。……天地之精所以生物者，莫貴於人。人受命乎天也，故超然有以倚；物疾災莫能爲仁義，唯人獨能爲仁義；物疾災艾能偶天地，唯人獨能偶天地。」又云：「天地之符，陰陽之副，常設於身，身猶天也，數與之相參，故命與之相連也。天以終歲之數，成人之身，故小節三百六十六，副日數也；大節十二分，副月數也；內有五臟，副五行數也；外有四肢，副四時數也；乍視乍瞑，副晝夜也。」在此足以表明，董仲舒之天爲有意志之天，其乃藉天道以明人道也。

〔註90〕見《春秋繁露·同類相動·第五十七》。

〔註91〕《春秋繁露·玉杯篇》：「《春秋》論十二世之事，人道浹而王道備。」《春秋》乃專爲王者法也。

〈對策〉曰：

> 臣謹案《春秋》謂一元之意，一者萬物之所從始也，元者辭之所謂
> 大也。謂一爲元者，視大始而欲正本也。《春秋》深探其本，而反自
> 貴者始。故爲人君者，正心以正朝廷，正朝廷以正百官，正百官以
> 正萬民，正萬民以正四方。……四海之內聞盛德而皆徠臣，諸福之
> 物，可致之祥，莫不畢至，而王道終矣。

董子伸天之意正所以屈君也。其屈君之法，藉之以災祥，以此爲天意之表徵，
其對武帝「蓋聞善言天者，必有徵於人，善言古者，必有驗於今。故朕垂問
乎天人之應，上嘉唐虞，下悼桀紂，寖微寖滅，寖明寖昌之道，虛心以改。」
之問，〈對策〉則曰：

> 臣聞天者群物之祖也，故遍覆包函而無所殊，建日月風雨以和之，
> 經陰陽寒暑以成之。故聖人法天而立道，亦溥愛而無私，布德施仁
> 以厚之，設誼立禮以導之。……由此言之，天人之徵，古今之道也。
> 孔子作《春秋》，上揆之天道，下質諸人情，參之於古，考之於今。
> 故《春秋》之所譏，災害之所加也；《春秋》之所惡，怪異之所施也。
> 書邦家之過，兼災異之變，以此見人之所爲，其美惡之極，迺與天
> 地流通而往來相應，此亦言天之一端也。〔註92〕

至是，董子之《春秋》學已轉入於災異論之中。《漢書》本傳稱對策畢，武帝
以仲舒爲江都相事易王，其論災異遂而轉精。《漢書》云：

> 仲舒治國以《春秋》災異之變推陰陽所以錯行，故求雨，閉諸陽，
> 縱諸陰；其止雨反是。行之一國，未嘗不得所欲。中廢爲中大夫。
> 先是遼東高廟、長陵高園殿災，仲舒居家推說其意，草稿未上，主
> 父偃候仲舒，私見，嫉之，竊其書而奏焉。上召視諸儒。仲舒弟子
> 呂步舒不知其師書，以爲大愚。於是下仲舒吏，當死，詔赦之。仲
> 舒遂不敢言災異。

由此見仲舒之災異論皆成之於對策之後也。

今考仲舒之〈對策〉曰：「臣愚不肖，述所聞，誦所學，道師之言，僅能
勿失耳。」〔註93〕仲舒自道其學，乃受之於師者，而史傳失載其師承，後世
無由得知。然據其著作，以對勘於《呂氏春秋・十二紀》與〈應同篇〉之文，

〔註92〕見〈天人對策・第三策〉。
〔註93〕見〈天人對策・第三策〉。

則知其學乃本於鄒衍之術，爲齊學也。兩漢儒者之援鄒子之術以治經義者，董仲舒實發其端也。

戴君仁先生嘗以爲董仲舒論災異，僅有陰陽不及五行，〔註 94〕其舉仲舒僅推陰陽言災異之證甚詳。然仲舒之學果出於鄒衍，則鄒子之學必陰陽五行並言，應無獨言其一而不及其二之理。〔註 95〕以考《春秋繁露》與〈天人對策〉僅言「陰陽」而不及「五行」者，徐復觀先生云：

> 蓋木火土金水在《尚書・洪範》上，本是具體的東西，至鄒衍而始將其抽象化。仲舒開始將鄒衍所抽象化的五行，應用到〈洪範〉之上，把抽象與具象的東西，夾雜在一起，於是不知不覺地在五行之「氣」中，還是含著木火等具體的形質，而只好與純抽象的陰陽之氣平列起來，使人感到陰陽與五行是兩種平行之氣。……所以在《春秋繁露》中，言陰陽與言五行，各列篇章；而陰陽重在言德刑，五行重在言官職；二者的同異，是很分明的。〔註 96〕

此證陰陽五行之學體系，在董仲舒之時猶在發展之中。仲舒〈對策〉及其言災異雖未及五行，然據《春秋繁露》五行相生第五十九，言「天地之氣，合而爲一，分爲陰陽，判爲四時，列爲五行。」四時與五行當同是陰陽二氣之所分化，專言陰陽而不及五行，當非董仲舒言陰陽災異之本意也，故班固著《漢書・五行志》稱孔子述《春秋》「則乾坤之陰陽，效洪範之咎徵」，乾坤乃天地也，故以陰陽言之；洪範則言五行也。又《漢書》言「董仲舒治《公羊春秋》，始推陰陽爲儒者宗」，而《漢書》錄其災異論，則名爲「五行志」，此當是以仲舒之陰陽即包含五行矣。故班固著《白虎通義》，有〈五行篇〉而無〈陰陽篇〉，殆即以五行與陰陽爲一事也。

復次，《漢書・五行志》謂「孝武時，夏侯始昌善推五行傳，以傳族子夏侯勝，下及許商，皆以教所賢弟子。」則〈洪範五行傳〉似出於夏侯始昌，爲伏生所不及知之者。考始昌之生平在董仲舒之後，〔註 97〕其推柏梁臺災日之法，

〔註 94〕見《梅園論學集》，〈董仲舒不說五行考〉。

〔註 95〕李漢三《先秦兩漢之陰陽五行學說》第二篇，「陰陽五行合流及其在先秦時之傳布情形」乙節，言「趙於衍學似得風氣之先」，舉《公孫龍子・通變論篇》，與《荀子》〈儒效〉、〈天論〉等篇論戰國時趙已傳布鄒學。董仲舒爲趙人，當亦習其說也。

〔註 96〕見《兩漢思想史》卷二，「先秦儒家思想發展中的轉折及天的哲學大系統的完成」。

〔註 97〕《漢書・夏侯始昌傳》：「自董仲舒、韓嬰死後，武帝得始昌，甚重之。」是

與仲舒推說遼東高廟長陵高園殿災之事相類，二者必然有關係。徐復觀先生云：

> 我在〈陰陽五行及其有關文獻〉一文中，曾說明《尚書大傳》乃出
> 於伏生後學之手；其中有的是傳承伏生，有的則是由他的後學所附
> 益。尤以〈洪範〉中所說的五行，乃五種實用資材，伏生並未受鄒
> 衍及《呂氏春秋·十二紀紀首》中五行新說的影響；所以《大傳》
> 卷三〈洪範下〉說：「水火者百姓之所飲食也。金木者百姓之所興作
> 也。土者萬物之所資生也。是爲人用。」這正是伏生的遺說；與同
> 卷三保持得很完整的〈洪範五行傳〉的性質，完全不同。〈洪範五行
> 傳〉蓋出於夏侯始昌，爲伏生所不及知。這裏更應補充說，將〈洪
> 範〉中的實用性的五行，雜採入鄒衍系統下的五行新說以言災異，
> 蓋始於仲舒。夏侯始昌乃承其風而另創新意。〔註98〕

就董仲舒通《五經》，始推陰陽爲災異之論，及夏侯始昌時代在董仲舒之後諸
端觀之，則徐復觀氏之推論甚合於情理，是故董仲舒之災異學雖以《公羊春
秋》而名於世，其影響則遍在《五經》也。

　　漢何休著《公羊春秋傳注》，序云：「傳《春秋》者非一，本據亂而作，
其中多非常異義可怪之論。」其所以多可怪之異義者，以齊學一向即恢宏詭
奇之故也。然而《公羊》後學研幾，綜括條例，異義以此愈爲滋繁，《公羊》
家遂有「三科」、「九旨」、「五始」、「六輔」、「二類」、「七等」之名。〔註99〕
《公羊傳注疏》徐彥疏曰：

> 問曰：「《春秋》說云：《春秋》設三科九旨，其義云何？」
>
> 答曰：「何氏之意以爲三科九旨正是一物，若總言之，謂之三科。科
> 者，段也。若析而言之，謂之九旨；旨者，意也，言三個科段內有
> 此九種之意。故何氏作〈文諡例〉云：三科九旨者，新周、故宋、
> 以《春秋》當新王：此一科三旨也。又云：所見異辭、所聞異辭、
> 所傳聞異辭，二科六旨也。又內其國而外諸夏；內諸夏而外夷狄，
> 是三科九旨也。」
>
> 問曰：「案宋氏之注《春秋》說三科者，一曰張三世，二曰存三統，
> 三曰異內外，是三科也。九旨者，一曰時，二曰月，三曰日，四曰

始昌之年代後於董仲舒也。
〔註98〕見《兩漢思想史》，「董氏的洪範五行的問題」一節。
〔註99〕見周師一田《公羊傳要義講授大綱》。

王，五曰天王，六曰天子，七曰譏，八曰貶，九曰絕。時與日月，
詳略之旨也；王與天王、天子，是錄遠近親疏之旨也；譏與貶、絕
則輕重之旨也。如是三科九旨聊不相干，何故然也。」

答曰：「《春秋》之内具斯二種理，故宋氏又有此說，賢者擇之。」

按：「三科九旨」之說，出於《春秋緯》，而宋均注之。宋氏為鄭玄弟子，其
注蓋以補師說之遺。然緯書出於哀、平之際，其說愈為怪誕，應非《公羊傳》
之所本有也。胡玉縉云：

三科九旨之外，尚有五始、七等、六輔、二類、七缺，皆各自為義；
則三科九旨，亦必各自為義。乃混科與旨為一，顯與五始等不合，
豈通論乎？〔註100〕

胡氏因此以宋均之說為優，所說甚是也。徐彥疏又云：

問曰：「〈文諡例〉云：此《春秋》五始、三科、九旨、七等、六輔、
二類之義以矯枉撥亂，為受命品道之端正德之紀也。然則三科九旨
之義已蒙前說，未審五始、六輔、二類、七等之義如何？」

答曰：「案〈文諡例〉下文云：『五始者，元年春正月公即位是也。
七等者，州、國、氏、人、名、字、子是也。六輔者，公輔天子，
卿輔公，大夫輔卿，士輔大夫，京師輔君，諸夏輔京師是也。二類
者，人事與災異也。』」

按：五始、六輔、二類、七等之異義皆後世解《公羊傳》之例，其出於解經
儒生，不在《公羊》家義理之内，置而不論可也。而《春秋緯》說又有「七
缺」之義。徐彥曰：

七缺者，惠公妃匹不正，隱桓之禍生，是為夫之道缺也；文姜淫而
害夫，為婦之道缺也；大夫無罪而致戮，為君之道缺也；臣而害上，
為臣之道缺也；僖五年晉侯殺其世子申生、襄二十六年宋公殺其世
子痤，殘虐枉殺其子，是為父之道缺也；文元年楚世子弒其君髡，
襄三十年蔡世子弒其君固，是為子之道缺也；桓八年正月己卯蒸，
桓十四年八月乙亥嘗，僖三十一年夏四月卜郊不從乃免牲，猶三望
六祀不脩，周公之禮缺，是為七缺也矣。

由是可見《公羊》齊學之義，在其後緯書續而愈有闡發，然與事實大義並無

裨助，聊備一說而已。

　　《漢書‧雋不疑傳》，霍光曰：「公卿大臣當用經術，明於大義。」；〔註101〕〈夏侯勝傳〉謂，夏侯勝講授，每常謂諸生曰：「士病不明經術；經術苟明，其取青紫如俯拾地芥耳。」然考漢世之所謂經術者，皆用以緣飾吏治，潤澤鴻業也。《漢書‧公孫弘傳》謂：「公孫弘習文法吏事，而以儒術緣飾之。」西漢經學以齊學而顯者，蓋朝廷側重刑名法術，而儒生倡言陰陽災異之學，名之為「天人之道」，《易》之陰陽、《書》之咎徵、《詩》之五際、《禮》之明堂月令、《春秋》之災異，皆此類也。爰在秦漢之交，魯學尚明，諸生絃誦不絕，故申公講學，猶守古遺，侍筵甚盛；迄乎武帝好飾文詞，董仲舒以陰陽災異之學為儒首，自此而風氣變改。以是聖人之道堙沉不彰，經典淪為術士之書，荒誕之狀至於不可稽詰，豈運會所趨，豪傑之士亦無能出乎其間也乎？

〔註101〕《漢書‧雋不疑傳》：「有一男子，乘犢車，建黃旐，衣黃襜褕，著黃帽，詣北闕，自謂衛太子。公車以聞，詔使公卿將軍中二千石雜識之。……京兆尹不疑後到，叱從吏收縛。或曰：『是非未可知，且安之。』不疑曰：『諸君何患於衛太子！昔蒯聵違命出奔，輒距而不納，《春秋》是之。衛太子得罪先帝，亡不即死；今來自詣，此罪人也。』遂送詔獄。此引《春秋》以斷獄之例也。

第七章 結論：論前漢《五經》齊、魯學思想之影響

　　劉向《說苑》嘗有言曰：「政有三品：王者之政化之，霸者之政威之，強者之政脅之。夫此三者各有所施，而化之爲貴。」〔註1〕承先秦滅學之後，漢之隆儒實爲有功；儒家施政之理，漢儒亦頗知之。故董子之對策，藉天意而引申之，主張任德化而力行，其崇尚王化而絀霸政，與孔孟之本意，原無悖離。故董子曰：「夫仁人者，正其誼不謀其利，明其道不計其功。是以仲尼之門，五尺之童羞稱五伯，爲其先詐力而後仁誼也。」〔註2〕其欲敦合於儒門之教也甚明。然而前漢今文經學之所以終究違離孔孟心性論之本義，轉而倡言天人之道者，蓋以其學多據齊學而非切合於鄒魯之學故也。漢儒每以齊、魯之政對舉以言學術，可見齊、魯之學之本分有異也。劉向之言曰：

> 齊之所以不如魯者，太公之賢不如伯禽。伯禽與太公俱受封而各之國。三年，太公來朝。周公問曰：「何治之疾也？」對曰：「尊賢，先疏後親，先義後仁也，此霸者之跡也。」周公曰：「太公之澤及五世。」五年，伯禽來朝。周公問曰：「何治之難？」對曰：「親親，先內後外，先仁後義也，此王者之跡也。」周公曰：「魯之澤及十世。」故魯有王跡者，仁厚也；齊有霸跡者，武政也。齊之所以不如魯也，太公之賢不如伯禽也。〔註3〕

〔註1〕見《說苑‧政理》卷七。

〔註2〕見《漢書‧董仲舒傳》，對江都易王問。

〔註3〕同見《說苑‧政理篇》。此本《史記‧魯周公世家》之言，而變其義以言王霸之別，後又爲《漢書‧地理志》所採，證齊魯之分別，乃爲漢儒之通論也。

據劉向之論齊、魯二邦之政，齊尚簡易，故以尊賢爲先，太公之治齊，先義後仁，先疏後親，故齊俗之尚賢智，而趨於重權變之風氣；魯道則篤於親親之仁，尊賢次之，尚德先於任智也。故鄒陽之言曰：「鄒魯守經學，齊楚多辯知。」〔註4〕前漢之經學之所以變化舊義，正以尊賢之義蓋過親親之仁，而以辯知之學代篤行實踐之結果也。職此之故，漢儒之學與孔孟本旨始終有隔閡。今論前漢齊、魯學之思想影響，不能不言此中之分際，本篇所以論齊學影響者多，而論魯學者少，正因前漢之儒學大抵皆爲齊學故也。

第一節　《五經》齊、魯學對漢代政治之影響

魯道仁厚，其性保守，缺乏開創之動力。《論語》曰：「善人爲邦百年，亦可以勝殘去殺矣。」〔註5〕其理想最高遠，而其效則殊緩矣。《史記・叔孫通傳》云：

> 叔孫通使徵魯諸生三十餘人。魯有兩生不肯行，曰：「公所事者且十主，皆面諛以得親貴。今天下初定，死者未葬，傷者未起，又欲起禮樂。禮樂所由起，積德百年而後可興也。吾不忍爲公所爲。公所爲不合古，吾不行。公往矣，無汙我。」叔孫通笑曰：「若眞鄙儒也！不知時變。」

由此見魯學之拘於篤守，不輕言從權變化；若其從權於時變，則非眞魯儒也。故漢廷之政治，所受於齊學者爲多。〔註6〕《漢書・元帝紀》載，元帝柔仁好儒，見宣帝所用多文法吏，以刑名繩下；嘗侍燕，從容言曰：「陛下持刑太深，宜用儒生。」宣帝作色曰：「漢家自有制度，本以霸王道雜理之，奈何純任德教，用周政乎？且俗儒不達時宜，好是古非今，不知所守，何足委任？」迺歎曰：「亂我家者，太子也。」以此見前漢雖自武帝時即有隆儒之名，其實乃行霸道；而霸道者，正齊學之教也。〔註7〕故漢代之儒術，雖襲孔孟之名義，而乃蹈陰陽、道、法諸家之實。茲分「定律曆、正服色」、「推災異」、「四時

〔註4〕見《漢書・卷五十一・鄒陽傳》。

〔註5〕見《論語・子路篇》。

〔註6〕見本編第五章所論。

〔註7〕此用孟子「以力假仁者霸，霸必有大國；以德行仁者王。」之王霸義，王霸可爲齊、魯學之分際也。然不謂漢用刑名爲法家者，漢實外儒而內法，因懲於強秦用法之暴以致失敗，故漢人常諱言法也。

禁忌」、「興兵征伐」等諸端，以言齊、魯學對漢代政治之影響。

一、定律曆、正服色之影響

漢代秦而起，初無新創之制度，蓋皆襲於秦法也。《史記‧秦始皇本紀》，記載始皇初併天下而改制，云：

> 始皇推終始五德之傳，以爲周得火德，秦代周德，從所不勝。〔註8〕方今水德之始，改年始，朝賀〔註9〕皆自十月朔。衣服旄旌節旗皆尚黑。數以六爲紀，符、法冠皆六寸，而輿六尺，六尺爲步，乘六馬。更名河曰德水，以爲水德之始。剛毅戾深，皆決於法，刻削毋仁恩和義，然後合五德之數。

按：《史記索隱》曰：「水主陰，陰刑殺，故急法刻削，以合五德之數。」秦立國以申、商刑名之法而致強，其兼天下後而推五德終始以改制度，足見鄒衍之學已影響及秦廷之政治，且深固不可拔矣。漢繼秦而起，按「五行從所不勝」之系統推之，或宜當火德。故《史記》述漢高起義之事蹟云：

> 高祖被酒，夜徑澤中，令一人行前。行前者還報曰：「前有大蛇當徑，願還。」高祖醉，曰：「壯士行，何畏？」乃前，拔劍擊斬蛇。蛇遂分爲兩，徑開。……後人來至蛇所，有一老嫗夜哭。人問何哭？嫗曰「人殺吾子，故哭之。」人曰：「嫗子何爲見殺？」嫗曰：「吾子，白帝子也，化爲蛇，當道，今爲赤帝子斬之，故哭。」……後人告高祖，高祖乃心獨喜，自負。諸從者日益畏之。（見〈高祖本紀〉）

又云：

〔註8〕《春秋繁露‧五十八‧五行相生》云：「……（五行）比相生而間相勝也，故爲治；逆之則亂，順之則治。」〈五行義〉第四十二云：「天有五行：一曰木，二曰火，三曰土，四曰金，五曰水。木，五行之始也；水，五行之終也；土，五行之中也，此其天次之序也。木生火，火生土，土生金，金生水，水生木，此其父子也。」按：五行之義篇所述「父子相生」之系統也，而相勝之系統則不明。考五行之序以「順之則治，逆之則亂」謂五行之運，僅能順遞推演，王夢鷗先生以爲五行系統是時間循環之系統，時間乃是往而不復者（見〈鄒衍遺說考〉），則「間相勝」必由次序之後者勝次序於前者，「水之勝火」由此推得。《史記正義》曰：「秦以周爲火德。能滅火者，水也，故稱從其所不勝於秦。」是也。又按張華《博物志》：「自古帝王五運之次有二說：鄒衍以五行相勝爲義，劉向則以相生爲義。」（《鄒衍遺說考》引）是漢初五行終始說乃以相勝爲義也。

〔註9〕秦以建亥之月爲正，故其年始用十月而朝賀也。

父老乃率子弟共殺沛令，開城門迎劉季，欲以爲沛令。……乃立季爲沛公。祠黃帝，祭蚩尤於沛庭，而釁鼓旗，幟皆赤。由所殺蛇白帝子，殺者亦帝子，故上赤。

又云：

二年，東擊項籍而還入關。問：「故秦時上帝祠何帝也？」對曰：「四帝，有白、青、黃、赤帝之祠。」高祖曰：「吾聞天有五帝，而有四，何也？」莫知其說。於是高祖曰：「吾知之矣，乃待我而具五也。」乃立黑帝祠。（見《史記‧封禪書》）

據以上三事，知五德終始說固然亦影響於漢朝，然其初始尚未即定；故高祖忽則以火德之赤帝自居，忽則以水德之黑帝爲祠。然自高祖以祠黑帝，朝廷用之不改，漢初實襲秦水德之舊也。其有議服色、改制度者，在漢文帝之時始行之。〔註10〕《史記‧封禪書》云：

魯人公孫臣上書曰：「始秦得水德，今漢受之，推終始傳，則漢當土德，土德之應黃龍見。宜改正朔，易服色，色尚黃。」是時丞相張蒼好律曆，以爲漢乃水德之始，故河決金隄，其符也。年始冬十月，色外黑內赤，與德相應。……後三歲，黃龍見成紀。文帝乃召公孫臣，拜爲博士，與諸生草改曆服色事。

按：張蒼本是秦之博士，其後從高祖，爲漢之舊臣，故主張漢爲水德，無所變改；主張漢爲土德者，在公孫臣之前當爲賈誼。《史記‧賈誼傳》云：

賈生以爲漢興至孝文二十餘年，天下和洽，而固當改正朔，易服色，法制度，定官名，興禮樂，乃悉草具其事儀法，色尚黃，數用五，爲官名，悉更秦之法。

則公孫臣之主張漢當土德，從賈誼之說也。其後文帝從公孫臣之說，確定漢爲土德；而張蒼由此自黜歸老。〔註11〕及新垣平欺詐事發，文帝置改正朔、

〔註10〕《史記‧曆書》：「是時獨有鄒衍，明於五德之傳，而散消息之分，以顯諸侯。而亦因秦滅六國……而亦頗推五勝，自以爲獲水德之瑞。……漢興，高祖曰：『北畤待我而起。』亦自以爲獲水德之瑞，雖明習曆及張蒼等，咸以爲然。是時天下初定，方綱紀大基，高后女主，皆未遑，故襲秦正朔服色。」就五德終始之傳，漢當土德，而高祖後亦自以爲獲水德之瑞者，或以秦祚倏短，故不計之，然張蒼等本秦時御史，故主水德；究其實際，「方綱紀大基，未遑。」當是漢初所以襲秦舊之主因也。

〔註11〕《史記‧曆書》：「至孝文時，魯人公孫臣以終始五德上書，……張蒼亦學律曆，以爲非是，罷之。其後黃龍見成紀，張蒼自黜，所欲論著不成。」張蒼

易服色之事不復問。至武帝即位，嚮儒術，招賢良趙綰、王臧等，欲議古立明堂，草巡守、封禪、改曆、服色事，幾度不就。乃因改律曆、易服色等事非魯學之所有，武帝初用綰、臧等爲魯儒，故久議而不能決斷也。然改曆事終在武帝太初元年實現。〔註12〕《漢書·郊祀志·贊》曰：

> 漢興之初，庶事草創，唯一叔孫生略定朝廷之儀。若迺正朔、服色、郊望之事，數世猶未章焉。至於孝文，始以夏郊，而張蒼據水德，公孫臣、賈誼更以爲土德，卒不能明。孝武之世，文章爲盛，太初改制，而兒寬、司馬遷等猶從臣、誼之言，服色數度，遂順黃德。
> 彼以五德之傳從所不勝，秦在水德，故謂漢據土而克之。

以考其時改制度之用意，賈生所謂以「悉更秦之法」是也，其事實乃勢在必行，而週折如此，蓋彼時皆牽拘於五德終始之論，故猶疑久之而後定。此乃齊學於定漢廷制度影響之一端也。至昭帝時，又有改制之議興起。此時儒者皆謂漢逢天命之大終，當更受命改制，以續國祚，此亦齊學之說也。《漢書·眭孟傳》云：

> 孝昭元鳳三年正月，泰山萊蕪山南匈匈有數千人聲，民視之，有大石自立，高丈五尺，大四十八圍，入地深八尺，三石爲足。……是時昌邑有枯社木臥復生，又上林苑中大柳樹斷枯臥地，亦自立生，有蟲食樹葉成文字，曰：「公孫病已立。」孟推《春秋》之意，以爲「石柳皆陰類，下民之象；（而）泰山者岱宗之嶽，王者易姓告代之處。今大石自立，僵柳復起，非人力所爲，此當有從匹夫爲天子者。」……即說曰：「先師董仲舒有言，雖有繼體守文之君，不害聖人之受命。漢家堯後，有傳國之運。漢帝宜誰差天下，求索賢人，禮以帝位，而退自封百里，如殷周二王後，以承順天命。」

按：此由推災異而言及堯舜禪讓，乃齊學之革命論也。〔註13〕然堯舜禪讓，

以此而自黜歸老矣。

〔註12〕《史記·漢武帝本紀》：「夏，漢改曆，以正月爲歲首，而色尚黃，官名更印章以五字，因爲太初元年。」至此更律曆、易服色事獲得解決。

〔註13〕《漢書·董仲舒傳》，對策曰：「爲政而不行甚者，必變而更化之，迺可理也。……當更化而不更化，雖有大賢不能治也。」又云：「堯在位七十載，迺遜於位以禪虞舜，……舜知不可辟，迺即天子之位，以禹爲相；因堯之輔佐，繼其統業，是以垂拱無爲而天下治。」又云：「道之大原出於天。天不變，道亦不變，是以禹繼舜，舜繼堯，三聖相受而守一道，無救弊之政也。」《韓詩外傳》亦云：「五帝官天下三王家天下。家以傳子，官以傳賢，若四時之運，功成則去，不得其人，則不居其位。」（《漢書·蓋寬饒傳》引），是齊學多言堯舜禪讓，

爲魯學之義也；推陰陽災異，則齊學之說也，二者結合爲一，由是每在國家有大災異出現之際，而學者乃倡言此調矣；雖有眭孟受誅、蓋寬饒引佩刀自裁之前事在，然繼此說起者代有人焉。《漢書‧李尋傳》云：

> 初，成帝時，齊人甘忠可詐造《天官曆》、《包元太平經》十二卷，以言「漢家逢天地之大終，當更受命於天，天帝使眞人赤精子，下教我此道。」忠可以教重平夏賀良、容丘丁廣世、東郡郭昌等，中壘校尉劉向奏忠可假鬼神罔上惑眾，下獄治服，未斷病死。賀良等坐挾學忠可書以不敬論。

其後，夏賀良等復私以相教；及哀帝即位，藉助於李尋之力，賀良等得待詔黃門，數召見，陳說漢曆中衰，當更受命事。哀帝遂從賀良等之議，詔制以建平二年爲太初元將元年，改號曰「陳聖劉太平皇帝」。既其後雖以其言而無驗，賀良等皆以反道惑眾罪名下獄伏誅。然改元易號事雖暫時止息，而王莽亦藉此而得代漢也。

今考王莽之代漢，其所藉之理論有二端：一爲言周公輔成王，踐阼居攝，乃採《尚書》之故事；一則藉圖讖以言天意也。《漢書‧王莽傳》云：

> 哀帝崩，無子。……莽白以舜爲車騎將軍，使迎中山王奉成帝後，是爲孝平皇帝。帝年九歲，太后臨朝稱制，委政於莽。……元始元年正月，……於是群臣乃盛陳「莽功德致周成白雉之瑞，千載同符。聖王之法，臣有大功則生有美號，故周公及身在而託號於周。莽有定國安漢家之大功，宜賜號曰安漢公。……」

此後漢廷諛臣皆在伊尹、周公故事上添加，〔註14〕必欲令王莽得行天子事。及平帝崩，王莽選立宣帝玄孫中最幼之廣戚侯子嬰，年僅二歲，王莽遂居攝踐位，儒者禪讓之理論終於實現矣。又自王莽之時，圖讖始出。〔註15〕《漢書‧王莽傳》云：

> 是月（平帝五年十二月），前煇光謝囂奏武功長孟通浚井得白石，上圓下方，有丹書著石，文曰「告安漢公莽爲皇帝」。符命之起，自此

與受命改制之義也。

〔註14〕《漢書‧王莽傳》：「元始四年春，……采伊尹、周公稱號，加公爲宰衡。」

〔註15〕《後漢書‧張衡傳》，衡曰：「圖讖虛妄，非聖人法：劉向父子領校秘書，閱定九流，亦無讖錄，成哀之後，乃始聞之。」陳槃氏以爲符命之起源於鄒衍，秦漢間歷有之；然其利用符命以文飾奸言者，仍大出於王莽之時，張衡之言是也。詳陳槃庵〈秦漢間之所謂「符應」論略〉一文。

始矣。

此圖讖符命之出現，又齊學之影響於漢朝政治之一端也。

在孺子嬰之三年，廣饒侯劉京言齊郡新井出符命，車騎將軍扈雲言巴郡得石牛，太保屬臧鴻言扶風雍石，亦皆得符命，大意皆謂漢遇三七之阨，承天威命，當讓賢禪位云云，而莽乃藉此即真踐阼也。〈莽傳〉云：

> （建國元年）秋，遣五威將王奇等十二人班《符命》四十二篇於天下。德祥五事，符命二十五，福應十二，凡四十二篇。其德祥言文、宣之世黃龍見於成紀、新都，高祖考王伯墓門梓柱生枝葉之屬。符命言井石、金匱之屬。福應言雌雞化為雄之屬。其文爾雅依託，皆為作說，大歸言莽當代漢有天下云。

是則，所謂德祥之符瑞，與前之所云災異，同是陰陽家之學。其始為定律曆、易服色；其後改言漢廷當再受命，讓賢禪位；而哀、平之際，王莽則藉助符命以篡漢。此類皆鄒衍之學與儒家《五經》之學結合之產物，是《五經》齊、魯學影響於漢代政治者也。

二、災異說之影響

漢自文帝起，每逢日食震災等，皆有下詔罪己之事。《漢書・孝文本紀》二年載：

> 十一月癸卯晦，日有食之。詔曰：「朕聞之，天生民，為之置君以養治之。人主不德，布政不均，則天示之災以戒不治。乃十一月晦，日有食之，適見於天。〔註16〕災孰大焉。朕獲保宗廟，以微眇之身託於士民君王之上，天下治亂，在予一人，唯二三執政猶吾股肱也。朕下不能治育群生，上以累三光之明，其不德大矣！令至，其悉思朕之過失，及知見之所不及，匄以啟告朕。及舉賢良方正能直言極諫者，以匡朕之不逮。……」

漢代類此因災異而罪己之詔書，載於史籍者二十八件。〔註17〕此或源始於《春秋》宋景公遇災自引咎之遺意。《呂氏春秋・制樂篇》云：

> 宋景公之時，熒惑在心。公懼，召子韋而問焉。曰：「熒惑在心，何

〔註16〕《漢書》師古注曰：「適，讀曰謫，責也。」
〔註17〕詳見李漢三撰《先秦兩漢之陰陽五行學說》，第二編，「陰陽五行對於兩漢政治的影響」。

也？」子韋曰：「熒惑者，天罰也；心者，宋之分野也。禍當於君。雖然，可移於宰相。」公曰：「宰相所與治國家也，而移死焉，不祥。」子韋曰：「可移於民。」公曰：「民死，寡人將誰爲君乎？寧獨死。」子韋曰：「可移於歲。」公曰：「歲害則民飢，民飢必死。爲人君而殺其民以自活也，其誰以我爲君乎？是寡人之命固盡已，子無復言矣。」子韋還走，北面載拜曰：「臣敢賀君，天之處高而聽卑。君有至德之言三，天必三賞君。今昔（夕）熒惑其徙三舍，君延年二十一歲。」……是夕熒惑果徙三舍。

按：此乃鄒衍天人相應之學也。其說出自《呂氏春秋》。宋景公之事，未知是否合乎史實，此說爲漢廷所採納者，固見其說影響甚鉅也。然考漢代之詔書，因災異而罪己者，文帝時有二件之外，餘者多出在宣帝之後，尤以元、成二帝之間爲最多，〔註18〕可見下詔罪己之風氣在齊學經學久顯而後益彰也。又，罪己詔本意在消除災異，故文帝之詔曰「天下治亂，在予一人。」，其自我承擔災異之咎之意至明；然其下詔之意，又在君臣之交儆，故曰「唯二三執政，猶吾股肱也；朕下不能治育群生，上以累三光之明，其不德大矣！」間亦有罪責大臣之意也。文帝十三年，本有除祕祝之詔，不移過於下，〔註19〕而宣、元之後，朝廷往往已有以災異罪責大臣之事也。《漢書·楊惲傳》云：

> 會有日食變，騶馬猥佐成上書告惲：「驕奢不悔過，日食之咎，此人所致。」章下廷尉案驗，得所予會宗書，宣帝見而惡之。廷尉當惲大逆無道，要斬。妻子徙酒泉郡。

又〈薛宣傳〉云：

〔註18〕前漢罪己詔計有…文帝二年十二月詔、後元年春三月詔。宣帝本始四年夏四月詔、地節三年冬十月詔、元康元年秋八月詔、五鳳四年夏四月詔。元帝初元元年夏四月詔、二年三月詔、秋七月詔、三年夏四月詔、六月詔、五年夏四月詔、永光二年二月詔、三月詔、四年夏六月詔、建昭四年夏四月詔。成帝建始元年二月詔、三年九月詔、冬十二月詔、河平元年夏四月詔、陽朔二年春三月詔、鴻嘉元年春二月詔、二年春三月詔、四年春正月詔、永始二年春正月詔、元延元年秋七月詔。綏和二年秋哀帝詔、哀帝元壽元年春正月詔。計二十八件，其中以元、成帝時各十件居最多，宣帝時四件，文帝、哀帝時各二件。

〔註19〕《漢書·郊祀志》「明年（文帝十五年）黃龍見成紀……其夏，下詔曰：『有異物之神見於成紀，毋害於民，歲以有年。朕冀祀上帝諸神，禮官議，毋諱朕勞。』所謂「毋害於民」云云，即天降災異，不以之移於民，而由帝王自身承受之，是也。

　　會邛成太后崩，喪事倉卒，吏賦斂以趨辦。其後上聞之，以過丞相、
御史，遂冊免宣曰：「君爲丞相，出入六年，忠孝之行，率先百僚，
朕無聞焉！朕既不明，變異數見，歲比不登，倉廩空虛，百姓饑饉，
流離道路，疾疫死者以萬數，人至相食，盜賊並興，群職曠廢，是
朕之不德而股肱不良也。……其上丞相高陽侯印綬，罷歸！」

此以災異罪責大臣而罷歸之例也。〔註20〕至成帝時，其以災異罪責大臣之書
愈多，翟方進竟以災異而至賜死矣。《漢書·翟方進傳》云：

　　綏和二年春熒惑守心，尋（按：即李尋）奏記言：「應變之權，君侯
所自明。往者數白，三光垂象，變動見端，山川水泉，反理視患，
民人訛謠，斥事感名。三者既效，可爲寒心。……閣府三百餘人，
唯君侯擇其中，與盡節轉凶！」方進憂之，不知所出。會郎賁麗善
爲星，言大臣宜當之。上迺召見方進。還歸，未及引決，上遂賜冊
曰：「……欲退君位，尚未忍。君其孰念詳計，塞絕姦原，憂國如家，
務便百姓以輔朕。……」方進即日自殺。上祕之，遣九卿冊贈以丞
相高陵侯印綬，賜乘輿祕器，少府供張，柱檻皆衣素。天子親臨弔
者數至，禮賜異於它相故事。

成帝因災異之故，以丞相塞變，雖加之以殊禮，〔註21〕而其行則甚橫暴無理，
開以陰陽災異殺大臣之惡例。漢儒言災異之風氣由此遂日熾，或藉災異言得
失，或以災異論劾政敵，事層出不窮，《漢書》所錄書疏、奏記、對策所以彌
漫災異之論，殊不足怪也。故大臣執政，乃以推陰陽爲大體，成爲漢代政治
之異象也。

　　考漢廷以推陰陽而執政，其事甚早。《史記·陳丞相世家》，陳平對文帝
問丞相所主者何事，而云：

　　宰相者，上佐天子，理陰陽，順四時，下育萬物之宜；外鎮撫四夷
諸侯，內親附百姓，使卿大夫各得任其職焉。

文帝甚爲嘉許陳平之言。其後，漢代之宰相輒以調理陰陽爲行政之大事也。

　　而其所謂「理陰陽」者，《漢書·魏相傳》言之甚明。魏相之言曰：

〔註20〕其例尚見之於《漢書·于定國傳》，丞相于定國以此上書自劾，歸侯印，乞骸
　　　骨，在元帝時也；《漢書·元后傳》，王鳳以「《五經》傳記師所誦說，咸以日
　　　蝕之咎，在於大臣非其人。」因上疏乞骸骨，事在成帝之時。見以災異說劾
　　　大臣，出於經師之言也。
〔註21〕見《漢書補注》引何焯說：「以方進塞變，故祕之而加殊禮。」

明王謹於尊天，慎於養人，故立義和之官以乘四時，節授民事。君
動靜以道，奉順陰陽，則日月光明，風雨時節，寒暑調和。……臣
愚以爲陰陽者，王事之本，群生之命，自古賢聖未有不由者也。

而〈丙吉傳〉則云：

吉又嘗出，逢清道群鬥者，死傷橫道，吉過之不問，掾史獨怪之。
吉前行，逢人逐牛，牛喘吐舌。吉止駐，使騎吏問：「逐牛行幾里矣？」
掾史獨謂丞相前後失問，或以譏吉，吉曰：「民鬥相殺傷，長安令、
京兆尹職所當禁備逐捕，歲竟丞相課其殿最，奏行賞罰而已。宰相
不親小事，非所當於道路問也。方春少陽用事，未可大熱，恐牛近
行，用暑故喘，此時氣失節，恐有所傷害也。三公典調和陰陽，職
所當憂，是以問之。」掾史乃服，以吉知大體。

故就漢代政治而言，其以推陰陽爲大體，以言災異爲政本，皆受齊學之影響也。

三、四時禁忌說之影響

《管子》嘗曰：「法天合德，象法無親，參於日月，佐於四時。」〔註22〕
《管子》有〈幼官〉、〈四時〉、〈五行〉之篇，皆四時而有禁，此殆齊人之學說
也。漢人之所作，《大戴禮記》錄〈夏小正〉一篇，序四時十二月王者之事；《逸
周書》有〈周月〉、〈時訓〉、〈月令〉等篇。除《周書·月令》已亡外，〈周月〉、
〈時訓〉具在。或以爲《禮記·月令》即《周書·月令》，然不可考。〔註23〕
至於《呂氏春秋·十二紀首》則集此月令之大成，《禮記·月令》、《淮南子·時
則訓》，承之或小有變改；月令之學乃承自《管子》，其軌轍略可知之，此類皆
是齊學也。〔註24〕《史記·太史公自序》，錄司馬談〈論六家要指〉曰：

〔註22〕見《管子》卷二，〈版法〉第七。《管子》之書非管仲自著，然《史記·管晏
列傳·贊》錄〈牧民〉、〈山高〉、〈乘馬〉、〈輕重〉、〈九府〉等篇，而曰「至
其書，世多有之。」故其說影響於漢代，不以其書之僞而受影響也。

〔註23〕盧氏據蔡邕《明堂月令論》、《隋書·牛宏傳》，謂《禮記·月令》即《周書·
月令》，因以《呂氏·十二紀首》補之。朱右曾氏云：「然如馬融《論語注》
引〈月令〉改火之文；蔡邕、牛宏引〈月令〉論明堂之制，今皆不見於《呂
覽》，則其同異未可也。」

〔註24〕王夢鷗先生〈禮記月令校讀後記〉云：「《禮記·月令》依陰陽消息與五行相
生之基本觀念，安排四時十二月政令。其綱領與《周書·洪範》所言五行八
政不無關係。按其所謂『月』，乃包舉天時；所謂『令』，即其所列舉之政事。
故合『月』、『令』而言，恰爲『承天以治人』之一施政綱領。」按：《管子·

嘗竊觀陰陽之術，大祥而眾忌諱，使人拘而多所畏；然其序四時之
大順，不可失也。

又曰：

夫陰陽四時、八位、十二度、二十四節各有教令，順之者昌，逆之
者不死則亡。未必然也，故曰：「使人拘而多畏。」夫春生夏長，秋
收冬藏，此天道之大經也，弗順則無以爲天下紀綱，故曰：「四時之
大順，不可失也。」

自齊學有四時禁忌之說，《呂氏春秋》布而成爲十二月紀。此十二月紀，即十
二月政教之綱紀也，漢代政治受其影響者甚大。李漢三氏云：

兩漢皇帝明令有司於政治勿犯四時之禁，或敕其務順時氣，著錄於
前後《漢書》者，計有元帝初元三年六月詔、永光三年十一月詔、
成帝陽朔二年春寒詔……。《漢書・王莽傳》載：「地皇元年正月乙
未，赦天下，下書曰：『方出軍行師，敢有趨讙犯法，輒斬毋須時；
盡歲止。』於是春夏斬人都市，道路以目。」可見西漢以來原有春
夏不決囚之禁，不然王莽軍於春夏殺人，百姓們爲什麼震懼的相視
以目，連話也不敢說了呢？〔註25〕

據《漢書・李尋傳》云：「季夏舉兵法，恐有霜雹之災；秋月行封爵，恐有
雷雹之變。」又據〈陳湯傳〉，湯伐匈奴，生虜甚夥，上疏議斬郅支單于首
及名王以下，宜縣頭稿街、蠻夷邸間；而丞相匡衡、御史大夫繁延壽等以「月
令，春掩骼埋胔之時，宜勿縣。」此是《禮記・月令》之具體影響於漢代之
政治者也。

前漢之朝廷順四時月令而施政者甚多。其如文帝十三年，春二月，詔曰：
「朕親天下農耕，以供粢盛；皇后親桑，以奉祭服。」其出《呂氏春秋・孟
春紀》載：

是月也，天子乃以元日祈穀於上帝。乃擇元辰，天子親載耒耜……

四時篇》：「是故陰陽者，天地之大理也。四時者，陰陽之大經也。刑德者，
四時之合也。刑德合於時則生福，詭則生禍。」又曰：「道生天地，德出賢人。
道生德，德生正，正生事，是以聖人治天下，窮則反，終則始。德始於春，
長於夏；刑始於秋，流於冬。刑德不失，四時如一；刑德離鄉，時乃逆行。」
《管子》一書雖非管仲之作，而出於齊人，斷而可知；《管子》已言四時之政，
其後附益爲十二時教令，又可知也。

〔註25〕見《先秦兩漢之陰陽五行學說》，「四時禁忌與兩漢政治」一節。

躬耕帝籍田，天子三推，三公五推，卿諸侯大夫九推。

是也。《漢書‧武帝紀》云：天漢元年，⋯⋯秋，閉城門大搜。此句下，《漢書補注》云：臣瓚曰：「漢帝年紀：六月禁踰佚，七月閉城門大搜，則搜索踰佚者也。」李奇曰：「搜索巫蠱也。」師古曰：「時巫蠱未起，瓚說是也。⋯⋯」先謙曰：「諸家說皆非也。顧武云：此與二年及征和元年之大搜同，皆搜索奸人，非踰佚者也。」周壽昌云：

考《淮南子‧天文訓》，壬子受制，則閉門閭大搜客。高注：水用事，象冬閉固。是冬時大搜，漢本有此制。〈時則訓〉孟冬月，亦有此兩語。大搜蓋起戰國，至秦益甚，觀〈李斯〉、〈商鞅〉諸傳及《淮南子》可證。漢高混一，法稍弛矣，孝文除關不用傳，則不獨寬於京師。武帝復用此法，〔註26〕迫巫蠱起而禁益密，班紀特書之，以記一時之奇政。昭宣以後不見於史，蓋禁已悉除矣。

周壽昌於「大搜」之考證甚詳，可信其為漢代之制度；且文帝十二年除關禁，景帝時復置關禁，而〈武帝本紀〉於此特載「大搜」之文，明其乃倣月令之法也。《呂氏春秋‧孟冬紀》云：「是月也，⋯⋯附城郭、戒門閭、修楗閉、慎關籥、固封璽、備邊境、謹關梁、塞蹊徑。」以徵〈武帝紀〉大搜之文，是漢代依〈月令〉而行政之證也。《漢書‧宣帝紀》曰：「元康三年，夏六月，詔曰：前年夏神爵集雍，今春五色鳥以萬收飛過屬縣，翱翔而舞，欲集未下。其令三輔，毋得以春夏摘巢探卵，彈射飛鳥，具為令曰。」其意乃取《呂氏春秋‧孟春紀》：「禁止伐木，無覆巢、無殺孩蟲胎夭飛鳥，無麛無卵。」之文著為法令者也。他如西漢元帝永光五年冬載：「上幸長楊射熊館，布車騎大獵。」成帝元延二年冬載：「車騎校獵上林苑。」成帝元延元年秋七月詔令云：「北邊二十二郡，舉勇猛知兵法者各一人。」哀帝建平四年冬詔令云：「將軍、中二千石，舉明兵法有大慮者。」平帝元始二年秋詔令云：「舉勇武有節、明兵法；郡一人，詣公車。」其法皆見於《呂氏春秋‧季秋紀》：「是月也，天子乃教於田獵，以習五戎，獀馬。」；〈孟冬紀〉：「天子乃命將率講武，肄射御、角力。」諸文。漢代依〈月令〉而行政之事，能尋檢之於史傳詔令者已不乏其證，而行之不載者當過於此所能檢證者，是〈月令〉之政教之實行於漢代，乃齊學之影響也。

〔註26〕按：復關禁之事不在武帝，景帝時已復之。〈景帝本紀〉：「四年，春，復置諸關，用傳出入。」是其事也。

四、興兵征伐間之影響

按前所引李尋上書曰：「季夏舉兵法，時寒氣應，恐後有霜雹之災。」《呂氏春秋・季夏紀》曰：「是月也，……不可以合諸侯，不可以起兵動眾。無舉大事，以搖蕩於氣。」此是李尋奏疏之所本也。

今考之於史傳，漢代之興兵征伐，多計慮於時節，並言及天象。如《漢書・高帝紀》云：

> 元年，冬，十月，五星聚於東井，沛公至霸上。

按兵貴神速，而漢人每拘泥於時節天象者，蓋彼時之學風如此，故遇有戰事則強為牽合也。然《史記》載七國之亂，吳王濞之使中大夫應高之說膠西王起兵也，則曰：

> 御史大夫鼂錯，熒惑天子，侵奪諸侯，蔽忠塞賢，朝廷疾怨，諸侯皆有倍畔之意，人事極矣。慧星出，蝗蟲數起，此萬世一時，而愁勞聖人之所以起也。

此以天象災異以說諸侯起兵者，必漢人有此風氣，故史傳錄之也。〈淮南王安傳〉亦云：

> 建元六年，彗星見，淮南王心怪之。或說王曰：「先吳軍起時，彗星出長數尺，然尚流血千里；今彗星長竟天，天下兵當大起。」王心以為上無天子，天下有變，諸侯並爭，愈益治器械攻戰具，積金錢賂遺郡國諸侯，……而謀反滋甚。

此亦以天象之變而言起兵事也。又《漢書・趙充國傳》，宣帝採辛武賢之議，欲敕趙充國因天時而擊破罕幵，乃下詔曰：

> 今五星出東方，中國大利，蠻夷大敗。太白出高，用兵深入敢戰者吉，弗敢戰者凶。〔註27〕

〈息夫躬傳〉，宜陵侯息夫躬議厭應變異云：

> 往年熒惑守心，太白高而芒光，又角星弆於河鼓，其法為有兵亂。是後訛言行詔籌經歷郡國，天下騷動，恐必有非常之變！可遣大將軍行邊兵，敕武備，斬一郡守，以立威震四夷，因以厭應變異。

〔註27〕引見李漢三《先秦兩漢之陰陽五行學說》。五星出東方，中國大利者，王先謙曰：「〈天文志〉：五星分天之中，積於東方，中國大利；積於西方，夷狄用兵者利。」是也。又曰：「〈天文志〉：太白，兵象也，出而高，用兵深吉，淺凶；埤，淺吉，深凶。」

按：《漢書・藝文志・兵家類》有「《太一兵法》一篇」、「《天一兵法》三十五篇」，其中「太一」、「天一」皆星名。班固曰：「陰陽者，順時而發，推刑德、隨斗擊、因五勝，假鬼神為助者也。」其所謂「推刑德」，即推陰陽四時而言，秋冬乃用兵之時也；即《淮南子・天文訓》所謂：「凡用太陰，左前刑，右背德，擊鉤陣之衝辰，以戰必勝，以攻必剋。」是也。隨斗擊者，《淮南子・天文訓》云：「北斗之神有雌雄。十一月始建於子。月從一辰，雄左行，雌右行，五月合午謀刑，十一月合子謀德。」〔註28〕雖其法今不可得而詳，然其據五行相勝之道，作為兵法理論，概可知也。此亦齊學言兵之一術也。

　　就以上「定律曆、正服色」、「理陰陽、推災異」、「舉四時，言禁忌」並「興兵征伐」四端言之，漢朝政治受齊學之影響較魯學為鉅。其所以然者，蓋前漢今文之學以齊學為盛，而魯學則湮鬱不彰，孔孟之旨不為漢儒所信所行故也。韓文公有云：「周道衰，孔子沒，火於秦，黃老於漢。」（〈原道篇〉），黃老本是齊學，固無庸論矣，而習孔孟者，亦皆墮入陰陽災異之怪誕誣妄之中而不能自振，此稱儒學之厄，亦非過論也。

第二節　《五經》齊、魯學對漢代經濟之影響

　　今日曰經濟者，漢代稱曰「貨殖」、曰「平準」，《史記》所著是也；稱「食貨」者，《漢書》是矣。《史記・平準書・太史公贊》曰：

> 農工商交易之路通，而龜貝金錢刀布之幣興焉。所從來久遠，自高辛氏之前尚矣，靡得而記云。故《書》道唐虞之際，《詩》述殷周之世，安寧則長庠序，先本絀末，以禮義防於利；事變多故而亦反是。
>
> 是以物盛則衰，時極而轉，一質一文，終始之變也。

按：《詩》、《書》所道，唐虞殷周之盛，皆先本絀末，以禮義以閑利者，乃魯學思想之所本。逮後世，功利之思想興起，而世之競逐於利，此則齊學之擅場也。故太史公述之曰：

> 齊桓公用管仲之謀，通輕重之權，徼山海之業，以朝諸侯，用區區之齊顯成霸名。魏用李克，盡地力，為強君。自是之後，天下爭於戰國，貴詐力而賤仁義，先富有而後推讓。故庶人之富者或累巨萬，而貧者或不厭糟糠；有國強者或并群小以臣諸侯，而弱國或絕祀而滅世。

〔註28〕見王先謙《漢書補注》，沈欽韓語。

據司馬遷所述，魯、齊學經濟思想之差別，亦甚明也。又〈貨殖列傳·序〉曰：

> 太公望封於營丘，地瀉鹵，人民寡。於是太公勸其女功，極技巧，通魚鹽，則人物歸之，繦至而輻湊。故齊冠帶衣履天下，海岱之間斂袂而往朝焉。其後齊中衰，管子修之，設輕重九府，則桓公以霸，九合諸侯，一匡天下，而管氏亦有三歸，位在陪臣，富於列國之君。是以齊富強至於威宣也。故曰：「倉廩實而知禮節，衣食足而知榮辱。」禮生於有而廢於無，故君子富，好行其德；小人富，以適其力。

夫「倉廩實而知禮節，衣食足而知榮辱。」，乃《管子》之語也；〔註29〕先富有而後推讓，貴詐力而賤仁義，是齊人之思想；而王霸之別、義利之辨，又魯、齊學思想之分也。漢儒之言經濟者，動輒言太公、管仲，此其所效法者也；〔註30〕而賢良文學道《詩》、《書》，每引孔、孟之言，是以曾、閔而自期也。是故《鹽鐵論·論儒篇》，御史批評賢良文學曰：

> 文學祖述仲尼，稱誦其德，以為自古及今，未之有也。

是魯學之本於孔子也。〈輕重篇〉，御史之言曰：

> 昔太公封於營丘，辟草萊而居焉。地薄人少，於是通利末之道，極女工之巧，是以鄰國交於齊，財畜貨殖，世為強國。管仲相桓公，襲先君之業，行輕重之變，南服強楚而霸諸侯。今大夫各修太公、桓、管之術，總一鹽鐵，通山川之利而萬物殖，是以縣官用饒足，民不困乏，本末並利，上下俱足，此籌計之所致，非獨耕桑農業也。

此漢儒之言經濟一派，皆自託於太公、管仲之名，而實行申、商之法，乃齊學者之所本也。在當時，公卿大夫則言：「非有司欲成利，文學桎梏於舊術，

〔註29〕此語出在《管子·牧民篇》第一。或以為《管子》之書非管仲所自著，其書過半是後之好事者所加，如傅玄、孔穎達、杜佑、蘇轍、葉夢得、朱熹、葉適、黃震、宋濂、顧炎武、姚際恒、紀昀、章學誠、胡適等皆言此說。然《史記·管晏列傳贊》曰：「吾讀管氏〈牧民〉、〈山高〉、〈乘馬〉、〈輕重〉、〈九府〉及《晏子春秋》，詳哉其言之也。」漢初學者講習《管子》者甚多，如賈誼、晁錯皆以管子之學為經術之本，其影響於漢儒者，不可量也。

〔註30〕《鹽鐵論·刺議篇》，文學曰：「以正輔人謂之忠，以邪導人謂之佞。……今子（按：指丞相史）處宰士之列，無忠正之心，……子非孔氏執經守道之儒，乃公卿面從之儒，非吾徒也。」所參與鹽鐵之議者，文學賢良之外，亦復有習儒業者，唯其持論往往悖於孔孟，而稱揚太公、管仲、商鞅之術，故文學譽之也。

牽於閒言者也」，文學則回應之曰：「文學竊周公之服，有司竊周公之位；文學桎梏於舊術，有司桎梏於財利。」〔註31〕其時雙方對自身立場固知之至明，而議論亦爭持不下，以致丞相史出而圓場，曰：

> 夫辯國家之政事，論執政之得失，何不徐徐道理相喻，何至切切如此乎？大夫難罷鹽鐵者，非有利也；憂國家之用、邊境之費也。諸生闇闇爭鹽鐵亦非爲己也，欲反之於古而輔成仁義也。二者各有所宗……。

按：丞相史言「二者各有所宗」，是齊、魯二家之異術之證也。

質言之，魯學諸生闇闇以爭者，在節用務本，以藏富於民；齊學者則主張通山川貨財，置鹽鐵、榷酤，而富國致霸也。故鹽鐵之議，開章明義，文學即提出進本退末，廣利農業之道，云：

> 竊聞治人之道，防淫佚之原，廣道德之端，抑末利而開仁義，毋示以利，然後教化可興，而風俗可移也。今郡國有鹽鐵、酒榷、均輸，與民爭利。散敦厚之樸，成貪鄙之化，是以百姓就本者寡，趨末者眾。夫文繁則質衰，末盛則本虧。末修則民淫，本修則民愨。民愨則財用足，民侈則飢寒生。願罷鹽鐵、酒榷、均輸，所以進本退末，廣利農業，便也。（〈本議篇〉）

重農所以爲魯學思想者，魯本農業之邦。〔註32〕《論語》，子貢問政，孔子以足食居先；〔註33〕哀公問年饑不足，有若對以行什一之徹，蓋「百姓足，君孰與不足」，是藏富於民之思想也。孟子以「省刑罰、薄稅斂，深耕易耨」爲王政之始，此思想乃魯學諸生所承者也。〈力耕篇〉曰：

> 古者十一而稅，澤梁以時入而無禁，黎民咸被南畝而不失其務。故三年耕而餘一年之蓄，九年耕有三年之蓄。此禹湯所以備水旱而安百姓也。草萊不闢，田疇不治，雖擅山海之財，通百末之利，猶不能贍也。是以古者尚力務本，而種樹繁；躬耕趣時，而衣食足，雖累凶年而人不病也。故衣食者，民之本；稼穡者，民之務也。二者修，則國富民安也。

〔註31〕 見《鹽鐵論‧利議篇》。
〔註32〕 《史記‧貨殖列傳》：「沂泗水以北；宜五穀、桑麻、六畜，地小人眾，數被水旱之災，民好畜藏，故秦、夏、梁、魯，好農而重民。」《漢書‧地理志》：「魯地，奎、婁之分野也。……地狹民眾，頗有桑麻之業，無林澤之饒。」魯祖於周公，周以后稷興，故周代以農爲本，而魯學承之也。詳本篇第二章。
〔註33〕 《論語‧顏淵篇》：子貢問政。子曰：「足食、足兵，民信之矣。」

然先秦法家亦重視農業之生產，〔註34〕此知魯生非本於法家以立言者，魯諸生論農爲本務，而與禮義教化合一，此所以承先秦儒家之學，而有別於法家農戰以強國也。由是，文學賢良呈現反功利之趨向，以致對太公、管仲之富國政策，攻詰不捨。《鹽鐵論‧輕重篇》，文學曰：

> 禮義者，國之基也；而權利者，政之殘也。孔子曰：「能以禮讓爲國乎？何有！」伊尹、太公以百里興其君；管仲專於桓公，以千乘之齊而不能至於王，其所務非也。〔註35〕故功名隳壞而道不濟。當此之時，諸侯莫能以德，而爭於功利，故以權相傾。今天下合爲一家，利末惡欲行，淫巧惡欲施？大夫君以心計策國用，構諸侯，參以酒榷，咸陽孔僅增以鹽鐵，江充、楊可之等各以鋒銳，言利末之事析秋毫，可謂無間矣。非特管仲設九府徼山海也。然而國家衰耗，城郭空虛。故非崇仁義無以化民，非力本農無以富邦也。

按：文學賢良主德治之思想，故務反對功利；況漢朝之所行鹽鐵榷酤之法，其爭於末利之弊，有甚於太公、管仲也。太史公著〈貨殖列傳〉，亦嘗言曰：「故善者因之，其次利道之，其次教誨之，其次整齊之，最下者與之爭。」因之導之者，道家之治，黃老之術也；〔註36〕教誨之者，儒家之道也；〔註37〕整齊之者，法家也；最下者，乃與民爭利。漢武之鹽鐵、榷酤、均輸、平準之政，皆是與民爭利者也。與民爭利之弊，在國則富矣，而民已窮竭無以維生也。〈平準書‧贊〉曰：「於是外攘夷狄，內興功業。海內之士，力耕不足

〔註34〕 《史記‧商君列傳‧贊》：「余嘗讀商君開塞耕戰書，與其人行事相類，卒受惡名於秦，有以也夫！」《商君書‧農戰篇》云：「國待農戰而安，主待農戰而尊。夫民之不農戰也，上好言而官失常也。常官則國治，壹務則國富，國富而治，王之道也。」法家從事農耕以富國尊君，非魯學重農之義也。

〔註35〕 此本於孟子之意。《孟子‧公孫丑篇》：孟子曰：「子誠齊人也，知管仲、晏子而已。……曾西艴然不悅，曰：『爾何曾比予於管仲！管仲得君，如彼其專也；行乎國政，如彼其久也；功烈，如彼其卑也：爾何曾比予於是。』」儒者皆以管仲所務非者，孟子曰：「以齊王，猶反手也。」儒家對管仲不予肯定者，在管仲不能推君而行王道故也。

〔註36〕 《史記‧自序》：「道家無爲，又曰無不爲。……其術以虛無爲本，以因循爲用。……故曰：『聖人不朽，時變是守。』虛者，道之常也；因者，君之綱也。」是矣。

〔註37〕 《論語‧子路篇》：子適衛，冉有僕。子曰：「庶矣哉！」冉有曰：「既庶矣，又何加焉。」曰：「富之。」曰：「既富矣，又何加焉？」曰：「教之。」故孔子以爲善人爲邦百年，可以勝殘去殺者，教誨之也。

糧饟，女子紡績不足衣服，古者嘗竭天下之資財以奉其上，猶自以爲不足也。無異故云，事勢之流，相激使然，曷足怪焉。」太史公借古以諷今，對漢武之富國政策，致使人民窮乏無告，亦痛心之至矣。

然而武帝所以興鹽鐵、榷酤者，乃因國用乏故也。〈平準書〉稱其時「縣官大空，而富商大賈或蹛財役貧，轉轂百數，廢居居邑，〔註38〕封君皆低首仰給。冶鑄煮鹽，財或累萬金，而不佐國家之急，黎民重困。於是天子與公卿議，更錢造幣以贍用，而摧浮淫并兼之徒。」故武帝因起用聚斂之臣，東郭咸陽、孔僅、桑弘羊等，以充實府庫資財。《史記》云：

> 於是以東郭咸陽、孔僅爲大農丞，領鹽鐵事；桑弘羊以計算用事，侍中。咸陽，齊之大煮鹽，孔僅，南陽大冶，皆致生累千金，故鄭當時進言之。弘羊，雒陽賈人子，以心計，年十三侍中。故三人言利事析秋毫矣。

此三人斂利之法，據其所述，皆取法太公、管仲。太公富國之法，史書不載；而《管子》之書見在，可得而考焉。《管子·海王篇》曰：

> 桓公曰：「然則吾何以爲國？」管子對曰：「唯官山海爲可耳。」桓公曰：「何謂官山海？」管子對曰：「海王之國，謹正鹽筴。……十口之家十人食鹽，百口之家百人食鹽。終月，大男食鹽五升少半，大女食鹽三升少半，吾子食鹽二升少半，此其大曆也。……使君施令曰：『吾將籍於諸君吾子』，則必囂號。今夫給之鹽筴，則百倍歸於上，人無以避此者，數也。」

又：

> 今鐵官之數曰：一女必有一鍼一刀，若其事立。〔註39〕耕者必有一耒一耜一銚，若其事立。行服連軺輂者，必有一斤一鋸一錐一鑿，若其事立。……其餘輕重，皆准此而行。然則舉臂勝事，無不服藉者。

按：武帝之鹽鐵、榷酤，即管仲之「官山海」，其法以鹽鐵爲國有，鹽筴鐵器由公家治辦，而以征稅也。〔註40〕其數計及錙銖，而析於秋毫。〔註41〕其均

〔註38〕《史記集解》，徐廣曰：「廢居者，貯畜之名也。有所廢有所蓄，言其乘時射利也。」廢居，即囤積物資，買賤賣貴。

〔註39〕若，然後也。

〔註40〕詳見徐漢昌先生《鹽鐵論研究》，「新財經措施的師古法古」一節。

〔註41〕《史記·貨殖列傳·序》：「管子修之，設輕重九府，則桓公以霸。」見今《管子·輕重篇》。

輸、平準之法，亦法於管仲。《管子・國蓄篇》曰：

> 歲有凶穰，故穀有貴賤。令有緩急，故物有輕重。然而人君不能治，
> 故使蓄賈游市，乘民之不給，百倍其本。……智者有什倍人之功，
> 愚者有不賡本之事。然而人君不能調，故民有相百倍之生也。……

又云：

> 物適賤，則半力而無予，民事不償其本；物適貴，則什倍而不可得，
> 民失其用。……故善者委施於民之所不足，操事於民之所有餘。夫民
> 有餘則輕之，故人君斂之以輕。民不足則重之，故人君散之以重。斂
> 積之以輕，散行之以重，故君必有什倍之利，而財之櫎可得而平也。

又云：

> 凡輕重之大利，以重射輕，以賤泄平。萬物之滿虛，隨財准平而不
> 變。……人君知其然，故守之以准平。使萬室之都必有萬鍾之藏……
> 使千室之都必有千鍾之藏。……春以奉耕，夏以奉芸，耒耜械器鍾
> 饢糧食畢取贍於君。故大賈蓄家不得豪奪吾民矣。

自武帝行太公、管仲賦斂之法，而國用饒足。《史記・平準書》曰：

> 元封元年，……桑弘羊為治粟都尉，領大農，盡代僅筦天下鹽鐵。……
> 乃請置大農部丞數十人，分部主郡國，各往往縣置均輸鹽鐵官，……
> 置平準於京師，都受天下委輸。召工官治車諸器，皆仰給大農。大
> 農之諸官盡籠天下之貨物，貴則賣之，賤則買之。如此，富商大賈
> 無所牟大利。……於是天子北至朔方，東到太山，巡海上，並北邊
> 以歸。所過賞賜，用帛百餘萬匹，錢金以巨萬計，皆取足大農。……
> 一歲之中，太倉、甘泉倉滿。……民不益賦而天下用饒。

此是行鹽鐵、酒榷、均輸、平準之效也。

　　然自此之後，匈奴勢衰，名將凋零，雖漢朝猶行鹽鐵專賣之政，而武帝
已無心於四方之征伐矣。及昭帝即位，霍光輔政，採杜延年之議，舉用賢良
文學之議罷鹽鐵、榷酤，〔註42〕然其終共罷酒酤一項而已；元帝時，嘗罷鹽
鐵官，三年而復之。是終漢宣、元、成、哀五世無變其政也。〔註43〕及王莽
居攝，而好古之風起，每有興造，必欲依古經文，故復井田、改貨幣、設六

〔註42〕《漢書・杜延年傳》：「（延年）見國家承武帝奢侈師旅之後，數為大將軍光
　　　　言……光納其言。舉賢良，議罷酒榷、鹽鐵，皆至延年發之。」
〔註43〕見《漢書・食貨志》。

管、五均之政，取法於《周禮》；然《周禮》實不可謂其眞周制。故漢家所行之經濟政策，其法於太公、管仲者，實爲齊學也。

魯學者在鹽鐵議中，雖論辯居勝，現實政治並無因此而變改，影響於漢朝之社會經濟者，仍以齊學爲主；然迄於前漢之末，復古之風氣興起，漢朝始漸行禮治。賀凌虛云：

> 魯派儒生於昭、宣之際，在政治上雖不如齊派得勢，但自諫大夫王吉於宣帝時力陳「安上治民，莫善於禮。」並奏請屬行節儉，注意民瘼，改革各種腐敗制度及養成善良風俗；再經元帝時貢禹、匡衡等均循此建言，並爲三公，於是乃與好言災異之齊派儒生，無論在政治與學術上均分庭抗禮。〔註44〕

錢穆先生云：

> 蓋晚漢學風，一言禮制，淵源魯學，重恤民生。一言災異，本自齊學，好測天意。王莽論政源自王、貢，亦魯學禮制之遺風，後更緣飾以五德符瑞，以齊學爲助瀾。二流同匯，又濟之以外戚之權籍，遂移漢祚。
>
> 其間因果至複雜，非盡王莽一人之姦詐，所得成事也。〔註45〕

綜考前漢一代國家經濟之受齊、魯學之影響者最大，文景之世，無爲而治，與民休養生息，此黃老之治術，是齊學也；武帝興鹽鐵、榷酤、均輸、平準之政，乃太公、管子之教，以迄漢末而無變，是亦齊學也。然《詩》、《書》之教，已普及於社會，董仲舒論古井田之法雖卒難實行，猶議「宜少近古，限民名田，以贍不足，塞并兼之路。」；〔註46〕哀帝之際，師丹輔政，井田之議復起；王莽專念稽古，是以「更天下田曰王田，不得買賣。」欲追復千載遺跡，終則亦誠難施行。「井田之制」，《孟子》書嘗爲言之，〔註47〕而《穀梁》乃詳予著傳。立言不爲一時，常異世而見用，拓跋魏孝文帝行均田之法，豈非魯學井田之遺意乎？此是魯學之影響也。

第三節　《五經》齊、魯學對經學發展之影響

論中國學術思想之原本有二端：曰儒、曰道。爰自周失其政，官失其守，

〔註44〕見《西漢政治思想論集》拾貳，「王莽改制與西漢儒家政治思想」。
〔註45〕見《秦漢史》。
〔註46〕見《漢書·食貨志》上。
〔註47〕見《孟子·滕文公篇》。

故學散而之四方。〔註48〕春秋之世，孔子講學鄒魯之邦，遂一變政典官守之局面，六藝成爲庶士傳習之業，故搢紳之流，皆明六經之教，是儒學之起源也。〔註49〕戰國之代，齊威、宣之際，諸子薈萃於稷下，〔註50〕齊地學術亦盛，儒與道漸而合流，是經學與子學會通之時也。迄至於秦，齊學顯達，而魯道衰微；漢繼秦起，漸興儒教，漢代經學因之有齊、魯兩大宗之分。

以言《五經》齊、魯學二者，乃因齊人、魯人而起；然齊、魯學既爲中國學術之原本，則其誠爲「泰山遍雨，潤及河海；百家騰躍，終在環內。」也。〔註51〕茲依「學官設立與私家學術發展」、「解經之傳記注解」、「對後世經學發展影響」三端，略論前漢《五經》齊、魯學對經學研究之影響焉。

一、齊、魯學對學官制度之設立與私家學術發展之影響

私人講學之風，肇自孔子，在此之前，學自有官守，世代典職也。班固以爲諸子皆出於王官之世守，迄於後世學者多未信。然考之《史記·太史公自序》，司馬遷曰：

> 昔在顓頊，命南正重以司天，北正黎以司地。唐虞之際，紹重黎之後，使復典之，至於夏商。故重黎氏世序天地。其在周，程伯休甫其後也。當周宣王時，失其守而爲司馬氏。司馬氏世典周史。

古者巫史星曆皆專門之學，〔註52〕若非世代典職，其能之乎？司馬遷嘗自謂：「僕之先，非有刻符丹書之功，文史、星曆，近乎卜祝之間。」（〈報任少卿書〉）；又曰：「太史公執遷手而泣曰：『余先，周室之太史也。自上世常顯功名於虞夏，典天官事。……汝復爲太史，則續吾祖矣。』」此證周之有官守世典也。

然自周道衰壞，官失其守，奔散四方；而孔子講學，適承其敝，〔註53〕

〔註48〕《左傳》昭公十七年傳云：「天子失官，學在四夷。」此處本之。

〔註49〕《文心雕龍·原道篇》：「夫子繼聖，獨秀前哲，鎔鈞六經……寫天地之輝光，曉生民之耳目矣。」章學誠《文史通義·原道篇》：「周公集群聖之大成，孔子學而盡周公之道，斯一言也，足以蔽孔子之全體矣。」

〔註50〕《文心雕龍·諸子篇》：「及伯陽識禮，而仲尼訪問，爰序道德，以冠百氏。」然考往代賢哲，皆以《道德》五千之文，出戰國之際，非能早於孔子也。

〔註51〕《文心雕龍·宗經篇》語。

〔註52〕本田成之《中國經學史》，以爲巫從上代以來，成爲天文、醫方、文學的基礎，實是創造中國文化的淵源的人；至周則由「史」代巫之位置。

〔註53〕章學誠《文史通義·原道篇》曰：「祖述堯舜，周公之志也；憲章文武，周公之業也。一則曰：文王既沒，文不在茲（按：《論語》）；再則曰：甚矣！吾衰

三千子弟受其學，成名者七十子；降至戰國，私人講學之風益熾，此由世守官學以至私人講學之歷程也。故《史記・儒林傳》云：

> 自孔子卒後，七十子之徒散游諸侯。……後陵遲以至於始皇，天下並爭於戰國，儒術既絀焉。然齊、魯之間，學者獨不廢也。

此漢代學官必由齊、魯出之證也。又云：

> 及高皇帝誅項籍，舉兵圍魯。魯中諸儒尚講誦習禮樂，弦歌之音不絕，豈非聖人之遺化，好禮樂之國哉？……夫齊、魯之間於文學，自古以來，其天性也。

此又能證漢興學官之出於齊、魯之必然性也。故自傳《魯詩》之申公，魯人也；傳《齊詩》之轅固，齊人也；傳《尚書》之伏生，亦齊人也；《易》出田何，乃齊之舊田氏；《禮》自高堂生，則魯人也；《春秋》胡毋生，爲齊之宿學耆老，……若此之類，未能盡述；此皆私學之傳授者也，《史記・儒林傳》、《漢書・儒林傳》並述之詳矣。以言漢代《五經》立於學官，學術彬彬稱盛，寧非私學之所致乎？

　　即《五經》之學或因官其人，而失官輒歸，以教授，徒眾亦至盛。《史記・儒林・申公列傳》云：

> 已而郢爲楚王，令申公傅其太子戊。戊不好學，疾申公。……胥靡申公。申公恥之，歸魯，退居家教，終身不出門，復謝絕賓客。……弟子自遠方至受業者百餘人。

又云：

> 弟子爲博士者十餘人……學官弟子行雖不備，而至於大夫、郎中、掌故以百數。

此私學與官學之轉相挹注無窮也。〈轅固生傳〉云：

> 自是之後，齊言《詩》皆本轅固生也。諸齊人以《詩》顯貴，皆固之弟子也。

〈韓嬰傳〉云：

> 自是之後，而燕趙間言《詩》者由韓生。韓生孫商爲今上博士。

〈伏生傳〉云：

> 伏生者，……故爲秦博士。……漢定，伏生求其書，……即以教於齊、

矣，久不復夢見周公；又曰：吾學周禮，今用之；又曰：郁郁乎文哉，吾從周。……周公集其成以行其道，孔子盡其道以明其教，符節吻合，如出於一人，不復有毫末異同之致也。」孔子之教，即周禮也。

魯之間。學者由是頗能言《尚書》，諸山東大師無不涉《尚書》以教矣。

〈高堂生傳〉：

> 諸學者多言《禮》，而魯高堂生最本。……於今獨有《士禮》，高堂生能言之。而魯徐生善爲容。……是後能言《禮》爲容者，由徐氏焉。

〈楊何傳〉云：

> 要言《易》者本於楊何之家。

〈胡毋生傳〉云：

> 以老歸教授。齊之言《春秋》者多受胡毋生，公孫弘亦頗受焉。

〈董仲舒、瑕丘江生合傳〉云：

> 弟子通者，至於命大夫，爲郎、謁者、掌故者以百數，而董仲舒子及孫皆以學至大官。

以是論漢代經學之傳授，皆賴齊、魯之私學無疑也。及公孫弘爲學官，悼道之鬱滯，與太常孔臧等議，請因舊官而興焉，爲博士官置弟子，〔註54〕而《五經》博士學官之制度以立矣。

考公孫弘之議「因舊官而興焉」。其「舊官」，指博士官，乃襲自秦制者也。〔註55〕蓋以儒術之盛，於戰國之世，在魯、魏兩國，是博士之建官本於儒術也。〔註56〕齊覺生氏以爲我國博士官之設，早在春秋孔子之前；〔註57〕然其具體之舉證，尚未出王國維、錢穆兩氏所舉，故當以戰國之世爲準也。唯據齊氏所考，戰國以迄秦漢之世，博士之出在齊、魯兩地爲最眾，計一百五十四人次；其餘宋、楚、燕、趙與其他各地者僅十二人次。〔註58〕夫博士官之建立，本於儒術；其之至兩漢，博士多出乎齊、魯，益證漢代學官之必

〔註54〕 戴君仁先生《梅園論學集》，〈漢武帝抑黜百家非發自董仲舒考〉一文，以爲武帝立學校之官，遠說是始自文翁，近說是發自公孫弘。其說甚是。故本文此處不取《漢書·董仲舒傳》「及仲舒對策，推明孔氏，抑黜百家，立學校之官……皆自仲舒發之。」之見。又，漢代私學之發展，見朱子方〈漢代私學之盛衰及其學風〉一文，《東方雜誌》第四十三卷，第九號。

〔註55〕 詳見王國維〈漢魏博士考〉、錢穆先生〈兩漢博士家法考〉、杜松柏〈博士官與今文經學〉等文。

〔註56〕 《史記·循吏傳》：「公儀休，魯博士，以高第爲魯相。」《漢書·賈山傳》：「山祖父袪，故魏王時博士弟子也。」是博士官之設早在戰國之魯魏也。又《五經異義》云：「戰國時，齊置博士之官。」錢穆先生以秦之博士，即本於戰國，是也。詳〈兩漢博士家法考〉。

〔註57〕 見〈戰國秦漢間博士制度考論〉，《政大學報》第四期。

〔註58〕 詳見附錄。

出於齊、魯者也。《漢書・地理志》，班固曰：

> 漢興以來，魯東海多至卿相。

其語誠不虛也。

然則，自漢興而廣學官之制，諸生於廷筵之講議，或論政、考禮、推定制度，皆援經義制斷，其影響及漢代政教，及後世制度，不可謂不鉅也。

二、齊、魯學對解經之傳記注解之影響

前漢《五經》之學，唯齊、魯學耳。二家之學術，因其學風之差異，乃具體表現於其解經之傳記注解之間。馬宗霍云：

> 漢儒說經之書，具見兩《漢書》〈儒林傳〉及〈藝文志〉。綜其立名，各有不同。其在西漢，則有曰「傳」者，如王同、周王孫、丁寬、服生，皆著《易傳》；《詩》有《齊后氏傳》、《孫氏傳》；《禮》有《周官傳》是也。有曰「故」者，如《詩》有《魯故》、《韓故》、《齊后氏故》、《孫氏故》是也。一稱「解故」，又或稱「故訓傳」，如《書》有《大小夏侯解故》、《詩》有《毛詩故訓傳》是也。有曰「微」者，如《春秋》有《左氏微》、《鐸氏微》、《張氏微》、《虞氏微傳》是也。有曰「說」者，如丁寬作《易說》；《詩》有《魯說》、《韓說》；《禮》有《中庸說》；《論語》有《齊說》、《魯說》；《孝經》有《長孫氏說》、《江氏說》、《翼氏說》、《后氏說》是也。一或稱「說義」，如《書》有《歐陽說義》是也。有曰「記」者，如《書》有劉向《五行傳記》；《樂》有《王禹記》；《春秋》有《公羊雜記》、《公羊顏氏記》是也。有曰「章句」者，如《書》有《大小夏侯章句》；《春秋》有《公羊》、《穀梁章句》是也。〔註59〕

然考前漢儒生之解經，其大略則僅「故」與「傳」二端，「章句」實為後起也。《史記・儒林傳》稱「申公獨以《詩經》為訓以教，無傳疑，疑則闕不傳。」「訓」即「故」，謂訓解大義也，故《漢書・儒林傳》轉言之曰「申公獨以《詩經》為訓故以教，亡傳。」謂申公不為傳〔註60〕也。王式者，《魯詩》之大師

〔註59〕見《中國經學史》第六章，兩漢之經學。

〔註60〕顏師古注：「口說其指，不為解說之傳。」梁玉繩《史記志疑》亦云：「申公不作《詩》傳，但教授也。」而黃慶萱《史記漢書儒林列傳疏證》引《漢書・楚元王傳》：「申公始為《詩》傳，號《魯詩》。」，謂申公非不作傳也。然考《漢書・藝文志》唯載「魯故二十五卷」，顏師古注云：「故者，通其指義也。」；

也，張長安、唐長賓、褚少孫之來問經數篇，式謝曰：「聞之於師具是矣，自潤色之！」是魯學之篤於經義，其解經唯訓解大義，而作「故」而已。至於齊學則不然。《漢書‧藝文志》云：

> 漢興，魯申公為《詩》訓故，而齊轅固、燕韓生皆為之傳。或取《春秋》，采雜説，咸非其本義。與不得已，魯最為近之。

是魯、齊學解經風氣為異之確評也。故考漢儒先師之解經者，其作「傳」以引申發揮經義者，齊學也。如《易》有王同、周王孫、丁寬之《易傳》；《齊詩》有后氏、孫氏傳；《韓詩》有內外傳；而董仲舒《春秋繁露》，則《春秋公羊傳》之外傳也；《尚書大傳》，則《尚書》之傳也。往者論前漢今文之學，必以為前漢經師專重「大義微言」；然「大義」與「微言」實為二端。「大義」者，訓解經文之大義，「解詁」是也；「微言」者，引申經義，重為發揮，「傳」、「說」、「記」者是也。此前漢魯、齊學解經之分野也。

然自昭、宣之代，經學分門立戶，章句之學以起，而魯、齊學解經之分際乃漸泯也。錢穆云：

> 今考漢博士經學，分經分家而言師法，其事實起於昭宣之後。〔註61〕

蓋自經學之分立，學官所傳，一則便於教授，二則為博士弟子之應試，三則為各經之應不同論敵，而章句興起，〔註62〕此亦時勢使然也。《漢書‧夏侯建傳》云：

> （建）師事勝及歐陽高，左右采獲，又從《五經》諸儒問與《尚書》相出入者，牽引以次章句，具文飾説。勝非之曰：「建所謂章句小儒，破碎大道。」建亦非勝為學疏略，難以應敵。建卒自專門名經，為議郎博士。

此章句即所謂之「家法」也。各家經生為爭利祿撰次章句，《五經》博士，各以家法教授，是亦各持其說；而如夏侯建之從《五經》諸儒問與《尚書》相出入者，牽引以撰章句，塗飾其說，則魯、齊學之分際乃漸泯，而儒生亦漸能兼通數經家法，張各家經說，而有以啟後漢經生通學之習也。

是以昭、宣之後，《五經》分家，如《易》之有施、孟、梁丘、京之學也；

而齊、韓《詩》有「齊后氏故」、「齊孫氏故」、「韓故」之外，復有「后氏傳」、「孫氏傳」、「韓內傳」、「韓外傳」，若《魯詩》於申公誠有傳，《漢志》不容不載也。

〔註61〕見〈兩漢博士家法考〉。
〔註62〕見裴普賢《經學概述》第十一章，經學派別。

而施家又有張、彭之學，梁丘有士孫、鄧、衡之學，孟氏有翟、白之學。同是伏生所傳之《尚書》也；而分歐陽、大小夏侯三家，歐陽有平、陳之學，大夏侯有孔、許之學，小夏侯有鄭、張、秦、假、李氏之學。《詩》魯、齊、韓三家，而《魯詩》有韋氏、張、唐、褚氏之學，張家復有許氏之學；《齊詩》有翼、匡、師、伏之學，《韓詩》有王、食、長孫之學。《禮》家經說有大、小戴、慶氏三家，大戴復有徐氏之學，小戴有橋、楊二家之學。《春秋經》之顯者，《公羊》、《穀梁》二家也，然《公羊》復分嚴、顏二家，顏家復有冷、任、筦、冥之學，而《穀梁》亦有尹、胡、申章、房氏之學。是以經已分家，家又分家，章句愈繁，學術愈衰，其末流解經師法百萬言，桓譚《新論》稱「秦延君說〈堯典〉篇目二字至十餘萬言，但說『曰若稽古』四字三萬言」，故班固曰：

> 後世經傳既已乖離，博學者又不思多聞闕疑之義，而務碎義逃難，
> 便辭巧說，破壞形體。（《漢書・藝文志》）

宜乎王莽之時博士弟子夜定舊說，而死於燭下，通人惡煩，羞學章句也。

古文之興也，乃通儒厭棄章句，思復古學，故自前漢元帝之後，學風漸改，復古之議屢起；其所謂復古者，復鄒魯之舊也。《漢書・劉歆傳》曰：

> 及歆校秘書，見古文《春秋左氏傳》，歆大好之。……初《左氏傳》
> 多古字古言，學者傳訓詁而已。及歆治《左氏》，引傳文以解經，轉
> 相發明，由是章句義理備焉。……歆以為左丘明好惡與聖人同，親
> 見夫子，而公羊、穀梁在七十子後，傳聞之與親見之，詳略不同。

故欲建立《左氏春秋》及《毛詩》、《逸禮》、《古文尚書》，皆列於學官。考其所議立，皆鄒魯、梁、趙之舊書，經傳樸質，乃魯學篤謹之遺風也。古學與魯學常同條共貫，前已屢有所徵。故如《穀梁》，魯學也，傳《穀梁》者多兼治《左氏》；《毛詩》，稱古文也，而王璜以治《費氏易》兼傳《毛詩》，正見後世所稱之古文學者，非真以《左傳》、《毛詩》等為古文也，唯欲復學術於孔門之篤謹耳，後漢古學大盛，而今文衰者，乃魯學之餘緒；故古學以訓詁名物解經，不尚微言之發揮，此真鄒魯經學精神之復甦也。

三、齊、魯學對後世經學發展之影響

後世言經學者，輒曰有漢學與宋學耳。《四庫全書總目提要・經部總論》，論中國歷代經學之沿革，凡經六變。其言曰：

> 自漢京以後垂二千年，儒者沿波，學凡六變。其初專門授受，遞稟

　　　　師承，非惟訓詁相傳，莫敢同異，即篇章字句，亦恪守所聞，其學
　　　　篤實謹嚴，及其弊也拘。……要其歸宿，則不過漢學、宋學兩家互
　　　　爲勝負。夫漢學具有根柢，講學者以淺陋輕之，不足服漢儒也。宋
　　　　學具有精微，讀書者以空疏薄之，亦不足服宋儒也。

此論者以謂漢代經學之弊，乃拘於師法、家法而不敢逾越；然考漢儒之治經
也，皆遞增師說，推演義理，如申公、江翁之傳《詩》也，初則訓詁，繼則
潤飾；伏生、倪寬之授《尚書》也，推演〈洪範〉，緣飾吏治；而孟氏或改師
法，推明天人之際；后蒼之說《禮》也，推《士禮》而致於天子之制；董生
推陰陽而明《春秋》，致極精微。若此之類，例不枚舉，謂蔽於拘，不足以明
漢學也。徐復觀先生云：

　　　　〈儒林傳〉對各經師的敘述都甚簡略，惟對申公、轅固及王式的
　　　　敘述較爲詳贍而生動，藉此可稍窺見漢初儒生人格的風範，及博
　　　　士們活動的鱗爪，彌爲珍貴。申公純厚，轅固剛正，王式謹嚴；
　　　　而其出處之間，未嘗措心於利祿，則是完全一致的。申公在武帝
　　　　前言爲政不必多言，其弟子之官民者「皆有廉節稱」。轅固在景帝
　　　　前言湯武革命，戒公孫宏無曲學以阿世。儒家的微言大義，凜然
　　　　如可捫觸，則訓傳的後面，實有眞精神的躍動，與宋、明的程、
　　　　朱、陸、王，實有血脈上的流注，而因時代的關係，氣象的博大，
　　　　或且過之。〔註63〕

徐氏之說是也。夫以訓詁相傳，謂爲漢代經學之全部，此宋儒之偏見也；而
致漢學於故紙堆之考證者，實清儒之過也。漢儒之通經致用，遍在政制；而
躬行之學，亦無愧於宋儒。唯前漢之經師好言陰陽災異者，齊學之灌注影響
也；以迄於後漢之圖緯讖候之妖妄，亦皆類之；東漢古學大盛，學者轉於訓
詁字句之間，乃魯學迂謹篤守之影響，亦經歷秦火，經籍殘缺，從事整理文
獻之所必然之結果也。今日研究漢學，唯在此等處相應了解於漢儒，乃不至
於誣陷古人也。

第四節　《五經》齊、魯學思想對中國歷史文化之影響

　　中國文化之巨流，以經學爲主脈，諸子爲旁支，而史學者，經之演化也；

〔註63〕見《西漢經學史》。

至於人倫日用，皆有經義教訓在其間。故劉彥和《文心雕龍‧宗經篇》云：「經也者，恒久之至道，不刊之鴻教也。」誠以周代典章，繫乎六藝；聖人之情，範圍人倫。故象天地、效鬼神、參物序、制人紀，雖百家騰躍，終在環內；後進追取爲非晚，前修久用而未先，謂經爲中華文化之主流，不亦宜乎！

六藝之學，儒家之教也。夫子刪述，後學承修，而經學立焉。然自戰國諸子百家之興也；經與子合匯，經學內容包涵廣大，如淵海之納河流，岱宗之積眾土也，論其對後世之影響，非止經學研究之一端而已。故《五經》齊、魯學，緣《五經》而立也，而不限於《五經》。茲編擬從齊、魯學思想對後世史學、宗教、醫學、天文、曆律與地理學等諸層面，以論其影響焉。

一、齊、魯學對史學研究之影響

章實齋嘗言曰：「六經皆史也。」蓋以古人未嘗離事而言理，六經之文則皆先王之政典也。〔註64〕漢儒之治《五經》之學，則曰「究天人之際，通古今之變」，又曰：「天人之道」，〔註65〕漢儒之今文學者論六經，以《易》爲首，蓋所以取象於天地，而切用於人倫之間，謂是聖人以《易》設教之旨也。然則，《易》之象也，《詩》之比興也，《禮》之官制也，《春秋》之例也，或以天道而切於人事，或以人事協乎天道，六藝之道，可一而貫之。〔註66〕司馬遷曰：

> 夫《春秋》，上明三王之道，下辨人事之紀，別嫌疑，明是非，定猶豫，善善惡惡，賢賢賤不肖，存亡國，繼絕世，補敝起廢，王道之大者也。《易》著天地陰陽四時五行，故長於變；《禮》經紀人倫，故長於行；《書》記先王之事，故長於政；《詩》記山川谿谷禽獸草木牝牡雌雄，故長於風；《樂》樂所以立，故長於和；《春秋》辨是非，故長於治人。是故《禮》以節人，《樂》以發和，《書》以道事，《詩》以達意，《易》以道化，《春秋》以道義。撥亂世，反之正，莫近於《春秋》。……故有國者不可以不知《春秋》，前有讒而弗見，

〔註64〕見《文史通義‧卷一‧易教上》。

〔註65〕見司馬遷〈報任安書〉與《漢書‧五行志》。

〔註66〕章實齋曰：「《易》象通於《詩》之比興，《易》辭通於《春秋》之例。……蓋聖人於天人之際，以謂甚可異也。《易》以天道而切人事，《春秋》以人事而協天道。」又曰：「《易》之象也，《詩》之興也，變化而不可方物矣；《禮》之官也，《春秋》之例也，謹嚴而不可假借矣。……君子之於六藝，一以貫之斯可矣。」是此處所本。見《文史通義‧易教》。

後有賊而不知。爲人臣者不可以不知《春秋》，守經事而不知其宜，
遭變事而不知其權。爲人君父而不通於《春秋》之義者，必蒙首惡
之名。爲人臣子而不通於《春秋》之義者，必陷篡弒之誅，死罪之
名。〔註67〕

司馬遷自論其史學，謂即六經之學也；蓋自其所載行事而言之，《史記》則倣
《春秋》二百四十二年間王事，以斷其是非；自其內容而言，則皆禮義之經，
聖人之行也。〔註68〕欲明漢代史學，非通六經而不可矣。孟子嘗有言曰：「王
者之跡熄而《詩》亡，《詩》亡然後《春秋》作。……其事則齊桓、晉文；其
文則史。孔子曰：其義則丘竊取之矣。」故六藝之文，皆史之事也；其義，
則經之言也。章實齋謂六經皆史，誠然也。

　　前漢《五經》之學最盛，而史學之興亦在此時。〔註69〕章實齋曰：

六藝並立，《樂》亡而入於《詩》、《禮》；《書》亡而入於《春秋》，
皆天時人事，不知其然而然也。《春秋》之事，則齊桓、晉文，而宰
孔之命齊侯，王子虎之命晉侯，皆訓誥之文也，而左氏附傳以翼經，
夫子不與〈文侯之命〉同著於篇，則《書》入《春秋》之明證也。
馬遷紹法《春秋》，而刪潤典謨，以入紀傳；班固承遷有作，而〈禹
貢〉取冠〈地理〉，〈洪範〉特志〈五行〉，而《書》與《春秋》不得
不合爲一矣。（《文史通義‧書教上》）

又曰：

《尚書》一變而爲左氏之《春秋》，《尚書》無成法而《左氏》有定
例，以緯經也。《左氏》一變而爲史遷之紀傳，《左氏》依年月而遷
書分類例，以搜逸也。遷書一變而爲班氏之斷代，遷書通變化，而
班氏守繩墨，以示包括也。就形貌而言，遷書遠異《左氏》，而班史
近同遷書。蓋《左氏》體直，自爲編年之祖，而馬班曲備，皆爲紀
傳之祖也。（同上，〈書教下〉）

〔註67〕見《史記‧太史公自序》。
〔註68〕太史公曰：「故《春秋》者，禮義之大宗也。」又曰：「伏羲至純厚，作易八
卦；堯舜之盛，《尚書》載之；禮樂作焉；湯武之隆，詩人歌之；《春秋》采
善貶惡，推三代之德，襃周室，非獨刺譏而已也。」皆見司馬遷作《史記》
雖有意效孔子作《春秋》之微意，然皆本之於六藝也。
〔註69〕漢《樂經》亡而存《五經》；或樂本無經，唯有樂教而已，故言六藝而據《五
經》。

故漢代之史學制作，乃《五經》之演化也；後世解經之書與史學典籍分而爲二，然自漢儒而言之，史學與經學形貌雖異，而其自視固爲一體也。

二、齊、魯學對道教形成興起之影響

《鹽鐵論・論鄒篇》，文學之言曰：

> 堯使爲司空，平水土，隨山刊木，定高下而序九州。鄒衍非聖人，作怪迂，惑六國之君以納其說，此《春秋》所謂匹夫熒惑諸侯者也。
>
> 孔子曰：「未能事人，焉能事鬼神？」近者不達，焉能知瀛海？故無補於用者，君子不爲；無益於治者，君子不由。

魯學重人道教化，不尚鬼神之祭祀。勞思光《中國哲學史》謂儒家學說並非承襲古代觀念而來，乃是趨於革新者。其言曰：

> 周人此種精神方向，既以「人之地位之肯定」爲其特色，則對以前之古代崇拜神權之觀念與習俗說，可稱爲一種革新，一種扭轉之努力。此義既明，則吾人可看出古代中國文化史之一重要轉變——由原始信仰進至肯定人文之轉變。

是以，擺落神權以突顯人文，此儒學所以爲人文主義也。荀子曰：

> 天行有常，不爲堯存，不爲桀亡，應之以治則吉，應之以亂則凶。
>
> 強本而節用，則天不能貧；養備而動時，則天不能病；修道而不貳，則天不能禍。……故明於天人之分，則可謂至人矣。（〈天論篇〉）

治亂，禍福在人，並不在天，聖人不求知天，而求之於人自身；苟錯人而思天，則已失孔子立學之義也，此理荀子尚能知之。故蔡元培《中國倫理學史》云：

> 荀子以前，言倫理者，以宇宙論爲基本，信仰天人感應之理。……至荀子以後，則劃絕天人之關係，以人事爲無與天道，而特爲各人之關係。

此說是也。

然而，自齊學陰陽之教興，而儒生或被其覆，而頗言災祥之言，儒士與方士遂此難別，燕齊怪迂之方士，多持儒義以文之，而儒者亦多言方術矣。〔註70〕《漢書・眭、兩夏侯、京、翼、李傳・贊》曰：

〔註70〕 其詳陳槃庵先生〈讖緯溯源〉、〈讖緯釋名〉、〈讖緯命名及其相關之諸問題〉、〈秦漢間之所謂「符應」論略〉、〈戰國秦漢間方士考論〉等文。

漢興推陰陽言災異者，孝武時有董仲舒、夏侯始昌，昭、宣則眭孟、
夏侯勝，元、成則京房、翼奉、劉向、谷永，哀、平則李尋、田終
術。此其納說時君著明者也。察其所言，仿佛一端。皆假經設誼，
依託象類。

此即漢儒之言災異而崇鬼神，與孔、孟、荀之思想大爲悖離之一端也。

　　就此一端言之，儒家經學實影響及後漢道教之興起也。前漢齊學頗言災
異、符命；後漢則讖緯之說流行，儒生與道士，已難分別。《後漢書‧竇融
傳》云：

融等……召豪傑及諸太守計議，其中智者皆曰：自前世博物道術之
士谷子雲、夏賀良等，建明漢有再受命之符，言之久矣。

此視「谷永」、「夏賀良」等儒生爲「道術之士」，道術之士即「道士」也。
〔註71〕故《論衡‧道虛篇》曰：

儒書言，淮南王學道，招會天下有道之人，傾一國之尊，下道術之
士。是以道術之士，並會淮南，奇方異術，莫不爭出。

此中所言「有道之人」、「道術之士」、「奇方異術」皆互文；方士即「道術之
士」，或即稱「道士」、「術士」，謂此類道術之士，皆作怪迂之論，實皆習鄒
衍之術者也。《漢書‧李尋傳》曰：

初，成帝時，齊人甘忠可詐造《天官曆》《包元太平經》十二卷，以
言「漢家逢天地之大終，當更受命於天，天帝使眞人赤精子，下教
我此道。」

此乃道士之倣《五經》而造作經典之始也。《後漢書‧襄楷傳》亦云：

順帝時，琅邪宮崇詣闕，上其師于吉於曲陽泉水上所得神書百七十
卷，號《太平清領書》，其言以陰陽五行爲宗，而多巫覡雜語。有司
奏崇所上妖妄而不經，乃收藏之，後張角頗有其書焉。

又《三國志‧孫策傳》引〈江表傳〉曰：

時有道士琅邪于吉，先寓居東方，往來吳會，立精舍燒香，讀道書，
制作符水以治病，吳會人多事之。

葛洪《神仙傳》云：

宮崇者，琅邪人也。有文才，著書百餘卷，師事仙人于吉。漢元帝
時，崇隨吉於曲陽泉上，遇天仙，授吉青縑朱字《太平經》十部。

> 吉之得道，以付崇，後上此書，書多陰陽否泰災眚之事，有天道，
> 有地道，有人道，言治國者用之可以長生，此其旨也。〔註72〕

是則，道教之興起，與齊地之儒生關聯至深；而其造作圖書，皆取經爲名；
其內容以陰陽五行災眚爲主，是道教之興起，實齊學之演化也。王治心《中
國宗教思想史大綱》云：

> 由五行之說而生青黃赤白黑五帝之祀，秦襄公以後歷祭白青黃赤四
> 帝，漢高復加黑帝而爲五祀。信鬼神、信機祥，莫不以陰陽五行爲
> 根據，與讖緯相表裏，所以有漢一代，實開前古未有之迷信。

前漢《五經》之齊學，《易》有陰陽占驗、《書》有洪範咎徵、《詩》有四始五
際、《禮》有明堂月令、《春秋》有災異之學；哀、平之後諸儒增益以秘緯，
更以讖文牽合經義，此乃齊學之影響，而有以促成道教之興起也。

三、齊、魯學對醫學發展之影響

《史記・封禪書》云：

> 自齊威宣之時，騶子之徒論著終始五德之運。……而宋毋忌、正伯
> 僑、充尚、羨門子高，最後皆燕人，爲方仙道，形解銷化，依於鬼
> 神之事。

按：方士之所以稱「方」者，《漢書・藝文志》有「封禪方說」、「辟兵威勝方」，
而鄒衍有「重道延命方」。是「方」即「秘方」，言其不輕示於人也。《史記・
秦始皇本紀》，盧生說始皇曰：

> 臣等求芝奇藥仙者常弗遇；類物有害之者。方中，人主時爲微行以
> 辟惡鬼；惡鬼辟，眞人至。……願上所居宮毋令人知，然後不死之
> 藥殆可得也。

又云：

> 方士徐市（市、巿，或書作福）等入海求神藥。

又云：

> 冀遇海中三神山奇藥不得，還至沙丘崩。

始皇之所以慕仙者，乃爲求奇藥也；而方士之方仙道，謂「形解銷化」者，
蓋藉助於方藥焉。武帝之求仙，其目的與秦始皇同。故〈封禪書〉云：

〔註72〕見周紹賢《兩漢哲學》與《道家與神仙》二書。

　　　　李少君亦以祠灶、（辟）穀道、卻老方見上，其游以方遍諸侯。
此李少君以祕方術說武帝，其辟穀道、卻老方即醫方也。又《史記・扁鵲倉
公列傳》云：「至高后八年，得見師臨菑元里公乘陽慶，謂意曰：『盡去而方
書，非是也。慶有古先道遺傳黃帝、扁鵲之脈書。我家給富，心愛公，欲盡
以我禁方書悉教公。』臣意即避席再拜謁，受其脈書上下經、五色診、奇咳
術、揆度陰陽外變、藥論、石神、接陰陽禁書，受讀解驗之。」是淳于意之
受黃帝、扁鵲之術，為醫方也，與方士所持為同一物。《漢志・方技略》著錄
「神仙十家二百五卷」，其內容為：

　　　《宓戲雜子道》二十篇。《上聖雜子道》二十六卷。《道要雜子》十
　　　八卷。《黃帝雜子步引》十二卷。《黃帝岐伯按摩》十卷。《黃帝雜子
　　　芝菌》十八卷。《黃帝雜子十九家方》二十一卷。《泰壹雜子十五家
　　　方》二十二卷。《神農雜子技道》二十三卷。《泰壹雜子黃冶》三十
　　　一卷。

此皆陰陽家之秘方也。是則漢代藉言伏羲、黃帝、神農、泰一之方引，蓋神
仙家形解銷化之奇藥，其導源於燕齊方士，實無可疑也。李漢三氏云：

　　　《史記・扁鵲、倉公列傳》載扁鵲為醫，言陰陽，然不及五行；如
　　　云：「聞病之陽，論得其陰；聞病之陰，論得其陽。」如云：「是以
　　　陽脈下遂，陰脈上爭，會氣閉而不通。」……又載倉公為醫，言陰
　　　陽外並及五行；如云：「腎氣有時間濁，在太陰脈口而希，是水氣也。
　　　腎固主水，故以此知之。」……如云：「……所以知奴氣者，脾氣周
　　　乘五藏，傷部而交，故知傷脾之色也。……所以至春死病者，胃氣
　　　黃；黃者土也，土不勝木，故至春死。」

以是知漢文帝之時，言醫術者多已據陰陽而道五行矣。《鹽鐵論・輕重篇》，
文學賢良以醫理喻為政之道云：

　　　扁鵲撫息脈而知疾所由生。陽氣盛，則損之而調陰；寒氣盛，則損
　　　之而調陽。是以氣脈調和，而邪氣無所留矣。

故在漢昭、宣之際，以陰陽調和氣脈之醫理，不唯醫家專門之知識，即一般
士人亦瞭然於此，可見其說之廣遍也。〔註73〕以陰陽五行之學入醫方，既來
自燕齊方士，其說已廣佈，儒生亦因此有藉醫理而言學術者矣。如《春秋繁
露・人副天數篇》云：

────────────────
〔註73〕見〈陰陽五行對於兩漢醫學的影響〉。

人受命乎天也，故超然有以倚；物災疾莫能爲仁義，唯人獨能爲仁義；物災疾莫能偶天地，唯人獨能偶天地。人有三百六十節，偶天之數也；形體骨肉，偶地之厚也；上有耳目聰明，日月之象也；體有空竅理脈，川谷之象也；心有哀樂喜怒，神氣之類也。……是故人之身首分而員，象天容也；髮，象星辰也；耳目戾戾，象日月也；鼻口呼吸，象風氣也；胸中達知，象神明也；腹胞實虛，象百物也。百物者最近地，故要（腰）以下，地也。天地之象，以要爲帶；頸以上者，精神尊嚴，明天類之狀也；頸而下者，豐厚卑辱，土壤之比也；足布而方，地形之象也。是故禮帶置紳，必直其頸，以別心也。帶以上者，盡爲陽；帶而下者，盡爲陰，各其分。陽，天氣也；陰，地氣也。故陰陽之動使，人足病喉痹起，則地氣上爲雲雨，而象亦應之也。

董子以天地陰陽四時五行與人身相副，以言天人相應之理，其靈感乃是從醫理而得之也。又《周禮》一書因受陰陽五行說之影響，故言四季有適宜之飲食，養疾亦順陰陽氣變而行之。《周禮・天官・食醫》云：

凡食齊視春時，羹齊視夏時，醬齊視秋時，飲齊視冬時。

又云：

凡和，春多酸，夏多苦，秋多辛，冬多鹹，調以滑甘。

此得自《尚書・洪範五行》「潤下作鹹（水，爲冬），炎上作苦（火，爲夏），曲直作酸（木，爲春），從革作辛（金，秋），稼穡作甘（土爲仲夏）。」之義也。故不知陰陽五行之學，即無由得此醫理也。《周禮・疾醫》云：

四時皆有癘疾：春時有痟首疾，夏時有痒疥疾，秋時有瘧寒疾，冬時有嗽上氣疾；以五味、五穀、五藥養其病；以五氣、五聲、五色視其死生；兩之以九竅之變，參之以九藏之動。

〈瘍醫〉云：

凡藥，以酸養骨，以辛養筋，以鹹養脈，以苦養氣，以甘養肉，以滑養竅；凡有養者，受其藥焉。

肉體之調養如此，而《白虎通義》並藉陰陽五行之學以言情性之養矣。《白虎通義・五行篇》云：

年六十閉房何法？法六月陽氣衰也。人有五藏六府何法？法五行六合也。

〈性情篇〉云：

性所以五，情所以六何？人本含六律五行之氣而生，故內有五藏六
府，此情性之所由出入也。

又同篇云：

性情者，何謂也？性者陽之施，情者陰之化也。人稟陰陽氣而生，
故內懷五性六情。……故《鉤命決》曰：「情生於陰，欲以時念也。
性生於陽，以就理也。陽氣者仁，陰氣者貪，故情有利欲，性有仁
也。」故人生而應八卦之體，得五氣以爲常，仁義禮智信是也。

按：《白虎通義》之論，實《齊詩》翼氏五性六情之說。故醫者或藉學理以言
醫，而儒者藉醫理以言學，醫理與儒義乃合而爲一也。

四、齊、魯學對地理學之影響

《尚書・禹貢》，乃《五經》中之言地理學者也。自鄒子大九州說出，漢
代地理學甚盛，其影響於後世者亦鉅矣。《史記・孟荀列傳》曰：

（鄒衍）以爲儒者所謂中國者，於天下乃八十一分居其一分耳。中
國名曰赤縣神州。赤縣神州內自有九州，禹之序九州是也，不得爲
州數。中國外如赤縣神州者九，乃所謂九州也。於是有裨海環之，
人民禽獸莫能相通者，如一區中者，乃爲一州，如此者九，乃有大
瀛海環其外，天地之際焉。

此鄒子「大九州」之說也。齊地背山臨海，航運捷便，多海上奇遇，故齊人
多富夸誕想像之精神，彼以其海上航行之經驗，故知天下壤土不只中國而已，
鄒子大九州之說雖出於想像，然亦有實際之經驗在其間也。

鄒子大九州說既出，《呂氏春秋》乃載「九野九州」之文，其宇宙觀之宏
開，較春秋時代之「華夏」、「四夷」之世界觀，已不可同日而語矣。《淮南子・
墜（地）形訓》云：

九州之大，純方千里。〔註74〕九州之外，乃有八殥，亦方千里：自
東北方曰大澤、曰無通；東方曰大渚、曰少海；東南方曰具區、曰
元澤；南方曰大夢、曰浩澤；西南方曰渚資、曰丹澤；西方曰九區、
曰泉澤；西北方曰大夏、曰海澤；北方曰大冥、曰寒澤。凡八殥，
八澤之雲，是雨九州。八殥之外，而有八紘，亦方千里。……八紘

〔註74〕高誘注：「純，緣也。」言其緣千里。

之外乃有八極。……凡八極之雲，是雨天下。

《淮南子》所述「九州」、「八殯」、「八紘」、「八極」，又就鄒衍之「大九州」推衍，其氣象之宏大，又遠過鄒子矣。

然自治天下一端言之，大九州之說實怪迂難有徵驗，〔註75〕故學者之言地理，則猶遵禹之序九州也。《史記・河渠書》，太史公贊曰：

> 余南登廬山，觀禹疏九江，遂至於會稽太湟，上姑蘇，望五湖；東闞洛汭、大邳、迎河，行淮、泗、濟、漯洛渠；西瞻蜀之岷山及離碓；北自龍門至於朔方。

此史遷所見之天下，不出〈禹貢〉九州之外也。〈貨殖列傳〉曰：

> 關中自汧、雍以東至河、華，膏壤沃野千里，自虞夏之貢以爲上田，而公劉適邠，大王、王季在岐，文王作豐，武王治鎬，故其民猶有先王之遺風，好稼穡，殖五穀，地重，重爲邪。〔註76〕及秦文、（孝）繆居雍，隙隴蜀之貨物而多賈。獻孝公徙櫟邑，櫟邑北卻戎翟，東通三晉，亦多大賈。（武）昭治咸陽，因以漢都，長安諸陵，四方輻湊並至而會，地小人眾，故其民益玩巧而事末也。

按：《史記・貨殖列傳》所敘關中一地之地域、物產、人民風俗等，乃言地理之學也；而《漢書・地理志》所敘，較《史記》更爲詳贍，此皆效《尚書・禹貢》序九州之法也。今考漢代地理學之所發達者，漢制有「條貫郡國風俗」之法實有以致之。如《史記・平準書》云：

> 於是遣博士褚大、徐偃等，分曹循行各國。

《漢書・終軍傳》云：

> 元鼎中，博士徐偃使行風俗。

《漢書・食貨志》亦云：

> 使者分部護，冠蓋相望。

而班固自序其撰〈地理志〉曰：

> 漢承百年之末，國土變改，人民遷徙。成帝時，劉向略言其域分；〔註77〕丞相張禹使屬穎川朱贛條其風俗，猶未宣究，故輯而論之。

〔註75〕《鹽鐵論・論鄒篇》，文學曰：「堯使舜爲司空，平水土，隨山刊木，定高下而序九州；鄒衍非聖人，作怪迂。……近者不達，焉能知瀛海？故無補於用者，君子不爲；無益於治者，君子不由。」此即儒者對齊學之見也。

〔註76〕《史記索隱》：「重者難也，畏言不敢爲奸邪。」

〔註77〕域分，即地域與星象分野也。

則《漢書・地理志》實前漢地理學集大成之作也。若論漢代地理學所以昌明之故，《尚書・禹貢》始開其塗徑，鄒子之說廣其視野，而《詩經・國風》增其條貫，此亦經學之影響也。

五、齊、魯學對天文曆律發展之影響

顧亭林云：「三代以上，人人皆知天文。『七月流火』，農夫之辭也；『三星在天』，婦人之語也；『月離于畢』，戍卒之作也；『龍尾伏晨』，兒童之謠也。後世文人學士，有問之而茫然不知者矣。」〔註78〕蓋古之賢智者常仰觀天象，俯察地理，以取法制作；而敬畏天威，誠先民之常情，古人天文學知識之所以優於後世也。

《漢書・藝文志》以「天文」、「曆譜」、「五行」、「蓍龜」、「雜占」、「形法」同列於數術之學。數術者，以數術占驗也。王夢鷗先生述數術占驗之學所以產生之由，曰：

> 這種由占星家在星氣方面得來的知識，合以龜卜休咎的預言，由春秋至戰國，據司馬遷的記載，是因戰亂頻仍，民生困瘁，現實的生活，人們自己沒法把握，於是這門的論說便大大發達起來。

> 《史記》卷二七：「田氏篡齊，三家分晉，並爲戰國。爭於攻伐，兵革更起，城邑數屠，因以饑饉疾疫焦苦，臣主共憂患，其察機祥候星氣尤急。近世十二諸侯七國相王，言從衡者繼踵，而臯、唐、甘、石因時務論其書傳，故其占驗凌雜米鹽，二十八舍主十二州，斗秉兼之，所從來久矣。」

> 司馬遷還說當時：「所見天變，皆國殊窟穴，家占物怪。」顯然那裏面不但講到「天文」，而且還講到「物怪」，這都是鄒衍生時已有的「術」；而鄒衍之所以能顯於諸侯且影響及於百世，當然是收集當時薦紳先生所不言的諸遺說而綜其大成。……他的學術，實在包括有天文地理；其於人事，則又幽之有鬼神，明之有仁義。〔註79〕

鄒衍之術，爲世主所采者，終始五德之論而已；然鄒衍之學乃綜羅上古之星象、律曆、巫術、方技，以及無數之神話傳說，其對天文律曆推廣之貢獻，

〔註78〕見《日知錄》卷三十，「天文」條。
〔註79〕見王氏《鄒衍遺說考》。

實非主運一端所能涵括也。

　　以言鄒衍之學之影響及天文學之發展者，《漢書・藝文志》序天文類之作曰：

> 天文者，序二十八宿，步五星日月，以紀吉凶之象，聖王所以參政也。《易》曰：「觀乎天文，以察時變。」然星事凶悍，非湛密者弗能由也。夫觀景以譴形，非明王亦不能服聽也。以不能由之臣，諫不能聽之王，此所以兩有患也。

《漢志》所以謂星事凶悍，君臣用之有兩患者，《淮南子・天文訓》曰：「文者，象也。天先垂文象，日月五星及彗孛，皆謂譴告一人，故曰天文。」漢人所謂天文，乃專就日月星之文象以占驗吉凶，此陰陽災異之學也。而推災異往往穿鑿附會，捕風捉影，《漢志》稱「觀景以遣形」之類，常涉及無辜，此所以爲危也。然鄒子對天文星象之分布歸納，實有助長後世之天文知識，故《史記》著書，采之以爲〈天官書〉，而天文乃成爲專門之學矣。《史記・天官書》云：

> 中宮天極星……斗爲帝車，運於中央，臨制四鄉，分陰陽、建四時、均五行、移節度、定諸紀，皆繫於斗。……東宮蒼龍房心；心爲明堂。……房爲天府，曰天駟。……南宮朱鳥權衡；衡，太微，三光之廷。……權、軒轅，軒轅黃龍龍。……西宮咸池，曰天五潢；五潢，五帝車舍。……北宮玄武虛危；危爲蓋屋，虛爲哭泣之事。……。

《史記・天官書》別天文星象爲「五宮」，《漢書・天文志》本之；而《淮南子》則分爲「六府」。〈天文訓〉云：

> 六府：紫宮、太微、軒轅、咸池、四守、天阿。

又云：

> 何謂六府？子午、丑未、寅申、卯酉、辰戌、巳亥是也。太微者，太一之庭也。紫宮者，太一之居也。軒轅者，帝妃之舍也。咸池者，水魚之囿也。天阿者，群臣之闕也。四宮者，所以爲司賞罰。太微者主朱雀，紫宮執斗而左旋，日行一度，以周於天。日冬至峻狼之山，日移一度，凡行百八十二度八分度之五，而夏至牛首之山。反覆三百六十五度四分度之一而成一歲。

易言之，對星象詳細之觀察，反覆之測驗，累積之知識用以測歲、月之運轉，乃有助於人類之作息也。《漢書・藝文志》謂「陰陽家者流，蓋出於羲和之官；敬順昊天，曆象日月星辰，敬授民時，此其所長。」是也。

「五宮」、「六府」之外，二十八宿亦用以觀察日月五星之運行而定歲月。王力云：

> 古人觀測日月五星的運行是以恒星爲背景的，這是因爲古人覺得恒星相互間的位置恒久不變，可以利用它們做標誌來說明日月五星所到的位置。經過長期的觀測，古人先後選擇了黃道赤道附近的二十八個星宿，作爲「坐標」，稱爲「二十八宿」。〔註80〕

《淮南子》謂二十八宿布於九天，〈天文訓〉云：

> 何謂九野？中央曰鈞天，其星角、亢、氐。東方曰蒼天，其星房、心、尾。東北曰變天，其星箕、斗、牽牛。北方曰玄天，其星須女、虛、危、營室。西北方曰幽天，其星東壁、奎、婁。西方曰顥天，其星胃、昂、畢。西南方曰朱天，其星觜巂、參、東井。南方曰炎天，其星輿鬼、柳、七星。東南方曰陽天，其星張、翼、軫。

按：由於天文知識之發展，乃有星象分區之觀念，二十八宿即星象分二十八區域也；九天之分野，亦相應於州域之區分，此乃齊學星象分野之學也。故「角、亢、氐」，爲韓、鄭之分野也；「尾、箕」，爲燕之分野；「斗」，爲吳之分野；「牽牛」，爲越之分野；「虛、危」，則齊之分野；「營室、東壁」，爲衛之分野；「奎、婁」，爲魯之分野；「昂、畢」，爲趙之分野；「觜巂、參」，爲晉之分野；「柳、七星」，爲周之分野；「翼、軫」，爲楚之分野。《史記·天官書》曰：「天有五星，地有五行。」其實即「地有五行，天乃有五星。」也。蓋漢代之分星象爲「五宮」、「六府」、「二十八宿」云云，皆自戰國以來觀乎星象所得之知識，漢儒持之以爲機祥之占驗者，雖未必得用，而今人則以之拓廣天文知識，斯研治經籍之有助求知也。

古之曆之與律不同。曆者，曆法也；律者，音律也。然鄒衍則以律曆並言。《史記·律書》曰：

> 律曆，天所以通五行、八正之氣，天所以成孰萬物也。

《史記·曆書》亦曰：

> 張蒼亦學律歷。

是律曆並言之證也。又〈律書〉曰：

> 王者制事，立法物，度軌則，壹秉於六律，六律爲萬事之根本焉。

漢代對律之重視，尤過於曆者，乃受鄒衍之影響也。

〔註80〕見《中國古代文化知識·天文篇》。

《太平御覽》八四二引劉向《別錄》云：

> 傳言鄒衍在燕，有谷地美而寒，不生五穀。鄒子居之，吹律而溫至，
> 生黍到今，名黍谷焉。〔註81〕

此鄒子「吹律候氣」之法也。《漢書・京房傳》謂房之說長於災變，「分六十
四卦，更直日用事，以風雨寒溫為候，各有占驗……好鍾律，知音聲。」漢
儒有吹律候氣之學，乃占驗災變之一端，《漢書》亦有〈律曆志〉之篇，律曆
之學，漢代已成專門之學也。〈律曆志〉云：

> 夫推曆生律制器，規圓矩方，權重衡平，準繩嘉量，探賾索隱，鉤
> 深致遠，莫不用焉。

此言六律為萬事之根本，舉凡數、聲、度、量、權、衡以及制事立法，一切
之物度軌則，皆本於六律也。《漢書・曆律志》載武帝時代之制作太初曆，「以
律起曆」之事云：

> 迺選治曆鄧平及長樂司馬可、酒泉侯宜君、侍郎尊及與民間治曆者，
> 凡二十餘人；方士唐都、巴郡落下閎與焉。都分天部，而閎運算轉
> 曆。其法以律起曆，曰：「律容一龠，積八十一寸，則一日之分也。
> 與長相終。律長九寸，百七十一分而終復。三復而得甲子。夫律陰
> 陽九六，爻象所從出也。故黃鐘紀元氣之謂律。律，法也，莫不取
> 法焉。」與鄧平所治同。於是皆觀新星度、日月行，更以算推，如
> 閎、平法。……迺詔遷用鄧平所造八十一分律曆，罷廢尤疏遠者十
> 七家，復使校曆律昏明。宦者淳于陵渠復覆《太初曆》晦朔弦望，
> 皆最密，日月如合璧，五星如連珠。

按：「以律推曆」之法，今已失傳，然其本於鄒衍「吹律候氣」之說，固可知
也。《後漢書・律曆志》亦云：

> 夫五音生於陰陽，分為十二律，轉生六十，皆以紀斗氣，效物類也。
> 天效以景，地效以響，即律也。陰陽和則景至，律氣應則灰除。是
> 故天子常以日冬夏至御前殿，合八能之士，陳八音，聽樂均，度晷
> 景，候鍾律，權灰炭，效陰陽。冬至陽氣應，則樂均清，景長極，
> 黃鐘通，土炭輕而衡仰。夏至陰氣應，則樂均濁，景短極，蕤賓通，
> 土灰重而衡低。……候氣之法，為室三重，戶閉，塗釁必周，密布
> 緹縵。室中以木為案，每律各一，內庳外高，從其方位，加律其上，

〔註81〕見王夢鷗先生《鄒衍遺說考》頁20，「鄒衍生平年世的商榷」所引。

以葭莩灰抑其內端，按曆而候之。氣至者灰動，其爲氣所動者其灰散，人及風所動者其灰聚。

按：天文與曆法本是詳密之科學，漢人之治天文曆律者往往合之以陰陽五行，〔註82〕以至於玄奧難知，乃由於陰陽家據以考機祥占驗之故也。故《漢書·藝文志》序曆譜家云：

> 曆譜者，序四時之位，正分至之節，會日月五星之辰，以考寒暑殺生之實。故聖王必正曆數，以定三統服色之制，又以探知五星日月之會。凶阸之患，吉隆之喜，其術皆出焉。此聖人知命之術也，非天下之至材，其孰與焉！道之亂也，患出於小人而強欲知天道者，壞大以爲小，削遠以爲近，是以道術破碎而難知也。

感慨哉，斯言。鄒衍之術盛行於漢代，其時天文曆律之學所以發達於一時；而以陰陽五行之術強欲窺天道，致使科學之流於破碎難知，隱與難詳其故，其過則亦難辭也。

〔註82〕《史記·曆書》，太史公曰：「蓋黃帝考定星曆，建立五行，起消息、正閏餘。」言星曆而推言黃帝，是漢代之曆法乃齊學也。

附錄十九、我國博士發生之時間及地域統計表

（錄自齊覺生〈戰國秦漢間博士制度考論〉，《政大學報》第四期）

參考書目

一、治學方法訓詁類

1. 《經籍纂詁》，清・阮元著，宏業書局。
2. 《說文解字》，漢・許慎著，廣文書局。
3. 《說文通訓定聲》，清・朱駿聲著，藝文印書館。
4. 《經傳釋詞》，清・王引之著，廣文書局。
5. 《經義述聞》，清・王引之著，臺灣商務印書館。
6. 《群經述要》，民・高師仲華著，黎明文化公司。
7. 《古書疑義舉例》，清・俞樾著，臺灣商務印書館。
8. 《漢書藝文志注釋彙編》，木鐸出版社。
9. 《洙泗考信錄》，清・崔述著，啓聖書局。
10. 《漢書藝文志問答》，正中書局。
11. 《古籍叢考》，民・金德建著，中華書局。
12. 《先秦文史資料考辨》，民・屈萬里著，聯經出版公司。
13. 《文史通義、校讎通義》，清・章學誠著，世界書局。
14. 《四庫全書總目提要》，清・乾隆敕撰，漢京文化事業公司。
15. 《古書今讀法》，民・胡懷琛著，文鏡文庫。
16. 《國學治學方法》，民・杜師松柏著，弘道文化公司。
17. 《國學發微》，民・劉師培著，廣文書局。
18. 《國學概論》，民・錢穆著，臺灣商務印書館。
19. 《中國文獻學》，民・張舜徽著，木鐸出版社。
20. 《國學研讀法三種》，民・梁啓超著，中華書局。
21. 《國學導讀叢編》，民・周師一田編，康橋出版社。

22. 《目錄學發微》，民・余嘉錫著，藝文印書館。

23. 《漢書藝文志、隋書經籍志合編》，世界書局。

24. 《唐書經籍、藝文志合本》，世界書局。

25. 《經學纂要》，民・蔣伯潛著，正中書局。

26. 《陔餘叢考》，清・趙翼著，世界書局。

27. 《六十年來之國學》，民・程發軔編，正中書局。

28. 《經學研究論著目錄》，民・林慶彰編，漢學研究中心。

29. 《崇文總目》，宋・王堯臣著，臺灣商務印書館。

30. 《直齋書錄解題》，宋・陳振孫著，臺灣商務印書館。

31. 《困學紀聞》，宋・王應麟著，中華書局。

32. 《古學考》，民・廖平著，開明書局。

33. 《古今偽書考》，清・姚際恒著，開明書局。

34. 《四部正訛》，明・胡應麟著，開明書局。

35. 《朱熹辨偽書語》，宋・朱熹著，開明書局。

36. 《偽書通考》，民・張心澂著，宏業書局。

37. 《古史辨》，民・顧頡剛等著，坊本。

二、經籍論著類

1. 《十三經注疏》，唐・孔穎達著，藝文印書館。

2. 《經學通論》，民・皮錫瑞著，臺灣商務印書館。

3. 《兩漢三國學案》，清・唐晏著，世界書局。

4. 《兩漢經學今古文平議》，民・錢穆著，東大圖書公司。

5. 《經今古文問題新論》，民・黃彰健著，中央研究院。

6. 《新學偽經考》，清・康有爲著，盤庚出版社。

7. 《漢學師承記》，清・江藩著，世界書局。

8. 《經師經義目錄》，清・江藩著，世界書局。

9. 《今存三國兩晉遺籍考》，民・簡博賢著，三民書局。

10. 《許慎之經學》，民・黃師永武著，中華書局。

11. 《三國時代之經學研究》，民・汪惠敏著，漢京文化公司。

12. 《漢武帝之用儒及漢儒之說詩》，民・劉光義著，臺灣商務印書館。

13. 《經學史講義》，民・程元敏講授，台大中文系。

14. 《經學研究論集》，民・高師仲華等著，黎明文化公司。

15. 《高明經學論叢》，民・高師仲華著，黎明文化公司。

16. 《書傭論學集》，民‧屈萬里著，開明書局。

17. 《經學概述》，民‧裴普賢著，開明書局。

18. 《新出漢魏石經考》，民‧吳峻甫著，廣文書局。

19. 《授經圖》，明‧朱睦㮮著，臺灣商務印書館。

20. 《群經概論》，民‧周予同著，臺灣商務印書館。

21. 《經子解題》，民‧呂思勉著，臺灣商務印書館。

22. 《鄭玄之讖緯學》，民‧呂凱著，臺灣商務印書館。

23. 《漢魏博士題名考》，民‧王國維著，臺灣商務印書館。

24. 《經學通論》，民‧劉百閔著，國防研究院。

25. 《讀經示要》，民‧熊十力著，洪氏出版社。

26. 《論六經》，民‧熊十力著，明文書局。

27. 《文獻通考──經籍考》，元‧馬端臨著，新文豐出版社。

28. 《觀堂集林》，民‧王國維著，世界書局。

29. 《許廎學林》，民‧胡玉縉著，世界書局。

30. 《拜經日記、文集》，清‧臧庸著，《皇清經解》。

31. 《左海經辨》，清‧陳壽祺著，《皇清經解》。

32. 《五經異義疏證》，清‧陳壽祺著，《皇清經解》。

33. 《白虎通義》，漢‧班固著，廣文書局。

34. 《今古學考》，民‧廖平著，學海書局。

35. 《原儒》，民‧熊十力著，明倫出版社。

36. 《經學五變記》，民‧廖平著，學海書局。

37. 《六藝論》，漢‧鄭玄著，《漢魏遺書鈔》。

38. 《經學通志》，民‧錢基博著，學海書局。

39. 《群經概論》，民‧范文瀾著，學海書局。

40. 《十三經概論》，民‧蔣伯潛著，學海書局。

41. 《傳經表》，清‧畢沅著，《叢書集成簡編》。

42. 《經學卮言》，清‧孔廣森著，《續皇清經解》。

43. 《禮堂經說》，清‧陳喬樅著，《續皇清經解》。

44. 《五經通義》，漢‧劉向著，《玉函山房輯佚書》。

45. 《先秦易學史》，民‧高懷民著，中國學術著作獎助。

46. 《兩漢易學史》，民‧高懷民著，中國學術著作獎助。

47. 《周易讀本》，民‧黃慶萱著，三民書局。

48. 《周易古經通說》，民・高亨著，洪氏出版社。

49. 《周易大義》，民・吳汝淪著，中華書局。

50. 《周易本義》，宋・朱熹著，華聯出版社。

51. 《先秦漢魏易例述評》，民・屈萬里著，學生書局。

52. 《焦氏易林》，漢・焦延壽著，三才書局。

53. 《周易王弼注校釋》，民・樓宇烈校釋，華正書局。

54. 《周易古史觀》，民・胡樸安著，仰哲出版社。

55. 《周易王韓注》，中華書局。

56. 《易緯是類謀四種》，新文豐出版社。

57. 《易緯通卦驗四種》，新文豐出版社。

58. 《易經研究論集》，民・林師景伊等著，黎明文化公司。

59. 《易漢學》，清・惠棟著，《續皇清經解》。

60. 《易圖明辨》，清・胡渭著，《皇清經解》。

61. 《詩經釋義》，民・屈萬里著，華岡出版社。

62. 《詩集傳》，宋・朱熹著，世界書局。

63. 《毛詩鄭箋》，漢・鄭玄著，中華書局。

64. 《詩經學論叢》，民・江磯編，嵩高書局。

65. 《詩經研究論集（一）（二）》，民・林慶彰編，學生書局。

66. 《詩毛氏傳疏》，清・陳奐著，學生書局。

67. 《詩經研究與欣賞（一）（二）（三）》，民・裴普賢著，三民書局。

68. 《韓詩外傳今註今譯》，民・賴炎元著，臺灣商務印書館。

69. 《詩經研究》，民・黃振民著，正中書局。

70. 《詩樂論》，民・羅倬漢著，正中書局。

71. 《讀詩四論》，民・朱東潤著，東昇書局。

72. 《詩經研究》，日・白川靜著，幼獅文化事業公司。

73. 《詩經學纂要》，廣文書局。

74. 《詩經今註今譯》，民・馬持盈著，臺灣商務印書館。

75. 《古巫醫與六詩考》，民・周策縱，聯經出版社。

76. 《詩經學》，民・胡樸安著，臺灣商務印書館。

77. 《詩言志辨》，民・朱自清著，漢京文化公司。

78. 《詩經今論》，民・何定生著，臺灣商務印書館。

79. 《詩經研究》，民・謝無量著，臺灣商務印書館。

80. 《詩緝》，宋‧嚴粲著，廣文書局。

81. 《詩三家義集疏》，清‧王先謙著，世界書局。

82. 《詩毛氏學》，民‧馬其昶著，廣文書局。

83. 《四家詩恉會歸》，民‧王師禮卿著，中興大學出版組。

84. 《讀風偶識》，清‧崔述著，學海書局。

85. 《詩經研究論集》，黎明文化公司。

86. 《詩經毛傳鄭箋辨異》，民‧文幸福著，文史哲出版社。

87. 《詩地理徵》，清‧朱右曾著，《續皇清經解》。

88. 《毛詩譜》，漢‧鄭玄著，《漢魏遺書鈔》。

89. 《齊詩翼氏學》，清‧迮鶴壽著，《續皇清經解》。

90. 《齊詩翼氏學疏證》，清‧陳喬樅著，《續皇清經解》。

91. 《魯詩遺說考》，清‧陳喬樅著，《續皇清經解》。

92. 《齊詩遺說考》，清‧陳喬樅著，《續皇清經解》。

93. 《韓詩遺說考》，清‧陳喬樅著，《續皇清經解》。

94. 《詩緯》，漢‧鄭玄注，《玉函山房輯佚書》。

95. 《詩譜考正》，清‧丁晏著，《續皇清經解》。

96. 《尚書釋義》，民‧屈萬里著，華岡出版社。

97. 《尚書集釋》，民‧屈萬里著，聯經出版公司。

98. 《書經集傳》，宋‧蔡沈著，世界書局。

99. 《書經集傳附釋》，清‧丁晏著，世界書局。

100. 《尚書孔傳（偽）》，漢‧孔安國著，中華書局。

101. 《尚書正讀》，民‧曾運乾著，華正書局。

102. 《尚書今註今譯》，民‧屈萬里著，臺灣商務印書館。

103. 《尚書大綱》，民‧吳康著，臺灣商務印書館。

104. 《尚書通論》，民‧陳夢家著，仰哲出版社。

105. 《尚書今古文注疏》，清‧孫星衍著，臺灣商務印書館。

106. 《尚書論文集》，民‧陳師新雄、于大成編，木鐸出版社。

107. 《尚書讀本》，民‧吳璵註譯，三民書局。

108. 《尚書研究論集》，民‧劉德漢等著，黎明文化公司。

109. 《尚書流衍及大義探討》，民‧李振興著，文史哲出版社。

110. 《史記述尚書研究》，民‧古國順著，文史哲出版社。

111. 《逸周書集訓校釋》，清‧朱右曾著，世界書局。

112. 《尚書大傳》，漢‧伏勝著，《漢魏遺書鈔》。

113. 《尚書大傳輯校》，清‧陳壽祺著，《續皇清經解》。

114. 《尚書歐陽章句》，漢‧歐陽和伯著，《玉函山房輯佚書》。

115. 《今文尚書說》，漢‧歐陽高著，《漢魏遺書鈔》。

116. 《尚書大小夏侯章句》，漢‧夏侯勝、夏侯建著，《玉函山房輯佚書》。

117. 《今文尚書經說考》，清‧陳喬樅著，《續皇清經解》。

118. 《尚書歐陽夏侯遺說考》，清‧陳喬樅著，《續皇清經解》。

119. 《尚書緯》，漢‧鄭玄注，《玉函山房輯佚書》。

120. 《大戴禮記解詁》，清‧王聘珍著，世界書局。

121. 《夏小正經傳集解》，世界書局。

122. 《禮記今註今譯》，民‧王夢鷗者，臺灣商務印書館。

123. 《三禮研究論集》，民‧李曰剛等著，黎明文化公司。

124. 《周官成立之時代及其思想性格》，民‧徐復觀著，學生書局。

125. 《儀禮學》，清‧王聘珍著，《續皇清經解》。

126. 《儀禮古今文疏義》，清‧胡承珙著，《續皇清經解》。

127. 《禮緯》，漢‧鄭玄注，《玉函山房輯佚書》。

128. 《月令章句》，漢‧蔡邕著，《漢魏遺書鈔》。

129. 《明堂月令論》，漢‧蔡邕著，《漢魏遺書鈔》。

130. 《周官傳》，漢‧馬融著，《漢魏遺書鈔》。

131. 《周禮漢讀考》，清‧段玉裁著，《皇清經解》。

132. 《左傳通論》，民‧方孝岳著，臺灣商務印書館。

133. 《春秋經傳集解》，晉‧杜預著，新興書局。

134. 《春秋年表》，晉‧杜預著，新興書局。

135. 《春秋釋例》，晉‧杜預著，中華書局。

136. 《左氏春秋義例辨》，民‧陳槃庵著，中研院集刊。

137. 《春秋要領》，民‧程發軔著，蘭臺書局。

138. 《春秋三傳論文集》，民‧戴君仁等著，黎明文化公司。

139. 《穀梁范注發微》，民‧王師熙元著，嘉新水泥研究論文。

140. 《公羊家哲學》，民‧陳柱著，中華書局。

141. 《春秋公羊穀梁二傳評》，晉‧江熙著，《玉函山房輯佚書》。

142. 《春秋公羊通義》，清‧孔廣森著，《皇清經解》。

143. 《公羊義疏》，清‧陳立著，《續皇清經解》。

144. 《穀梁大義述》，清・柳興恩著，《續皇清經解》。

145. 《漢石經公羊》，漢・蔡邕著，《玉函山房輯佚書》。

146. 《春秋緯》，漢・鄭玄注，《玉函山房輯佚書》。

147. 《論語辨》，開明書局。

148. 《四書讀本》，民・蔣伯潛廣解，啓明書局。

149. 《四書集註》，宋・朱熹著，學海書局。

150. 《四書導讀》，民・黃師錦鋐著，文津出版社。

151. 《論語集解》，魏・何晏著，第一書局。

152. 《論語正義》，清・劉寶楠著，世界書局。

153. 《論語要略》，民・錢穆著，臺灣商務印書館。

154. 《孔孟荀哲學》，民・吳康著，臺灣商務印書館。

155. 《孔孟荀哲學》，民・蔡師仁厚著，學生書局。

156. 《孔門弟子志行考述》，民・蔡師仁厚著，臺灣商務印書館。

157. 《論語義理疏解》，民・曾昭旭等著，鵝湖月刊社。

158. 《四書引得》，哈佛燕京學社。

159. 《皇清經解》、《續皇清經解四書類彙編》，藝文印書館。

160. 《論語識》，漢・鄭玄注，《玉函山房輯佚書》。

161. 《孟子章指》，漢・趙岐著，《漢魏遺書鈔》。

162. 《孝經注》，漢・鄭玄著，第一書店。

163. 《孝經緯》，漢・鄭玄注，《玉函山房輯佚書》。

164. 《孝經通識》，民・張嚴著，臺灣商務印書館。

三、史籍類

1. 《史記》，漢・司馬遷著，藝文印書館。

2. 《漢書》，漢・班固著，藝文印書館。

3. 《後漢書》，宋・范曄著，宏業書局。

4. 《三國志》，晉・陳壽著，宏業書局。

5. 《國史大綱》，民・錢穆著，臺灣商務印書館。

6. 《秦漢史》，民・錢穆著，東大圖書公司。

7. 《秦漢史》，民・李源澄著，臺灣商務印書館。

8. 《秦漢史》，開明書局。

9. 《秦漢史》，民・勞榦著，華岡出版社。

10. 《秦漢史》，民・鄒紀萬著，眾文書局。

11. 《秦漢史話》，民‧陳致平著，三民書局。

12. 《秦漢史論稿》，民‧邢義田著，東大圖書公司。

13. 《先秦史》，民‧蕭璠著，眾文書局。

14. 《中國歷史大事年表》，華世書局。

15. 《史學方法論》，民‧陳韜譯，臺灣商務印書館。

16. 《歷代人物碑傳綜表》，民‧姜亮夫著，文史哲出版社。

17. 《史學方法論文選集》，民‧杜維運著，華世書局。

18. 《中國歷史紀年表》，華世書局。

19. 《漢晉學術編年》，民‧劉汝霖著，長安出版社。

20. 《國史研究六篇》，民‧梁啓超著，中華書局。

21. 《歷史哲學》，民‧牟宗三著，學生書局。

22. 《資治通鑑》，宋‧司馬光者，啓明書局。

23. 《中國文史地圖》，里仁書局。

24. 《戰國策》，漢‧劉向著，中華書局。

25. 《國語》，周、左丘明著，宏業書局。

26. 《漢書通論》，民‧王明通著，康橋出版社。

27. 《史記會注考證》，日‧瀧川龜太郎著，洪氏出版社。

28. 《二十四史紀傳人名索引》，宏業書局。

29. 《治史經驗談》，民‧嚴耕望著，臺灣商務印書館。

30. 《先秦及兩漢歷史論文集》，民‧李則芬著，臺灣商務印書館。

31. 《漢紀》，漢‧荀悅著，臺灣商務印書館。

32. 《後漢紀》，晉‧袁宏著，臺灣商務印書館。

33. 《兩漢選士制度》，民‧曾維垣著，臺灣商務印書館。

34. 《中國歷史研究法》，民‧梁啓超著，中華書局。

35. 《漢代學術史略》，民‧顧頡剛著，天山出版社。

36. 《中國歷史地理（上、下）》，民‧王恢著，學生書局。

37. 《歷代州域形勢》，清‧顧祖禹著，樂天書局。

38. 《歷代職官表》，民‧黃本驥著，洪氏出版社。

39. 《國史年表四種》，世界書局。

40. 《歷代建元考》，民‧陶棟著，中華書局。

41. 《史記論文集》，民‧陳師新雄、于大成編，西南書局。

42. 《中國哲學史》，民‧馮友蘭著，坊本。

43. 《中國哲學史》，民・吳怡著，三民書局。

44. 《中國文化史》，民・陳登原著，世界書局。

45. 《中國道教史》，民・傅家勤著，臺灣商務印書館。

46. 《中國政治思想史》，民・蕭公權著，華岡出版社。

47. 《中國政治思想史》，民・薩孟武著，三民書局。

48. 《先秦政治思想史》，民・梁啓超著，中華書局。

49. 《中國學術思想變遷之大勢》，民・梁啓超著，中華書局。

50. 《中國哲學史大綱（上）》，民・胡適著，里仁書局。

51. 《經學歷史》，民・皮錫瑞著，臺灣商務印書館。

52. 《中國經學史》，民・馬宗霍著，臺灣商務印書館。

53. 《經學源流考》，民・甘雲鵬著，維新書局。

54. 《中國文化史》，民・梁啓超著，中華書局。

55. 《中國經學史》，日・本田成之著，古亭書局。

56. 《中國中古思想史》，民・郭湛波著，龍門書局。

57. 《中國政治思想史》，民・楊幼炯著，臺灣商務印書館。

58. 《中國思想史》，民・韋政通著，大林書局。

59. 《中國哲學史》，民・勞思光著，友聯出版社。

60. 《兩漢思想史》，民・徐復觀著，學生書局。

61. 《中國文化史導論》，民・錢穆著，正中書局。

62. 《中國文化史》，民・柳詒徵著，正中書局。

63. 《先秦文化之發展》，民・楊亮功著，臺灣商務印書館。

64. 《中國人性論史》，民・徐復觀著，臺灣商務印書館。

65. 《中國宗教史綱》，民・王治心著，中華書局。

66. 《中國中古思想史長編》，民・胡適著，遠流出版社。

67. 《中國史探研（古代篇）》，民・齊思和著，弘文館出版社。

68. 《上古史論》，民・徐仲舒著，天山出版社。

69. 《中國經學發展史論》，民・李威熊著，文史哲出版社。

70. 《兩漢政治思想論集》，民・賀凌虛著，五南出版社。

71. 《中國經學史的基礎》，民・徐復觀著，學生書局。

72. 《史記漢書儒林列傳疏證》，民・黃慶萱著，嘉新水泥獎助論文。

四、子部論著類

1. 《諸子考釋》，民・梁啓超著，中華書局。

2. 《先秦兩漢之陰陽五行學說》，民・李漢三著，維新書局。

3. 《中國文化問題之探索》，民・高師仲華著，正中書局。

4. 《中國文化要義》，民・梁漱溟著，龍田出版社。

5. 《中國文化之精神價值》，民・唐君毅著，正中書局。

6. 《東西文化及其哲學》，民・梁漱溟著，虹橋書局。

7. 《鄒衍遺說考》，民・王夢鷗著，臺灣商務印書館。

8. 《中國文化精神的探索》，民・李威熊著，黎明文化公司。

9. 《秦漢的方士與儒生》，民・顧頡剛著，里仁書局。

10. 《司馬遷的人格與風格》，民・李長之著，開明書局。

11. 《兩漢哲學》，民・周紹賢著，文景出版社。

12. 《中國人文精神之發展》，民・唐君毅著，學生書局。

13. 《中國文化的省察》，民・牟宗三著，聯經文化公司。

14. 《中國哲學的特質》，民・牟宗三著，學生書局。

15. 《五行大義》，隋・蕭吉著，新文豐出版社。

16. 《秦漢思想研究》，民・黃師錦鋐著，學海書局。

17. 《風俗通論》，漢・應劭著，漢京文化事業公司。

18. 《中國學術思想大綱》，民・林師景伊著，學生書局。

19. 《說緯》，清・王崧著，《皇清經解》。

20. 《先秦諸子繫年》，民・錢穆著，東大圖書公司。

21. 《呂氏春秋的政治理論》，民・賀凌虛著，臺灣商務印書館。

22. 《董仲舒政治思想之研究》，民・賴慶鴻著，文史哲出版社。

23. 《春秋董氏學》，清・康有為著，臺灣商務印書館。

24. 《鹽鐵論研究》，民・徐漢昌著，文史哲出版社。

25. 《春秋繁露》，漢・董仲舒著，中華書局。

26. 《說儒》，民・胡適著，遠流出版公司。

27. 《荀子與兩漢儒學》，民・徐平章著，文津出版社。

28. 《漢初學術及王充論衡述論稿》，民・李偉泰著，長安出版社。

29. 《論衡集解》，漢・王充著，世界書局。

30. 《管子》，周・管仲著，世界書局。

31. 《老子王弼注校釋》，民・樓宇烈校釋，華正書局。

32. 《呂氏春秋》，秦・呂不韋著，中華書局。

33. 《呂氏春秋今註今譯》，民・林品石註譯，臺灣商務印書館。

34. 《商君書》，周・商鞅著，世界書局。

35. 《商君書今註今譯》，民・賀凌虛註譯，臺灣商務印書館。

36. 《淮南子注》，漢・高誘注，世界書局。

37. 《淮南子論文集》，民・陳師新雄、于大成主編，西南書局。

38. 《先秦道家思想研究》，民・張成秋撰，中華書局。

39. 《道家與神仙》，民・周紹賢著，中華書局。

40. 《莊子讀本》，民・黃師錦鋐著，三民書局。

41. 《春秋繁露今註今譯》，民・賴炎元註譯，臺灣商務印書館。

42. 《孫子》，周・孫武著，廣文書局。

43. 《新序》，漢・劉向著，臺灣商務印書館。

44. 《說苑》，漢・劉向著，中華書局。

45. 《列女傳補注》，漢・劉向著，民・王照圓補注，臺灣商務印書館。

46. 《新語》，漢・陸賈著，中華書局。

47. 《新書》，漢・賈誼著，世界書局。

48. 《荀子集解》，清・王先謙著，藝文印書館。

49. 《潛夫論》，漢・王符著，中華書局。

50. 《法言》，漢・揚雄著，中華書局。

51. 《太玄經》，漢・揚雄著，中華書局。

52. 《新論》，漢・桓譚著，中華書局。

53. 《申鑒》，漢・荀悅著，中華書局。

54. 《韓非子集解》，清・王先慎著，世界書局。

55. 《鹽鐵論》，漢・桓寬著，中華書局。

56. 《儒家哲學》，民・梁啓超著，中華書局。

57. 《莊子集釋》，民・郭慶藩著，華正書局。

58. 《諸子通考》，民・蔣伯潛著，正中書局。

59. 《道家佚書輯本十七種》，世界書局。

60. 《陰陽家佚書輯本二種》，世界書局。

61. 《法家佚書輯本七種》，世界書局。

五、文集類

1. 《全上古秦漢三國六朝文》，世界書局。

2. 《兩漢散文選》，民・吳翔寧著，正中書局。

3. 《漢代學術論文集》，民・勞榦著，中央研究院。

4. 《十駕齋養新錄》，清・錢大昕著，臺灣商務印書館。

5. 《日知錄》，清・顧炎武著，明倫出版社。

6. 《揅經室集》，清・阮元著，臺灣商務印書館。

7. 《東塾讀書記》，清・陳澧著，《續皇清經解》本。

8. 《漢代政治論文集》，民・勞榦著，藝文印書館。

9. 《戴震文集》，清・戴震著，華正書局。

10. 《左海文集》，清・陳壽祺著，《皇清經解》。

11. 《梅園論學集》，民・戴君仁著，開明書局。

12. 《梅園論學續集》，民・戴君仁著，藝文印書館。

六、期刊論文類

1. 〈兩漢儒家諸子之研究〉，熊公哲撰，《政大學報》十五期。

2. 〈穀梁傳之著於竹帛及傳授源流考〉，李曰剛撰，《師大學報》第六期。

3. 〈鄒衍生卒年世商榷〉，王夢鷗撰，《政大學報》第九期。

4. 〈戰國秦漢間博士制度考論〉，齊覺生撰，《政大學報》第四期。

5. 〈白虎通與讖緯〉，林麗雪撰，《孔孟月刊》二十二卷三期。

6. 〈劉歆移太常博士書中有關今古文經之探討〉，朱廷獻撰，《孔孟學報》五十二期。

7. 〈百篇書序考〉，朱廷獻撰，《書目季刊》十八卷四期。

8. 〈論孔壁的古文經與說文所謂古文，以及魏石經中的古文一體〉，蘇瑩輝撰，《書目季刊》十八卷四期。

9. 〈博士官與今文經學〉，杜師松柏撰，《中華文化復興月刊》十九卷二期。

10. 〈春秋穀梁傳及其作者〉，李甲孚撰，《中央月刊》五卷十二期。

11. 〈春秋公羊傳及其作者〉，李甲孚撰，《中央月刊》六卷四期。

12. 〈漢代私學之盛衰及其學風〉，朱子方撰，《東方雜誌》四十三卷九號。

13. 〈儀禮十七篇之淵源及傳授〉，孔德成撰，《東海學報》八卷一期。

14. 〈儀禮概述（上、下）〉，許清雲撰，《孔孟月刊》十四卷八、九期。

15. 〈賈誼春秋左氏承傳考〉，王師更生撰，《孔孟學報》三十五期。

16. 〈穀梁傳傳授源考〉，王師熙元撰，《孔孟學報》二十八期。

17. 〈春秋公羊傳對西漢政治的影響〉，劉德漢撰，《書目季刊》十一卷一期。

18. 〈兩漢論語學與論語鄭氏注〉，鄭靜若撰，《中華文化復興月刊》十四卷五期。

19. 〈三論語與春秋三傳之淵源──試作社會史的分析〉，陶希聖撰，《食貨月刊》八卷十二期。

20. 〈論語的版本與注釋〉，陶希聖撰，《食貨月刊》十四卷一期。

21. 〈兩漢張禹與張侯論之傳承〉，張蓬洲撰，《中央日報》七十三年二月二日。

22. 〈司馬遷之尚書學〉，洪安全撰，《政大學報》三十三期。

23. 〈讖緯釋名〉，陳槃庵撰，《中研院史語所集刊》十一本。

24. 〈讖緯溯源（上）〉，陳槃庵撰，《中研院史語所集刊》十一本。

25. 〈讖緯命名及其相關之諸問題〉，陳槃庵撰，《中研院史語所集刊》二十一本。

26. 〈十讖緯書錄解題（一──六）〉，陳槃庵撰，《中研院史語所集刊》（十、十二、十七、二十二、四十四、四十六各本）

27. 〈古讖緯全佚書存目解題（一）〉，陳槃庵撰，《中研院史語所集刊》十二本。

28. 〈燉煌唐咸豐鈔本三備殘卷解題〉，陳槃庵撰──古讖緯書錄解題附錄之一，《中研院史語所集刊》十七本。

29. 〈戰國秦漢間方士考論〉，陳槃庵撰，《中研院史語所集刊》。

30. 〈秦漢間之所謂「符應」論略〉，陳槃庵撰，《中研院史語所集刊》十六本。

31. 〈齊詩學之三基四始五際六情說探微〉，林金泉撰，《成功大學學報》二十卷。

32. 〈詩緯星象分野考〉，林金泉撰，《成大學報》二十一卷。

33. 〈今古文詩說比較研究〉，趙制陽撰，《孔孟學報》五十三期。

34. 〈中國經學形成的考察〉，李威熊撰，《孔孟學報》十九卷四期。

35. 〈兩漢經術獨尊與經學諸問題的探討〉，李威熊撰，《孔孟學報》四十二期。

36. 〈孔子與六經〉，熊公哲撰，《孔孟學報》。

37. 〈諸子與經學（上、下）〉，于大成撰，《孔孟月刊》十四卷十二期、十五卷五期。

38. 〈經學之發展與今古文之分合〉，盧元駿撰，《孔孟月刊》十五卷四期。

39. 〈左傳季札觀樂與有關問題的討論〉，趙制陽撰，《中華文化復興月刊》十八卷三期。

40. 〈從災異到玄學〉，謝大寧撰，師大博士論文。

41. 〈漢代齊、魯之學研究〉，王成章撰，珠海大學中研所碩士論文。

42. 〈孟子與所謂齊學之研討〉，熊公哲撰，《孔孟學報》十五期。